英国の庭園

その歴史と様式を訪ねて

岩切 正介

法政大学出版局

扉：スタウアヘッド（152頁）　パンテオンの神殿

レヴァンズ・ホール（15頁）　トーピアリ（装飾刈込み）

ポーウィス城（30頁）「噴水の庭」から城を見上げる

ドラモンド城（44頁）　テラスからパルテール中央を見下ろす

ダンカム・パークとリーヴォー・テラス（89頁）　修道院の廃墟と遠景を見る

ファウンテンズ修道院とスタッドリー・ロイヤル（97頁） 修道院の廃墟とスケル川

スタウアヘッド（152頁） アポロの神殿と湖

オードリー・エンド（216頁）　裏の丘から屋敷とブラウンの風景園を見る

ウォーバン・アビー（231頁）　風景園のなかの鹿

ヘスタークーム（271頁）「細流の道」，ロトンダ，屋敷

ヒドコート・マナー（305頁）「長い散策路」と園亭

シシングハースト（317頁）「バラの庭」の中心付近

ブレニム・パレス（354頁） 屋敷前の湖と島

はじめに

ヨーロッパの庭園は、古く長い歴史を持っている。古代エジプトの庭、オリエントの庭、ヘレニズムの庭、ギリシャの庭、古代ローマの庭、中世の庭を経て、およそ一六世紀のイタリアにイタリア・ルネサンス庭園が生まれ、一七世紀にフランス幾何学式庭園、一八世紀にイギリス風景式庭園が生まれ、この三種の庭はそれぞれがその時代にヨーロッパ一円にひろまって盛んに造られた。一九世紀になると、庭の造り手が貴族から市民階級に移るにともない、また近代都市が発達することを承けて、庭造りの前線は、田舎あるいは郊外の住宅の庭、都市公園、あるいは自然公園などに枝分かれして展開していく。町作りに自然の景観を生かし、緑や水を取り入れた快い空間として造るランドスケープ・アーキテクチャー（景観造形）という考えも一九世紀には生まれた。現代庭園の源流とされるジーキルとラッチェンズの庭が生まれるのも一九世紀の末で、第一次大戦の頃までの庭造りを主導した。その後、イギリスの外で抽象庭園やポスト・モダンの庭が考えられるが、現在の庭造りの最先端には、再びイギリスのジェリコーの「心の庭」garden of mind が立っているように見受けられる。

イタリアのルネサンスの庭もフランスの幾何学式庭園も、訪れてみれば、感嘆に誘われる。構造が明快で、彫刻、噴水は芸術的で堂々としている。すべて明示的で、見通しも良く、豪華。しかし、私はイギリスの庭に深く惹かれる。イタリアの庭やフランスの庭は、いってしまえば、見てくれが勝負。突き詰めていえば、目にした瞬間、驚いて終わりといった庭である。人工性も強い。イギリスの庭は、陰影に富み、繊細で、奥行きがあり、なにより自然を感じさせて人間との親和性が高い。包み込まれて、気持ちが落ち着く。長く止まりたいと思う。ただ、断るまでもなく、これはあくまでも、私個人の好みである。

その好みに従って、イギリスで訪れた庭のうちから三〇ほどを紹介したいと思い立った。全体の歴史と様式もなにほどか伝えたい。そう考えて、地域別でなく、ほぼ歴史に沿う形にまとめた。歴史を語れば主な様式の変遷もたどることができる。ただ、どこから読んでいただいてもよく、適当に拾い読みして本の中で庭園巡りをしてもらうのもよいと思っている。なにより庭園は体験するもので、実際に行って見てみないとよく分からない。一度行ったきりでは、ろくなことすら分からないとも思う。その意味で限界は承知している。

書き方は、いくらか体験話法的にした。庭の体験といった感じも出るし、学術的な書き方より分かりやすいのではないかと考えた。用語はなるべく統一したが、訳語に困ったのがparkで、時代により、これは樹林や森、鹿園であり、放牧地・牧草地・耕地・森であり、また風景式庭園であり、都市では公園である。なるべくパークとはせず、複数の訳語を使い分けた。

目次

第一章　一七世紀の庭を偲ぶ

1　イギリスの古庭

■ハム・ハウス *Ham House*

一七世紀整型庭園の奥行きと楽しい趣き

ハム・ハウスはロンドンからテムズ川を遡ったところにあって、キュー、リッチモンド、サイオン、チジックなどの庭園・屋敷と近接している。リッチモンド駅からバスに乗り、停留所から歩いて行った。

この庭は一七世紀の後半（第４四半期）では、イギリス有数の名園で、ローデデイル公爵夫妻が造りあげた。設計したのはジョン・スレイザーとヤン・ウィクであった。その後顧みられなかった庭は一九四八年にナショナル・トラストに譲られ、その努力によって、一九七五年ほぼ原状に復され、われわれは一七世紀後半期にイギリスの貴族たちが歩き楽しんだ庭園を目の当たりにすることができる。

サクランボの庭

屋敷の横手にはサクランボの庭がある。色彩と形がすばらしい。正方形の庭は、対角線の×字とダイヤ形（菱形）の園路で仕切られている。庭の中心にダイヤ、四隅に三角形といえばよいだろうか。そのダイヤ形と三角形の花壇の中にラヴェンダーが収まっている。ダイヤ形の中のラヴェンダーは銀緑、三角形の中のラヴェンダーの色は薄い緑色である。微妙に濃淡の異なる二色の取り合わせが絶妙である。花壇は草ツゲで縁取られ、その線上に円錐形のツゲのトーピアリ（装飾刈込み）が等間隔で並んでいる。この庭の色彩と造形は上品で、きわめて美しいので、目を離そうとしてもついまた目が戻ってしまう。園路を歩けば、ダイヤの枠の形が変わって行くのを楽しむことができる。同時に、トーピアリの交錯の変化も楽しめる。庭の左右の側面には緑のトンネルが作ってあり、ここを歩いて緑陰に陽を避け、花壇を眺めることもできる。トンネルを歩きながら眺められるように、ちょうど目の高さに横帯状の隙間が設けられている。トンネルはシデで作られており、中を通ると保護と同時に開放感、視線の快い誘導を覚える。この向かいあうトンネルの端をイチイの生垣が繋いでいる。この生け垣の中も通路になっており、生垣は高く、人の背丈をはるかに超えるので、埋没感を覚えるが、壁に所々、覗き窓と呼んでいい穴が空けられている。そこに身を寄せると、花壇を見ることができる。

そこにあるのは、たしかにただ一面の花壇。それを眺めるのに、これだけの工夫をしたのだと感心させられる。ただ、このサクランボの庭のいまの姿は、現代の創造的な復元によって作られた姿である。庭の名前の由来となったかつての四〇本のサクランボの木はまだ姿を見せていない。似ているのは×字とダイヤ形を組み合わせた花壇設計である。

ここは往時、公爵夫人の個人庭であった。庭は四周を煉瓦の塀に囲まれていた。花壇には、当時の流行の花が植えられていた。ジャスミン、ナデシコ、タチアオイ、スイカズラ、シクラメン、水仙、チュベローズ、アツバサクラソウ、プリムラポリアンサ、ストック。それに四〇本のサクランボの木。サクランボの木は煉瓦塀に平張りになっていたか、あるいは冬、温室に運び込めるように鉢植であったか、いずれかと推定されている。その他、この整形庭園に置かれていたのは、大理石のバッカス像が一体。それから、一二の石造の花鉢、一〇の鉛製の花鉢。彩色された木製の腰掛けが一〇。これらの装飾物はおそらく、等間隔で整然と並べられていたのであろう。

きわめてすっきりした現代的な今の庭に較べれば、当時の庭は、昔風に装飾的であり、多くの花の色彩と香りに満ちていた、と想像される。

芝生の主庭とテラス

本格的に復元された主庭園は屋敷の裏手に広がっている。全体は横長で、屋敷に近い所にテラス、そこから石段を五つ六つ降りると、八面の芝生がある。正方形の芝生が横二列に四つずつ正確に並んでいる。その向こうが自然風区画である。面積でみると、テラスが狭く、残る二つはほぼ同じで、全体に手ごろな広さになっている。

かつて人々は庭をどのように利用していたのか。テラスは、手近な散歩の場所であった。ただ散歩するだけではない。珍しい花や木、果樹を見て歩き、その香りに満たされた空気を吸い、そして珍鳥の声と姿を楽しんだ。かつてテラスに沿って、植物を植えた鉢や桶が並んでいた。一六八二年の記録では、鉢が三二七、桶が四二。オレンジ、レモン、ギンバイカ、キョウチクトウ、ザクロ、アーモンド、スイカズラ、ジャスミン、ストロベリーツリー類である。屋敷側にはボーダー花壇があり、そこではトーピアリ、扇形に仕立てられた果樹、珍種の植物が見られた。公爵の寝室の出窓の周りに鳥屋があり、異国の鳥、歌鳥がいた。

芝生は一七世紀の庭園では欠かせないものであった。様々な装飾物を展示する場所として使われた。彫像が飾られ、植物は、鉢や桶に植えられて芝生の縁や角に置かれた。地植えの灌木類、トーピアリもここを飾った。木造のベンチやストール、台座もあった。公爵夫妻は、季節に合わせて飾る植物を取り替えた。当時の習慣だったのか、訪れる客へのサーヴィスだったのか。ともあれここは幾分か誇示の場でもあったのであろう。簡素な芝生と装飾物の展示。この組合わせには、しかし知恵がある。

その先は、自然風の区画と紹介したが、正式にはウィルダーネス wilderness と呼ばれる区画である。ヴェルサイユなどフランスの幾何学式庭園で発達したあのボスケ（装飾的な正方形の小森）が源流だともいわれる。そ

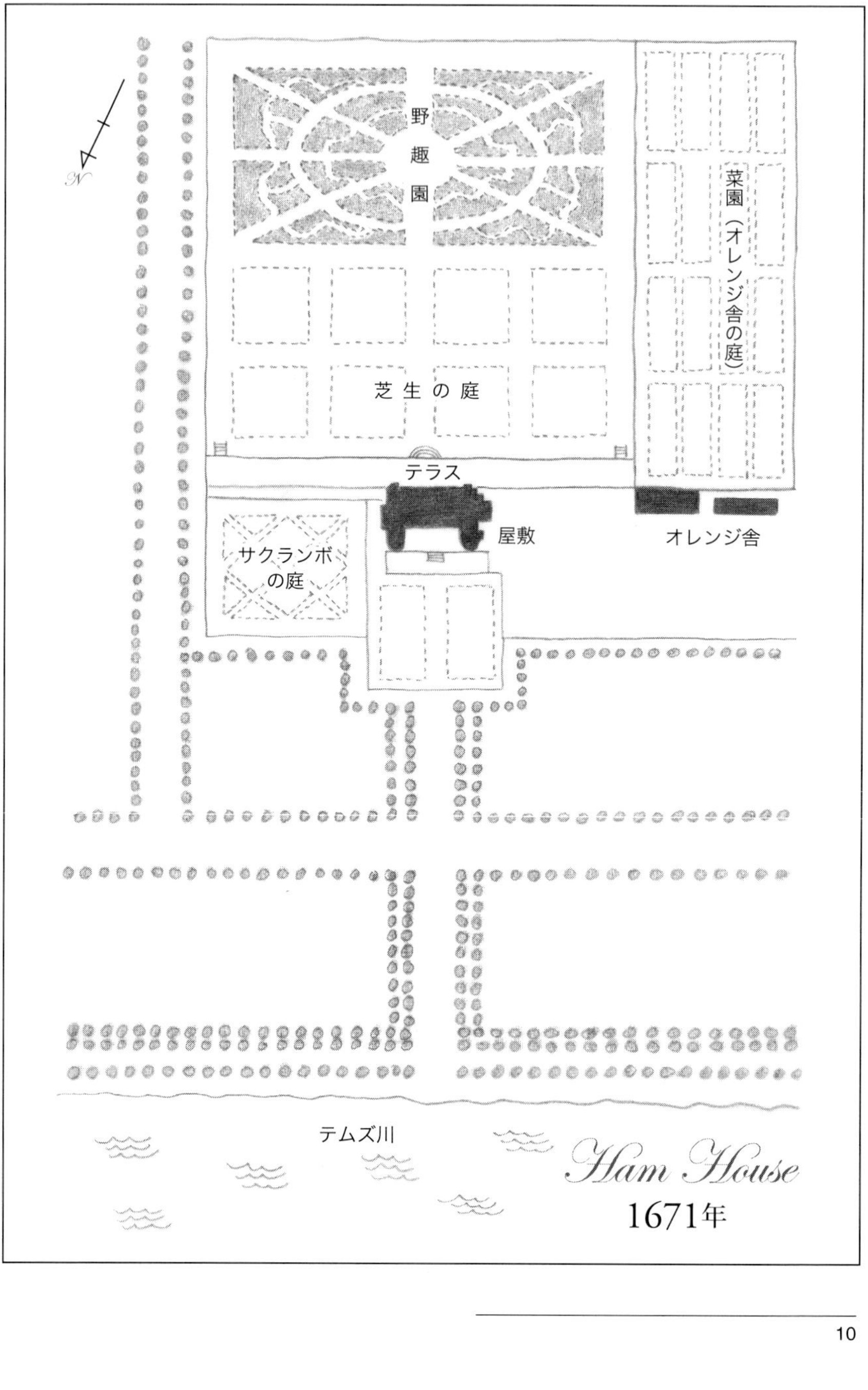

N
野趣園
菜園（オレンジ舎の庭）
芝生の庭
テラス
屋敷
オレンジ舎
サクランボの庭
テムズ川
Ham House
1671年

ハム・ハウス　サクランボの庭

ハム・ハウス　芝生の庭

うだとすれば、このウィルダーネスはいかにもイギリス人らしい作り替えである。ヴェルサイユの庭の一二のボスケは、宮殿の部屋の延長で、天井のない戸外の緑の広間という性格が強く、内部に噴水や水盤、彫刻や柱廊を設け、趣向を凝らしたもので、野外劇場を兼ねるものもあったし、迷路になっているボスケもあった。宴、音楽会、舞踏、バレー、散策と憩い。このように使われ、宮廷生活の退屈を紛らわせる娯楽施設という面も合わせ持っていた。外国の客を招いて開く大掛かりな宴では、欠かせない空間であった。

野趣園

イギリス一七世紀後半の整形庭園には、ハム・ハウスの庭と同じように、このウィルダーネスが置かれた。この時期の基本の形はむろん幾何学図形で、長方形の土地に、縦横斜めの園路を走らせるので、ちょうどイギリスの国旗のようなデザインになる。中央に丸い空き地がとられ、そこから園路が放射する。中心には、彫像や噴水を据えるのが普通で、各園路の先端にも彫刻や噴水を置いて、視線を導くようにする。園路沿いには生垣を設けるので、各区画は生垣で取り囲まれることになる。区画の中は、低木、灌木、牧草、野草の類で、あまり手を加えない。自然を表すのが趣旨である。

ここへやってきた貴顕男女はなにをしたのだろうか。おとなしく縦横斜めの直線の園路を歩いて、生垣越しに(生垣はふつう肩の高さ)自然を眺めやって戻っていったのか。そうではない。イギリス人は、囲い込んだ自然の中に入りこもうとしたのである。その手だてが、いかにもイギリス人らしい融通と思うのは、私だけであろうか。きれいに刈り揃えた生垣の途中に人ひとり通れるくらいの隙間を空ける。そこから自然の中に入りこんだ人物は、向こうの隙間から園路にでる。そこには次の区画に入る隙間がある。イギリス人はここをすり抜けて、中へ入りこむ。こうして次々に隙間を通りぬけ、ウィルダーネスを一周して回ることができた。

ところで、三角形の自然区画の内部では、人物はどこを歩いたのだろうか。勝手気侭にその中を歩きまわったのではない。歩く道筋は指定されていた。隙間と隙間をつないで小径が設けられていた。絶対王政の政治思想を反映する、あるいはそれに調和するように作られた整形庭園は、ここでもなお、自由を許容しなかったのだ、ともいえる。しかし、興味を引かれるのは、この小径が直線でなく、うねうねとヘビのようにうねっていることである。イギリスのウィルダーネスを横断する小径は、はじめて整形の原則を離れるのである。この時代に造られたイギリスの整形庭園のウィルダーネスの小径には、円形定規を使って引いたような定形的なうねうね道もないわけではないが、自由にうねっているものも多い。

なぜイギリスにこの蛇行曲線が、整形庭園まっ盛りの時代に現れたのだろう。なるべく手を加えない自然の区画、という考えにおのずと誘発されたのだろうか。それともやはりフランスに源泉があるのだろうか。現在、ヴェルサイユ宮殿の庭のボスケのひとつに同じものが見られるので、びっくりする。しかし、元からあったかとなると、疑問である。なぜなら、一七一〇年（ル・ポートルの図版）でも一七一四年（ジラールの図版）でも、描かれているのは、お馴染みの幾何学的な意匠のもので、遡って一六八〇年のシルヴェストルの図版でもこれは同じである。

ただ、うねうねの線がヴェルサイユの庭のボスケとまったく無縁であったとはいえない。ル・ノートルがデザインしたひとつのボスケには初めそれがあった。「緑のボスケ」bosquet de verdure（一六七八）と呼ばれたボスケである。もともとここは湿地であったから、運河の頭に注ぐ川があった。あるいは残った。ル・ノートルが施したデザインは、川を細流に枝分かれさせ、九つの小島を洗う、であった。その細流が蛇行した。そこでの園路は四本。彫刻類はひとつも置かれなかった。意図は小自然であったと推察されよう。一六八〇年のシルヴェストルの図版に残るのが、この姿である。細流は蛇行したが、園路は直線であった、といえる。図版では、長い二本が直線である。残る二本はきわめて短い。やや曲がっている。かろうじて、くの字である。ル・ノートルのオリジナル・デザインにかかるこのボスケは一六八四年に模様替えになった。ボスケはもともと、宮廷人の退屈に応えるため、飽きられると順に作り替えられるものだった。

パリからヴェルサイユ宮殿に政治と宮廷が移って来るのは、一六八二年である。ヴェルサイユ宮殿には王族や貴族など四〇〇〇人がひしめき、そこでの公的生活は儀式張り、窮屈であった。それを逃れて、私的に憩う場所のひとつが大トリアノンであった。大トリアノンの付属庭園も整形であったが、ル・ノートルは、ひとつだけ自然な小庭を建物の横に設けた。自然の樹林が残り、小川が流れ、樹下の路が涼しいという庭である。小川も路も直線ではなかった。ル・ノートルはこの庭について「もっとも快い」庭だと述べ、その記述を図版とともに残している（一六九三）。この感覚は海峡を越えたイギリス人に通じていたといえるかもしれない。一六八七年にヴェルサイユの庭を視察に訪れ、ル・ノートルに案内されたスウェーデンの建築家もこの小庭を記録に留めている。

ハム・ハウスのウィルダーネス、この自然風の区画は、とりわけ、午後の太陽による日焼けを恐れるイギリス貴婦人たちに好まれたという。

ハム・ハウスでは、芝生の区画の端に、ナショナル・トラストによる説明パネルが設けられている。当時の図面も丹念に描かれ、簡単明瞭な説明がつけられ、植物の名なども具体的に説明されている。当時の姿を偲ぶにはたいへん役に立つ。

オレンジ舎と菜園

野趣園の右手にあったオレンジ舎と菜園の様子もその説明パネルで知ることができる。オレンジ舎は冬期、ストーブで温め、オレンジやレモンなど南国の柑橘類を越冬させたところ。オレンジ舎は当時は大切な設備で貴族の庭には必ず置かれた。オレンジ舎の庭ははじめ装飾庭園であったが、菜園になり、そこでは、野菜全般、苺やスグリ、それにハーブ類が育てられ、公爵家の食卓に供された。アスパラガスやメロン、アーティチョークなど異国の珍しい野菜も育てられた。季節が暖かくなると、オレンジやレモンがオレンジ舎から運び出されてここに並べられた。当時のオレンジ舎が残っているが、その後の変遷が激しかったために、復元にはまだ遠い。

■レヴァンズ・ホール *Levens Hall and Gardens*

一七世紀のトーピアリと二〇世紀のボーダー花壇

湖水地方は日本でも知る人の多いイギリス有数の観光地である。レヴァンズ・ホールは、その入り口に位置するケンダルに近い庭園で、三〇〇年を誇るトーピアリの庭として名高い。ただトーピアリの庭というだけでは、あまりな単純化で、本庭の四つ割り庭園も、そとのパークランド（自然風景園）も、そしてお屋敷その他もひっくるめて、古く興味深い。

四つ割りの庭

造園主はジェイムズ・グレアム（一六四九―一七三〇）という人物である。かれがこの地所を手にいれたのは、一六八八年。賭博の借金に苦しむベリンガム家の当主アランから購入した。グレアムはジェイムズ二世を支持する友人・軍人で、宮廷では、御内帑金《おないどきん》（君主のお手許金）の管理を預かった。栄光革命で地位を失い、入手したばかりのレヴァンズ・ホールに引っ込み、造園に勤しむことになった。庭園に興味があり、友人にイーヴリンがいた。グレアムは庭造りのためにジェイムズ二世の庭師であったフランス人ギヨーム・ボモン（一六八四頃―一七二七）を連れてきた。ボモンの設計はまず整形庭園。それを伺わせる図面（一七三〇頃）が残されており、屋敷に展示されている。屋敷は北向きなので、整形庭園は裏側で南になる。イギリス特有の四つ割り庭園を基本にして、トーピアリの庭（庭の北、屋敷の東）とウィルダーネス（野趣園。庭の南）を付け加えている。四つ割りのひとつは、ボーリング・グリーン、他は、果樹園、小果実園、メロン園であった。小果実 soft-fruit とは、この場合、イチゴやスグリなど、核のない果物を指した。そして、整形庭園の外側にパークランド parkland が広がる。これらすべてをボモンが設計した。グレアムとボモン二人三脚の造園の年代は一六九〇―一七二〇年とされる。ボモンは亡くなるまで（一七二七）改良の手を加えたという。

ボモンは近隣の地主貴族の庭も数多く設計した。今に残ったのは、レヴァンズ・ホールだけ。みな時代の流行に従ってつぎつぎと改修されていったから。レヴァンズ・ホールはこの流行の流れに乗らなかった。歴代、流行の外にいて平気であったらしい。レヴァンズ・ホールが別邸で、留守の屋敷だったこととも無関係でない。グレアムの本拠は、バグショット・パーク Bagshot Park であった。

九〇のトーピアリ

ここには、およそ九〇のトーピアリがある。まるでみどりの軍勢。大小さまざまで、形も様々である。およそ何なのか特定できるものがいくつかある。孔雀は分かりやすい。王冠も言われれば分かる。大きな雨傘もある。チェスの駒。エリザベス女王と女官。小屋風のものもある。エールのジョッキや法官のかつら。木はイチイ（数種）で、樹齢三〇〇年のものも多いという。つまり当初からの木である。ただ、形は当初のものかとなると、疑問。荒廃後、一八一五年に改めて整えられたからである。今、トーピアリは方形の花壇に配され、花壇はそれぞれツゲに縁取られている。花壇には花も植えられている。訪問者は目に従い、足に従って、自由に見て回る。トーピアリの手入れと刈り込みは毎年八月末から九月、四週間から六週間かけて行われている。ここでもイチイの滑らかな緑に点々と連なって咲く赤いつる草の花が美しかった。時にそれは勲章の帯に見えた。フレーム（炎）ナスターチウムというらしい。

ここは巡り歩いて飽きない。ただ、なぜかくも多きトーピアリなのか。いわゆるオランダ式の影響なのだろうか。オランダ式とは、イタリア・ルネサンス庭園を承けてフランスとは別にオランダ独自に発展したものだが、およその姿は、フランス式を小型にし、装飾性を濃くしたものといえば分かりやすいだろうか。運河も噴水も小型になる。トーピアリを多用する傾向を示した。花壇も手が込む。平地で密度高く、小振りで手の込んだ、というのがおよその特徴であった。イギリスでは、ウィリアム王とメアリ女王の共治の時期（一六八九―一七〇二）にはやった。トーピアリ嗜好は、これでおおいに刺激されたのだろうか。

ボーダー花壇

西の散歩道 East Walk も美しい。石塀に沿った直線の広い園路である。もとは、リンゴなどの果樹が垣根仕立てになっていたところ。垣根仕立てとは、自然な樹枝を石の壁に押しつけるように留めて樹全体を平たく仕立てたもの。風を避け陽当たりを良くするのによかった。それが取り払われ、現在は見事なボーダー花壇になっている。かなり大振りの灌木やつる植物が中心で、スケールが大きく、変化に富む。色合い、そして形に固有の旋律が感じられる。それに沿って歩きながら振り返る。立ち止まって見る。美しさが沸き立つ。この庭では趣の異なるボーダー花壇が他にも造られている。それもまた、それしかない上品な鮮麗さで目を奪う。抑制と発揚に個性がある。ボーダー花壇は、一九世紀の末にジーキルが始め、二〇世紀に発展した。現代のイギリス庭園でも主要な構成要素である。

一六九〇年代の造園の当初からあったボーリング・グリーンが今もある。玉転がしの遊びの場。昔の玉が偶然に発掘され屋敷に数個展示されている。かつて屋敷主グレアムが、ケンダル市長以下、名士を招いて、五月一二日、恒例の二十日大根の宴（ラディッシュ祭り）を催したのがここだという。二十日大根を大量に食した。同時に、パンとバターと酒も大量に消費。野趣豪快な、あるいは田舎臭い、畑の匂いのするお祭りであったらしい。古い庭らしく、果樹園もある。主庭の四区画のひとつが割り当てられている。開花時の香り、秋の収穫が楽しめるという。

庭の中央を縦断するブナのトンネルも当初のものである。トンネルは高く、背丈の二倍ほど。春先、まだブナ

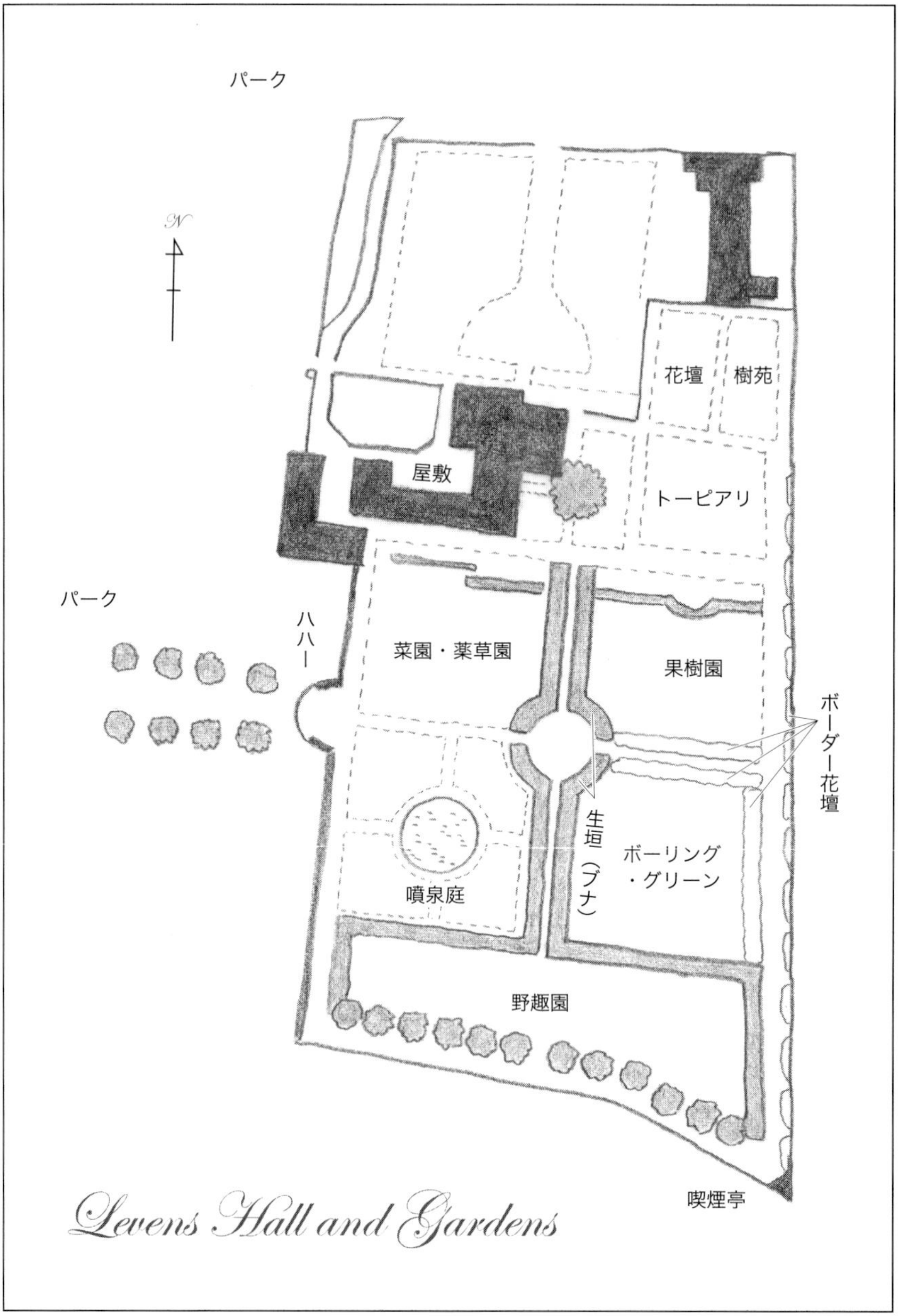
パーク
屋敷
花壇
樹苑
トーピアリ
パーク
ハハー
菜園・薬草園
果樹園
ボーダー花壇
生垣（ブナ）
ボーリング・グリーン
噴泉庭
野趣園
喫煙亭
Levens Hall and Gardens

レヴァンズ・ホール　トーピアリ

レヴァンズ・ホール　20 世紀のボーダー花壇

が裸木のとき、地面は白い花で覆われる。ワイルドガーリックの花の帯ができるのだという。

庭の奥、つまり南端には、ウィルダーネス（野趣園）。整形の意匠だが、東西のふたつに分かれ、意匠が異なっていた。一七三〇年ころの図面でその姿が偲ばれる。現在は、整形だったデザインも消えさり樹種も変わって、全体が自然風の子供の遊び場に供されている。貴人たちの樹陰の散歩場がそう変わったのである。この一角に往時の喫煙亭が残っている。社交の場で喫煙が嫌われ、愛煙家がやってきてたばこを喫したところである。たばこが新世界からヨーロッパに入って来たとき、ひとはどこでも吸えたのではなかったことを物語る。

パークランドとハハー

西の散歩道 West Walk は特徴がない。しかし、ここで思う。王侯にふさわしい庭には、左右に広い散策路がなくてはならない、としたF・ベイコンの提案（「庭について」一六二三）である。ともあれ、西の散策路の真ん中にあるハハーは注目されてよい。半円形に外に向かって園路の縁が出っ張り、それを受けてハハーが造られている。ハハーとは、隠し堀、あるいは沈み垣、と訳されよう。庭の境に地面を掘り下げて造るが、水は入れず、横断面はレの字状にする。縦線の部分は石垣で、斜めに跳ね上げるところは芝生や土のままにしておく。これを作ると、見かけ上、庭と放牧地は地続きのようにみえるが、外から羊や牛は庭に入ってこられないという利点がある。フランスの要塞技術に起源があるとされ、ヴェルサイユの庭でも並木道を長く一本にみせるところで使われている。レヴァンズ・ホールの庭でも、このハハーはやはりすぐ近くまでいって下を覗かないと気づかない。ここだけ、庭を囲む石塀（現在は生垣）はなく、庭の外に視界が開けている。現在はパークランド（自然風景園）の中にまっすぐ延びる樫の並木がある。おのずとひとの目はそこへ導かれるが、ボモンの設計に並木はなかったという。並木は後の造作とのこと。ボモンは石塀に閉じこめられた散策者の視線をただ、パークランドのなかに解放したかったのだろう。眺望が広角になるように半円形に張り出す眺望場も作った。広角で自由。そして見せたいパークランドの姿もボモンは造った。山肌に露出する石灰岩を囲むように植樹をした。自然に見える樹群を配したのである。一八世紀の後半（とりわけ第4四半期）にイギリスはピクチャレスクの美を軸に、造園も観光旅行もにぎにぎしくなる。レヴァンズ・ホールのパークランドの姿はおよそ一世紀後のイギリス人が競って求めた「荒々しい、折れ線の自然」を備えていた。ここでは自然な川の屈曲を追うように森林が続いた。一七九〇年刊のウェストの『湖水地方案内』Guide to the Lakesでは「美しく想像力の極みにある庭」と紹介されている、という。ピクチャレスク趣味の火付け役ギルピンも「庭のデザインと外に広がる風景では最上」といったという。

ここのパークランドはもと鹿の狩猟園deer parkだった。その後、馬、山羊、羊、牛などが放牧されたらしい。現在、目立つのは、鹿と山羊である。

パークランドの景観に関心を寄せたのは、それが時代の流れだったからであろう。そこへの関心という点では、造園家のボモン、施主のグレアム、いずれが強かったのか。グレアムの友人イーヴリンは、自然の美しさは、植樹、空地、通景線（planting, clearing, vistas）で増すと考えたという。

ここのハハーは記録に残るものでは、イギリス最古だという。おそらく庭の外の風景に視線を開くというためだけであれば、ハハーは半円形の突出部だけに設ければよかったのであろう。あとは、石塀が外の動物の侵入を防いでくれるのだから。しかし、レヴァンズ・ホールでは、ハハーには排水の用もあった。特に冬には、潮、風、雨の重なりが悪いと、庭もパークランドも冠水したという。そしてそれが毎年繰り返された。ここは、河口域にあって、低地だからである。排水の必要があって、ハハーは川まで伸ばされた。

庭は完成した当初から評判を呼び、悪路をおして多くの訪問者がやってきたという。ロンドンからも多くの人が足を運んだ。一七世紀末のボモン設計の姿がそのまま残ったのは、歴代の当主の消極的な態度が大きかったことは先に述べた。しかし、積極的に守ろうとした人物もいた。グレアムの娘（サフォークならびにバークシャー伯爵夫人）で、ボモンその人、そしてその庭に愛着し、流行の改修から守った。イギリスの多くの庭は、一七八〇年頃までに、自然風景式庭園に全面改修された。お金もかかったが、それがイギリス貴族の体面でもあった。レヴァンズ・ホールの庭は、現在の当主の両親の代から修復に着手された。

■エッゼル城 *Edzell Castle*
スコットランドの煌めくダイヤ

訪れたのは七月九日。モントローズ駅から、タクシーで行った。古城と庭は、平野のなかにただひとつある、というかたちで存在していた。城と庭は思っていたものよりはるかに小さい。庭は一面のみ。一六〇四年という作庭開始の年号が、庭に入る門の上部の紋章板に刻まれている。

庭は四周を石塀で囲まれている。庭のデザインは整形式のノット・ガーデン。正方形に近い長方形。デザインは、四つ割りの形。模様も含め、縦横の線で左右対称になっている。模様は、ツゲの線と花で作られている。

一八一八年の火災で庭に関する資料は失われた。発掘調査もしたが、発見できたものは少なかったという。中央部になにか特色あるものが位置していたこと以外、なにも分からなかった。したがってこの庭は推定によって再構成された。しかし、そのデザインは独特の冴えを見せている。

中央には、今、イチイを円筒形に仕立てたものが置かれている。下方をやや膨らませて、ずんぐりした徳利に近い形。つる草の赤い小花が点々と連なり、美しい。庭の石塀の一角には、小亭が設けられている。これは一種の離れで、茶を喫し、菓子を食べて憩ったところ。一階には円卓と長椅子が置かれている。二階は、庭を俯瞰し、デザインと色彩を愛で、また転じて外の景色を眺めたところ。城からもっとも遠い位置に置かれているところに意味があるのであろう。庭の別の一角には、水浴場があった。早くも、冷水浴 cold bath は健康によい、と思われていたものか。今、四角い石の土台がそれを偲ばせる。冷水浴場に入れる水を汲み上げたと思われる深い井戸も傍らに残されている。

石塀の装飾と造作に、造園主の趣味と教養がよく現れているのがこの庭の魅力である。

東の壁には、今でいう太陽系と銀河系の天体を浮き彫りにした石板七枚が、やや見上げる高さで順に並べられている。太陽、月、水星、金星、火星、木星、土星。それぞれに神の像が刻まれ、ラテン語が彫られている。八枚目は、恒星群。この八つに地球（中心）を加えたもの、つまり九天が、当時の宇宙を表すものであったとか。

向かい合う西の石塀にも七枚の石板が並ぶ。こちらは、人生枢要の徳目。徳目のうち三つはキリスト教の重視するもので、信仰、希望、慈愛。残る四つは、世俗に人生を送る者のもので、思慮、節制、剛毅、正義。それぞれを象徴する人物像の下にラテン語が刻まれていて分かりやすい。

城と向かい合う南塀には、自由学芸の七科目の石板が並んでいる。文法、修辞、弁論、算数、音楽、幾何、天文。やはりそれぞれが人物像とラテン語で表わされている。

これらの石板を見ていくと、造園主の心がほのかに見えてくるような気がする。宇宙と星辰を理解し、学芸を愛し、世俗の徳、またキリスト教の徳で人生を形作ろうとした人物の姿が浮かび上がってくる。

石塀には、さらに、市松模様で連なる凹みがある。花鉢を置く。石塀にはまた、小鳥の巣作りのための丸い小穴も穿たれている。テニスのボールほどの大きさの穴が、等間隔で並んでいる。手を伸ばしても届かない高さである。花を置く壁龕もある。そこには小さい彫像を置いてもよいらしい。壁龕も一定の間隔で連なっている。これら、花、小鳥、彫像のための小さい造作。これも造園の心の一部といえよう。

この庭園は、狭いけれども、上品で、よく工夫されていて、心憎いともいえる。十分に五感を楽しませ、かつまた、心や精神に訴えるものを持った空間になっている。

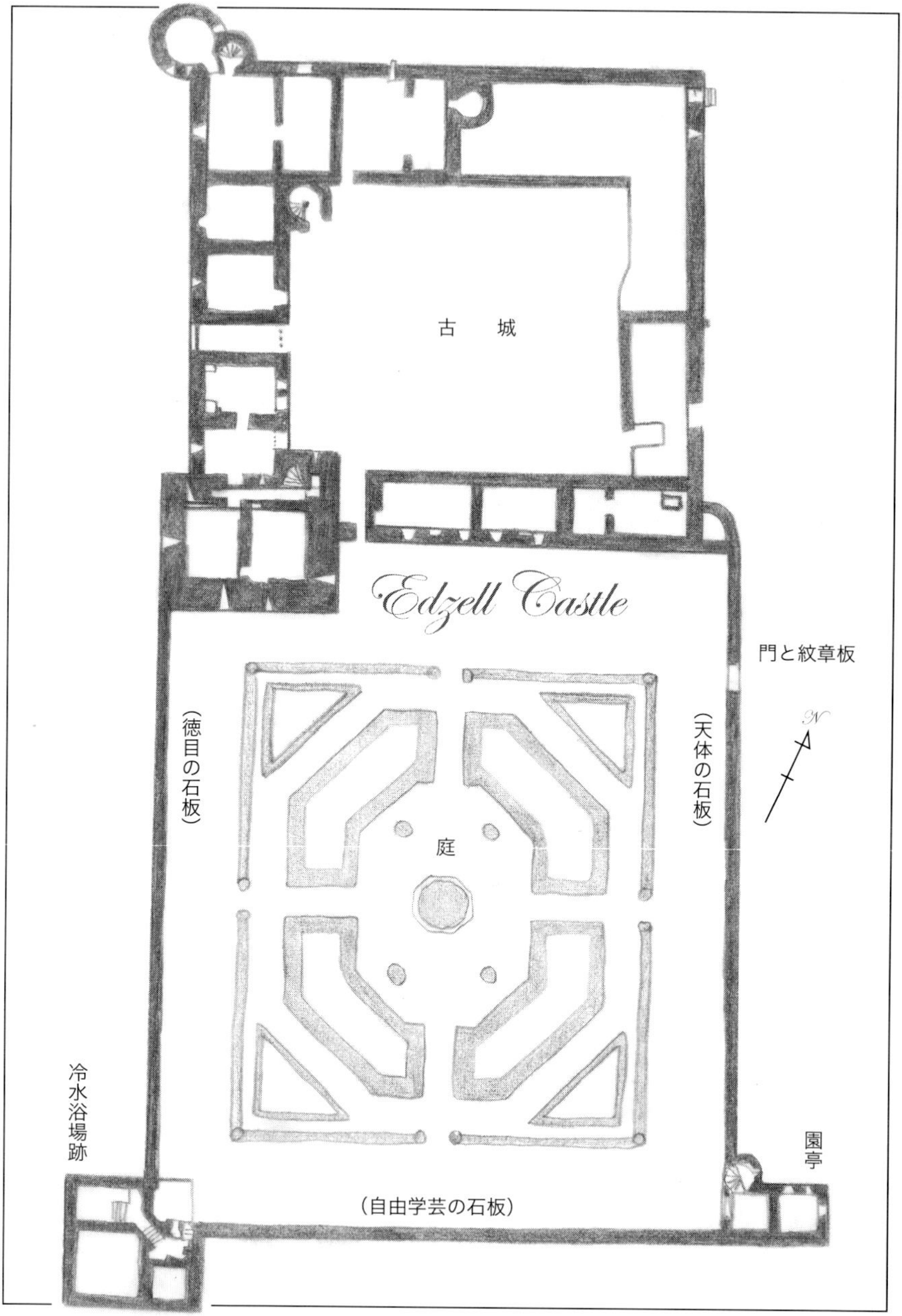
古　城
Edzell Castle
門と紋章板
（徳目の石板）
（天体の石板）
N
庭
冷水浴場跡
園亭
（自由学芸の石板）

エッゼル城　庭と園亭

エッゼル城　石塀と石板など

造園主は、ディヴィッド・リンゼイ卿。若い頃、大陸教養旅行をした。時代に先駆けて、植林と鉱山開発も手がけた。スコットランドのメアリ女王、ジェイムズ六世に仕え、枢密会議の一員にもなった。庭を造ったのは、晩年で、完成を見ずに一六一〇年に借財を残して死んだ。城の増築も未完成のままであった。

リンゼイ家の没落は、はやくきた。次代の当主ディヴィッド（同名）は一七一五年、借財のために所領地を売却し、本人は宿屋の馬丁として死んだ。その後、ある伯爵家の手に渡った古城は、一九世紀の末、美しい廃墟として訪れる者に公開されたという。

いま古城は、中世から近世にいたる築城の変遷の跡を残し、説明のパネルも分かりやすい。崩れた壁の間をつばめが行き交う。ここでも、造園は一家の命取りになったのであろうか。

■ハドン・ホール *Haddon Hall*

華美を控えて趣き深い——古城と庭

三時半頃タクシーで着く。五時半に迎えに来るよう頼む。川向こうの丘の上に古城がそびえている。橋を渡って、庭師の家の面白いトーピアリを見てすぎる。一軒のカフェ・レストランで、午後の紅茶。坂を上ってお城に入る。お城見物の後に庭に出る。全部で六面。すべてテラスである。庭は城の東と南に位置し、全体では逆L字形になる。庭の配置は昔のままだという。庭は、地味で、素朴そうに見えて、洒落ている。古城の構造や壁面とよく調和している。城の壁石は、この地方で取れる灰色と黄色の中間の色合いで、これもよい。急斜面の下を流れ去るワイ川とそれに架かる古い石橋があり、その向こうには、緑の牧場の広がる丘が見える。この眺めも良い。訪れていた客は一〇名前後。

見終わって、カフェ・レストランや庭師の家の前を過ぎ、道路際の門番小屋のようなショップへ戻って本や絵はがき、飾り皿などを買う。やがて店の人も受付の人も帰っていく。タクシーは来ない。「これは……」と心配になる頃、ようやくタクシーが勢いよく走り込んできた。運転手は'I'm extremely sorry!'という。ベイクウェルのバス停につけてもらう。「ただでいい。遅れたから」。「いや、払う」。「じゃ、二ポンド」。

城の歴史は古く、ウィリアム一世が一〇八六年に作らせた土地台帳『ドゥームズデーブック』以前に遡る。いま見る城の中心は一四世紀のもの。中庭を囲むロの字形の建物で、その一部は一六世紀と一七世紀に改修された。さらに一五世紀、その西側にコの字形の建物が加えられ、全体では中庭がふたつ、ふたつのロの字が横に並ぶ形となった。樫材で作られた「宴会の間」Banqueting Hallや厨房、質実なギャラリーLong Galleryなどを見ることができる。「宴会の間」は城の者四〇～五〇人が起居飲食したところで、領主一族の席は能の舞台のように高く作られている。内装が漆喰と金メッキになる以前で、天井、床、壁、扉は木材でできている。ギャラリーは悪天候の時に領主一族が体を動かし運動したところ。一七〇三年、ラトランド公爵家はハドン・ホールからビーヴァー城に本拠を移す。ハドン・ホールは一八、一九世紀の間、ほぼ放置に近い状態に置かれた。一八、一九世紀はイギリスの屋敷や庭園が大きく変化した時代。この二世紀をハドン・ホールは眠って過ごしたともいえる。二〇世紀の初め、第九代公爵がここへ戻り、荒れた城の復元に取り組み始める。公爵夫人が庭を一新した。したがって庭の配置は昔のままだが、デザインは二〇世紀のもの。この庭は一九九三年に、「今年の庭」に選ばれた。これは、クリスティーズ（ロンドンの美術品競売商）などが後援する賞である。

庭の造りは六面とも、おおむね簡素で、芝生と小さい花壇でできている。一部にボーダー花壇。イチイの列が並ぶところもある。城の壁面やテラスの擁壁に這い上がるバラやクレマティスが目立つ。バラはこぼれるように階段の手摺りを覆う。水仙やチューリップは春を彩り、夏、デルフィニウムのボーダー花壇が、白、黄色、ピンク、濃紺の色を見せるという。桜もある。ラヴェンダーやサントリナも、くすんでいるようだが、ここではなか

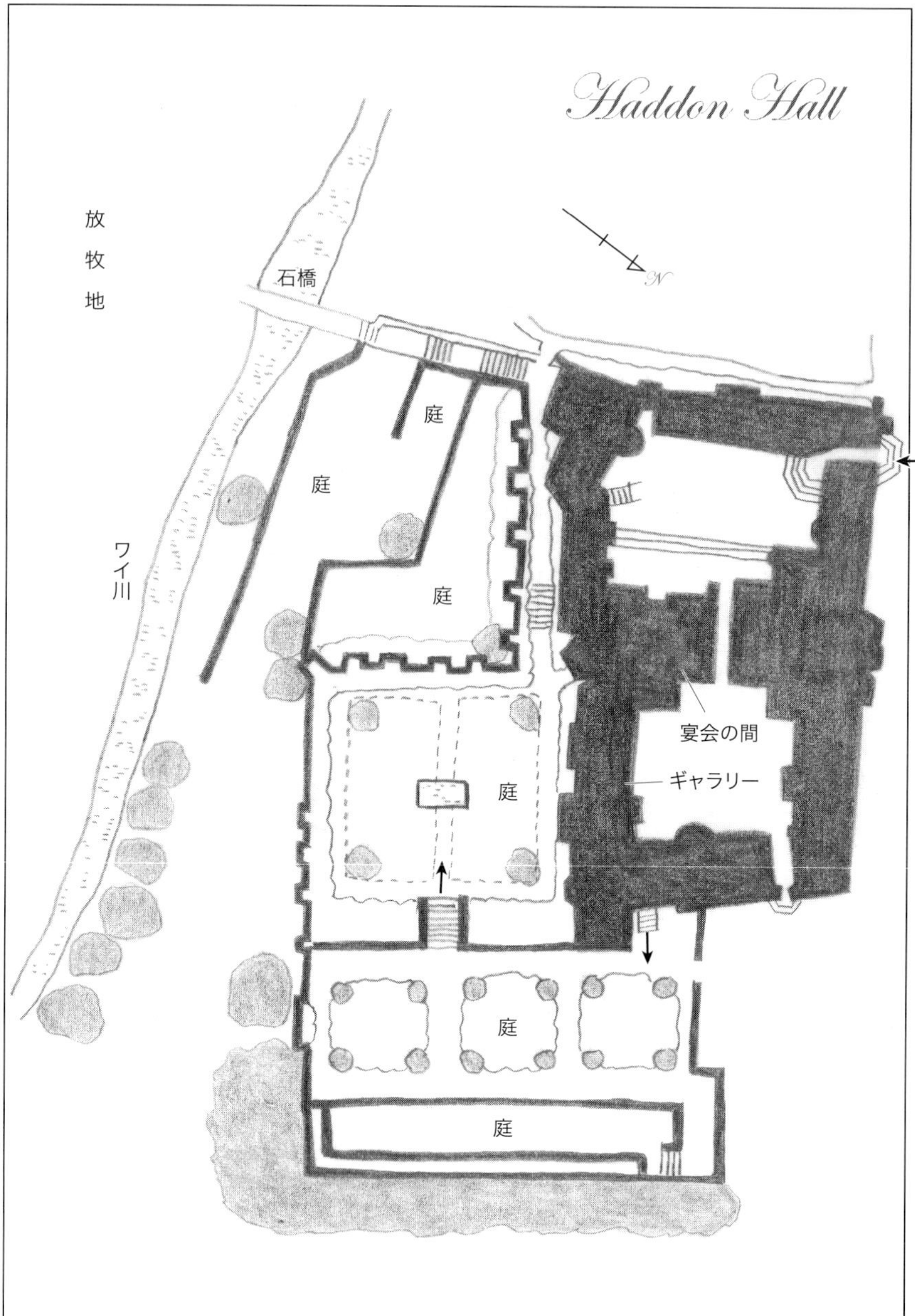

Haddon Hall
放牧地
石橋
N
庭
庭
ワイ川
庭
宴会の間
ギャラリー
庭
庭
庭

ハドン・ホール　古城を彩る花

ハドン・ホール　中心の庭

なかシックに使われている。ハドン・ホールの植物には古い種も多く、たとえば、一六世紀のヨウシュハクセンやハアザミなどが植えられている。この庭でとりわけ有名なのは、収集されたバラだという。

庭の中心部はギャラリーから見下ろすことができる。

『庭園訪問案内』を書いたJ・ヒッチングという女性は「来るたびにいつも心を奪われる」という。心の襞に残る忘れがたい城と庭であるのは確かだ。

2 蘇る古城の庭

■ポーウィス城 *Powis Castle Garden*

岩丘にそびえ立つ古城——蘇るテラスの整形園

ウェールズへ

九月一日に一泊庭園探訪を思い立つ。目指したのはウェールズのポーウィス城。ウェールズというだけでも心が躍る。庭園書の図版でみると、ポーウィス城の庭は日本の雛段飾りを思わせる。丘の上に古城がそびえ、花壇が数段のテラスとなり、最下段には広い芝生。色彩豊かで劇的、かつ華やかさがある。そして美しい眺望。一度は目にしたいと強く思わせる庭園である。

ヨーク（七時四二分）—バーミンガム（九時五〇分着／一〇時一〇分発）—ウェルシュプール（一一時四七分着）—ポーウィス城—ウェルシュプール（一六時五六分）—シュルーズベリ（一七時二〇分着／泊まり）という計画を立てた。

ウェルシュプール駅は無人で空の下にホームだけがある。すこし離れて大きな倉庫のような旧駅舎と覚しき建物があり、中は大きな衣服店になっている。レジの女性にタクシーの電話番号を聞く。ロータリーの電話ボックスからタクシーに電話をかける。愛想の良い中年の運転手の駆るタクシーがやってくる。衣服店の前の広い道路は町とは繋がらず、車が行き交うだけのところで、町の中心はそこから一〇〇メートルほど内へ入った所にある。

町を抜け、田舎の風景の中を走る。門の前で運転手は車を止め、写真を撮るにはここが一番良いと教えてくれた。勧められて車を降り透かし門から、平庭を前景に置き、向こうにテラスと城という構図で写真を撮った。タクシーは半円を描いて坂を上り始める。運転手は途中、「鹿がいる」としばらく車を止め、「よく見たか」と聞く。ふだんはもっといる、とつぶやく。タクシーは坂道を上がりきり古城の門についた。四時に迎えに来てくれるよう運転手に頼んだ。

立体的な五面の造り

城の前と後ろに風景式庭園が広がる。途中で鹿を見たのは後ろの風景園。前方の風景園では羊が草をはんでいる。遠景では、草地、耕地、木立などが美しい模様を描く低く長い丘が空に接している。この恵まれた眺望は天与のものである。

庭に三段のテラスのあるのが今では強みになっている。いま二〇世紀のボーダー花壇がそこに造られている。最上段のテラスには大きなイチイが並んで、城の壁の色に映えている。二段目のテラスの中央には旧鳥屋があり、その下、三段目のテラスの中央には旧オレンジ舎がある。いずれも岩壁の中に嵌め込まれ上下に重なってみえる。旧オレンジ舎のテラスの中央部分には手摺りがあり、手摺りの上に小型の彫像と飾鉢が配されている。彫像と飾鉢はともに小粋な作りで、彫像は羊飼いの男女たちの優美な姿である。テラスを繋ぐのは石段。このあたりの造りはイタリア式である。

イタリア式庭園はルネサンス期・バロック期にイタリアで展開した。イギリスでこれが造園のモデルと仰がれたのは、およそ一六世紀、つまりヘンリー八世とエリザベス一世の時代、そして次の一七世紀前半の王朝の時代である。王政復古（一六六〇）後の一七世紀後半になると、イギリスでは庭造りのモデルがフランスに変わる。フランス幾何学式庭園である。この時、フランスの庭師の招聘やフランスの造園書の翻訳が盛んに行われた。一六八八年栄光革命によってオランダのウィリアム三世が立憲王政の王位に迎えられると、上流貴族の間では、フランス式とオランダ式のさわりを組み合わせた広いフランス・オランダ式がはやる。中小貴族や富裕市民の間では、装飾の密度を高めた小振りのオランダ式が模範となった。この時期にイギリスの造園界を主導したのがロンドン George London（一七一四没）とワイズ Henry Wise（一六五三―一七三八）である。イタリア式がおおむね小規模なテラスを重ねて階段で繋ぐ立体的な構成であったのに対して、フランス式もオランダ式も、またフランス・オランダ式も、平庭か、あるいは広いテラスを低い段差でつなげる形をとった。ポーウィス城のように、イタリア式に似た立体的なテラスの庭はイギリスではきわめて珍しい。

二段目の旧鳥屋のテラスは幅が狭い。旧鳥屋の壁には薄い赤紫の日本の藤が懸かっている。旧鳥屋の中には半耐寒性のシャクナゲがあり、香りが強い。三段目の旧オレンジ舎の壁にはバラが這う。旧オレンジ舎の中にはオレンジなどを植えた鉢やコンテナが置かれている。このテラスは幅が広い。ボーダー花壇が旧オレンジ舎の左右に延びる。後ろの壁際に低木を配し、手前の園路に向かって順に背丈の低くなる多年草で構成されている。アジサイ、ジャスミン、ザクロ、ニワフジ、フジウツギ、モクレン、ケアノツス、エスカロニアなど。様々な珍種もある。テラスの全長はおよそ七五メートルあり、その端で春秋にカエデとシャクナゲが映り合う美しさは絶妙だという。

オレンジ舎のテラスの下には幅広い美しい草地の斜面があり、水仙やサクラソウ、イヌサフランの花、灌木や樹木が配されている。その下端から矩形の広く濃い芝生が広がる。この緑はイギリスのもの。古くからイギリスの庭に見られたボーリング・グリーンの系統であろう。

その向うに横長の小丘が立ち上がり、野趣園 Wilderness になっている。至るところにシャクナゲがある。イチイもある。高木で古いのは樫の木。それから樹齢二～三〇〇年の針葉樹。ユリノキ、楓、木蓮やトキワガシなどの他に、ツツジもある。地表に咲く花は、スノードロップやブルーベル。

イギリスの庭に野趣園が設けられるのは、まず一七世紀の後半の庭。それから一七〇〇年前後の時期に活躍したG・ロンドンとワイズの庭にも設けられた。さらに風景式庭園へ移行する時期（一七三〇年代）の庭園にも野趣園は造られている。

風景園が広がるのは野趣園の下方からである。風景式庭園は一八世紀になってイギリスで生まれ、とくに一七六〇年頃からイギリスの風景（特に中南部）を一変したといわれるほど流行した広い庭である。

芝生や野趣園の東（テラスから見下ろすと左手前方）には旧菜園があり、現在は芝生が張られ、リンゴの木や葡萄のパーゴラ、イチイの生垣で美しく構成されている。樹齢は八〇年を越えるというリンゴの木が並んでいる。いずれもピラミッド形に整枝され、実をたくさん付けて矩形の芝生を取り囲んでいる。そのリンゴの木の一本一本の根元に地被植物が円形に植え込まれている。その色彩は銀色を帯びた青緑だったり、薄黄色だったりで抑制がきいて品がよい。この庭は「整形庭園」Formal Garden と呼ばれる。もう一面の庭は芝生とボーダー花壇の庭で、「クロケット・ローン」Croquet Lawn と呼ばれる。さらにもうひとつ芝生の庭がある。ここには紡錘形のイチイと花壇と噴水があり、「噴水の庭」Fountain Garden と呼ばれる。この三つの庭はいずれも二〇世紀になって誕生した。「噴水の庭」に瀟洒な模様の鉄の透かし門がある。この外がちょうど運転手が勧めたベスト・ショットの場所で、ここから城とテラスの庭は斜めに見上げられる。最上段の樹齢三〇〇年のイチイは、城とテラスの庭の境をなし、壮観である。不規則な、松ぼっくりのような刈り込まれたイチイのおもしろい曲線が、城の直線を和らげる効果を見せている。同じような巨大なイチイは、テラスの庭の右手（東）の斜面にも見られ、

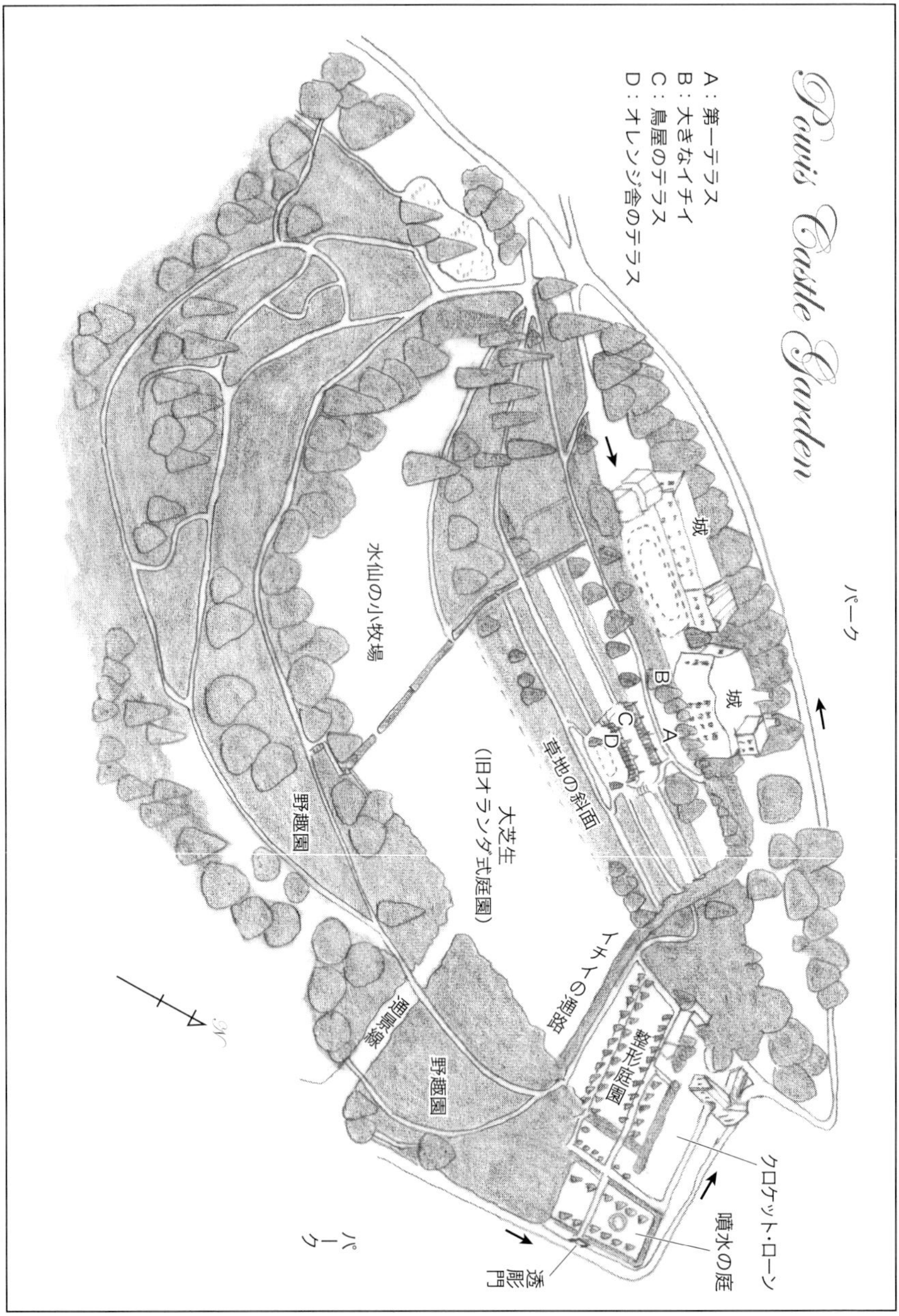

Powis Castle Garden
A：第一テラス
B：大きなイチイ
C：鳥屋のテラス
D：オレンジ舎のテラス
城
城
パーク
水仙の小牧場
草地の斜面
大芝生
（旧オランダ式庭園）
野趣園
野趣園
通景線
イチイの廻路
整形庭園
クロケット・ローン
噴水の庭
透彫門
パーク
A
B
C
D

ポーウィス城　テラスから遠景を望む

ポーウィス城　オレンジ舎のテラス

ここでも連なって、盛り上がりうねるような生垣になって斜面を降りている。この巨大なイチイの生垣は、最下段の大芝生の右端（東）を走るイチイの通路 Yew Walk に連なる。通路のイチイはゆうに人間の背丈を超え、煉瓦塀のように刈り整えられ、狭い通路を左右から挟んでいる。二〇世紀に造られた三面の新しい庭に行くには、この通路を通るか、別の道を通る。その別の道もやはり量感に溢れたイチイの間を通る道。旧オレンジ舎のテラスから、右端（東）の巨大なイチイの下をくぐり抜けて反対側に出てから、イチイに挟まれてつの字の道を下る。この緑の通路を通ることにはちょっとした意味があるようだ。鮮やかなテラスの色彩の世界を眺めてきた目は、この間に休まり、静かな緑色の支配する二〇世紀の平庭に導かれる。

ポーウィス城は中世に建てられて以来、砦のような姿で、その壁の色も日本人には珍しい薄い柿色のまま、いまも大きな直方体の固まりのように岩丘にそびえている。かつて三方には堀が巡っていた。城下の三段のテラスの庭の原型は一六八五年から一七二二年頃に造られ、この構造は現在まで変わらない。最下段の平面の庭も当初から設けられ、また野趣園もこの時のもの。一八世紀の末、周辺の樹林園の一部が風景式庭園の姿に整備された。さらにその後二〇世紀の一〇年代になって、旧菜園が三面の上品な一七世紀風の整形園に整えられた。やはり二〇世紀、テラスの整形園には現代イギリス庭園の祖ジーキルが発案したボーダー花壇が取り入れられ、繊細で多彩な美しい園芸の庭に転換した。

庭の整備と美化はこのような三段階を経た。

ここでは全面改修というものがなかったから、過去の庭も残され、異なる由来・異なる時代の庭が見事な調和を見せている。構造は変化に富み、植栽も多様。季節ごとに異なった花と樹葉の魅力が味わえるという。芝生の庭の西側には、新たにナショナル・トラストによって、水仙に始まりサクラソウ、キンポウゲ、イエローラトル、ランが咲く「水仙の小牧場」が造られた。城と庭園は一九五二年に公爵家からナショナル・トラストに譲られた。管理も行き届き、見物する者は心躍り、足は快く先へ誘われる。城の立つ面と最下段の芝生の庭を加えると、五面の立体構成で、高低差はおよそ三〇メートルになる。ここではどこを撮っても良い写真ができる。

中世の砦城と一七世紀のテラスの庭

ポーウィス城は中世の初めに一帯を治める領主 Prince の砦城として造られた。工事は一二〇〇年頃に始まり、主要部は一二七二—一三〇七年に完成したとされる。この間ウェールズはエドワード一世（一二七五—一三三〇）に征服併合（一二八四）され、ウェールズの領主達には男爵の位が与えられた。ポーウィス城の主も同様に、男爵の身分をえた（一二八六）。城は一五八七年、第一代ペンブローク伯爵の二男サー・エドワード・ハーバートに売却される。内乱の時代の一六四四年には議会軍に占領された。一六六〇年、王政復古により返却をうけ、第二代侯爵はジェームズ二世の宮廷で大臣を務めた。一六八八年、栄光革命の時に、ジェームズ二世はフランスに亡命する。侯爵一家も亡命（一六八八—一七〇三）を余儀なくされた。侯爵夫人には、ジェイムズ二世の赤ちゃん、のちに老潜王と呼ばれるジェイムズ・F・E・スチュアートが託された。異国での侯爵の死（一六九六）にともない、城は一時ウィリアム三世血筋のロシュフォール伯爵に与えられた。侯爵家が帰国して城に戻るのは一七〇三年である。

三段のテラスの庭が造られたのは、この波乱の時期である。だれがいつ造ったか。いくつか断片的な記録があり、矛盾する点もあるが、およそ次のように推定されている。おそらく一六八八年以前、第一代侯爵（一六八五年から）の時代に、ワインド William Winde を起用して城と庭の改修が始められた。庭造りは侯爵家の亡命で中断。第二代侯爵夫人が亡命先のゲント（フランドル）から連れ帰ったフランスの庭師デュヴァル Andrian Duval が一七〇三年から庭造りを再開。一七〇五年までに大方完成。デュヴァルへの支払い記録が一七一三年と一七一七年に見られる。庭造りはこの後も続けられたであろう。ワインドも一七二二年に亡くなるまで造園に係わったかもしれない。あるいは、デュヴァルはワインドの監督の下で庭造りをしたとも推測される。ワインドは第一代侯爵のロンドンのタウンハウスの改築も手がけていた。なお、ロシュフォール伯爵はこの城に住まなかったから、造園に係わっていないとされる。ロシュフォール伯爵は一七二二年まで城に住み、庭造りもしたという別説もあるが、真偽のほどは不明である。

細長い棚田のようなテラスの整形園が整えられた時、いま広い芝生になっている最下段の庭は彫刻と噴水と池に整えられた。その造りはオランダ式。トーピアリも庭を飾った。彫像にはヒドラと戦う「ヘラクレス像」(いまテラスの庭に置かれている)や名声の女神「ファーマ像」(城の中庭に置かれている)があった。いずれも体をねじり、上下への運動をはらんだバロックの彫像である。また、野趣園の斜面には段々滝(カスケード)がかかり、城と向かいあう形になっていた。これはバロックの庭によくある趣向で、イタリアのローマ近郊の別荘地フラスカーティにあるアルドブランディーニ荘などには大々的にこの仕掛けがみられる。コモ湖畔のエステ荘など、その他のバロック期のイタリアの庭でも、庭を挟んでおよそ屋敷と向いあう段々滝がしばしば造られた。このような造り方はルイ一四世のマルリの庭でも再び採用された。イギリスではチャツワースのものが名高い。これらに比べるとポーウィス城の段々滝は謙虚で小さかった。

最下段の広い庭や野趣園は急な斜面の上にそびえる城に対して、構成上ほどよいバランスを保っている。野趣園 Wilderness もこの時造られ、城に住む者の手近な小森の散策の場となった。自然の趣があったから、テラスの整形園と対照をなした。ここから城とテラスの庭を見れば見事な全景が眺められた。

庭の出来は上々であったらしい。「今週ポーウィス城で正餐にあずかりました。噴水や水盤が完成していました。私の見たなかでは抜群の出来映えです。噴水は二〇フィートの高さまで上がります。段々滝は二段で上品な水盤に流れ落ちています」(ジョン・ブリッジマン、父への手紙。一七〇五年九月八日)。テラスの庭はピンク色の石灰岩を切り崩す工事であったから費用もかかった。しかし、それは報われたようだ。その姿は一七四二年のバックの「ポーウィス城眺望」A Perspective View of Powis Castle, by Samuel and Nathaniel Buck という版画に残されている。プリチャードの一七七一年の図面（'A General Plan of Powis Castle as at present', by Thomas Farnolls Prichard, 1771）からも、城と庭の姿を窺うことができる。

風景式庭園

一八世紀、とりわけ一七三〇年代からは、庭園趣味の最前線で、はっきりと自然風景式庭園がよしとされていく時代だから、テラスの庭は古いと見られ、整形の故に酷評された。純粋な風景式庭園で一世を風靡した庭師ブラウンがポーウィス城を訪れ、テラスの庭を元の自然風の岩の斜面に変えることを提言したという。しかし当主はこれを受けなかった。そのことがまた、庭の趣向が変わった次の世紀にたとえば「ポーウィス城は小型のエステ荘になる可能性を秘めている」（リチャード・コルト・ホア、一八〇六）という評価を生み出すことにもなった。確かにこれは適評かもしれない。グランド・ツアーを体験した者にとって、ローマ近郊の別荘地チボリにあるルネサンスの名園エステ荘の目も眩むような立体感を連想することは容易だったであろう。

一七七一年からポーウィス城でも自然風景式庭園の趣向に沿う改修が始まる。イギリス造園の流れからすれば、着手はいくらか遅かったといえるだろう。しかし、この時、テラスの庭は除外され、おもに周辺の樹林園 Park の部分が改修の対象とされた。担当したのはイームズという庭師であった。この庭師によって林業の場でもあった樹林園 Park のうち城に近い範囲が、芝生と樹林によって構成される風景式庭園に美化された。このとき野趣園も大々的に植え替えが行われた。城へのアプローチも変えられた。直線からわざと遠く迂回する曲線へ変えたのである。今度はそれが格式あるアプローチの道筋であったから。城の北側直下を通っていた公道は遠くへ移された。苗園 nurseries も大きく改修された（一七七八）。

イームズ William Emes（一七三〇—一八〇三）は風景式庭園の造り方を巨匠ブラウンから直接習ったのではないらしい。北ウェールズを中心におよそ五〇庭ほどブラウン流の風景式庭園を手がけた。湖を造るのがうまいと評判であったという。

改修直前の城周辺の樹林園 Park の姿は先ほどのプリチャードの図面から知られる。「ポーウィス城の立つ高さ、そこからのすばらしい眺望の魅力、数千エーカーに渡る広い樹林園 Park。ここは、王国第一級の所領地の一つに数えられる」（ジョン・カラム卿、一七七四）。

樹林園 Park の一部が一七七一年以降ブラウン風の風景式庭園に改められた後の姿は「樫の古木や枝を広げるブナと美しいマロニエが豊かな森の眺めに変化を与える。ここは森を愛する者にとってはこの上なく羨ましい風景園だ」（エヴァンズ Rev. J. Evans: A Tour through part of North Wales, 1802）などから窺える。

樹林園 Park

ポーウィス城の樹林園は中世由来のもので、記録は一六世紀から見える。「美しく起伏する土地に、樫、ブナ、西洋カジカエデ、菩提樹」と述べられている。議会派軍の仮差押人は差押えの対象から「赤い城の鹿とグレート・パーク」を除外した（一六四九）という記録もある。一六八四年の絵図では樹林園の一端が描かれ、城の東門（ここが正門であった。現在、観光客が入る門は元の裏門）に向かって一直線の並木道が樹林園の中に通されている。当時の格式ある直線のアプローチである。

一七三二年には「城は樹木の豊かなパークの中に立っている」（ラヴディ John Loveday）と語られている。一七四二年には「ポーウィス城は小丘の上にあって麗しく眺められる。その後ろにもうひとつのもっと高い丘があってよく育った樹に覆われている。それは美しい樹林園 Park の一部を占めている」（ミルズ Rev. Jeremiah Milles）と観察されている。

一七四四年に第二代侯爵は植樹をした。樹齢二〇年から三〇年の若木で、一〇〇年後に材木が得られると考えた植樹であったという。一七七二年「何千エーカーもある広大な森のような樹林園を見た」という（カラム Sir

John Cullum)。

イームズの手によって風景式庭園に整えられる以前から、ここには十分に美しくも豊かな森があったことが窺える。風景式庭園の姿に改められのは広大な樹林園の一部である。それがどの範囲までであったのかは分からないが、修景された後の美しさについても人々の意見は一致したようだ。後述のように城と庭はいささか荒れていても、樹林園の手入れはよく行き届いていたらしい。

「この古城の周りの土地は広く、見事に起伏し、樹もほどよく育っている」（バイング John Byng, 1784）。城近く、一部では針葉樹も植えられた。風景園には鹿もおり、鹿は風景園では欠かせない点景であった。一七六〇年だが、鹿の維持費用は二〇二・九シリングと記されている。

ポーウィス城の樹林園は歴代、すぐれた林業の場であった。美的観賞の場である前に木材を育て収入を得る場であった。歴代の主は美景も維持しながら、林業に活用した。幸い、モンゴメリー州の天候と土壌は林業に適した。第一代伯爵（一七〇三—七二）は一七五〇年以降、イギリス海軍の戦艦建造の需要増で利益をあげた。一八世紀の末、ロドニー提督は戦艦にポーウィスの樫を指定したほどであった。一七八四年には木材販売で七二四ポンドを得たとの記録がある。一八一九年、ポーウィスの森林は六九二〇ポンドと評価された。ブラウン風の風景式庭園への修景には一部を芝生に変えることが含まれていたから、それだけ樹林が減る。それを差し引いても豊かな森であったと思われる。現在のパークの樹のほとんどは一八〇〇—五〇年に植えられたもので、樹齢が二〇〇年から一五〇年になる。二〇世紀の初め、幹回り約九メートルの巨樫や、イングランドとウェールズでは最も高いモミ（約五〇メートル）も見られたという。ポーウィス城の地所の中には、豊かな鉛を産する鉱山もあり、一八世紀の半ばには年に二万ポンドに上る収益を上げていたという。

クライヴ公の整備

一七七〇年代の風景式庭園改修の直後からしばらく、整形園の方の評判は芳しくない。「(階段、手摺り、園亭などは悪趣味な設計で）果樹すら世話が行き届かない。手摺りとテラスは崩れかけている。馬たちがパルテール(最下段の庭のことらしい）で草をはんでいる!」(バイング、一七八四)。「テラスを歩くことはできない。手摺りが崩落しているからだ。足を滑らせたら命が危ない」(匿名、一七九三)。テラスの庭と最下段の噴水の庭の荒廃がひどかったらしい。関心が薄く自然風にまかせたのか。いや、やりくりが苦しかったのか。どうも第二代伯爵ジョージ（一七五五―一八〇一）はロンドンで浪費三昧の生活に浸っていたらしい。

しかしその当主は死ぬとき「庭を完全な状態に復すべし」と遺言した。第二代公爵の跡を継いだのは妹のヘンリエッタ・アントニア・ハーバートである。その夫はクライヴ家の二代目エドワードであった。エドワードの父は「インドのクライヴ」といわれたロバート・クライヴ（一七二五―七四)。初代インド総督で、いわゆるナバーブと呼ばれたインド成金の初めに位置するような人物である。エドワード・クライヴ（一八〇四年から第一代ポーウィス伯爵）は先代の遺言通りにいくらか庭の整備を行った。最下段のバロック式の噴水や段々滝は姿を消した。そこは鹿園に変えられたらしい。クライヴ公は一八二二年に城と庭の水彩画を描かせている。庭は低木、樹木、つる植物が加えられ、整備された姿を見せている。最下段の草地には鹿の群がおり、そこを散策するふたりのフロックコートの男性という牧歌的な姿が描かれている。草地の鹿（あるいは牛や羊）と散策する貴族を取り合わせて描くのは、一八世紀のイギリス風景式庭園のきわめて普通の図柄である。ただ、ポーウィス城では、囲われた草地という点だけが異なる。次の代も含め、およそ一八〇〇―五〇年の間に、城、整形園、風景園ともに整備修復が施された。

伯爵夫人の庭造り

そして二〇世紀。三段のテラスを重ねた整形の庭は豊かで美しい園芸の庭になる。多様な花や植物、灌木の組み合わせに工夫を凝らし、かつ花の季節をできるだけ長くしようと園芸知識を注ぐ、そんな現代的な庭が誕生する。また、最下段の鹿の園のなお東に位置していた旧菜園が三面の整形園に生まれ変わり、美しい庭域が広がる。このような二〇世紀の美化を推し進めたのはヴァイオレット伯爵夫人である。一九一一年一一月の日記に夫人は記す。「数年、庭に手をつけたくて仕方なかった。今年やっと夫から庭の管理を任せるとの同意をえた。大変な仕事だ。元に戻すことも含め、することはたくさんある」（要約）。日記はさらに「貧弱な庭――花もなく、取り合わせのセンスもない――。なぜこうなったか。庭師に任せきりにしていたため。よそにない城の立地を生かして、イギリスとウェールズで最も美しい庭のひとつにしよう。一八世紀の菜園がテラスから丸見えになった。目隠しになっていた楡が嵐で倒れたから。テラスと城から農作業小屋や納屋が一緒にみえる。ひどく嫌だ。美しくない。ここから醜いものをみな取り除く。そこをビロードのような芝生にする。バラ園を造る。噴水を造る。大理石のベンチを置く。ボーダー花壇を造る」（要約）と記している。夫人はバロックの噴水の庭（最下段）がなくなったのは残念だという。夫人が行った一七世紀風の庭の美化の結果は簡素で上品だったといえようか。落ち着いた雰囲気のあるそれぞれの庭でも、しかしまた二〇世紀のボーダー花壇が周辺で控えめな華やぎを見せる。

時間があれば、やや西側に位置するが、岩庭を見たり、小さな沼地と草原に降りてみるのもよい。そこには一九世紀ヴィクトリア時代に造られた水浴場がある。

ポーウィス城の内部も見物できる。クライヴ家ゆかりの品々、装飾品も目にできる。

■ドラモンド城 *Drummond Castle Gardens*

デザインの勝利——見飽きない一枚のパルテール

長い真っ直ぐなブナの並木（アプローチ）を通って、雨の中、古城の門にたどり着く。古城の立つ台地の辺縁の手摺りから、下を覗くと、庭が眼下に眺められる。劇的な演出、あまりに華麗な広がり。突然、別世界へやってきた、と思う。庭は広く、横長の一面。庭には三段のテラスを階段で下りて降り立つことになる。

風変わりなデザインの美しさのもとは、庭の骨格をなす×字形の十字（園路）であろう。聖アンドリュー十字と呼ばれる十字で、斜め線が三〇度くらいまで低く傾く。スコットランドの国旗に用いられている十字である。庭はこの骨格の上に直線や円形を配して設計されている。庭を上品な華麗さに仕上げているのは、むろん、選ばれ、組み合わされた花と草葉、樹木類である。

スコットランドの名門ドラモンド家が、ここに城塞と庭を築いたのは、一五世紀の末。第一代パース泊ジェイムズ・ドラモンド（一五八〇頃—一六七五）が一七世紀の前半（一六三〇—三六）に城と庭を改修した。庭は当時の流行に従って、イタリア・ルネサンス風に造り変えられた。この種の庭では、一般に、階段とテラスと、手摺り、彫像と噴水、飾鉢と花鉢で庭が構成される。生垣とトーピアリも多用される。整形式である。

詳細は分からないが、この庭は、四つ割りの結び目花壇であった。その姿は、たとえば、『スコットランド軍事測量図』General Roy's Military Survey of Scotland（一七四七—五五）から窺える。第四代ジェイムズ（一六四八—一七一六）は農業・林業の改革に力を注ぎ、城からパースまでおよそ二〇マイル四列の並木に着手した。一六七五—七六年に庭師リード John Reid を雇った。後にスコットランド初の造園書『スコットランドの庭師』The Scots Gard'ner（一六八三）を著すことになる人物である。第四代以降（一七世紀後半と一八世紀）は、しかし王党派でカトリックのドラモンド家には波乱・悲運の時代となった。城はクロムウェルの軍勢に荒らされもした。第四代伯爵は一六九三年に亡命。一八世紀には一時、所領を取り上げられた。所領がドラモンド家の手に戻るのは、一七八五年である。庭園の主流は、イギリス風景式庭園に変わっていた。多くの貴族の屋敷では、整形庭園が消え、代わって広大な風景式庭園が見られるようになった。ただ、この全面改修には膨大な費用を要するのがふつう。ドラモンド家はこの時、整形園には手をつけず、庭の外側に広がる部分だけを時代の趣向に合わせて整備したものらしい。一八〇〇年前後の頃である。現在も、そこは風景式庭園の景観をみせる牧場となっている。いま訪れる者の視線は、木々の隙間から、華麗な庭園の外側に広がっていき、この滑らかな草地に受け止められて、快い。

一九世紀もまた庭園の時代。ヴィクトリア女王の時代には、海外から流入する多くの植物や温室栽培の異国の植物を贅沢に使って、過剰なまでに派手な庭を造るのが、当初しばらくの流行であった。一八世紀の主流であった自然な風景式に代わって、庭はふたたび整形式。屋敷近くをテラス、階段、手摺りで、立体的に設計する。噴水に彫像。トーピアリも盛ん。これらの特徴をあわせて新イタリア式庭園と呼ばれた。同じ整形式でもフランスのパルテール（刺繍花壇）を用いる庭も造られた。ドラモンドの庭にも、流行は押し寄せる。庭の改修にはケネディ Lewis Kennedy（一七八九―一八四〇頃）という造園家が起用され、息子ジョージの代に完成された。この改修では、庭の骨格として聖アンドリュー十字が採用された。現在の庭の基本になっているのは、このケネディのものである。

第二次大戦の後に、庭の植物は再び大きく変えられた。全体に育ちすぎた植物を伯爵夫人が入れ替えた。かつてのヴィクトリア朝の密植と装飾過多と異なり、庭は簡素化されすっきりとなった。一九七八年には、維持管理のためにトラストが設立されている。

この庭はイギリスの多くの庭が辿った変遷からすれば、いくらか変則であった。しかし、そのために一七世紀

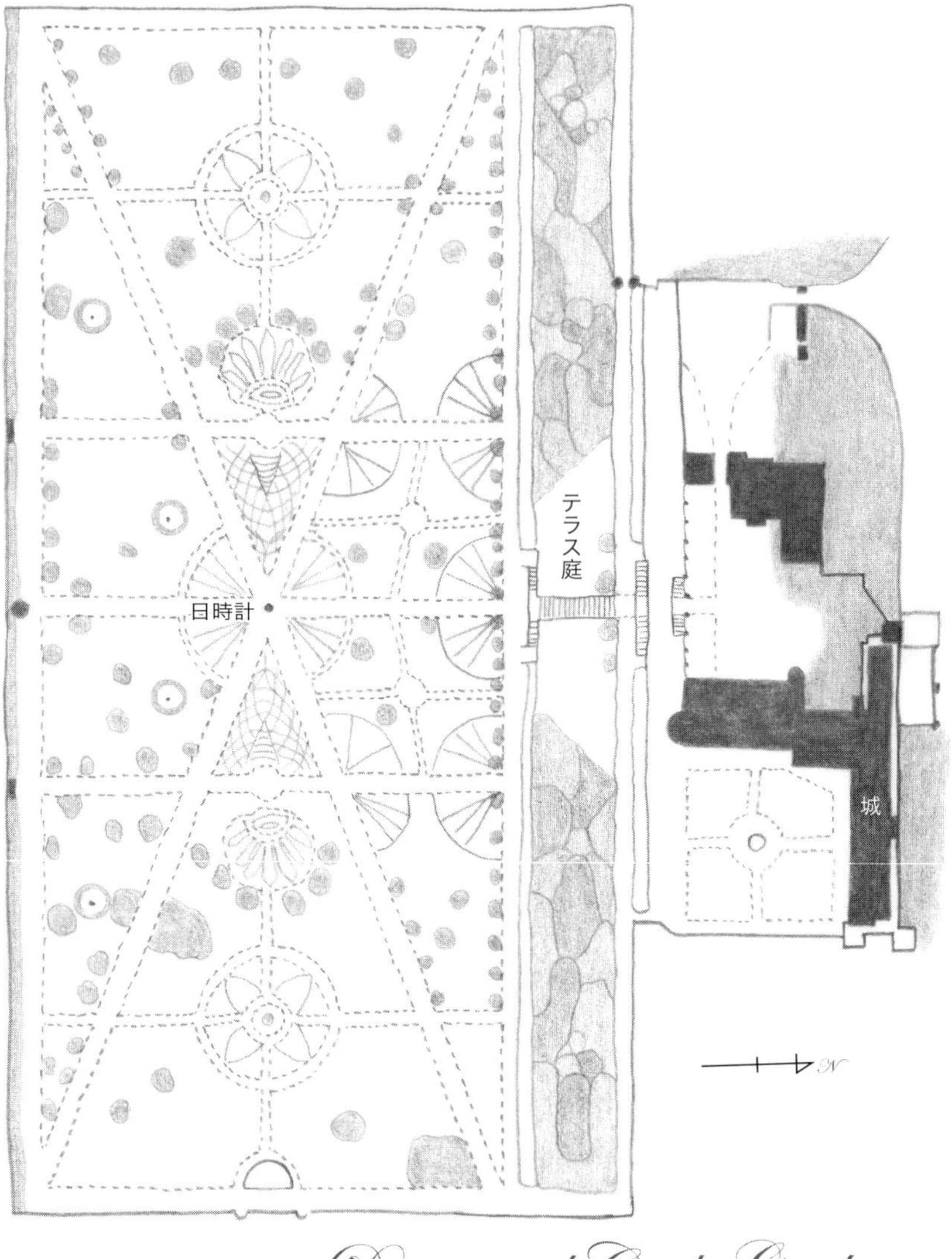

Drummond Castle Gardens
G.ケネディ案 1838年

ドラモンド城　庭から城を見る

ドラモンド城　放し飼いの孔雀

の古い四つ割りの庭が残され、一九世紀に聖アンドリュー十字の庭に生まれ変わった。そのデザインは、一五〇年以上の年月を経て、いま改めて整形式庭園に新次元を開いたかのような斬新さで輝いている。

第二章　オランダとフランスの影響を受けて

■ハンプトン・コート *Hampton Court Palace Gardens*

ヘンリー八世ゆかりの王室の庭

ヘンリー八世の政治の庭

ロンドンからバスや汽車で気軽に訪れることができる庭で、ガイドブック類にも必ず載っており、だれしもまず思いつくという点では、現在もなおイギリスの代表的な庭といえようか。歴史の一時期にはまさしくイギリスを代表する庭であった。

これは一六世紀の前半に、ヘンリー八世（在位一五〇九―四七）が枢機卿ウルジーから召し上げ、整備して造りあげた庭である。ヘンリー八世の庭造りの意図は極めて政治的であった。王は宮殿と庭をもって威光を示さなくてはならない、のであった。臣下で王を超える庭があってはならない。フランスも陵駕しなくてはならない。なによりのライヴァルはフランスのフランソワ一世であった。フランソワ一世のフォンテーヌブローの庭を超えなくてはならなかった。といっても、モデルはそのフランスの庭しかなかった。イタリアとは国教会創設で関係が絶たれていた。このため、ルネサンスの芸術と文化はしばらくイギリスに直接入ってくることはなかったから。

ヘンリー八世は、やはりウルジーから取り上げたホワイト・ホールでも庭を整備し、南イングランドのナンサッチにも急ピッチで庭を造らせている。庭造りに熱心な君主であった。王の威光を示すのが目的であったから、どの庭も大きく豪華に造った。ヘンリー八世は宮殿の屋根、門、壁をチューダー王朝の紋章の動物であるライオン、龍、グレーハウンド、一角獣などで飾り立てたが、庭にもふんだんにそれを持ち込んだ。また、花壇を囲む柵を王朝の色、つまり緑と白の縞に塗った。王朝の像と色が至るところに取り込まれ、いやでもそれが目につく庭となる。庭のデザインは、フランスのフォンテーヌブローの庭やガイヨンの庭に倣い、いわゆるフランス・ルネサンスの庭である。そこに持ち込まれたチューダー王朝の象徴と色、これがヘンリー八世の造った庭であった。一六世紀のイギリスの庭では、ヘンリー八世の庭を超えるものは造られていない。

ヘンリー八世は治世の初めの二〇年ほど、槍試合など、武芸を競う催しを頻繁に開いた。優れた武の王としてのイメージを作るためであったという。庭造りの姿勢に通ずるものがあった。

ハンプトン・コートの庭の完成時の姿を伺わせるスケッチが残されている。全体は三つの庭からなり、南を流れるテムズ川に臨む。

ひとつは、「ご内庭」Privy Garden で主庭をなす。宮殿の窓から眺め下ろす。すると一枚の図柄として、全体が美しく眺められる。二〇の正方形の区画（花壇）が中心線の左右に縦長の碁盤目に並んで模様を作った。それぞれの区画は結び目花壇や、アラベスク模様、あるいは迷路仕立てになっていた。この場合、一般に、ローズマリー、ヒソップ、タイムなどを使って、直線や曲線を描き、アラベスク模様もそれで作る。間隙は、また色彩で満たされる。クローズド・ノットの場合は花で埋められる。枡目を埋め尽くすので、人は、区画の中に入れない。オープン・ノットでは、区画をさらに四つ割りにし、小径で分けるので、人は区画の中へ入り込める。その小径は砂をまくかあるいは芝生にする。

当時のハンプトン・コートの植物購入の記録に、スミレやサクラソウがあるという。バラ、ストック、ミント、ビジョナデシコ、その他も使われた。植物は、区画の縁取りにも用いられたらしい。区画の中それぞれに、真鍮製の日時計がひとつ置かれた。日時計は少なくとも一六三〇年まであったとされる。

ご内庭の中心線として広い散策路がとられ、宮殿からテムズ川へ向かう方向に走っていた。中心線で二分された庭の左右の正方形の区画はそれぞれ一〇。左に五区画ずつ二列。右もまた五区画二列である。区画は柵で囲われていた。柵を取り付けるために、一八〇本の柱、九〇本の支柱が使われ、柵は総延長で八五〇メートルに及んだ。これがすべて、白・緑の縞に塗られていた。チューダー王朝の色である。ご内庭の広さは、縦三〇〇フィート（九一メートル）、横二〇〇フィート（六一メートル）。縦長である。

この庭には、トーピアリ（装飾刈込み）も沢山あった。生垣のサンザシあるいはローズマリーが、様々な男と女、たとえばバスケットを持った侍女、鹿、ウサギ、犬といった動物、ケンタウルスのような想像上の怪物の姿に刈り込まれていた。これも見物のひとつであった。一五九九年「余所にないすばらしいもの」と、ドイツからの訪問者が称賛している。

庭を上から見るには、周囲の土手風の散策路（テラス）から見下ろすのもよかった。少なくとも東西は歩廊になっていたので、雨風から身を守ることができた。庭面に降りたって、中を歩くのもまた良く、ハーブや花の香りが楽しめたであろう。土手を支える壁には、リンゴや梨、スモモの木が、平たく張り付けてあり、季節により、花や果実の色を楽しむことができた。ちなみに果樹が平たく張り付けてあるのは、太陽の光を効率よく浴びせるためであった。

庭の先にはテムズ川が流れていた。ヘンリー八世の時代にはこの庭にはおもに水路でやってきた。

「小丘の庭」Mount Garden は、眺望のために小丘をもっていたので、こう呼ばれた。小丘はテムズ川に近いところにあり、螺旋の小径で頂に登った。そこには、宴亭があり、見事な噴水が中央に置かれていた。

噴水は、イタリア・ルネサンスの庭園で発達したもので、イギリスにはフランス経由で入ってきた。いかに立派な噴水を設けるか。当時、噴水はたいそう重視され、庭園の格の決め手のひとつになっていた。

宴亭に上る螺旋の小径はローズマリーに縁取られていた。周りにはバラやツタ、サンザシなども使われ、華や

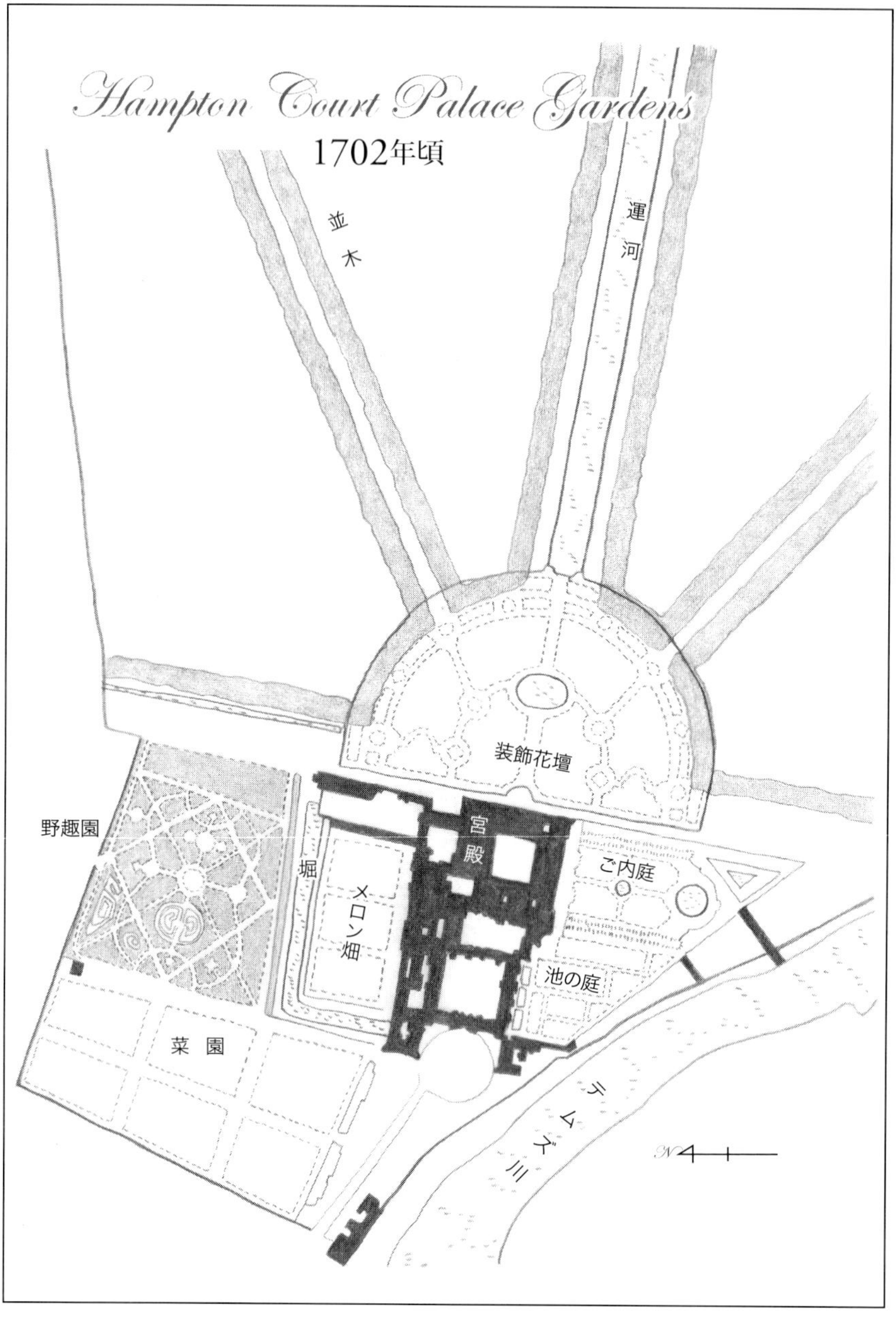
Hampton Court Palace Gardens
1702年頃
並木
運河
装飾花壇
野趣園
宮殿
堀
ご内庭
メロン畑
池の庭
菜園
テムズ川
N

ハンプトン・コート　ご内庭

ハンプトン・コート　小池の庭

かであった。小径は階段になっていた。階段には王と王妃を象徴するライオンなど木製の動物が並んでいた。宴亭の屋根はドーム型に作られ、その上に風向計を乗せていた。宴亭からの眺望は優れ、庭を囲む高い壁を越えて、テムズ川を見、東の「外苑」に目を馳せ、さらに遠く田舎の風景を見晴らすことができた。

なお、大壁と呼ばれたテムズ川との仕切壁には窓が切られ、そこから庭の内外を眺めることができた。また、東南の角付近では、壁の上に大小の塔が立ち、ここから眺望することもできた。小丘は円錐形で、基部には大きな煉瓦造りの室があった。当初は厨房で、後に葡萄酒蔵に転用された。

「池の庭」Pond Yard はご内庭の西隣にあり、もとは、あるいは当時も養魚池であった。大中小の三つの長方形の池が並んでいた。ヘンリー八世はこれを装飾的に整備させた。手摺りを回し、その上に柱を立て王と王妃の動物の像を乗せて飾った。全部で四〇体という多数で、龍四体、ライオン七体、グレーハウンド六体、牡鹿五体、一角獣四体。この王と王妃の動物は大壁の上にも多数並んでいた。

ハンプトン・コートの宮殿の屋根にも、チューダー王家の紋章動物の彫像が柱の上に据えられて並んでいた。庭にもいたるところ、龍、ライオン、グレーハウンドなどが柱の上に並んでいた。動物は金メッキを施されていたので、太陽の光にまばゆかった。

以上が一六世紀半ばのハンプトン・コートの庭である。三つの庭からできているが、全体でひとつと構想され、宮殿とテムズ川の間の三角形の敷地に収められていた。三つの庭は高い煉瓦壁で仕切られていた。贅沢で、過度に飾り立てた、ともいえる庭であった。ヘンリー八世による大改修は一五三八年にひとまず終わる。ウルジー枢機卿から召し上げてから九年目のことであった。

北西ヨーロッパでみれば、ルネサンスの庭の先端を行った庭である。そうなったのは、臣下に対して王の威光を視覚的に刷り込もうとした庭だったからである。しかし、今それを忘れてしまえば、眺めるに良く、歩くに良く、楽しい庭で、これは王侯貴族の楽しみの庭 pleasure garden であったことがよく想像できる。ヘンリー八世は、健康な空気、狩猟の楽しみを求め、ここへやってきた。

次のエリザベス女王は賢明にも庭造りに国庫の財を注ぐことをしなかった。

チャールズ一世の四分庭

一七世紀に入って、この庭が変わるのは、チャールズ一世（在位一六二五—四九）の時である。二〇の正方形に区切られていたご内庭が流行の四つ割りのデザインに変わる。一六四〇年代の初め頃といわれる。四区画とも芝生を基本とし、四つ割りの中心（同時に庭全体の中心になる）には噴水が置かれた。ある外国人はこの庭造りを「イギリスの流儀」といったという。ご内庭を挟むように東に歩廊、西に四阿《あずまや》が設けられた。四阿との名であったが、一種の歩廊で、二列のシデの並木でできた緑のトンネルである。

一般に、この種の広い四つ割りの庭は、チャールズ一世の頃から一七世紀の後半、さらに次の世紀の初め一七一〇年代までに見られたもので、芝生の四つ割りを基本とし、庭全体の中央に噴水か彫像を置いた。そして、それぞれ四つの芝生の中央にも彫像を置き、多くの場合、芝生の縁を花で飾った。あるいは鉢植えか樽植えのオレンジの木を夏の間だけ温室から出し芝生の縁に据えた。テラスも構え、階段あるいはグロットを設けることも多かった。階段やグロットは中心の軸線上に置かれた。たとえば、ロンドン近郊のハム・ハウスでは、屋敷裏にテラス、そこから庭に下りる階段がある。このような庭のデザインを「イタリア風」と呼ぶ者もいた。イタリアに学んだイニゴ・ジョーンズとその一党に由来するデザインであったから。確かに、たとえば、ローマのメディチ荘（一六世紀後半、現存）、ヴァティカン宮殿の中庭（一六世紀後半）などには、広めの四つ割りと噴水のデザインが見られる。

クロムウェル（一五九九—一六五八）は王室所有の宮殿と庭を没収・売却したが、ハンプトン・コートは、売却寸前で方針を変え、自分の居所として、ご内庭を立派な噴水、彫像、大きな花鉢などで美化した。王政復古を果たしたチャールズ二世（在位一六六〇―八五）は、ここをよく訪れ、愛妾を住まわせた。小さな改修をいくつか施した。栈橋の歩廊を改修し、塔を涼み亭に変え、ご内庭と築山の庭の間の石塀を柵に変えるなどした。この改修に見られるのは、開かれた庭への傾向である。

ウィリアム三世の別荘

ハンプトン・コートの庭がもう一度大きく変わるのは、ウィリアム三世とメアリ女王共治（一六八九―一七〇二）の時代である。改修の主な作業は一六九〇年から一七〇二年の間に行われた。「小丘の庭」がなくなり、そこにあった宴亭などすべてのものがなくなり、さらに栈橋の歩廊も取り壊され、さらになお、ご内庭の表土が削られて低くなった。こうしてテムズ川への眺望が開かれた庭になった。同じ四つ割りでもデザインを改め、かつより広くなって新しいご内庭が誕生した。中央には大きな噴水が設けられ、テムズ川との仕切には透かし塀（いわゆるティジューの鉄柵。製作者の名による）が置かれた。庭は、また川に近い部分で半円形に張り出し、円形の花壇が付け加えられた。このようなご内庭の大改修は連続して二回行われた。改修を施した庭をすぐまた改修したのである。

ウィリアム三世がハンプトン・コートの庭の改修で助言を求めたのは、オランダ時代からの友人ベンティンクであった、という。ウィリアム三世は、オランダのヘット・ローやホンセラエルディクの庭造りでもベンティンクの助言を仰いだ。ウィリアム三世は、ベンティンクを伴ってイギリスへやってきた。ベンティンクをポートランド侯爵とし、王室庭園の管理官に据えた。ベンティンクの代理としてほぼ全面的に職務を果たしたのがジョージ・ロンドンであった。ご内庭の設計・施工をしたのは、ロンドンの協力者ヘンリー・ワイズであったとされる。改修後のハンプトン・コートの庭の姿はオランダの画家クニフの絵図（一七〇六）に捉えられている。

現在、我々がここを訪れて目にするのは、この時のご内庭を復元したものである。復元は一九九二―九五年の間に行われた。復元作業は、考古学的発掘調査、ハンプトン・コートに残る記録、当時の代表的な数冊の造園書、また当時王室の庭を初め貴族達の庭造りを手がけたロンドンとワイズが共同で造った庭園（ロングリート・ハウス、チャツワース、ブレニム・パレスなど）を参考にしたという。植物の復元については六三〇種を超える植物を記載した一七〇〇—〇一年作成のリストが手がかりになったという。

ウィリアム三世による改修によって、庭の彫像はかなり減った。ご内庭に置かれた彫像は、まず五つの一六世紀末のイタリアの大理石像。バッカス、ヴィーナス、アポロ、ウルカヌス、対になったパーンとオルフェウスがそれぞれ四つの区画花壇とひとつの円形の花壇の中心に置かれた。それに四つの鉛製の像であったから、合計九体であった。庭を飾ったのはこれに加えてふたつの日時計、一六の鉛製の飾鉢であった。

「外苑」

以上が中心の庭園の変遷であるが、現在、ハンプトン・コートの庭として、思い描かれるのは、広い半円形の装飾花壇とそこから放射する長い運河と並木路ではないだろうか。「外苑」House Park あるいは Home Park と呼ばれてきたこの部分も、チャールズ二世が残したものをウィリアム三世が美化して生まれた。

半円形の大きな装飾花壇は、一六九〇年頃に造られ、複数の刺繍花壇と噴水を対称的に組み合わせている。現在見てもきわめて華やぎのあるところである。そこから二本の角のように出ている並木路のうち、東北東に向かうのがキングストン・アヴェニューで、東南東に延びるのがディットン・アヴェニューである。中央を真っ直ぐ延びているのはフランス幾何学式庭園に由来する運河（長方形の池）で、左岸にも右岸にも並木が延びる。大きな半円形の装飾花壇と宮殿を分ける路が、広い散策路の名で呼ばれる。装飾花壇を設計したのは、オランダ時代以来の建築家・庭師マローとされる。

ウィリアム三世は立憲君主とはいえ、地位を求める宮廷人、権力を求める政治家、公職を求める人々、様々な権利やお金のために請願にやって来る人々、外国の大使になどに取り囲まれた生活を送っていたので、やはりそれまでの王達と同じように、私的空間と安全を必要とした。これに応えるのが、ハンプトン・コートのご内庭であった、という。王がハンプトン・コートの庭の改修に熱心だったのは、ここを主な御用邸としたためでもあった。ウィリアム三世は、ヘンリー八世と同様に、健康な空気、狩猟、そして行きやすいという理由で、このハンプトン・コートを愛した。この時代になると、荷物は水路で運ばれ、人々は陸路、洒落た馬車に乗ってやってくるのが例になっていたという。

ウィリアム三世は一七〇二年、整形庭園的に整備した外苑を騎馬で散策中に落馬して落命する。所は、運河の先に新しく設けた「野趣園」だったといわれる。

他方、園芸好きのメアリ女王は南国植物をオランダから持ってきて、これを入れるガラス・ケースを、養魚池を干して設けたり、宮殿の一階をオレンジ舎にした、という。オレンジ舎では、オレンジ、レモン、その他の南国の常緑樹を冬はストーブで暖めた。内部にはグロットも設けられた。メアリ女王の希望するこのような改修にもベンティンクが力を貸したと推定されている。

果樹園と狩猟園

中世に遡ると、ハンプトン・コート周辺一帯は放牧地であった。ホスピタル騎士団が一三〇〇年より所有し、その屋敷は現在の宮殿の建つところにあった。一四九五年、ヘンリー七世のもとで宮内長官を務めたジャイルズ・ドーブニー卿に賃貸される。卿は屋敷を改修、サンディ・レイン北の農地三〇〇エーカーを囲い込み、鹿の狩猟園にした。現在の外苑もそこに繰り入れられた。そこには兎の飼育場も置かれた。王室の人々も、十分広く健康によいとしてハンプトン・コートを数回訪れたという。ドーブニー卿が亡くなって後、一五一四年、今度はウルジー枢機卿に貸し出された。ウルジー枢機卿は宗教界・政界の大物で、当時はヘンリー八世の大法官を務めていた。ウルジー枢機卿は、屋敷の改修、囲壁の工事、堀の掘削など、大がかりな工事をしたといわれる。一五二〇年代の図でみると、屋敷はいくつかの中庭をもつ複合的な姿を見せ、北側に果樹園と推定される土地が堀の内側に見える。堀は三方で果樹園と屋敷を囲み、その外側に狩猟園がある。果樹園を囲むのが内壁、狩猟園を囲むのが外壁であった。

ヘンリー八世は、ウルジーの狩猟園を三つの地域に分けたらしい。まず、果樹園の真北にあたるところを「大果樹園」Great Orchard とし、リンゴ、ナシなどの果樹のほかに、樫、楡、西洋ヒイラギ、ナナカマドなど果樹以外の樹もたくさん植えた。果樹園の概念は現在とは異なり、果樹も含む森林部であった。この西の区画を、馬上槍試合や弓、その他さまざまな武術の試合を行う「武芸場」Tilt Yard とし、本人も参加しておおいに武芸を楽しんだ。あるいは優れた武人であることを臣下に印象づけた。大果樹園との仕切壁の上には、武芸を見物する塔が五つ設けられた。この仕切壁も例のチューダー王朝の紋章動物で飾られた。

狩猟を楽しむ場所は、大果樹園の東側にとられ、当時は「鹿追の場」Course とよばれる横長の土地であった。一マイルの長さと三六〇ヤードの幅を持ち、やはり壁で囲われた。外苑の北半分といえばよいか。あるいは現在、ハンプトン・コートの目玉のように見られる半円形の装飾花壇と放射する並木路がある部分のちょうど北半分といえばよいか。

ヘンリー八世の設けた鹿追の場も含めて、宮殿東隣の地域にチャールズ一世は何程か美化の手を加えようとしたが、途中で中止され、ロングフォード川の流れが変えられただけに終わったとされる。いま、宮殿の東の線に沿う真っ直ぐな流れとして残されている。王政復古のチャールズ二世は、おそらく亡命中に見たであろうヴェルサイユ宮殿の庭にあるような長い運河を設け、両岸に楡の並木を植えた。運河の長さは四分の三マイル（一二〇七メートル）で幅は一五〇フィート（四六メートル）あった。運河の始まる所には半円の並木を設け、そこから出る二本の角のような並木も加えた。整備の目的は、一六六一年ポルトガル女王の長女キャサリンを王妃に迎えるにあたり、王妃の室からの眺めを格段と良くするためであったといわれる。デザインをしたのは、有名なフランスの庭師アンドレ・モレともいわれるが、立証されていない。

ヘンリー八世の武術の場が「菜園」になり、宮殿の台所をまかなうものとなったのも、大果樹園が「野趣園」に変えられたのも、ともにウィリアム三世時代である。野趣園の中には迷路もふたつ作られ、ひとつは現在も残されている。芝生の迷路のほうは復元されていない。

なお、ウルジー枢機卿以来、屋敷のすぐ北にあって果樹園として使われてきた所は、現在「メロン畑」Melon Groundと呼ばれているが、これもウィリアム三世とメアリ女王の時代に遡る。メアリ女王は植物マニアであったから、ここに温床を作り、南アフリカや東インド諸島からもたらされる植物の種を蒔いて育てた。キュウリ、カボチャ、メロンもここで育てられた。現在もメロン畑とよばれているが、訪れた者が楽しむのは一面のバラである。

■ウェストバリー・コート *Westbury Court Garden*

イギリスの田舎に残るオランダ式庭園——造る文化と復元する文化

一七世紀の末から一八世紀の初めにかけてイギリスで造られた庭は、オランダ式庭園やフランス・オランダ式庭園が多かった。フランス・オランダ式は広大な風景園（樹林園）を含み、王室や上層のイギリス貴族が造ったもの。風景園を含まないオランダ式は、土地にゆとりのない中小の貴族が造った。ウェストバリー・コート庭園を造ったのは貴族でも騎士の身分であったコールチェスター家。ここでは、いまオランダ式の庭の運河や、ゲイジーボ（園亭）、クレール・ヴォワイェ（透かし柵）を確認することができる。また、特有のカット・パルテール（芝生切抜き花壇）も再現されており、庭園史の興味を満たしてくれる。なおまた、ここには、当時の資料通りに一七〇〇年以前のイギリス固有の古種も数多く復元・植栽されていて、植物マニアにも魅力的であろう。庭はこぢんまりとしているが、工夫に富み、構成も優れている。石塀に囲われて長方形。果樹・野菜・花を育て、実用と美に応えた。整形庭園だが、対称的な造りではない。ナショナル・トラストが、復元不能とされた状態から元の姿に蘇生させた。資料がよく揃って残されていたのが好都合で、長らく留守の屋敷だったことも幸いし、改変を免れた。

記録によれば、まずメイナード・コールチェスター一世が一六九五年に運河に着手、その左右の生垣とトーピアリは一六九九年から着手。園亭は一七〇二―〇三年に、クレール・ヴォワイェは一七〇四年に完成。全作業は一七〇五年に終わった。庭は、屋敷と付属庭園の東側に、別個の独立した庭として造られた。運河は屋敷寄りにあり、庭と屋敷と隔てる石塀に沿って走り、その頭、すなわち南西の隅に園亭が置かれ、運河の全長を真っ直ぐ眺め、クレール・ヴォワイェを越えて外の風景を透かし見ることができた。園亭は一階が涼み廊下（ロッジア）、二階が休息室、さらにその上に展望のための小室。遠くセヴァン川を越えるあたりまで見ることができたという。園亭の頂には金メッキの球が置かれ、これは逆に外から遠望され、土地の目印の役を果たした。石塀には梨やリンゴなど果樹が平張りされ、運河の東側の地域には果樹、野菜、花が列をなした。園亭の対角線のところに小運河も造られた。大小の運河はいずれも養魚池を兼ねていたはずである。

コールチェスター家の者は、園内を歩く、果実をもいで食べる、運河に舟を浮かべる、魚を釣るあるいは網で掬う。園亭で茶菓やゲームを楽しむ。ハーブや花の香りをかぎ、花色を愛でる。庭の外側には森（東）や並木道avenue（南）が造られたから、高い樹の集まりや列もまた楽しめた。運河に水鳥の姿、園内のそこここに小鳥の声。風が運河の水面に作る水紋まで楽しんだか。庭の楽しみが、また園芸にもあったことは十分想像される。ここは果樹、野菜、ハーブを収穫する実用の庭でもあった。実用性を強く持つのが、オランダ式の特徴である。

コールチェスター家は、王政復古の時、内乱時の忠誠を買われて騎士の身分に取り立てられた。メイナード・

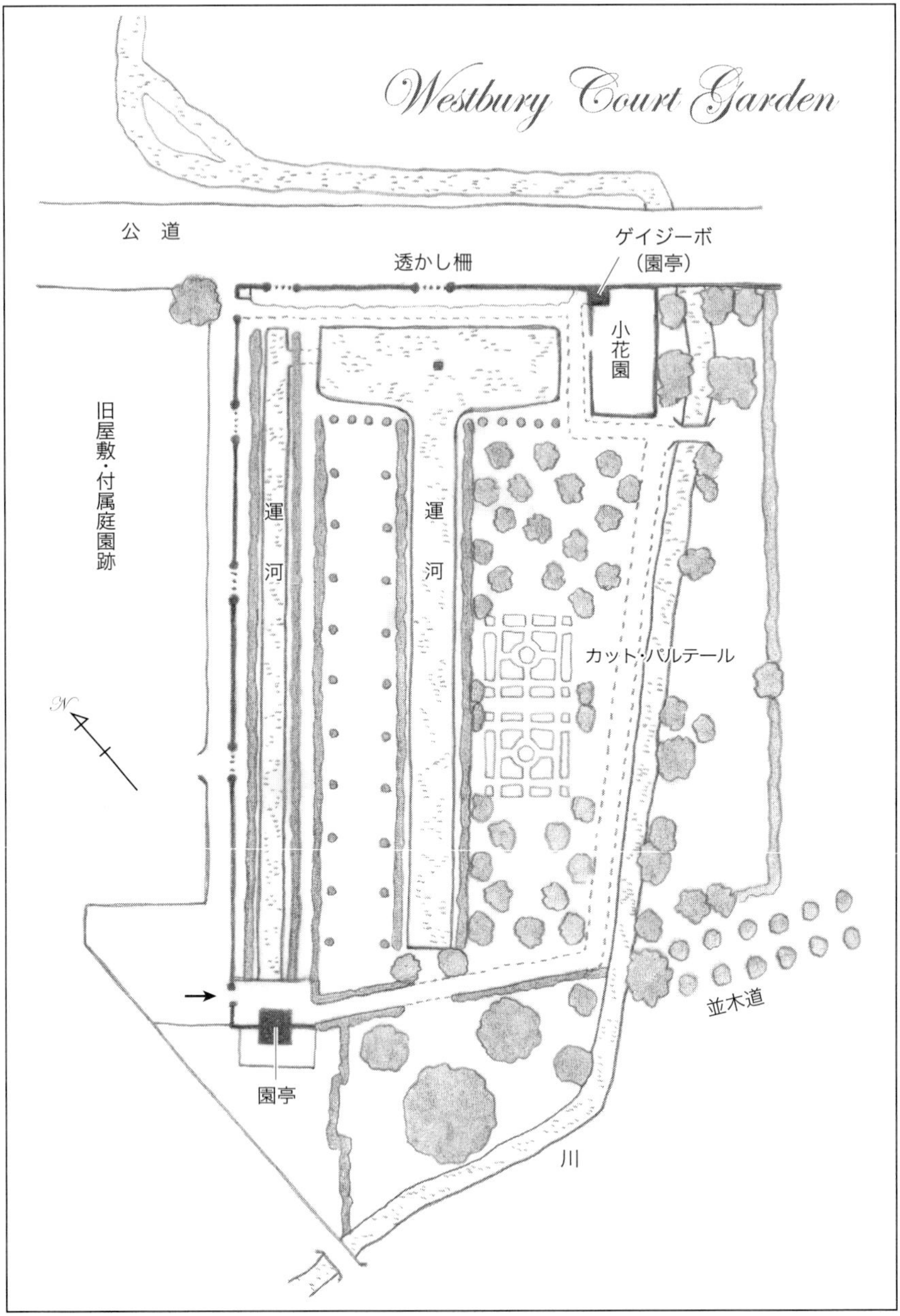
Westbury Court Garden
公　道
透かし柵
ゲイジーボ
（園亭）
小
花
園
旧屋敷・付属庭園跡
運
河
運
河
カット・パルテール
N
並木道
園亭
川

ウェストバリー・コート　運河と園亭

ウェストバリー・コート　石塀と透かし柵

コールチェスター一世の妻は、ロンドン市長エドワード・クラークの娘であった。造園の費用の一部はこの筋で賄われたことも考えられるという。運河の長さは四五〇フィート（一三五メートル）、幅は二二フィート（六・六メートル）。ここから、庭の規模が想像できよう。運河の左右には生垣とトーピアリ。イチイとセイヨウヒイラギがそれぞれ一〇〇〇本使われたという。トーピアリと生垣は一体で、生垣の上に、円錐に仕立てられたイチイの頭と球形に仕立てられたセイヨウヒイラギの頭が交互に、点々と連なる。

庭の設計者は誰か。イギリスの庭造りは、多くの場合、所有者の意向がものをいう。自ら設計する事も多い。ウェストバリー・コート庭園もコールチェスター一世の考えが大きく反映しているのであろう。隣人にしてよき友人であったキャサリン・ブーヴィの存在も見逃せないという。キリスト教を広める協会を共に設立した仲であった。彼女はオランダ商人の娘で、オランダとの繋がりも強かった。キャサリンの屋敷でも、ちょうど（一六九二）オランダ式庭園が造られていた。

ウエストバリーのオランダ式庭園に植えられた花は、チューリップ、アヤメ、クロッカス、イヌサフラン、黄水仙、ヒアシンス、八重水仙、アネモネ、ラナンキュラスなど。灌木類は、ライラック、ローレスタイン、洋種ジンチョウゲなど。果樹では、リンゴの他に、サクランボ、プラム、梨、桃、アプリコット、ネクタリン、ヘーゼルナッツなど。記録が家計簿に残されている。

一七一五年に甥が屋敷と庭を受け継ぐ。甥は、叔父の残した庭に改良を加えた。たしかに洗練度を増したといえるであろう。果樹・野菜・花の、いってみれば畑のようなところを大幅に削って、もう一本、運河を通した。叔父の造った運河に平行し、より幅広く、しかもしっぽは左右に拡げ、T字形にした。新しい運河は主人公のように庭の中央に納まることになる。庭の品格が一段と増した。小運河は吸収されて消滅した。園亭の対角線にゲイジーボが建てられ、景観にバランスがとれ、いくらか濃密になった。小さな石塀囲いの庭がその横に設けられた。珍種、あるいはお気に入りを集める趣旨のミニ花園だったらしい。北の石塀にクレール・ヴォワイエをもうひとつ増やした。庭園を歩く者が外を眺める機会を増やし、また反対に、公道を行き来する者の視線を誘い込む機会を増やすことになった。

果樹・野菜・花の区画は、一部はT字形の運河になったが、残った部分はどうなったか。現在のように、カット・パルテールと低木の五点植（サイコロの五を連続させる植え方）に変わったかどうか。オランダ式に特有のカット・パルテールは、屋敷の付属庭園に造られていた。

ちなみに、カット・パルテールとは、まず大きな正方形の芝生を小径で四つ割りにする。それぞれ矮生のツゲで縁取る。芝生をある形に切り抜いて、そこに花を植える。切り抜く形はふつう単純な幾何学的な図形。そこにオランダらしくふんだんに花を盛り込む。まだ飾りがつく。トーピアリである。トーピアリは、四つ割りにされた花壇の四辺を巡って置かれる。この場合、トーピアリは小さく、先述した円錐と球のトーピアリである。

甥であるコールチェスター二世の改修は一七一五年から一七四八年まで続いた。甥は同時に屋敷にも手をつけ、エリザベス様式の建物を流行のパラディオ様式に改めた。家産豊かだったことが窺える。

ナショナル・トラストが復元したのは、この甥が改良した庭である。叔父が造った庭は、さいわい、あのクニフとキップの図版に収められている。ここには、屋敷とその付属庭園も詳細に描かれている。

コールチェスター家のその後は下降気味であったらしい。一七八五年にはパルテールや屋敷の付属庭園がなくなっている。一家は一八〇五年に屋敷を取り壊し、ミチェルディーンにあったもうひとつの地所へ移る。一家が再びここへ戻るのは一八九五年。一九六〇年に開発業者に売却され、一〇棟の住宅が計画された。一九六四年に、グロースター州議会とグロースター地区評議会は不適正開発と土地買収を禁止。州はこの地所を買い取り、屋敷と付属庭園の跡地には老人ホームを建て、オランダ式庭園はナショナル・トラストに提供した。ナショナル・トラストは、寄付を募り、オランダの支援を受け、財政的基盤を確保。一九六七年から復元に乗り出した。運河の浮き草、芦、ゴミを取り除き、沈泥を浚渫。庭や壁のイラクサ、イバラ、雑草を除去。資料を元に、園亭、ゲイジーボ、クレール・ヴォワイエを復元、また植栽を元通りにした。塀際の果樹、灌木、ハーブや花も復元された。ゲイジーボ横の石塀囲い庭には、一七〇〇年以前のイギリスにあった固有の植物およそ一〇〇種ほどがふたたび植えられた。サクラソウ、ニオイスミレ、ドイツスズラン、コバンバコナスビ、「アイリス・フォエティディシマ」(臭いのある赤茶色のアイリス)などである。ここのバラの固有種は三六種。ただ、バラはかならずしもみな一七〇〇年以前のものではないという。

ここでの庭の散策は、塀沿い、運河沿い、生垣沿いなどと、直線の折り返しになることが多い。比較的小さい庭であるが、ゆっくり楽しみながら歩く距離は相当長い。これも工夫のひとつだったのであろうか。貴族がお屋敷のギャラリーを行きつ戻りつ、というのとどこか似ている。そのすがしくも綺麗な屋外のバリエーションだろうか。

ウェストバリー・コート庭園に寄ったのは、バースからチェプストウへ向かうバス行程の途中で、六月一二日。六月七日から一三日にかけて、イギリス南西部の庭園探訪旅行をしたとき。思うのは、庭を造りあげるのも文化、またそれを復元するのも劣らずに深い文化だ、ということである。

■レスト・パーク *Wrest Park*

フランス幾何学式庭園の構成を残す希少の庭

レスト・パークの特異さ

イギリスの庭がフランスから影響を受けた例はいくつかある。ヘンリー八世は心ならずもライヴァルのフランソワ一世の庭をまねた。チャールズ二世はクロムウェルの時代にフランスに亡命し従兄弟のルイ一四世を頼ったから、フランス幾何学式庭園に魅せられ、ハンプトン・コートの外苑に運河や並木を造った。セント・ジェイムズ公園にも運河やパルテールが造られた。ただ、配置は横並び。イギリスではなぜか、宮殿と庭を階層的に秩序づける典型的なフランス幾何学式庭園は造られなかった。イギリスはやがて王位にオランダからウィリアム三世を迎える。それからしばらく、イギリスの貴族達の庭はおおむね、フランス式とオランダ式が混じり合ったものになる。この時もたとえばヴェルサイユ宮殿の庭の構造を模したような庭は造られなかった。

フランスのヴォー・ル・ヴィコントやヴェルサイユで完成した幾何学式庭園は、庭に太い主軸を通す。それはアヴェニューや運河を連ねて造られる。主軸の始点に宮殿をおき、主軸の左右に、パルテール、芝生、刈り揃えた樹林などを左右対称に置く。城から順に、精妙なものから次第に粗略なものを並べていく。装飾的なものから自然なものへ。庭の最も遠い部分には森 forêt あるいは樹林部 parque が広がり、そこはアヴェニューという直線路が縦横、また斜めに走り、交差点に円形の空間が設けられたりする。

庭の中心を走ってきた主軸はこの森の中を真っ直ぐ延び、地平線の果てで、空に消えるのが理想。森（あるいは樹林部）のアヴェニューもそれぞれの方角に向かって、空に消えた。フランス幾何学式庭園では、中心部のシンメトリーに加えて、階層性と無限の広がりを構成の原理とした。

ルイ一四世のもとで完成したこのようなフランス幾何学式庭園は、たちまちヨーロッパの王侯貴族に真似された。しかし、イギリスはこのようなフランス幾何学式庭園をそっくり真似ようとはしなかった。ドイツ、オーストリアを初め、南欧、東欧、北欧の国々の王や貴族がほぼコピーあるいはその亜種の庭を造ったのとは大いに異なる。一説に、広い平らな土地の確保が難しかったから、というのがある。経済的理由を挙げるひともいる。しかし、なにかしら本当の理由はイギリス人の心のどこかに潜んでいたとしか思えない。

したがって、レスト・パークはフランス幾何学式庭園の骨格をイギリスの地で実現させた珍しい例で、しかもおよその姿が残されているので、見に行かなくてはならない庭であった。

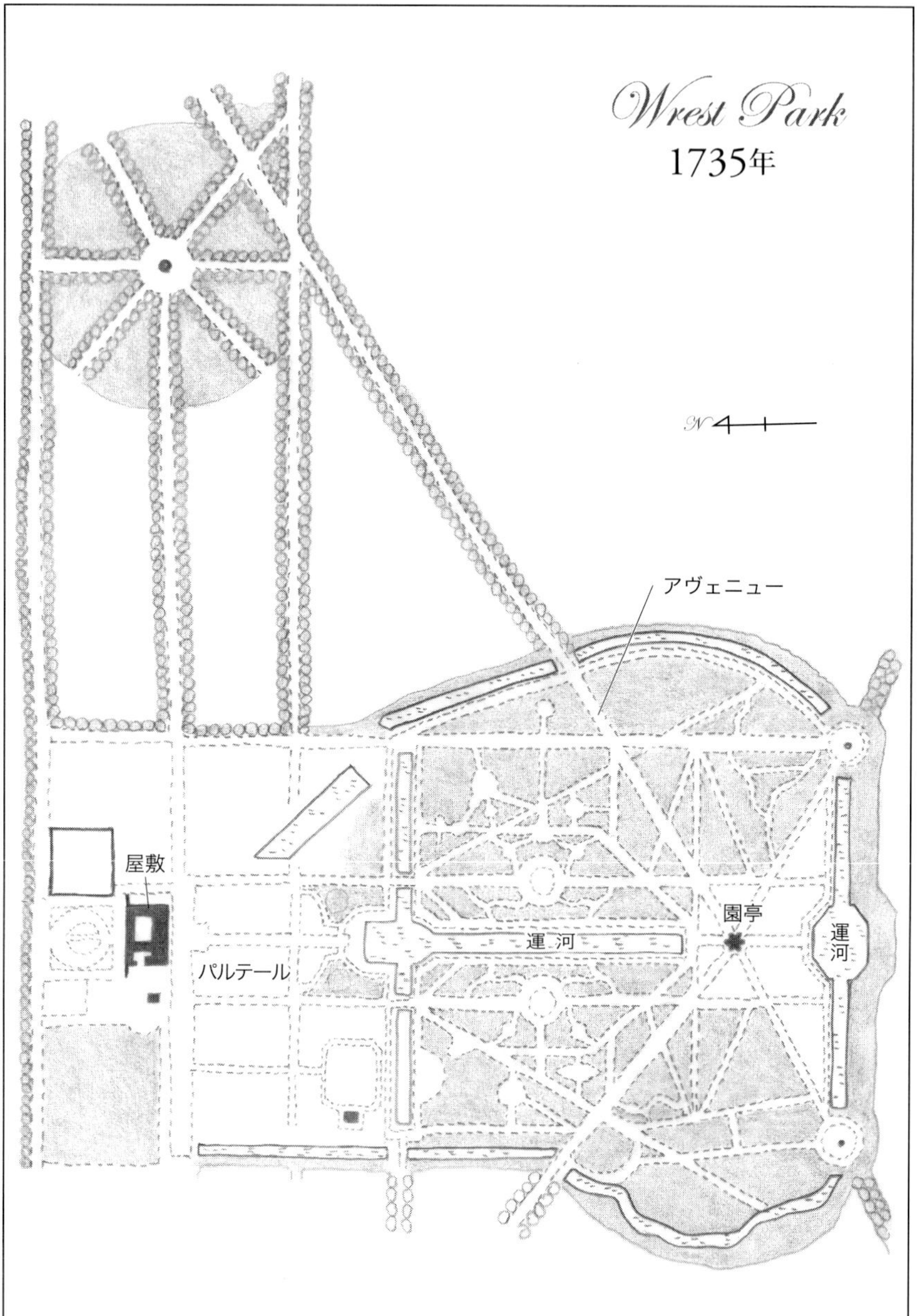
Wrest Park
1735年
N
アヴェニュー
屋敷
園亭
運河
運河
パルテール

レスト・パーク　運河と六角形の園亭

レスト・パーク　庭の遠景

庭を見る

テムズリンク線のキングスクロス駅からフリットウィック駅へ行き、タクシーに乗った。庭園巡りに恵まれた晴れた日であった。二〇〇二年六月四日の祭日である。レスト・パークではちょうど、ガーデンショーも開かれ、入場券売り場に列ができた。ガーデンショーといってもこれは植木市。園芸用品も販売するが、市民の庭造りにヒントを与えるモデルの庭の展示はない。屋敷内の庭の芝生の一画にたくさんの出店が並び、人々の足はそこへ真っ直ぐ向かう。みな車でやってきたひとで、おびただしい車が屋敷のそとの広い芝生地に設けられた臨時駐車場に置かれていた。園芸熱のすごさに驚く。

庭巡りに出掛けるのは、我々ふたりだけ。

確かに、屋敷—パルテール—芝生—運河（主軸）が連なり、運河の左右にアヴェニューの走る森がある。巡って、ああ、ほんとにフランス式だと思う。

現在の屋敷は一八三〇年代に新築されたもので、前面（正確には裏手）のパルテールもその時新しく作られた。改修前は屋敷もパルテールも二〇〇メートルほど運河に寄った所に位置していた。これはいまも残る一七三五年や一七三七年の古図で確かめられる。

当初の庭を造ったのは、第一二代ケント伯爵のヘンリー。アン女王の宮廷で愛顧を受け、一七一〇年には貴族でも最高位の公爵になった。一七〇二年から亡くなる一七四〇年まで、好みの庭をだれかれとなく相談し、造った。庭造りが好きで、いってみれば素人造園家。父の残した庭にすでにフランス幾何学式庭園の骨格があり、ヘンリーはさらに手を加えて洗練、本格的なフランス幾何学式の庭を造り上げたものと思われる。パルテールの模様替えや横軸の運河の新設などを行い、運河を十字形にした。父から継いだ時、主運河の左右は鹿園で、広い草地が広がりその辺縁に樹林があったが、ヘンリーは草地に植樹しフランスの庭に倣う森（樹林部）を造成した。ここに、縦横また斜めのアヴェニューを走らせ、交点などに彫刻や建物、記念碑などを置き、また、数は少ないが、ヴェルサイユの庭園にあったようなボスケ（装飾的な緑の部屋）も設けた。ヘンリーが残した庭は、ヴェルサイユ宮殿のように十字の運河があり、そのなお向こうには芝生地が広がっていた。そして、行き着くところ、ふたたび横方向に幅広い運河が設けられていた。そしてその運河の左右の端からまた運河が二本の腕のように伸びて、森（樹林部）を抱き抱えていた。

主運河の先に広がる芝生地の中心に、立派な園亭が置かれ、宴や饗応に使われた。これは庭園の構成の上でも要の位置を占め、ひとつの焦点になっていた。園亭は、屋敷と向かい合うだけではなかった。園亭は、六角形の作りで、それぞれの面が六方向に放射するアヴェニューの起点になっていた。なかでも×字をなすアヴェニューは、庭の境界を越え、そとのアヴェニューへと連なって延びていた。フランス幾何学式庭園の無限志向がここに見られる。

ヘンリーは三人の息子にことごとく先立たれたため、孫娘のジェマイマに地所を相続させた。ヘンリーは孫娘に公爵夫人 marquisate の爵位も認めてもらった。ジェマイマの時代には、ブラウンの庭が上流貴族の間で流行する。ジェマイマもブラウンを呼んで、庭を改修させた。しかし、祖父の庭の中心部には手を付けず、周辺部の景観を自然風景式にしてもらうに止めた。庭の境界にあった横方向の運河と二本の腕運河が曲線化され、周辺の樹木が自然になった。ジェマイマは庭に、二、三の建築物も建てたが、いずれも周辺部に止まった。

かくて、ウォルポール（一七一七―九七）Horace Walpole は、レスト・パークを評して、流行遅れで醜い、と言った。「高い生垣と運河が残り、古風で醜い。大運河の向こうにひどい神殿（園亭）がある」（On Modern Gardening. 執筆は一七五〇―七〇の間）。しかし、祖父の庭はしずかに堅持された。

ケント伯トマスその後

一八三三年に地所、屋敷と庭を相続したケント伯トマスはイギリスでも有名な素人建築家だった。イギリス建築家協会の初代会長を務めた。一八二〇年代にフランスに旅行。フランス趣味を身につけた。旧邸を取り壊し、新邸をフランス風に造った。合わせてパルテールの庭を造った。いずれも左右対称で、元の庭と齟齬は来たさなかった。トマスの死後（一八五九没）ここは一家の主たる屋敷ではなくなるが、庭園は二〇世紀初めまで、よく保たれた。やや荒れて後、アメリカ大使館に貸し出され、第一次世界大戦ではイギリス軍の病院に使われ、この間、空襲を受けた。一九一七年に他人の手に渡り、森の木は伐採された。一九三〇年代には製材会社に転売され、さらに伐採が進んだ。第二次大戦後、国の公共建築事業省に買い上げられ、農業工学研究所に貸し出され、復元が始められた。現在は、農業工学研究所の後身シルソウ研究所がイングリッシュ・ヘリテッジとともに庭の修復・維持に当たっている。ただ、国が買い上げたのは庭の主要部分にすぎない。その左右の森 wood あるいは parkland は周辺の農地と変わりない姿になってしまった。したがって、かつて公爵の客となった者が、園亭から楽しんだような遙か地所を貫くかのような遠望はもう望めない。

おそらく、イギリスの貴族達が、広大なフランス幾何学式庭園から学んだものは、階層的に秩序立てられた庭園の構成ではなく、その無限志向であろう。広大さの表現、あるいは誇示。イギリスの貴族達は樹林部とアヴェニューを実に自在に活用した。クニフとキップの『イギリス絵図』Britannia Illustrata（一七〇六）に収められている八〇のお屋敷と庭が語るもののひとつがそれである。この『イギリス絵図』はレオナード・クニフが実地に調査して描いた油絵を基にヨハネス・キップが白黒版画にしたもので、屋敷と周辺の庭が鳥瞰図で表されているのが特徴である。それは当時の新築ブームと庭造りの記念碑ともいえるもので、貴族達は、耐え難いほどの費用と贅沢のシンボルを絵図に留めさせた。レスト・パークの場合は、ヘンリーの父が残した姿が描かれている。フランス幾何学式庭園の骨格となる主軸の運河が周辺の鹿園とともに見える。

■ブラマム・パーク *Bramham Park*

今残る「森の庭」あるいは幾何学直線で構成される庭

ブラマム・パークは車がないと、行くのがかなり難しい。ヨーク大学の歴史の学生達がバスに乗って見学にいくという。それに誘われた。声をかけてくれたのは、グッドチャイルド先生。ヨーク大学で私が庭園研究の面倒を見てもらっていた先生である。付き添うのは若い先生と中年の助手。学生は数人。連れ合いも同道。大学近くの駐車場から小型バスに乗り込んだ。みんな、グッドチャイルド先生が用意してくれたレジュメ一枚と図版一枚を手にした。

庭を歩く

屋敷を見上げる芝生に陣取ってまず、先生の説明、それから学生の質問。屋敷の話が終わると、庭を歩いた。庭は広く、フランスの幾何学式庭園のアヴェニュー（並木道）を組織的に使って、屋敷と森を一体化したもの。この様式の庭は、およそ一八世紀の初め頃にとりわけ大貴族たちが競って造った。その間、およそ三〇年、一七〇〇年頃から一七三〇年頃である。フランス幾何学式庭園の広さに対抗する、あるいはそれを模す、といった点にひとつの主眼があったようだ。イギリスでこのような新種の庭が造られていく過程で、幾つか新しい着想や工夫が盛り込まれ、また風景への関心が高まり、それが次の風景式庭園を生み出す要因になったともいわれる。理論家や造園師では、カーペンター、スウィッツァー、ラングレー、キャンベル、そしてブリッジマンの名が挙がる。一七〇〇年前後のイギリスの造園界を主導したロンドンやワイズの次の世代の人達である。

ブラマム・パークは、大貴族が造った極端に広い庭に較べれば、まだ小さい。それでも、さわりだけ歩いても、すぐ四キロほどになる。庭はおよそ三角形。森が三隅にあり、中央部は谷と草原。グッドチャイルド先生の図版では、屋敷は右下隅の森に面している。屋敷の前（正確には裏）にはパルテールがあり、これはいまバラの花壇。かつてはその向こう端に高さ六メートル、三〇段のカスケードがあった。パルテールもカスケードも森の中に嵌め込まれたようになっていた。屋敷の前（正確には裏。もうこれは繰り返さない。庭は基本的に屋敷や宮殿の裏に造られるものだから）に左右に伸びる幅広い道が取られている。右手はすぐ庭の境界に達するが、左手は長い。ここを歩いていくと、整形の池やカスケードが現れる。カスケードは幅広く、途中にテラスを置いて、大がかりに造ってあるが、いまは水もなく、テラスやカスケードの石が崩れている。そこから草原を越える並木道を歩いて、図版の左下隅の森にいたる。歩いた並木道はおよそ四〇〇～五〇〇メートル。起伏する緩い斜面の草原はもと、放牧場であったか、鹿園であったか、狩猟園であったか、不明。森は「黒い湿地」と呼ばれ、濃い森になっている。この内部をフランス幾何学式庭園でお馴染みのアヴェニューが縦横、また斜めに走っている。三カ所に円形の空き地が設けられている。その一つには最多の一一本のアヴェニューが集まっている。あるいはそこから放射している。そのうちの三本は実際に歩くところではなく、たんに視線を通すだけのもの。我々はいくらか森のなかへ入ってアヴェニューを歩き、今度は別の並木道を通って草原を越え、屋敷前の森に戻った。戻ってきた道は最初の道と平行している。戻る道が屋敷前の森に入ると、T字の運河に出る。横棒が道に嵌め込まれている。T字は逆立ちで、立て線はまた別のアヴェニューに組み込まれている。屋敷前の森の半分は、内部にうねうね道をもっている。蛇行する路がある区域はいわゆる野趣園である。彫刻も少数置かれ、園路は高いブナの生垣に縁取られている。屋敷に近いこの森は、変化ある格好の散歩の場であった。この森を南北から挟むように、テラスがある。ひとつは四〇〇メートルほど、もう一つは五〇〇メートルほど。ふたつとも直線で、端が短く折れ曲がっている。テラスは二、三メートルの高さの石垣で支えられ、下に浅い空堀《からぼり》がある。北のテラスは、外の風景に面し、南のテラスは草原と向こうの森を望む。望む森は、三角形の頂点にあるもの。テラスは端で折れているから、南西の方向には、我々が歩いた森も望見される。このテラスはつまり庭の外の風景を眺める初期のハハーである。このハハーが設けられたのは、ブリッジマンがストウ園で同じようなハハーを設けた直後である、と年代が推定されている。おそらく屋敷裏の森全体は、内庭あるいは装飾庭園 pleasure grounds の構想で造られたのだろう。

当初、ブラマム・パークでは、森と草原と屋敷を組織化するアヴェニューの終点に装飾物はほとんど置かれていなかった。この点ではフランス幾何学式庭園に似ていた。現在は、幾つかの神殿がアヴェニューの終点に置かれて、庭の境界がはっきりと目に映るようになっている。これらは初代でなく、次の当主が建てたものである。神殿は、屋敷近くの森（装飾庭園）にも建てられている。庭園史では、まず庭に置かれた神殿や彫像が、次にパークに広がるのは一七三〇年代とされる。なお、神殿 temple とは、建物の姿からそういう習わしだが、役割は園亭 pavilloin で、庭巡りをする際の休憩所として、お茶や食事にも使われた。

幾何学の直線で秩序づける庭――源泉と特徴

イギリスで大貴族とされる階層の所有地はふつう五〇〇〇ヘクタールを越える。地方の中小貴族やジェントリーの所有地は二〇〇から三〇〇〇ヘクタール。ブラマム・パークは、およそ二四〇〇ヘクタールである。ブラマム・パークはヨークで有名な法曹家であったベンソンの息子が自分で設計したジェントリーの庭である。とりわけジョージ一世の即位にはじまるホイッグのウォルポール首相の時代（一七一四―四二）は、イギリスの上層貴族が屋敷の豪壮と庭の広大さをふたたび競った時期であった。大貴族の庭は、一八世紀の後半に入るとまた、流行に合わせてブラウンの風景式庭園に改修されてしまうのだから、この時期の姿を偲ばせる庭はいまほとんど残っていない。現在は、『イギリスの建築家』Vitruvius Britannicus（Colen Campbell, 1725）のような絵図にその壮大さが偲ばれるだけである。いま、目にできるのは、スウィッツァー設計のサイレンセスター・パーク（グロースターシャー）の中心部やこのブラマム・パークくらい。ブラマム・パークは、イギリスの一時代を飾った大庭園

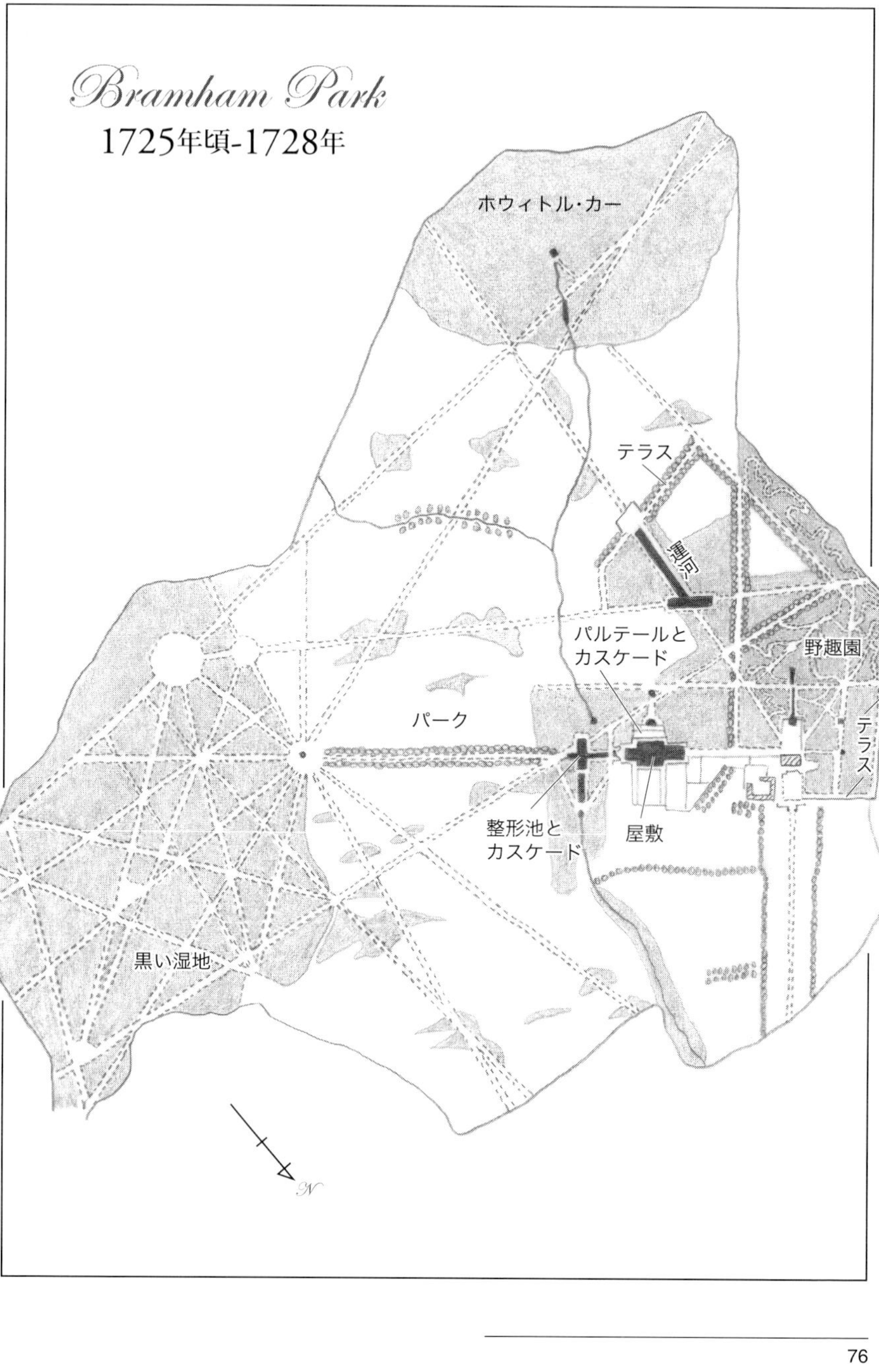
Bramham Park
1725年頃-1728年
ホウィトル・カー
テラス
運河
パルテールと
カスケード
野趣園
パーク
テラス
整形池と
カスケード
屋敷
黒い湿地
N

ブラマム・パーク　装飾庭園と神殿

ブラマム・パーク　並木道と池

の様式をいささか小粒とはいえ、ほぼ変わらない姿で見せてくれる貴重な庭である。

ホイッグの名首相ロバート・ウォルポールを出したウォルポール家の本拠ホートン（ノーフォーク）の庭園も、この型の典型で、ブラマム・パークと同じ時代に造られている。いくらか早い時期のものでは、例えば、モズリー・ウッド Moseley Wood（一六九六、リーズ近郊）があった。広さは五〇ヘクタール以上あり、アヴェニュー（騎馬道、散策路を含む）を多用し、六五の交点、三〇六の異なる通景線（見通し景）が作られ、その多様さと巨大な迷路の作りに訪れる者が感嘆したという。ジェイムズ二世に取り立てられたボウファト公爵が贅を尽くして住んだバドミントン・ハウス（グロースターシャー）の庭園にも数え切れないほどの並木道が走り、早くもこの型の極限のような姿を見せた。造られたのは、これも早い時期で、一六八二年から八八年の間であろうと推定されている。ロンドンやワイズの庭が主流になる時期に、次世代の庭の芽が育っていたのである。

この型の庭は「森の庭」forest gardening（スウィッツァー）と呼ばれたり、「森林庭園」woodland garden とも呼ばれるが、いくらか誤解を招くだろう。同じスウィッツァーの用語でも 'rural and extensive gardening' がわかりやすい。屋敷近くには整形庭園（あるいはブラマム・パークのような装飾庭園 pleasure grounds）があり、その外側に森や草地があった。そして、この house-garden-park の三つを長い直線で繋いで組織化した。あるいは一体構造化した。直線は、アヴェニュー avenue、園路 alée、騎馬道 ride、馬車道 drive、散策路 walk などと名付けられている。森や草地の実態は、（木材をとるための）植林園や牧草地、放牧地、鹿園、耕地（ただ、これは次第に排除されていく）、それに野趣園 wilderness などであった。屋敷は明快なシンメトリーのパラディオ様式、庭はそれに対応してすっきりした幾何学的な構成をとった。この新しい庭は一望される庭ではなかった。回遊者が実際に歩き、あるいは馬車や馬で巡り、探索し、体験する空間と考えられた。

ふたたび野趣園だが、これは自然の森や林に似せた一画。樹や灌木、下草があって、その中を園路が通っていた。園路は直線ばかりではない。ふつう、円弧を繋いだ形の園路や蛇行する園路が含まれる。したがって大きな野趣園では、迷路に迷い込んだかのような体験もできた。整形と非整形の両方の形があり、規模も大小ある。新しい庭ではひとつにこれが重視された。

また、ブラマム・パークでは後に神殿などがアヴェニューの終点に建てられたが、ふつうこの型の庭では、初めから直線の交点や終点に、神殿、彫刻、オベリスクなどが視線止めに置かれた。彫刻や神殿は、整形庭園の要所にも置かれた。このような古典建築物の重視がまたひとつの特徴であった。このようになったのは、源泉のひとつが、フランスの幾何学式庭園の他に、イタリアのルネサンスやバロックの庭だったからである。一七〇〇年から二〇年の間は、イギリス貴族の間で大陸教養旅行がもっとも盛んだった時期で、イギリスの貴族はイタリアの庭を訪れ、見事な彫刻や神殿が配されているのを見た。とりわけ古代彫刻の展示は刺激的であった。

イタリアの庭は、おおむね整形園と樹林園からできており、一六世紀の後半ともなれば、たとえばエステ荘やランテ荘、またボボリ園やプラトリーノ荘など、規模も大きくなり、そこでは樹林部にも並木道や園路が走っていた。また、ローマ市内や近郊には装飾・自然園 garden park と呼ばれる新しいタイプの大きな庭も生まれていた。イギリスの貴族はこれも見た。これは広い整形庭園と樹林園の他に、自然の景観と地形をもつパーク parco を併せ持つ庭であった。自然園は、自然を楽しむとの趣旨で付け加えられたのであった。このタイプの庭が造られたのは、一六世紀後半から一七世紀前半の一世紀である。数は多くない。そのひとつ、一七世紀の前半にボルゲーゼ枢機卿がローマ市の市壁のすぐ北側に造ったボルゲーゼ荘は、イーヴリンも訪れて詳しい記述を残している。その一部はいまのボルゲーゼ公園。ボルゲーゼ荘では、自然園の一部にも並木道が走っていた。このような当時のイタリアの庭の姿が、全体として、イギリスの貴族達の庭造りの参考になったであろう。

繰り返すようだが、イギリスの新世代の大庭園は一七三〇年頃まで、とりわけ上流貴族の間で盛んに造られた。一世代前のロンドンやワイズの庭と較べれば、アヴェニューの使用が徹底し、たとえば、屋敷からアヴェニューが放射していく他、多くのアヴェニューが屋敷と整形庭園とパークの間に設けられ、この三つをひとつにまとめた。また、神殿や彫刻など庭園装飾物が視線止めに使われ、イタリア・ルネサンスや古典文化の香りを漂わせた。さらに、屋敷はバロック様式に代わってパラディオ建築が採用されたことも特徴に挙げられる。したがって、ロンドンとワイズの庭がおおむねフランス・オランダ式と呼べるものだったとすれば、新らしい庭は、およそフランス・イタリア式だったといえよう。

新しい庭では、またブリッジマンのテラス型のハハー（これはグッドチャイルド先生のいうように一種のテラス・ウォークともいえる）に見られるように、外の風景を幅広く眺望することも視野に入り始める。整形庭園の造り方は簡素になり、刺繍のパルテール parterre de broderie は採用されず、一面の芝生となり、手の込んだトーピアリは単純な形に変わるとともに、庭の中心から芝生や園路の縁に退いていった。野趣園はアヴェニューの端の位置から屋敷近くに移動し、大きくなる。細かい特徴を挙げればこのようになる。

このような新世代の庭をどう評価すればいいのだろうか。全体に統一性は高まり、また広くなるが、ある意味では、単純すぎて殺風景、だろうか。野趣園には、花木や果樹も使われたというが、庭から華麗さが消えた。

このような庭に変わったのは、ひとつに、ロンドンやワイズの庭のように、フランスの刺繍花壇とオランダのトーピアリや珍種の花といったさわりを取り合わせた庭は、いかに大貴族といえども、造るのも大変、維持もまた大変だったからである。また、屋敷の様式がバロックからパラディオ様式に変わるに伴い、庭もそれにふさわしい姿に変わらなければならない、つまり、幾何学的な単純な線で構成されるのでなければ調和しないと考えられたからである。そもそも屋敷の建築様式が変わったのは、バロックの建物はトーリー党、あるいは専制の建物とされ、ホイッグの屋敷はそれであってはならないとされたからである。

ブラマム・パークを自分で造ったベンソンもイタリア教養旅行に出掛け、建築や庭園の知識を持ち帰った。ジェントリー階層ではベンソンのように屋敷や庭をみずから設計する例が多かった。

グットチャイルド先生の資料

以下、グッドチャイルド先生が用意してくれたレジュメの内容である。

屋敷は一七一〇年頃に完成。施主はロバート・ベンソンで、生年は一六七六年、死亡は一七三一年。一七一三年にビングリー卿となっている。屋敷は一八二八年に火災で大きく損傷した。修復再建されたのは、一九〇六―一五年。

庭は一七〇〇年頃から一七一〇年の期間に造られた。ベンソンが庭師のロバート・フレミングとともに造ったものと思われる。

ジョン・ウッド（父）が作成した設計図（一七二五頃―二八）は古い設計図（一七一〇頃―一三）と多くの共通点がある。しかし、とくに屋敷の西側では大きな違いがいくつか見られる。ひとつはT字形の運河（一七二八年着工）とそれに伴う路と植林、それに屋敷への通景線。ひとつはオベリスクの池。これらは、ジョン・ウッド（父）が設計した（一七二二―二四）のであろう。

ジョン・ウッドの設計図に示されているものは今もほとんどが残され、現在の庭の中心になっている。いくらかの変更と付け加わったものも見られる。

ウッドの設計図では、三つの森 Woods、あるいは植林 Plantations がそれぞれ大きな三角形の隅に配されている。ひとつは、屋敷の裏手の装飾庭園 Pleasure grounds、ひとつは屋敷南東の「黒い湿地」Black Fen、もうひとつが南西の「ホウィトル・カー」Whittle Car である。これら三つの森の間にパークが介在している。しかし、三つの森は通景線で繋がっている。装飾庭園や「黒い湿地」はアヴェニューで繋げられている。装飾庭園の内部は直線の路によって、それぞれ大きさや形が異なる区画に分かれている。それぞれの造りは不規則である。「黒い湿地」は騎馬道 Rides によって分けられている。騎馬道は幾つかの中心点から放射し、互いに交差している。

ウッズの設計図では、装飾庭園に一枚のパルテール（現存）があり、その端にカスケード（消失）がついている。さらに、オベリスクの池（現存、ただし形は変わっている）、大カスケードと池（テラスが残っている）、それからT字運河（現存）が描かれている。装飾庭園の縁にテラス・ウォーク（現存）が設けられている（一七二七―二八年には増設）。

ロバート・ベンソンの死後、娘のハリエットによって神殿などが付け加えられた。装飾庭園では、ゴシックの神殿（バティ・ラングリーのデザインを採用、一七五〇頃）、イオニア式神殿（ジェイムズ・ペイン設計、一七五〇―六二）、開放型神殿（扉がない、一七五〇より前）である。「黒い湿地」ではイオニア式の円形神殿Rotunda（一七四五頃）、リード・ラッド神殿、オベリスク（一七六八）である。

ハリエットは一七三一年、ジョージ・フォックス・レインと結婚した。亡くなるのは一七七一年。夫のジョージは一七五一年に地所を継承、一七六三年ビングリー卿となり、一七七三年死去。

グッドチャイルド先生がレジュメの最後に挙げた文献は、そのまま英語で記す。

* C. Hussey, 'English Gardens and Landscapes 1700-1750' (Country Life 1967).
* Country Life Magazine, July 4, 1958, p.190; December 11, 1958, p.1421; February 20, 1958, pp.350-353; February 27, 1958, pp.400-403; June 12, 1958, pp.1294-1297; June 19, 1958, pp.1368-1371.
* H. Colvin 'Biogaphical Dictionary of British Architects 1600-1840' (Murray, 1978).
* 'Bramham Park' n.d. (current 1992). Guide book produced by the Bramham Park Estate.

第三章　一八世紀の新しい庭の展開

1　素人造園家の雄大な構想の庭

■ハワード城 *Castle Howard*

風景式庭園初期の試行錯誤——アイデアの豊かさ

一九九九年五月八日。ヨーク駅前から直通バスに乗る。同道と覚しき者は他に三人。景色は城近くで美しくなる。バスはふたつの門を幅ぎりぎりで通りぬけ、ハワード城に着く。

城と称するが、王様の城ではない。第三代カーライル伯爵（一六六九―一七三八）の田舎の屋敷。政治に野心があったから、まず、それにふさわしい屋敷、門とアプローチを造った。設計（一六九九）をしたのは、奇才の持ち主ヴァンブラ John Vanbrugh（一六六四―一七二六）である。ヴァンブラは人目を驚かせるデザインを思い付く。中世から続く城に見立て、パークに城壁を巡らせ、門を造り、長いアプローチを造って、豪華大規模な屋敷に来訪者を導くようにした。アプローチの右手に大きなピラミッドを建てた。これは当家の祖、エリザベス朝時代のウィリアム・ハワード卿を偲ぶもの。カーライル伯爵にとって、祖先と家系は重大な関心事であった。

屋敷の東にある小山レイ・ウッド Wray Wood には、見事なブナの大木が茂っていた。カーライル伯爵は、伐採する（ジョージ・ロンドン案）のを惜しみ、残す道を選んだ。樹間に園路を走らせ、池と噴水と段々滝を造り、要所に彫像を据え、休憩の園亭を設けて、ここを家族のレクレーションの場所とした。広い野趣園である。

次に屋敷の西にある菜園を整備した。整備とは、しっかりと煉瓦の高い塀で囲むこと。野兎や家畜の羊や牛に野菜、香草、薬草、果樹を食べられないように守るのである。囲めば風も和らぎ、陽もたまる。このような造りの区画はウォールド・ガーデンと呼ばれる。菜園は現在はバラが主役になっている。次に、屋敷の前面の区画に手をつけた。ここはシンプルな芝生のパルテールにし、多くの彫像、オベリスク、飾鉢で装飾。一本の高い柱を立てた。高さは三〇フィートであった。デザインはふたたびヴァンブラ。屋敷に入った者が広間からまっすぐ眺めるのがこの部分である。その向こうに大ピラミッドが望まれた。

整備の手はさらにその東隣に移る。一段と低い土地なので、長方形に近い湖を造った。中心に噴水。最後の段階が四風神殿とその東側。四風とは、東西南北の風。従って四季の風でもある。ともあれこれは見事なパラディオ式の建築。四方同じ造りで、東西南北いずれの方向から見ても同じに見える。シンメトリーを愛したルネサンスの精髄のようなパラディオ（一五〇八―八〇）の建築を模範にしている。ここは庭園を巡る者の休憩の場で、小丘に立つ。ここからの眺めは一八〇度以上の広角で、いわゆる風景式庭園の眺め。牧場と牧草地と畠がゆるい起伏をなして広がり、そこここの樹群がアクセントとなり景観に変化を与える。川がよぎり、石橋が架かる。東のスカイラインには一家の霊廟がそびえる。これは古典的な円形神殿の形を取っている。霊廟は現在、万一の崩落をおそれて閉鎖され、見に行くことはできない。これは村の教会を取り壊して建てたもの。一家の墓は、もともとこの教会にあった。

屋敷の前面から四風神殿まで、幅広い土手に似た園路が通じている。表面は滑らかな芝生。ゆるゆる歩いて見下ろす眺めを楽しむためのもの。テラス・ウォークと呼ばれる。風もよく通り、草の香り・花の香りも運ばれてくることが多い。ハワード城のテラス・ウォークは、もとの村道。テラス・ウォークは一八世紀の初期の風景式庭園でたくさん造られたが、風景式庭園の様式の完成に伴い、次々に姿を消していった。現在残っているのは、ダンカム・パークとリーボー・テラス（いずれもヨークシャー）、オウトランヅ・パーク Oatlands Park（サリー）、そしてファーンバラ・ホール Farnborough Hall（ウォリックシャー）くらいできわめて数少ない。この独特の装置が消えていったのは惜しまれてならない。消えて行った原因はなにか。それは、後の風景式庭園では、風景は回遊する場所となり、たんにテラス・ウォークや屋敷から眺められるだけのものではなくなったからである。

後代の完成された風景式庭園は全体にまとまりを見せ、調和があってとても美しい。それを先に見た後で、初期に属するハワード城の庭園を見れば、失望するかもしれない。この庭には、はじめから全体案があったのではなく、順に加算式で造られたいきさつがあり、まとまりは見られない。後の風景式庭園のように、大規模な土木工事を行って理想的に造形するということもされなかった。ただ、カーライル伯爵の娘は、その美しさを書き残している。ともあれ、歴史的には見逃せない庭である。後に風景式庭園を完成させたブラウンのトレードマークのようにいわれる樹の帯 belt あるいは衝立 screen、それから芝生に樹群 clump を散らすという植え方がすでに見られる。レイ・ウッドの園路にはすでに自然な蛇行曲線が採用されていた。また、庭園の点景建築でも、円形神殿（霊廟）、ピラミッド、橋など、その後の風景式庭園に見られる点景建築物が、風景の一部となっている。ちなみに四風神殿やヴィーナスの神殿（消失）は、まだ庭の端にあって、風景を眺望するもので、風景の一部とはなっていない。

カーライル伯爵の大陸教養旅行の思い出は、多くの彫像としてレイ・ウッドと屋敷前の整形庭園に配された。庭園を飾る彫像の常として、多くはギリシャ・ローマ神話の神々、英雄、妖精、それに皇帝であった。後代、一部の論者は、ホイッグとして活躍したカーライル伯爵の政治的立場や人生観が表現されていた、と論ずるが、実証されない。大陸教養旅行の記念と庭の飾りという以上の意味はなかったようだ。

城壁や門、ピラミッドやオベリスクの他に、四風神殿、霊廟などハワード城の主な点景建築には、ヴァンブラだけでなく、カーライル伯爵の趣味も反映されているようだ。カーライル伯爵の大陸教養旅行は一六八八年から

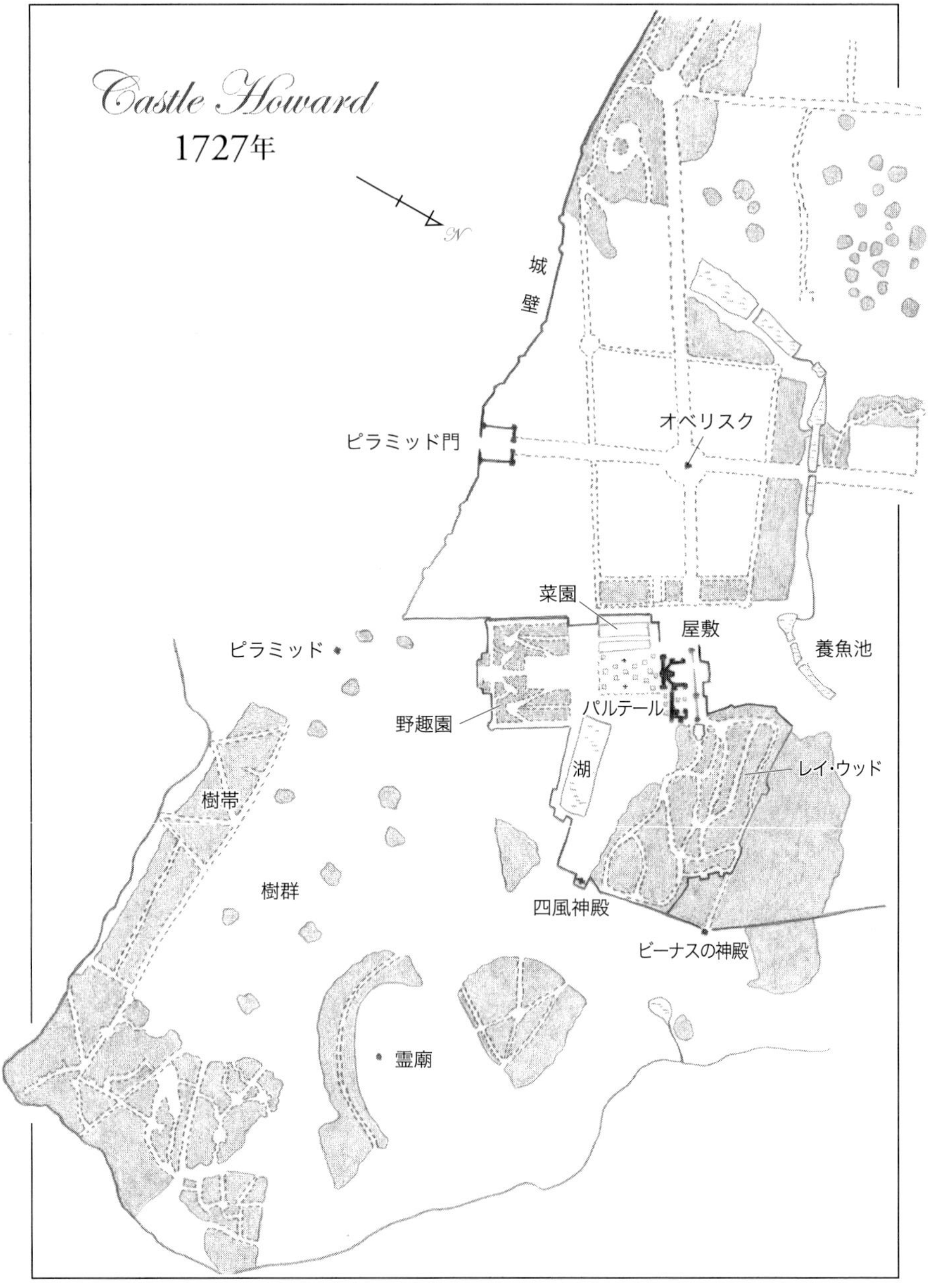
Castle Howard
1727年
N
城壁
ピラミッド門
オベリスク
菜園
屋敷
養魚池
ピラミッド
野趣園
パルテール
湖
レイ・ウッド
樹帯
樹群
四風神殿
ビーナスの神殿
霊廟

ハワード城　四風神殿

ハワード城　霊廟と橋

一六九一年。カーライル伯爵は、古代の遺跡の残るローマの景観に強い印象を受けた。G・ツェスティウスのピラミッドやC・メテラの墳墓に目を見張る。ツェスティウスはローマ共和国時代の護民官で、ローマの外港オスティアへ向かう街道の側に、高さ二七メートルのピラミッド形の墓を造った。このピラミッドは有名になり、中世、ローマ建国の祖レームスの墓とされた。メテラは、執政官M・L・クラッススの夫人。古代ローマでは、市壁内に墓を造ることは禁じられていたので、ひとつにアッピア街道沿いに多くの墓が造られた。そのなかでもメテラの墓は際立ち、高さ一一メートル、直径二〇メートルあり、中世には時に砦として利用されたほどのものであった。

カーライル伯爵は、教養旅行の間、美術の鑑賞眼を養い、広く古典を読んだという。アルベルティの『建築論』や『家政論』も知っていたであろう。アルベルティ Leon Battista Alberti（一四〇四―七二）はダヴィンチと並ぶルネサンスの万能の天才で、ルネサンスの建築と庭園の分野では、ローマ時代の文献に基づく論を立て、イタリア・ルネサンスの建築と造園を指導した。アルベルティは、別荘の眺めのひとつに、都市や町、海、平野、丘陵や山をあげ、変化に富んだ景勝の地であれば、もっとも好ましいという。花の咲く草地、陽に輝く平原、涼しい森、澄んだ泉や小川も望ましい。アルベルティはまた、神殿など古代ローマの遺跡をみれば、ひとは、人間や事物の発展を知り、驚きと感嘆に誘われるという。また、たとえばアッピア街道のピラミッドやオベリスクなど墳墓や霊廟をみれば、感動する。これは古代の偉人の栄光を称え、後世に伝えるものだ。……

カーライル伯爵の造園の背後に、このようなアルベルティの考え方や伯爵自らのローマ見聞があるのは、ほぼ間違いないであろう。

カーライル伯爵の慧眼は、ヴァンブラの起用に見られる。劇作家としての評判はあったが、建築家としては無経験・無名であったヴァンブラを起用し、これが成功、ヴァンブラを建築家として世に送り出すことになった。そのヴァンブラは庭もいくらか手掛ける。

いま、屋敷の北面には広い芝生が大きな湖に連なっている。整備されたのは一九世紀の半ば過ぎ。担当したのは有名な造園家ネスフィールド William Andrew Nesfield（一七九三―一八八一）で、この時ネスフィールドの手によって、庭園全体に渡って改修と美化が施され、北に湖も造られ、屋敷前には精妙な刺繍のパルテールも誕生した。しかし、北面の湖などを除き、一九世紀の末にネスフィールドの美化の跡はほぼ消されてしまった。

ネスフィールドはフランス幾何学式庭園のパルテールを一九世紀の半ば過ぎにイギリスの庭に再び蘇らせたことで有名だが、造園家としての仕事は、それが中心であったのではなく、この時期の貴族や富豪の庭の改修や美化を手広く引き受け、それに係わるあらゆる仕事をこなした。ハワード城でも、風景園などの樹木や灌木の間伐や剪定を行って美しさを回復させている。ネスフィールドがこうして手がけた庭は二〇〇以上に及んだといわれ、かつてのブラウンやレプトンを思わせる。

■ダンカム・パークとリーヴォー・テラス *Duncombe Park and Rievaulx Terrace & Temples*

最初期風景式庭園の爽快さ――単純な偉大さ

訪れたのは、一九九九年五月六日。晴れ。

ヨークから、モールトンへ汽車。バスでヘルムズリーへ。そこからタクシーでまずリーヴォー・テラスへ。モールトンのバス・ステーションの風は冷たかった。やっときたバスは小型で、美しい風景の中をとばす。菜種畑の黄色い起伏がとりわけ美しい。ヘルムズリーはこぢんまりした美しい古い町。市場広場にタクシーの姿はなかった。観光客の車ばかり。インフォーメイションの実に感じのよい上品な物腰の婦人がタクシーを呼んでくれた。町には二台あるという。

リーヴォー・テラスは思いの外、すばらしかった。元はダンカム・パークの一部。ダンカム家の人々が、馬車で乗りつけ、テラスを歩き、眺望を楽しんでから、神殿で食事をした。造りは神殿、機能は園亭である。ピクニック（野の宴）の場なのであった。神殿の中には、当時の食器がテーブルに並べてあり、ナショナル・トラストの係員が説明してくれる。

リーヴォー・テラスからの眺めは、まず、対岸。やや遠く、ゆるく起伏する牧場や畑。色は、緑と黄色。ともに鮮やか。樹や生垣がアクセントになる。真下に谷川。ライ川の支流。ただ、木立に隠れ、川筋は想像するだけ。ライ川の本流はすこし離れた所を流れているが、これも今は見えない。それから右下に、大きなリーヴォー修道院の廃墟。シトー修道会（一〇九八年創設）のものだった。ゴシック様式で、淡い黄色。これは絵になる。

テラスは芝生。雛菊の白い花が混じる。テラスの斜面には、サクラソウ（黄色）とテガタチドリ（濃桃色）。斜面は、下るにつれ芝生から木立へ変わり、遙か下方の川へ落ちていく。木立の間に、眺望線が一〇本あまり切られている。テラスの両端に、ひとつずつ神殿。視線止め eyecatcher として必要なもの、と実感される。非常に収まりが良い。およそ八〇〇メートルのテラスを歩くとき、たえず視界に入る。テラスの背後の樹林帯もよい。テラスの芝生との境目は不規則に出入りしている。このリズムが美しく、快い。植栽とともに、独特の美をなす。このデザインの力はすばらしいと思う。あとでダンカム・パークのテラスを見て初めて気づいたが、ダンカム・パークでは、芝生と背後の樹林は直線で接している。造られたのはダンカム・パークが一七一三年頃、リーヴォー・テラスは一七五八年。およそ四〇年の差。趣味の変化が反映している。林の中にしきりな小鳥の声。

稀有な空間である。目の当たりにした瞬間、一気に、強烈に感激させるのは、イギリス風景庭園の流儀ではない。ゆったり、ゆっくり、広く、静かに、おだやかな全体で、心を満たしてくる。今もここにあるのは、静穏、平安、陽光。花々、木々、緑、小鳥、微風、そして時。包み込む穏やかさである。

今からおよそ二五〇年前（一七五八）に造られた。卓抜な装置だと思う。

ナショナル・トラストの受付で聞くと、ダンカム・パークへ直接入る入口は、ヘルムズリーへ戻らないと、ないという。戻る道は五キロ。歩くにはちょっと無理。タクシーを呼ぶには、左手の斜面の小径を降りてリーヴォー修道院の廃墟へいけば、電話ボックスがある、という。

赤谷へ降りる。途絶えそうな細い道が斜面を縫って続く。でも確かにリーヴォー修道院の廃墟の傍らへ出る。赤い電話ボックスもあった。ここは人影の薄いリーヴォー村。修道院の廃墟は、英国遺産基金 English Heritage が所有・管理している。これが廃墟になったのもあのヘンリー八世の修道院廃止令（一五三六）による。付近に食堂はなく、昼食は先送り。電話をかけ、石垣に腰掛けて、タクシーを待つ。タクシーの名刺は、来るときのタクシーの運転手から貰っておいた。来たときは丘の上の道路だった。戻りは下の道。多分旧道だろう。健脚者には歩いてみるにもよい、と推奨されている。乗ったタクシーはいつしかまた上の道へ出る。菜種色の丘陵が続く。運転手は「イギリスで最も美しい景色だ」と自慢する。そうだ、現実の夢の世界だ、と思う。

ダンカム・パークの喫茶室まで乗せていってもらい、遅い昼食をとる。私は例によって jacket potato（ツナ入り）で、連れ合いは、quiche ＋ cake。

庭 Garden を巡る。まずテラスの散策路 Terrace Walk のほぼ中央へ出る。段丘上のテラスから、はるか下方の谷川（ライ川）と羊のいる放牧地と樹林を眺める。造りの基本はリーヴォー・テラスと同じ。川筋はよく見える。はるか眼下の川は、変形したU字を描いて、近づき、遠ざかる。一部に滝。テラスの背後は、厚い高い樹林。密度が高く、古い。樹下にはブルーベル（青紫）とワイルドガーリック（白）。

テラスはここでも芝生。足に快い。まずテラス・ウォークの左端（北）へ向かう。斜面をやや降りるところから芝生は木立に変わり、木立は視線を遮り、また通して、順次、歩くに従い、眺望に美的な変化を与える。テラスの左端（北）には吹き抜けの円形神殿。ヴァンブラの作だという。円形神殿からヘルムズリーの町、古城、黄色の菜種畑が遠望される。真下は放牧地。イギリスで初めてか、とされるハハーが設けられたのが、ここ。ただし、テラス式であったようだ。円形神殿から西へ向かうテラスの部分のハハーは、いわゆる蛇行曲線 serpentine

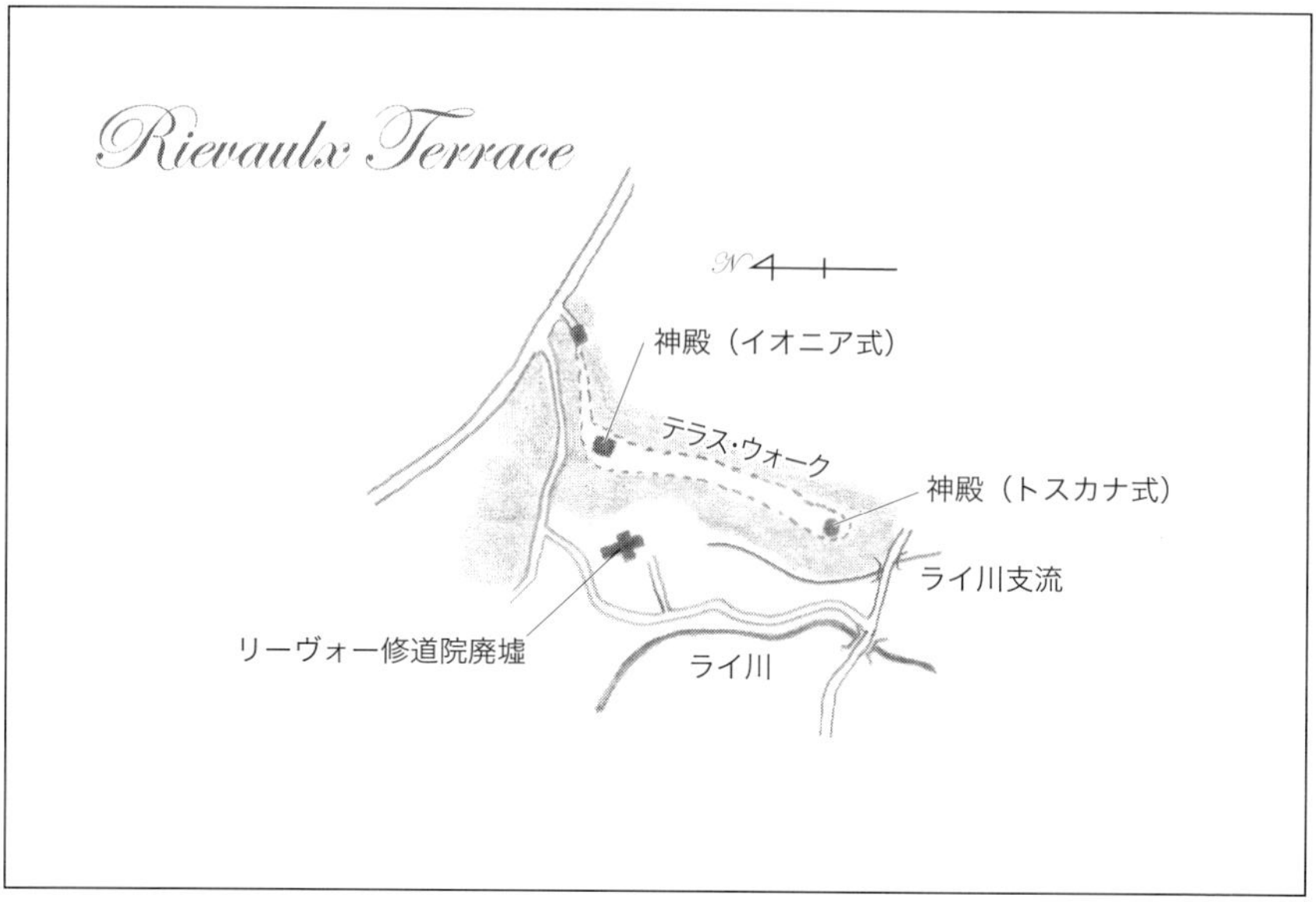

ダンカム・パーク　テラス・ウォークと神殿

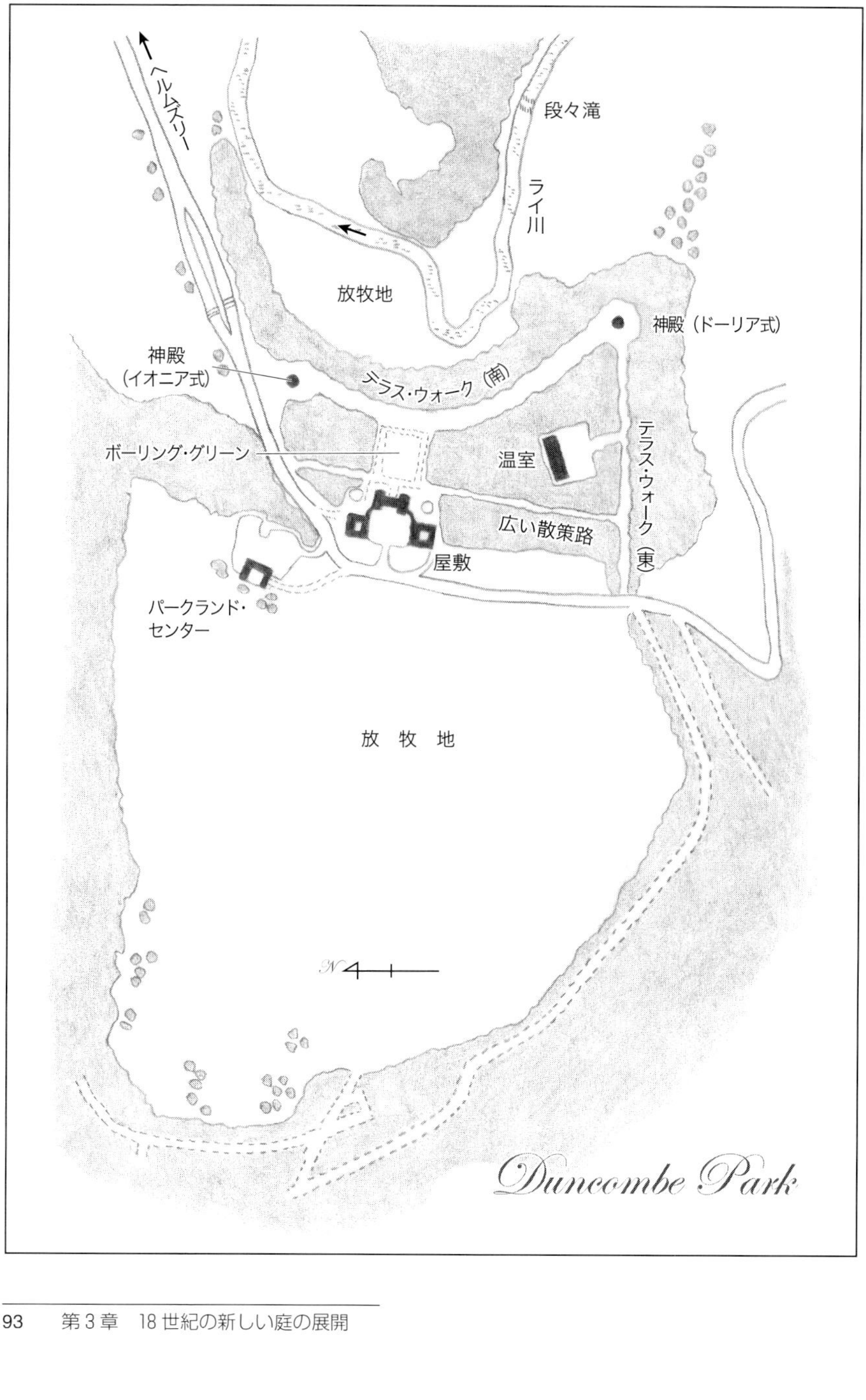
ヘルムズリー
段々滝
ライ川
放牧地
神殿（ドーリア式）
神殿
（イオニア式）
テラス・ウォーク（南）
ボーリング・グリーン
温室
テラス・ウォーク（東）
広い散策路
屋敷
パークランド・
センター
放 牧 地
N
Duncombe Park

line をなして庭（つまり屋敷の敷地）と外の放牧地を区切っていたという。今そのほんの一部を見ることができる。残る部分は、大きくなったイチイの木の下に埋もれているという。かつて、ハハーの線とイチイの線は一致していた。テラスもハハーも造られたのは、屋敷（一七一三）と同じ時期。

円形神殿のところから下のライ川へ降りて、川岸を歩くコースもある。それは諦め、テラスを引き返す。このテラスは屋敷の裏手にあり、東方の景観を眺めるもの。大弓を置いたようにゆるく湾曲して八〇〇メートルほどの長さがある。南端へ向かうと、やはり視線止めに置かれている神殿に至る。その間、テラスからの眺めは、やはり、変化しながら、たえずきわめて美しい。

南端まで行くと、今度は右手に折れてテラスの散策路が続いている。ここでも、造りは同じ。ここは南向きで、やはり放牧地や木立ちを眺望する。背後には濃い林。保護感がある。ただ、眺めの質は落ちる。東のテラスが主で、いかに優れていたか、思い返される。途中、右手の樹林に入ると、大きな温室がある。冊子に拠れば一九世紀に活況。庭師によって温室栽培の新手法が工夫され、多くの植物と花が育てられた。現在は用途転換を計画中。温室の中に広い食卓が残っていた。ヴィクトリア時代、ここは食事ができるようになっていた。ダンカム家の人々は、そのとき温室の植物に囲まれて食事を楽しんだのであろう。残された噴水は繊細で優美。水面に睡蓮を浮かべ赤い小魚が泳ぐ。趣味の良さが偲ばれる。

南のテラスの散策路から、屋敷へ戻るとき通るのが、樹林の間の芝生の道。広い散策路 Broad Walk と呼ばれる。これも快い。フランス幾何学式庭園であれば、樹林と人は、生垣で隔てられる。ここでは、それがない。たかが生垣ひとつ、と言ってはいけないだろう。閉塞、圧迫がなく、視線も気持ちも風も自由にゆききする。路と森は広闊なひと続きの環境に一変し、ものすべて動きが自在になる。

冊子によれば、庭の設計者は分かっていないという。スウィッツァー（一六八二―一七四五）かブリッジマン（一七三八没）か、あるいは両者の係わりも云々される、という。ともあれ、二人とも、雄大な庭園を構想した。

それが時代の風だったのだろう。ダンカム・パークも風景園 parkland を含む庭園で、広かった。およそ二七〇〇エーカー（一〇八〇ヘクタール）を屋敷周辺に持つ庭園として構想された。ヘルムズリーまで広がる草地（ライ川の谷を含む）、スプロクストン村 Sproxton を超えてひろがる丘陵地。それから、屋敷の西（正面方向）の台地にあったおよそ三〇〇エーカーのダマジカ fallow deer の園域、さらにこの南西に広がっていた二〇〇〇エーカーの赤鹿 red deer の園域。所領地のうち、ここまでを庭とした。ダマジカは小型で、淡い黄褐色の優美な鹿である。ダンカム・パークの鹿肉は、ヘルムズリーの市場に設けられた小屋で週ごと売られたという。

ダンカム・パークには、その後ブラウン（一七一六―八三）やレプトン（一七五二―一八一八）など一八世紀のイギリス風景式庭園の寵児の手はいっさい加えられなかった。ここはイギリス風景式庭園の最初期の姿を残すところである。

ちなみに、屋敷の裏手の左右にある整形庭園は、一九世紀のもの。屋敷の翼棟の増築（一八四三年、Ch・バリー設計）に伴い、設けられた。設計は、名の知れたネスフィールドかもしれないとされる。バリー（一七九五―一八六〇）とネスフィールド（一七九三―一八八一）のふたりはちょうどここから遠くないハーウッド・ハウス Harewood House で屋敷と庭の部分改修に携わっていた。一九世紀には、レプトンの流れを受けて、風景式庭園で、屋敷周辺（普通は裏手）にテラスと整形花壇を設けることが流行した。バリーなどは、数段のテラスを階段と手摺りでつなげたイタリア式（新イタリア式と呼ばれた）の設計まで手を広げた。

高い段丘と下方に屈曲する川、一方に高地、他方に低地。一帯は起伏する丘陵。ダンカム・パークとリーヴォー・テラスは、地形に恵まれたのが名園になった第一の理由であろうが、構想も良かったと言わなくてはならないだろう。自然にあまり手を加えず、単純。大きく悠々。ここでも「自然」とは、おおむねすでに畑 arable となり放牧地 pasture や牧草地 meadow となっていたのだから、人手が加えられ修景された風景ではあるが、広い園域には今でも古木・大木が残されている。この庭を設けたのは、トマス・ダンカム（一七四五没）。ここ、へルムズリーの地所を購入したのは、その先代のチャールズ・ダンカム卿。現在は、一〇代目に当たるCh・A・P・ダンカム第六代フェヴァシャム男爵が経営している。

一八世紀の有名な農政学者で英国やヨーロッパで調査旅行も数多く行ったアーサー・ヤングArthur Young（一七四一―一八二〇）は、「好奇心旺盛な旅行者なら訪れるとよい随一のところ。絶妙な楽しみを味わえる」と推奨している（一七七〇）。

"The place in this country by far the most worth attention of the curious traveller, it cannot be viewed without the most exquiste enjoyment".

現在の当主フェヴァシャム男爵は冊子に「この一八世紀風景式庭園の美しさと雄大さを一度ならず訪れて味わっていただきたい」と記している。

"We welcome you here in the hope that you will enjoy your visit and will want to return to savour the beauty and the grandeur of this 18th century landscape on more than one occasion".

屋敷の見物案内に参加した。初老の短身の男性の語り方に味わいがあった。

風景園parklandを巡るのは、断念。帰りは強い向風で冷たかった。途中、ある男性が声をかけ、門まで車に乗せてくれた。

市場広場でバスの時刻表を見て、帰り方を検討する。わざと遠回りで帰ることにした。海港の町スカーバラScarborough行きのバスに乗った。景色を見たかったから。やはり美しかった。スカーバラ駅前のカフェで夕食。汽車でヨークに戻ったのは九時。でもまだ明るかった

■ファウンテンズ修道院とスタッドリー・ロイヤル *Fountains Abbey & Studley Royal*

整形の美、自然の美、異国の美――早くも三つの美を兼備する

ナショナル・トラストに入会

見に行ったのは、一九九九年四月二八日。

前日は、グッドチャイルド先生との面接日。ここを明日見に行くと言ったら、ファイルを取り出してきて、地図を出し、説明してくれた。入るべき門、回るべき道筋。荒々しい・折れ線の自然と手入れされ滑らかになった自然、フランスの整形庭園とイギリスの風景庭園など、対立的な要素を兼備した庭だという。また、ロンドン郊外のチジック園のように運河（細長い長方形の池）の直線がゆるんでかすかに不規則な曲線へ移行し始める姿もみられる、という。谷筋はふたつあり、荒々しい自然の谷の方には、中国の四阿《あずまや》も置かれていたという。グッドチャイルド先生は「祖母が、四時間かかっても見終わらなかったという手紙を残している」といった。

早起きして出掛ける。晴れ。ヨークのバス駅からリポン行きのバスに乗る。バスは三〇分遅れでバス停にやってきた。ひと回り小さい古いバス。客はわれわれふたりだけ。途中でひとり、また次にひとり加わる。田舎道を飛ばす。路面のでこぼこが体に伝わる。エンジン音がすごい。じつに怖い走り方。風景は美しい。緑の畑と菜種の黄色。牧草地の起伏。区切りに入る生垣、点景をなす木立。典型的な風景である。一時間でリポン着。ここから、タクシー。

グッドチャイルド先生に言われた通りに、スタッドリー・ロジャー門 Studley Roger Entrance（案内書では「東門」East Entrance）から入る。真っ直ぐな並木が風景園 parkland の中を通っている。風景園は左右とも丘陵。鹿の姿が見られる。並木は楡。お屋敷へ向かうアプローチだった。ただ、正確に言うと並木の先、丘の上に見え

るのは、聖メアリ教会。お屋敷（消失）は少し右手にずれていた。運転手に言われて振り返れば、門の彼方にリポン大聖堂がそびえる。門の内外に一直線に走る視線は計算されたもの。アプローチはゆっくり登っていく。昔は馬車だった。馬車の速度では、地所に感じられる偉容と広さは相当なものであったはず。庭園への入り口は、アプローチが登り坂になる手前、途中で左へ折れて先にある。「運河門入口」Canal Gates Entrance である。傍らに造園当初からの人工の大きな湖。

入場券を買った後、ナショナル・トラストへの入会を勧められる。そうする事にした。ふたりで年会費あわせて五〇ポンド払う。会員は入場無料となるので、入場料を返してくれた。ここはナショナル・トラストのものだ、と知った。

三種類の美

見物開始。「く」の字の谷筋に造られた庭である。両岸に芝生、丘陵と森がある。まず、右岸沿いに見ていく。下流から遡ることになる。谷川は「運河」Canal に仕立て直されている。静かに長い運河を目で辿るのは、快い。あるのは運河だけではない。ここがヴェルサイユ宮殿の運河と違うところ。運河の傍らに、大きな円形の「月の池」Moon Pond と「三日月の池」Crescent Pond の池ふたつがある。ここにも静かできれいな水がたたえられている。形が実に美しい。調和の妙もある。「運河」の先に小さな段々滝。その先に、すこし折れて、いくぶん細い運河が造られている。その運河の頭に田舎風の橋。ケントがよく用いた粗石（黒茶）で造った石橋である。フランス風にイギリス風が添えられた。この先は、曲線の大きな池で、視線はまた滑らかな曲線を辿って快い。「半月の池」Half Moon Pond と名付けられている。この曲線は、しかし、フランス幾何学式のものではないであろう。実に滑らかだが、円弧と違う。対岸から池に突き出た丘があり、かつて神殿（四阿《あずまや》）があったとされる。「テントの丘」Tent Hill と名付けられている。ここにも、フランス式からのずれを楽しむ心がある。この池は

「く」の字の真ん中、ちょうど折れ曲がる処に当たる。川はここから再びほぼ真っ直ぐ。だが、川岸は微妙な出入りを続け、直線が消える。なにより目を引くのは前方に見えるファウンテンズ修道院の大きな廃墟。黄灰色の石が形作る壮大なゴシック様式。その荒廃と厳かさ。近づいて行くほどに、壮大さが迫る。そして、がらんどうの空虚さも。川の左右はいぜん、平地に芝生、丘に森。修道院の先も丘で閉じられている。

修道院を離れ、丘を上がって正門受付 Visitor Centre へいき、食事。私はツナのサンドウィッチ、連れ合いは鱈とマッシュルームのクランブル（プディングの一種）と野菜。

丘陵の上を通り、最初に入場した「運河の水門」へ向かって斜面をおり、今度は「七橋の散策路」Seven Bridges Walk へ入る。ここは、スケル川が運河の水門の下で大きな湖となった後、右折して下流へ向かう川筋にある。「崇高にして荒粗な sublime and rugged」自然を演出したところ。おそらく当時は馬車で来ることも多かったのであろう。馬車で来る人々のために、数カ所に川を渡る浅瀬路が造ってある。そして、歩いて来る人のためには素朴な石橋が七つ。丘の斜面の一部は崖。そこにむき出しの岩、枯れた大木が見られる。

イギリスの風景式庭園に荒々しい wild 自然を持ち込むべき、と提唱されるのは、およそ一八世紀も後半のこと。ひときわかまびすしくなるのは、それもかなり後。一八世紀の末、プライス（一七四七—一八二九）やナイト（一七五〇—一八二四）という論客が、ブラウンからレプトンへと継承された本流の庭造りに異を唱えた。ただ、イギリス風景式庭園で言われた自然の荒々しさとは、きわめて限定されたものである。サルヴァトール・ローザ（一六一五—七三）の絵に見られるような荒涼。また、湖水地方やウェールズの丘陵にみられる荒々しさといったものであった。イギリスの風景の全体は、平地と起伏する丘の優しい姿であったことも考えなくてはならない。それに対する荒々しさにはおのずと限度がある。まったく異質・唐突なものであってはならず、少なくとも連続・調和するものでなくてはならなかったであろう。求められた荒々しさとは、従って、きわめて相対的なものだった。我々が知っている地球の自然がみせる様々な本格的な荒々しさといったものは、いったん忘れてみなく

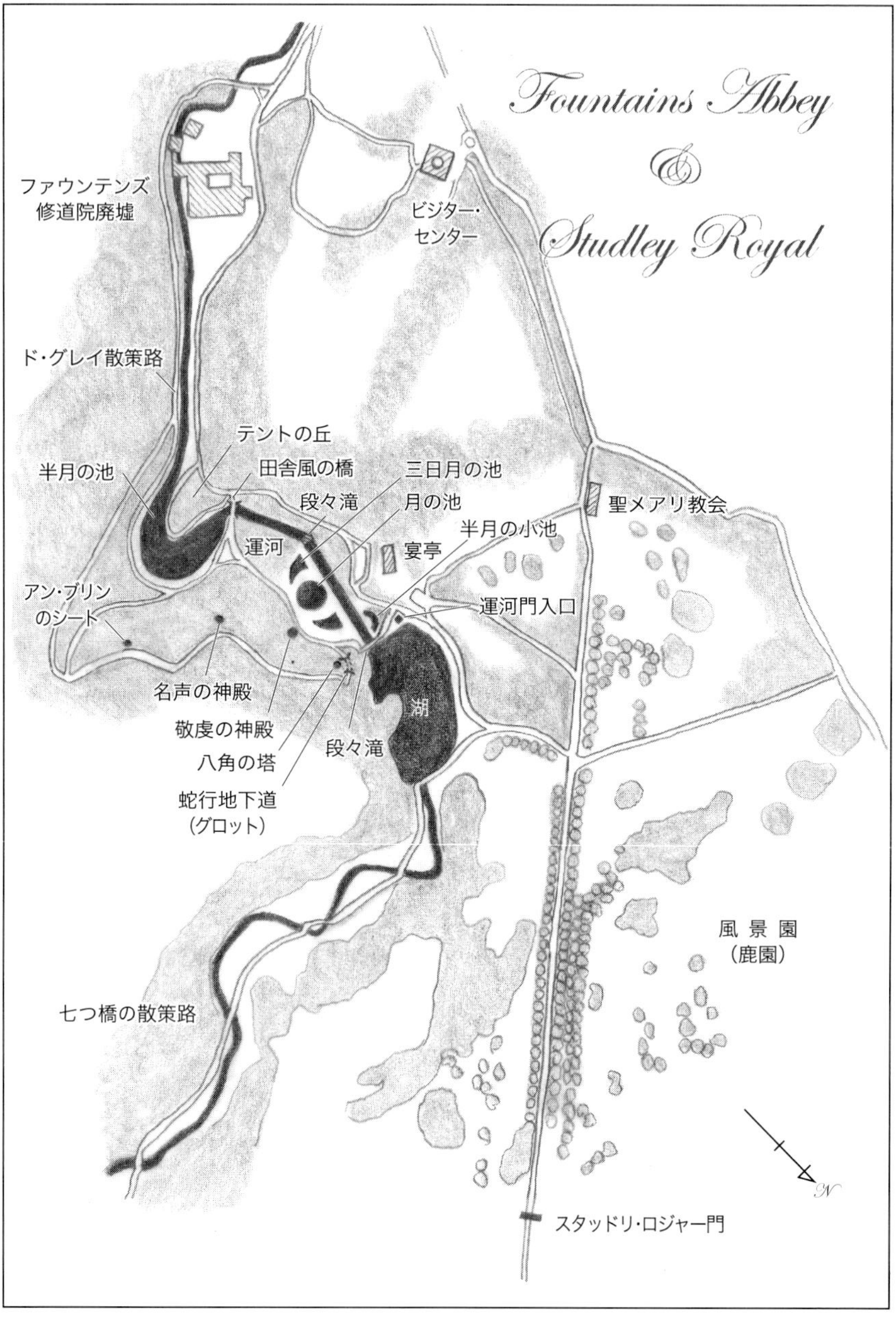
Fountains Abbey & Studley Royal
ファウンテンズ修道院廃墟
ビジター・センター
ド・グレイ散策路
テントの丘
半月の池
田舎風の橋
三日月の池
段々滝
月の池
聖メアリ教会
半月の小池
運河
宴亭
アン・ブリンのシート
運河門入口
名声の神殿
湖
敬虔の神殿
段々滝
八角の塔
蛇行地下道
（グロット）
風景園
（鹿園）
七つ橋の散策路
N
スタッドリ・ロジャー門

ファウンテンズ修道院とスタッドリー・ロイヤル　半月の池と修道院廃墟遠景

ファウンテンズ修道院とスタッドリー・ロイヤル　月の池と敬虔の神殿

てはならない。スタッドリー・ロイヤルの「七つの橋の散策路」は、イギリス風景式庭園の求めたその荒々しさの実の姿を教えてくれる。

ガーデン・ツアー

最初の振り出しに再度戻って、ガーデン・ツアー（二時—三時）に参加。参加者は四人。ふた組の夫婦。説明役はボランティアで、初老の痩せた男性。

ガーデン・ツアーは、まず左岸の丘陵に上がる。そこにも散策路が設けられている。「宴亭」Banqueting House にいく。もとは、オレンジを育てた温室。あたりの樹々は古く大きく、姿がよい。土は露出せず、至る処、芝生と草花。ゆっくり、また運河の岸へ降りる。そこも美しい芝生。その中に巨人アンタイオスと闘うヘラクレスの彫刻。ヘラクレスの一二の偉業（実は課せられた難行）のひとつは、西の果て、龍の守るヘスペリデースの園のリンゴを取ってくることだった。ヘラクレスがアンタイオスと闘うのは、その帰路のこと。「田舎風の橋」を渡って対岸に渡り、整形の池を見ながら、戻る。池のデザインは何度も変更、工事自体が大変な難工事であった、という。整形の池の傍らには、「敬虔の神殿」Temple of Piety がある。池の中には単純な彫像。水門まで戻ったところで、丘陵に登る。「八角の塔」Octagon Tower がある。これは眺望の塔。様式はゴシック。庭の内、それからはるか庭外を眺めたもの。庭の外には、リポンの大聖堂、四〇キロ先にクリーヴランド丘陵を眺めた。ここを後にして、今度は洞穴をうねってくぐり抜けて、丘陵の上にでる。洞穴は長いトンネルのようになっている。庭園用語でいうと、グロットだろう。陰気臭くて、というのは当たらない。イギリス風景式庭園でも、庭園必備のしつらえだった。思いの外長いトンネル式にしたところこそ、見て欲しかった点であろう。上の出口の傍らに古い小さな建物。今流にいうと、バーベキューなどをしたところ。使用人達が当主のご一行を迎えて、食事を供し、一休み頂くための施設であった。あたりは木立。さらに行くと、「名声の神殿」Temple of Fame がある。休憩して眺めるための施設。円形神殿の形をとった眺望所である。さらに行くと、再び眺望点。なぜか「アン・ブリンのシート」Anne Boleyn's Seat という。雨風を避ける休憩所のつくりになっている。ここから眺められるのは、劇的にも、あの修道院の廃墟。川岸の風景の向こう、程良い遠景に眺められる。距離がなんともよい。そしておそらく時を含んだ庭園最高の眺めであろう。

案内はここまで。帰り道、ガイド役の男性に、この庭園の基本構想はなにか、と尋ねたら、

一　池と通景 ponds and vistas

二　四季を通して緑を楽しむ green garden

との答え。green garden は 静かさ tranquility を楽しむ、と付け加える。

たしかに、イチイ、ブナ、ニレ、スコットランド松などが緑の帯を形成。とくにスコットランド松はスカイラインをなす。川岸には芝生と下植の草花。

池の端麗もよい。優れた眺望も数多い。この庭では、巡る、とは眺望を楽しむこと。これが同義になる。丘陵の上から対岸の丘陵を眺めるのもよく、下に川岸・運河・池を眺めるのもよい。川岸にあって、対岸を眺めるのもよく、丘陵に目を馳せるのもよい。

点景物 garden features はここでは控えめなアクセサリー程度。庭を飾り立てるほど目立たないのがよいのだろう。神殿三つ（テントの丘のものは消失）、オレンジ舎（現在は「宴亭」）、いくつかの彫像、八角の塔、田舎風の石橋、小さな段々滝。グロットはふたつ、ひとつはトンネル型、もうひとつは、浅い洞窟型。けだし、最大の点景物は、修道院の廃墟。

親子二代の庭造り

この複合した庭は、エイズルビー家の当主二代にわたって造られた。一代目のジョン・エイズルビー John

Aislebie は野心的な政治家。一七一八年に大蔵大臣になった。中心となって南海会社計画を積極的に推進。南海会社計画は、異常な株の高騰と投機熱を呼び、富貴の夢をかき立てた後、崩壊し、多くの犠牲者を出した。推進者は国会で弾劾された。エイズルビーは、終身公職禁止となり、議員資格も剥奪された。死刑になった者もいたことに比べれば、処分はまだしもだったかもしれない。一七二一年、失意のうちにヨークシャーに戻り、庭造りに専念した。一七四二年に死ぬまでに、フランス風の水の庭を中心とする部分を造った。ファウンテンズ修道院の廃墟も欲しかったが、これは隣のメッセンジャー家のもの。売買の交渉はまとまらなかった。所有しなくても眺められる、と負け惜しみをいったと伝えられる。

息子のウィリアムも父と同じように、リポン選挙区の国会議員であった。そのウィリアムは一七八一年に死亡。庭はその後流行の外に置かれた。格別手を加えられることなく、ほぼ父子二代素人造園家が造った見事な姿が保たれた。一九八三年、ナショナル・トラストが取得、修復の手が加えられた。

息子のウィリアムは、そのファウンテンズ修道院の廃墟を買い取り、手前の川岸に芝生を植え、丘陵に植樹して、修道院廃墟へ至る一帯の景観を風景式に整えた。さらに、父の造った湖の先、スケル川下流の谷筋の地形を生かして、荒々しい崇高な景観を作った。これも風景式の一種。イギリス風景式庭園の変化の兆しを先取りしていた。

庭園全体は三〇七ヘクタール。父ジョンの造った水の庭の部分は六〇ヘクタール。運河や水のパルテールはフランスに生まれたもの。ヴェルサイユ宮殿の庭にもそれが見られる。鏡の間の下にあるのが水のパルテール。その先、大きな十字をなしているのが運河。一七世紀後半から一八世紀の初め、ヨーロッパを席巻したこのフランスの幾何学式庭園がイギリスに摂取された様相は、他のヨーロッパの国々と異なっている。おおむね全体の構造を模倣したのが他の国々。イギリスは要素をバラバラにして、一部を拝借した。イギリスには、したがって、たとえば、宮殿―パルテール―ボスケ―運河―樹林園が一直線に並ぶ庭園はほとんど生まれていない。運河やパルテールなどフランス式庭園のさわりだけを取り出し、わが庭の適所に配した。ジョンの造園に見られるのも、この流儀と理解される。かりに、ここでは川が軸だとしても、池の配置は左右対称を守っていない。すべて右岸に置かれている。ただひとつ、左岸に「半月の小池」があるが、これはまったく目立たない。もし、フランス流の左右対称にこだわっていたら、この見事な造形は生まれなかったであろう。それを崩したデザインは卓抜で独創的である。

不本意ながら田舎に引退した政治家ジョン・エイズルビーが造った庭とは、すなわち、

一　運河と池の造成。

二　運河や池から丘陵の裾にかけて芝生とし、宴亭周辺など一部にイチイの生垣を設ける。丘陵の中腹から尾根にブナ、楡、スコットランド松を植える。下植にイチイ。

三　宴亭、八角の塔、名声の神殿、敬虔の神殿を建てる。テントの丘を風景化し、ヴィーナスの神殿を建てる。

四　ヘラクレスと巨人アンタイオス、ネプチューン、バッカスなどの彫像を置く。消失したが、死にゆく剣闘士、プリアポス、ガレノス、パーンの彫刻も置いた。

神殿は、美的な視線止めであり、また最上の眺望点であった。

ファウンテンズ修道院の廃墟も望んだが、果たせなかったことは前述した。

これが、ジョンの庭園であった。

ジョンは設計図も言葉も残していない。助言を求めた建築家の名や工事を監督した現場の人物は分かっている。数百の作業員が働いたことや、遠方から七人の業者が石を運んできたことも分かっている。

なお、彫刻について、最低限の説明が必要かもしれない。アンタイオスはヘラクレスが龍の守るヘスペリデースの園のリンゴを手に入れて帰る途中、闘う巨人。死にゆく剣闘士は、ヴァチカンに収蔵されていた古代彫刻の

名品で、ここでは、それを元に制作された模造品。ネプチューンはローマ神話のネプトゥヌス、ギリシャ神話では、ポセイドーン。海とそこに住む者を支配した海神。バッカスは酒の神。プリアポスは古代の豊饒の神で、庭園、葡萄、蜜蜂、羊の守護者とされた。ガレノス（一二九頃―二〇〇頃）は、ローマで活躍したギリシャの医学者で、四体液説に基づくものではあったが、その経験主義的な医学は、ルネサンスまで西洋医学・アラビア医学の基礎になった。パーンは、牧神で、これだけは風景園（鹿園）に置かれていた。

ジョンは風景園parklandにも、手を加えた。ロジャー門をはいってすぐまず眺めた所である。ジョンはここに七本の並木道を通し、視線止めを設けた。現在、その並木路の痕跡がいくらか残っている。森に直線の並木路を縦横そして斜めに通すのもフランス幾何学式庭園のもの（原型はすでにひと時代前、イタリア・ルネサンス庭園の展開の中で生れている）。広い森を走る幾何学線。これもとくに初期イギリス風景式庭園（およそ一七一〇―三〇年代。スィッツアーやブリッジマンの時代）が、フランス幾何学式庭園からしばしば借用したものであった。スタッドリー・ロイヤルの風景園は、やがて時代の流れのなかで、より自然なブラウン風になっていった。いま、風景園の草地に、樫、ブナ、楡、マロニエなどが点在する。現在の広さは、一六一ヘクタール。そこに三五〇頭の鹿がいる。多くはダマジカで、赤鹿と満州鹿が少し。ここは散策とピクニック（野原での飲食）によい、とガイドブックはいう。屋敷は二度目の焼失後、再建されなかった。いまアプローチの先にある聖メアリ教会は、後（一八七一―七八）、第一代リポン侯爵が宗教心から建てたもの。ジョンの時は、ピラミッドがあった。

先述のように息子ウィリアムは、父の庭造りを一七四二年から引き継いだ。

一　ファウンテンズ修道院の購入と川岸の風景形成。

二　「七つの橋」の谷の風景式庭園化。

これが二代目の庭造り。いわゆるピクチャレスクな色合いを加えることになった。

ファウンテンズ修道院の廃墟と土地の購入価格は、一万八〇〇〇ポンドだったという。土地の広さは二〇二へクタール。一七六七年であった。父が四〇〇〇ポンドで買おうと申し出たのは一七二〇年。ウィリアムが整備した、修道院廃墟へいたる川岸の路は「ド・グレイ散策路」De Grey Walk という。丘陵の上に、ファウンテンズ修道院の廃墟を眺める最高の眺望点「アン・ブリンのシート」を選定したのも、ウィリアム。

下流の谷筋の荒々しく崇高な自然風景観の形成（一七四四—六八）は、植樹と建造物に拠った。ブナの木を植え、景観に垂直性を与えた。崖の上あるいは丘陵の背に、中国風の亭を建てた。龍の頭の彫刻が施され、小さな鐘が下げられ、風に応えて鳴った。今は消失。「夏亭」Summer house も造った。これも消失。今ひとつ残るのは、四角い塔。「悪魔の煙突」Devil's chimney という。尖塔はとれてなくなった。ローマ近郊の墓を模した、ともいわれる。恐ろしさを醸すためであったらしい。恐ろしさ horror の演出も先取りといえよう。この好みが風景式庭園で流行するのはもっと後代である。

ナショナル・トラストが作成したガイドブックには、当時の貴族たちの庭園回遊の姿を描いた絵が三枚収められている。これは眺めて飽きない。馬車で回り、騎馬で回り、あるいは歩いて回り、ときには、池に帆掛け船を浮かべて遊んだことが分かる。おそらく釣り糸も垂れたであろう。庭の回遊と池の遊びは、イギリス風景式庭園ではおなじみのものであったらしい。同様の図は、ワッツの『貴族とジェントリーの地所のもっともピクチャレスクな興味深い眺めの集成』The Seats of the Nobility and Gentry in a Collection of the most interesting and Picturesque Views, William Watts, London（一七七九）にたくさん収められている。ちなみに、ワッツのこの本は屋敷と庭園の持ち主、それから訪問者 tourists にきわめて好評であった。

「英雄時代の庭園」

庭園研究家のハッシー Christopher Hussey は、一七〇〇—五〇年の間に造られた庭園を扱った著書のなかで、この時期の庭園を「英雄時代の庭園」と呼んだ。ギリシャ神話では、神の時代─英雄の時代─人間の時代と、格が下がる。英雄は神と人間の間に位置する。ダンカム・パークといい、このスタッドリー・ロイヤルといい、イギリスの素人造園家たちが思い思いに造り始めた庭園は、単純で雄大。小細工がなく、悠々として美しい。確かに英雄の作。イギリス独自の風景式庭園はこのあとブラウン、レプトンを経て、洗練され変化していき、およそ一八二〇年頃まで造られる。完成へ向かったともいえる。しかし、完成とは、死に向かうことだった、ともいえる。ブラウンの緑単一のアルカディアの世界、レプトンの丘の円弧の優しさとこぢんまりした花壇・温室・テラスの庭。洗練とは、また、死ぬことだ、とも言い換えられる。

2　風景式庭園が始まる

■ストウ *Stowe Landscape Gardens*

コバム卿の先端的な庭園史──趣味と政治の縮図の庭

庭園趣味の変化を凝縮

ロンドンに泊まり、そこから八月九日に出掛けた。幸い、ミルトン・キーンズ Milton keynes 駅の案内所で安いタクシーがあることを知り、一七ポンドで着いた。普通は二二ポンドほどかかる。

ストウの良さは予想を超えた。日本での紹介のされ方が悪いのだろうか。ストウはいまナショナル・トラストのもので、復興計画がかなり進んでいるが、まだ十分ではない。有名なヴァンブラ設計のロトンダ（円形神殿）のある一帯は修復工事のため見学することができなかった。

それでも、ブラウンが手がけたギリシャの谷、ケントの洒落たエーリュシオンの野、ブリッジマンの庭の概要、さらにブリッジマンが残した散策路やハハーなどを見ることができる。ブリッジマンの設計したそもそもの庭の基本形も確かめられる。それはあえていえば栗形の五角形（現在の形）の左半分。つまり西側の部分。ひょっとすればそれは、栗形の五角形全体だったかもしれない。さらにまた、コバム卿を継いだテンプル伯が、整形園を順次造り変えていった風景式庭園の姿も目にすることができる。

庭の基本はコバム卿（一六七五―一七四九）がおよそ三〇年の歳月をかけて造りあげた。ストウ庭園の最大の特色は、コバム卿の庭園趣味の変化が英国庭園そのものの様式の変化に対応していることである。コバム卿が一八世紀の前半に、ブリッジマンからケント、さらにブラウンを順に採用したのは、偶然あるいは慧眼であったのか。変化に敏感だったと感嘆すべきことなのか。ともあれ、コバム卿の造園は弱冠二五歳のブラウンを配下三〇人の庭師頭に据え、ギリシャの谷を造らせたところで終わる。一八世紀後半にこの自然風景式庭園の趣向をストウの庭全体に及ぼしていったのが、次のテンプル伯（コバム卿の甥）である。

いま、目にするのはこのような一八世紀の庭園の歴史が要約されたストウの庭である。そこでは全体が調和し、点景建築が呼応して立ち、それが庭巡りではいろいろな場所から見え隠れする。芝生に樹群、湖に川に橋、うねる散策路に点景建築と屋敷がハハーの内部に揃う。この範囲が見事なひとつの風景式庭園。見物人が見て回るのはここである。それでも四、五時間はかかる。今、屋敷はストウ校の校舎だが、庭のほとんどはナショナル・トラストのものである。

ハハーの向こうには牧野が広がる。かつてそこは二〇〇〇ヘクタール以上はあった。放牧地、耕地、森林に川、湖、そして鹿園。装飾的な手を加えられた部分がパーク park（あえて訳せば風景園）、残りは牧・農・林の部分。といっても、パークでも牧・農・林業は営まれた。そこも収益をあげるべき所有地 estate の一部であった。このような牧野もストウの庭には周辺環境として不可欠のもの。ナショナル・トラストがここも一部買い戻し、整備を進めている。

ストウの庭の歴史には、この他にまだ、その後とその前がある。また、ハハーの外も含めた庭園全体の造りとなれば、大きさは想像を絶する。我々が今見るのは、時間的にも空間的にも、切り取られた中核の部分である。

ブリッジマンの庭の名声

ブリッジマン Charles Bridgeman（一七三八没）がストウの庭造りをしたのは一七一五年頃から一七三三年頃、約一八年。屋敷前にあった既存の整形園を大きく拡げ、基本の園路と点景建築物を定めた。当初の範囲は現在の栗形の五角形の西側の半分。この庭園部分 garden の様式は半整形式 semi-formal とも呼ばれる。整形式と比べて違うのは、全体が整然と秩序だった整形性をもたないこと。全体の庭の形は不整形で対称性もないが、各部分は整形に造る。細部は円形や長方形、直線で構成される。直線が直角で交わり、また放射する。一部には蛇うねりの曲線も見られるこのような半整形式の庭園は、イギリスではチジック、クレアモント、リッチモンドなど移行期の庭園に見られた。ブリッジマンはこのような庭をストウ園の西の庭域に造りあげた。ブリッジマンの死後（一七三九）、未亡人が公刊した設計案では未整備の部分（東）を合わせた五角形の庭が描かれている。五角形にしろ、その半分にしろ、いずれもブリッジマンが設計したストウの庭の形は砦に似ていた。それは、おそらく施主が軍人だったからだろう。コバム卿はフランス・イスパニア相手の「イスパニア継承戦争」（一七〇一―一三）に参戦し、フランスの卓越した軍事技術者セバスチャン・ド・プレストル・ド・ヴォバンの造った砦を実見した。庭造りに軍人の証しを求めすぎたのかもしれない。ストウの庭は砦の形になり、角には稜堡が張り出す形になった。そして、外周には、あたかも見張りの兵が歩くためでもあるかのように、直線の散策路（テラス・ウォーク）が真っ直ぐ走っていた。そのすぐ外側に設けられたのが、ブリッジマンの名とともに有名なハハーである。ハハーは沈み垣とも隠し塀とも訳される。庭と牧野を見かけの上では連続しているかのように見せるトリック塀。これで屋敷の庭と外の風景園がなめらかに繋がり、かつ、羊や牛、鹿などの侵入も防ぐことができる。風景式庭園の成立には決定的な工夫であった。庭園史では、導入の功績をブリッジマンに帰しているが、ストウでブリッジマンが用いたハハーはまだ前駆的なもの。どちらかといえば防御壁に近い。いまだ高さ一メートルあまりの塀が地上に顔をのぞかせていた。完全なハハーなら地面より下に掘り下げられた空堀《からぼり》と石垣だけである。

ともあれ、ブリッジマンは施主の意向も入れながら、ストウの砦風の庭園の中に、神殿、オベリスク、ピラミッド、眠りの亭、見晴らし亭、運河、野外劇場、整形の湖などを配し、それらを園路で結んだ。園路の交点や放射点、あるいは終端に点景建築物が見えるという組み立てである。園路はここでも左右に生垣をともなった。野外劇場などは園路の内側の樹木の中に隠れていた。野趣園を置き、眠りの亭も置いた。キャロライン王妃の像が高い柱に乗っていた。変わったものでは、サクソンの七神があった。コバム卿はサクソンの末裔と自称していたからである。

訪れる者はこのような庭を巡って歩いた。神殿などすべての点景建築物は、彫刻や壁画、また銘文を備え、文化の伝言を内包していた。伝言の多くはここでも古代ローマの文化だった。施主と親しい訪問客や滞在者なら、散策ばかりでなく、木陰に集って音楽を楽しみ、湖で船遊びをすることもできた。クリケットをしたという記録もある。「ホーム・パーク」Home Parkとして小さな牧場が庭の中に囲い込まれていたから、訪問者は手近に牧の風景を眺めることもできた。ホーム・パークはハハーと散策路（テラス・ウォーク）に取り囲まれていた。ハハーの石塀に肘をつき、ホーム・パークの馬を眺めている人の図も残されている。

一七二〇年代、ストウの名声は確立し、訪れる人々の数は多かった。人々はブリッジマンとコバム卿が造った庭を多様と驚き variety and surprise の庭として堪能した。この「多様と驚き」という言葉は、当時の庭を語る流行語で、人々が庭に求めていたものがストウの庭に見事な形で実現されていたことを物語る。

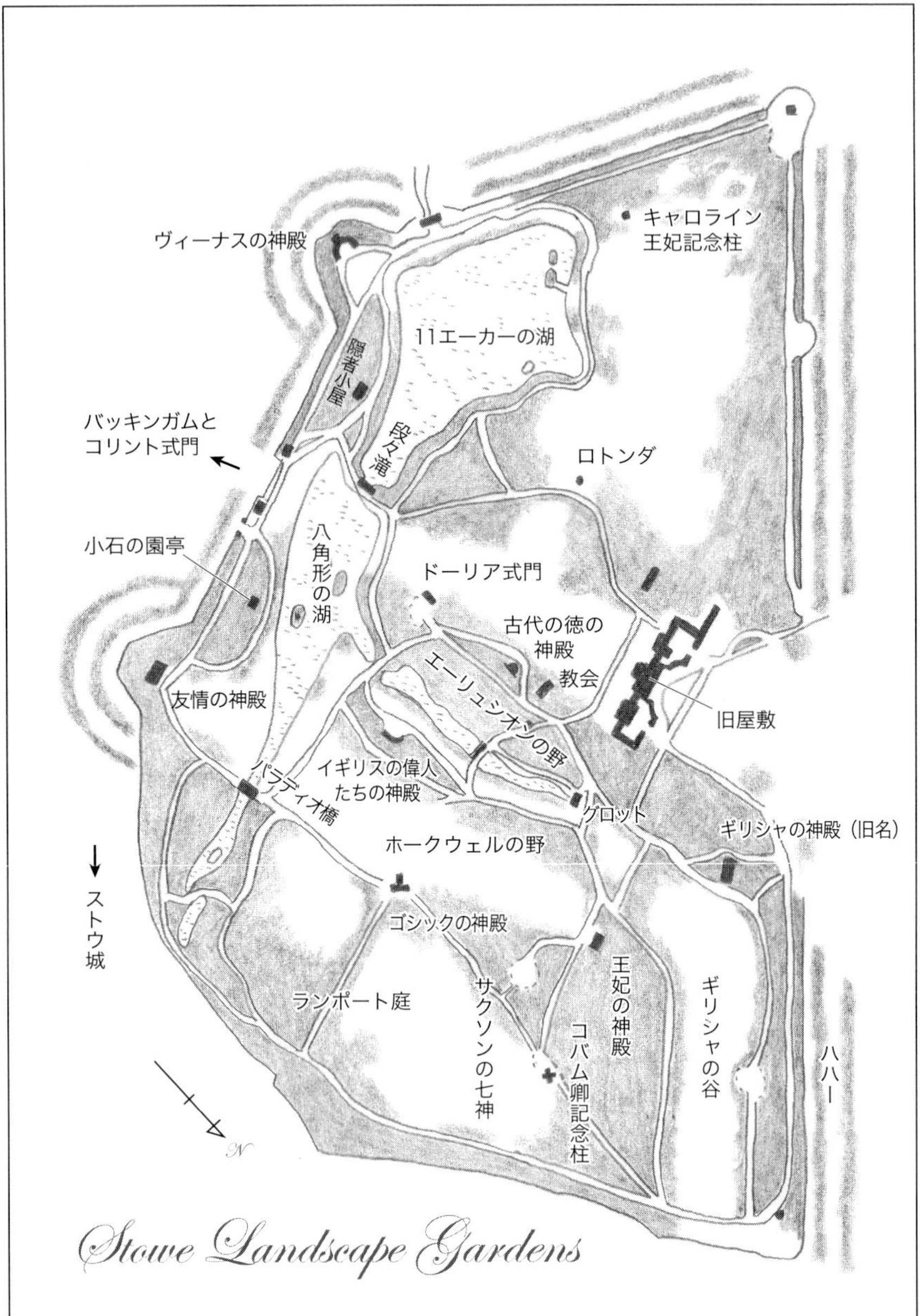
ヴィーナスの神殿
キャロライン
王妃記念柱
11エーカーの湖
隠者小屋
バッキンガムと
コリント式門
段々滝
ロトンダ
小石の園亭
八角形の湖
ドーリア式門
古代の徳の
神殿
エーリュシオンの野
教会
旧屋敷
友情の神殿
イギリスの偉人
たちの神殿
パラディオ橋
グロット
ギリシャの神殿（旧名）
ホークウェルの野
ストウ城
ゴシックの神殿
王妃の神殿
ギリシャの谷
ランポート庭
サクソンの七神
コバム卿記念柱
ハハー
N
Stowe Landscape Gardens

ストウ　イギリスの偉人たちの神殿

ストウ　古代の徳の神殿

ストウで目にし、楽しむことができたのは、庭園内にあるものに限らなかった。砦風の庭園の外に広がるパーク、いわゆる風景園も、庭園の一部であったから。それは庭園の縁に沿う散策路から眺めることができた。また、庭園の中を走る軸的な園路の先に遠望できた。また、その風景園の中を乗馬あるいは馬車で走ることもできた。そこには、riding、つまり騎馬道あるいは馬車道が設けられていた。これはニレやブナの直線の長い並木道で、風景園の中を通り、ところどころで交差していた。ブリッジマンがこのようなストウの風景園の造成に関与したのかは、はっきりしない。先述した計画案（一七三九年死後公刊）には広大な風景園も描かれているが、そのまま施行されてはいない。しかし、ストウに大規模な風景園が造られていたことははっきりしている。その整備はコバム卿以前から行われ、コバム卿以降も、一九世紀の半ばまで断続的に続けられている。

ブリッジマンの活躍していた時代でみれば、屋敷と庭、そして風景園（パーク）を一体として構成するのが流行であった。ブリッジマンの設計案はその典型である。目的のひとつは、所有地の大きさを視覚化することである。死後夫人が公刊したブリッジマンの設計案はその典型である。ルイ一四世のもとで造りあげられたフランスの幾何学式庭園の大きさに対抗する、というイギリス貴族の矜持であろうか。貴族の仲間内で競う、ということもある。農民や都市の商人に向かって、貴族の違いをみせつけることも大切。このような目的から、屋敷、庭、風景園を大きくひとまとめにする。その手段がこの騎馬道あるいは馬車道 riding であった。騎馬道は、庭内の園路の主軸や副軸とつなげるのが基本であった。こうした構想の下でたとえばスウィッアーが設計し実際に造られたサイレンセスター庭園は長さ八キロ、幅四キロの広さを持ち、およその姿は現在も実見できる。

騎馬道は貴族の広い私有地の中を走る誇示的な私道とも言い換えられよう。実用上、必要でもあった。まず、公道から屋敷へいたる道として必要。アプローチである。次に木材の切り出しや農作物などの運搬に必要である。冬に鹿を狩る。このような機会にも使われた。ストウの屋敷へのアプローチは、バッキンガムの町から真っ直ぐ伸ばされた。一九世紀の半ば頃、ストウ全体の最終的な姿は、ブリッジマンの設計案（先述）を遥かに凌ぐ巨大な三角形、五〇〇〇エーカー（約二〇〇〇ヘクタール）であった。イギリスではブラウンの風景式庭園の流行（一八世紀後半）によって散策路も騎馬道もやはりうねり始める。おもしろいことに、ストウではブラウンの庭の出現のはるか後まで、一八世紀初めの流行であったこの直線の騎馬道にこだわり続けたらしい。それらの直線が終点としたのは、一二の教会と一つの水車であったという。最長のものは二二マイルあった。

ストウの庭はブリッジマン最大の傑作とされる。本人も出来映えに満足だったらしく、わざわざフランスから版画師リゴー Jacques Rigauld（一六八一頃―一七九四）を呼び寄せ、庭園一五景を描かせた。描かれたのは一七三三年当時の庭、当初計画がほぼ完成した段階のストウ庭園である。現在の庭の案内図などでは、「西の庭」Western Garden、それから「南の通景」South Vista と呼ばれている部分に当たる。ただ、リゴーの版画が出版され、人の目に触れるようになったのは一七四六年である。ジャック・リゴーはすでにフランスの王室庭園を描いて有名であった。この版画シリーズはブリッジマンのストウ園の姿を伺わせる貴重なものだが、言葉による記録ならかなり残されている。ストウ庭園は、当時、イギリス貴族の屋敷巡り・庭園巡りの目玉のひとつで、多くの訪問者があり、訪問記も多く残されている。一七二四年当時、「庭は二八エーカー、一〇以上の点景建築物があり、ストウは『イギリス最美のお屋敷 seat』との世評が固まっている。ハハーがすばらしく、周りの風景 countryside への通景が柵や塀で遮られない」。こう述べているのはパーシヴァル卿 Lord Perceval である。コバム卿の甥で古典学者のG・ウェストは詩の形で案内記を書いた（執筆は一七三一年、出版は一七三二年）。「園内を回る、適当に外を見る。ハイライトはロトンダ（円形神殿）」（要約）といった内容である。訪問客の便宜を図って、すでに先代がバッキンガムに宿屋を設けたほどである。当主自らが招く客もいた。これらの人々の一部も記録を残している。訪れてストウの庭を見る者は多いというこの状況は、ブリッジマンの次にケントのエーリュシオンの野（一七三一―一三九）が東に付け加わり、さらにその東にホークウェルの野（整備は一七三九―四三）が加わり、最後にその北にギリシャの野（一七四三―四九）が加わっていく間、変わらなかった。

ブリッジマンが整備した庭に建てられた建物のほとんどは、奇才ヴァンブラのものである。中心はロトンダ。円形神殿の形をしており、吹き抜けである。庭の中心といえた。ここは眺めも良く、庭の各所へ園路が放射していた。中にあるのはヴィーナスの像。コバム卿は、庭内に小型のピラミッドを建て、ヴァンブラ記念の銘文を刻んでいる。

ヴァンブラの死後、建築を任されたのはケントである。ケントの優雅な「ヴィーナスの神殿」によって、ブリッジマンの庭は完成した。A・ポープの有名な庭園論（「バーリントン卿への手紙」一七三一）はブリッジマンの西庭を褒めたものである。

ケントのしゃれた「新しい趣味」とコバム卿の強い政治的発信

ストウの庭は次に、東の庭に広がる。拡張を妨げていた道路を移転し、水車を回していた川に沿う細長い地域を庭に整備した。そこはブリッジマンのハハーと胸壁の外にあって散策路から眺められていたところであった。このハハーと胸壁を取り壊し、庭の整備を担当したのは、ケント William Kent（一六八五―一七四八）である。一七三一年から三九年にかけて、「自然の美」を生かした風景を作り、そこに古典様式の建物を点在させた。そこは「エーリュシオンの野」Elysian Field と名付けられた。エーリュシオンの野とは、古代のギリシャ・ローマの時代、英雄など選ばれた者が死後幸せに暮らすと想像された楽園である。エーリュシオンは一七、一八世紀のイギリスの詩でもよく取り上げられた主題で、教養ある人々にはよく知られていた。ケントは橋で川を上下に分けた。上半分を樹陰の濃い「三途の川」が流れるところに造り、橋の下流に明るいエーリュシオンの野を造った。この部分では樹木は少なく、明るい芝生が起伏する。川は自然に屈曲する。水源から橋までの間は堰き止められて池のような流れになっていた。このような処理法は、川を長方形の湖、つまり「運河」に変えてしまう整形園のやり方とは違っていた。

川頭にグロットを建てた。といってもこれは宴の園亭banqueting houseで、内部はそれにふさわしくヴィーナスの像や鏡できれいに飾られ、椅子が置かれていた。その左右に円形の神殿を配した。グロットは庭に作られた川の風景を正面に眺めた。池の中に中国風の園亭が置かれ、川岸から橋が架かっていた。グロットは、蠟燭の明かりが灯され、音楽が演奏され、客をもてなす夕食supperの場所によく使われた。次のテンプル伯の時代も同様で、ジョージ三世の叔母アメリア妃来訪（一七六四）の折は、川に浮かべた船に楽団を配し、川面には多数の灯火が浮かべられたという。この宴の園亭は一七八〇年に改修され、打って変わって暗い雰囲気の「瞑想のグロット」になった。いま我々はこれを見る。

エーリュシオンの野に造られた建物の中心は、上流右岸の丘に建てられた「古代の徳の神殿」Temple of Acient Virtueと、下って左岸の川岸に建てられた「イギリスの偉人たちの神殿」Temple of British Worthiesである。「古代の徳の神殿」は円形で、「イギリスの偉人たちの神殿」は緩い円弧の建造物である。「古代の徳の神殿」の中には、ギリシャの偉人四人の立像と銘文がある。それに対して「イギリスの偉人たちの神殿」の凹みに納まるのは一六人のイギリスの偉人たちの胸像。「イギリスの偉人たちの神殿」が川岸の低い位置から丘の上の「古代の徳の神殿」を見上げている。ここにはさらにもうひとつの神殿があった。「現代の徳の神殿」Temple of Modern Virtue（消失）。これは「イギリスの偉人たちの神殿」の対岸に置かれていた。この三つの神殿を取り合わせた意味は何か。

コバム卿は、軍人にして政治家であった。陣営はホイッグ。しかし、同じホイッグのウォルポール首相の「消費税法案」Excise Lawに反対。閣僚の地位を追われ、かつまた指揮する連隊も解散させられた。一七三三年、ちょうどエーリュシオンの野を造り始めた頃であった。野に下ったコバム卿は、造園に政治家としての基本姿勢を盛り込む。なによりそれはまず彫像の人選。古代の徳の神殿に選んだのは、ホメロス、ソクラテス、リュクルゴスにエパミノンダス。リュクルゴスは紀元前九世紀のスパルタの立法者。エパミノンダスはテーベの政治家・

軍人（前四一八頃―三六二）。銘文から選定の理由が知られる。

ホメロスは第一位の詩人。英雄の徳を伝え、彼らを不滅にした。ホメロスはあらゆる国民に知られ、偉大な詩によって、英雄達の名誉ある敢行と決然たる受苦を知らせた。

ソクラテスは、腐敗を極めた国においてひとり清廉を保ち、善を勧め、ただひとりの神を信じ、最高の賢人として、哲学を無為な遊惰と論争から転じて、生活の義務とし、かつ社会の利益を推進させるものとした。

エパミノンデスは、その剛勇・深慮・中庸によってテーベ共和国に自由と隆盛をもたらし、軍事・内政・市民生活の規律を確立した。その死とともにテーベはすべてを失った。

リュクルゴスは叡知に富む立法を行い、見事、国政の腐敗を防いだ。国父として国民のために、幾世代にも渡る堅固な自由と健全な道徳を築いた。財富、貪欲、贅沢、快楽を追い払った。

これに対して「現代の徳の神殿」（消失）は現代の徳の危うさと儚さを語るもの。古典様式をとりながら、廃墟めかした造りになっていた。傍らに首のない彫像が一体置かれた。首のない彫像は、名声も、確かな徳に基づくものなら永久に消えないが、たんに大衆の喝采に基づくものなら、消えうせるのも早い、といったことを伝えようとしたとされる。なお、首のない彫像を政敵ウォルポールだとする解釈もある。

「イギリスの偉人たちの神殿」は一六人を選び、イギリスの理想を語るもの。八人が考える人、八人が行動の人。一方は、ミルトン、シェークスピア、ニュートン、F・ベイコン、ロック、I・ジョーンズ、Th・グレシャム、A・ポープ（後で空席を埋める）。この八人は向かって左半分の席を占める。他方右半分に並ぶのは、エリザベス一世、ウィリアム三世、アルフレッド王、黒皇太子エドワード、ウォルター・ローリー、ドレイク、J・ハムデン、J・バーナード（空席を後で埋めた）の八人。全体に、文学・芸術・学問・科学の偉人、またイギリスの発展、とりわけ海洋帝国を築き上げてきた偉人、それから自由・民主の統治体制を築いてきた人々。人選はこのようにも認識されよう。

アルフレッド王に付せられた銘文は「陪審を確立、腐敗を根絶、自由を守護。イギリスの憲政の基礎を築いた」である。黒皇太子エドワードは、「生涯、品位と謙虚」を守ったひとで、時のプリンス・オブ・ウェールズ、すなわちフレデリック皇太子と同視された。フレデリック皇太子は、父ジョージ二世とウォルポールに反対する立場をとり、コバム卿等、同じくウォルポールに反対するホイッグの「愛国者」一派にとって希望の星であった。ウォルター・ローリーは植民地獲得のパイオニアという意味合い。ここでは、ウォルポールがスペインと結んだ家門条約(一七三二)を非難する意味も込められた。家門条約はイギリスが勝ち取った植民地貿易の特権を危うくするものとコバム卿らは解した。J・バーナードはロンドンのシティ選出の国会議員で商人。つまりホイッグの精髄。コバム卿は、イギリスの軍人、冒険的船長、政治家、貿易商などが築いてきた海洋帝国をさらに力ずくで進展させようとの積極派だったらしい。ウォルポールの外交は弱腰としか映らなかったようだ。「イギリスの偉人たちの神殿」には、反ウォルポールの旗幟を鮮明にしたコバム卿の政治主張も合わせて盛り込まれることになった。

一六人は、コバム卿に選ばれてエーリュシオンの野のひととなった。かれらが並ぶ円弧の建造物の中央には、小さなピラミッドが設けられ、そこにメリクリウスの小像が置かれていた(消失)。このメリクリウスこそ、三途の川の案内人。選ばれた者をエーリュシオンの野に先導する役であった。

エーリュシオンの野の風景は、ブリッジマンの庭の風景(西の庭)から一段階先に進んだものであった。ストウを訪れたTh・ロビンソン卿は一七三四年早くもその自然的な景観を「新しい趣味が始まった」と評価した。「平面、直線」によらないデザインだ、と。A・ポープは一七三九年、「これほど美と完璧を示す庭は見たことがない。正餐の時と夜の時間を除き、ここへ来て喜びを味わっています」(マーサ・ブラントへの手紙)と書いている。ホープは友人・知人の貴族の屋敷をとくに夏、よく訪れたが、ストウはポープの夏のお屋敷滞在の場所のひとつであった。一七二四年、一七三一年などの滞在も記録に残っている。

ケントがここで作りだした新しい景観は、やはりクロード・ロランなどの歴史的風景画が下地にあったものと思われる。風景画をモデルとした景観作りである。ロランがローマ近郊の風景のスケッチを選択的に組み合わせ、そこに神話や歴史の人物を配するという手法で、歴史的風景画を合成したように、ケントも同じような手法でエーリュシオンの野を合成した。「古代の徳の神殿」のモデルはチボリのウェスタの神殿、「イギリスの偉人たちの神殿」のモデルはローマのヴィラ・マッテイやガルダ湖畔のヴィラ・ブレンツォーネに並べられていたローマ皇帝たちの胸像であった。風景に使われたのはイギリスの自然の野、むろんいくらか修景は施したであろう。いま、「現代の徳の神殿」は消失して視界になく、また中国亭も消え、グロットの斜め前方の左右にあったふたつの円形神殿もなくなり、すっきりしたエーリュシオンの野は、ケントの意図した風景をより純粋に示しているように見える。

庭のゴシック

エーリュシオンの野よりさらに東の部分が庭に取り込まれるのは、また次の時期で、一七三九—四三年のことである。ここは放牧地のまま、羊や牛のいる風景として庭に取り込まれた。放牧地を庭の眺めのひとつとするという趣向は、ストウではすでにブリッジマンの「ホーム・パーク」に見ることができる。「ホークウェルの野」Hawkwell Field と呼ばれるこの新しい部分の主な意味は、むしろそこに建てられた建物の方にあるのだろう。とりわけ「ゴシックの神殿」Gothic Temple と「友情の神殿」Temple of Friendship がそれである。そこには在野の軍人・政治家コバム卿の政治的伝言がことさら強く放射している。

「ゴシックの神殿」はゴシック様式の三角形の建物。この庭域の建物のほとんどを手がけたのは、ケントの後を受けたギブズ James Gibbs（一六八二—一七五四）である。ギブズがこの神殿の設計をしたのは一七三一年、完成は一七四八年。

ゴシック様式を選んだ理由は何だったろうか。ゴシックとは、人がすぐ思うような中世、一二世紀のフランスのサン・ドニ修道院で始まった建築様式を意味しなかった。ゴシックとは、コバム卿が先祖と仰ぐサクソン人のこと、とりわけマーシャ（イギリス中南部の古王国）の貴族たちと彼らを率いるアルフレッド王を包含する概念であった。アルフレッド王はイギリス統治体制の基本を作り、攻め寄せるディーン人を撃退しイギリスを守った。この業績は、イギリスの民主的な立憲君主制（一六八九）と海洋帝国の礎、強い外交の基本であると意味づけられた。石材にはイギリス古来のノーサンプトンシャー産の鉄鉱砂岩が用いられた。周辺の樹木と草は刈り込まれず、自由に伸ばされた。入り口の上に「私はローマ人でないことを神々に感謝する」（コルネーユ）が刻まれた。ローマの専制よりイギリスの自由、である。つまりゴシック（イギリス人の祖先たち）の自由。近くに設けられたテラス・ウォーク（'Thanet Walk）には、西の庭にあった、かつてサクソン人が崇拝した七神の像が移された。曜日の元となった、Sunna, Mona, Tiw, Woden, Thuner, Friga, Seaternの七神。その含意は、イギリス人はゲルマン系だという祖先の確認、それから、サクソン人は自由な統治という考え方をイギリスに持ってきたという自由な政治体制の由来の確認である。R・ヴァーステイガムが一六〇五年、世に送った本『古代の英知の回復』A Restitution of Decayed Intelligence in Antiquitiesはこのようなことを主張していた。コバム卿の考えでは、このイギリスの自由はハノーヴァー王朝（ドイツ、つまりゲルマン系である）に体現される、であった。「ゴシックの神殿」は当時の庭域の縁に位置する丘の上に立ち、そこから庭の内それから庭の外の風景を十分に堪能できた。あるいは、庭の最高所に立ち、あたかもニューヨークの自由の女神がそうであるように、自由の象徴としてそびえ立っていた、ともいえる。

ちなみに、折しもイギリスではゴシック建築の復活が始まっていた。そのゴシック建築には、コバム卿の思い入れほど強くはないにしても、少なくとも古典建築に対するイギリス古来の、という程度の意味は込められることが多く、たんに建築様式、あるいは趣味の問題を越えたものがあったようだ。イギリス国民としての矜持が建築史的事実を押し倒してしまう勢いがみてとれる。明らかな勇み足もなにするものぞ、であろうか。

「友情の神殿」もコバム卿の政治的立場を強く反映させた建物であった。一党の拠点といった実態も持っていたといわれる。日常的に使われたこともあるらしい。あるいはそれを予想していたらしい。厨房と地下食糧室が備わっていた。ここに集まったのは主にコバム卿の甥達である。コバム卿に子供はなかったが、甥は多かった。コバム卿は、グレンヴィル家に嫁いだ妹の子供達六人をその夫の死後、養子にした。甥は合わせて一一人。内二人は後に国会議員となり、姪の夫は首相を務めることになる。それがW・ピットである。ストウでコバム卿は、まだ十代の半ばであった甥達にホイッグ魂を吹き込んだものか。はっきりしたことは分からないが、「友情の神殿」はやがて「若き愛国者」に育つ甥達がよく集まった場所だったらしい。

コバム卿は一七三七年に、フレデリック皇太子をストウに招いた。来訪記念という意味合いで一七三九年に「友情の神殿」の建築が始められた。壁画は、友情 Friendship、正義 Justice、自由 Liberty を表すもの。コバム卿の政治的同志の胸像が室内に並べられた。まずフレデリック皇太子。次いで、チェスターフィールド伯。同じく、バサースト、マーチモント、チャタム、ウェストモーランド、ガウアーの各伯爵。リトルトン卿（甥）、テンプル伯（甥）、そして本人。

この建物は、北の丘の上にゴシックの神殿を眺め、西に直線六〇〇メートルの散策路（これも正確にいうとテラス・ウォーク）の向こうにケントのヴィーナスの神殿を眺めた。推定だが、この散策路はブリッジマンの設計案（一七三九公刊）に基づいて、東にまっすぐ延ばされたのではないだろうか。散策路とハハーと稜堡は、西の庭とそっくりで、強い対称性を示している。この神殿からはまた、ハハーの外も眺められた。とりわけ東の並木道約三・二キロの向こうに模擬の城「ストウ城」Stowe Castle（一七三九以前。ギブズ設計）が視線止め eye-catcher として置かれていた。

海洋帝国を称える

一七三八年に完成した「パラディオの橋」Palladian Bridgeを設計したのもギブズだろうといわれる。この橋は、東から流れてきて庭内の池（元のブリッジマンの八角形の池）に注ぐ、蛇うねりの川に架かっている。両岸に四方正面の四角い小園亭を持ち、屋根を持つ。側面にアーチが連続する。ある訪問者は「突然の雨の雨宿りによい」と言った。庭の縁に設けられた馬車道Carriage Driveの一部でもあったから、プライアー・パーク（サマセット）のもののように階段はなかった。いかにもパラディオ風だが、パラディオにこのような橋の作例はないという。ウィルトン・ハウス（ウィルトシャー）で独自に考案された橋（一七三七）を真似たものとされる。

この橋にもコバム卿の政治が表現されている。海洋帝国こそイギリス繁栄の道、といったもの。「世界の四大陸が種々の産物をイギリスにもたらす」という銘文のついた浅浮き彫りが橋の裏手に彫り込まれていた。園亭内のアーチの内側には、W・ローリーとW・ペンの等身大の壁画が描かれていた。ローリーはヴァージニア州の地図を手にしている。またもや植民地である。ペンが手にしているのはペンシルヴァニア州の法令集。ペンが海の向こうで実現したのはイギリス政体のモデル。コバム等ホイッグの党内反対派はそれを統治体制の理想と仰いだ。

この橋は、後に、八角形の池がせき止められ、自然な湖に姿を変えた時、川の水位が上がり、水面との関係が悪くなった。しかし、橋そのものは眺めてきわめて美しい。建設された当時はここが庭の東端、同時に地所そのものの東端であった。

ホークウェルの野に造られたものは、このほかに「ローマ皇帝の小室」Imperial Closetや「コングリーヴ記念碑」Congreve's Monument、「小石の園亭」Pebble Alcove、「王妃の神殿」Queen's Templeなどがある。

「ローマ皇帝の小室」は、ティトゥス、トラヤヌス、M・アウレリウスの三帝の立像と碑文で、政治の心構えを述べるもの。ティトゥス帝の碑文は「私は一日を失った」、トラヤヌス帝の碑文は「私のために、しかしふさわしければ、私に反して」、M・アウレリウス帝の碑文は「皇帝の地位にある時は、私人として治められたいと願う通りに治めよ」である。「コングリーヴの記念碑」は、ホイッグ派の者およそ四〇名が集ったキット・キャット・クラブの仲間であり優れた喜劇作家であった友人のコングリーヴ（一六九〇―一七二九）の死を悼むもの。「鋭く、洗練された才知の人を惜しんで」（要約）という銘文が刻まれている。「小石の園亭」は散策の足を休めるシートに壁・屋根をつけた体裁のもの。小石でテンプル家の紋章が作られていた。「王妃の神殿」は旧名を「夫人の神殿」といい、コバム卿の夫人ら女性達が集って、絵を描き、楽器を奏で、刺繍をし、貝細工を作るなど、貴族の女性達が余暇を過ごす場であった。壁画には女性達の娯楽園といった図柄が描かれていた。女性は男性の仕事に口出ししない、という考え方を背景にして、「友情の神殿」と一対をなすとの構想だったという。一七九〇年に改修された折に、名を変えた。ジョージ三世を手厚く看護して健康を取り戻させた王妃シャーロッテに感謝する意味合いがあったとか。ジョージ三世はストウの当主第一代バッキンガム侯（一七五三―一八一三）の政治的地位の命綱であった。

若いブラウンの修行

コバム卿の最後の庭造りが「ギリシャの谷」Grecian Valley である。その時期は一七四七―四九のおよそ二年間。ここの構想は、古代ギリシャのように自然の中に神殿が立つ風景、ではなかったか。古代ギリシャの神殿と芝生、木立、湖、凱旋門といった構成が頭にあったらしい。このうち湖は地盤や土質が不適と判明したために断念され、凱旋門も着手されなかった。コバム卿を継いでストウの主となったテンプル伯は、一七五〇年、六〇年代に、アポロと詩神たち、ヘラクレスとアンタイオス、その他彫像を西の庭から移したり、見晴らし亭を移して（「田園詩の神殿」に改名）、点景物をにぎやかにしたが、現在はすべてない。いま、我々が訪れて目にするのは、コバム卿の構想した未完成の故にかえってすっきりと見えるギリシャの谷の姿である。

庭の造成を担当したのはブラウンである。ブラウンがストウへやってきたのは一七四一年の三月、二五歳。直後にストウの執事がふたり相次いで亡くなり、ストウでは庭の管理に困った。コバム卿は一七四二年秋、ブラウンを庭師頭に抜擢し、配下の者三〇名を束ねさせた。ブラウンの権限は、推定だが、点景建築物も含め庭の管理一切、だったらしい。ブラウンは、ブリッジマンの庭、ケントの庭、それからホークウェルの野など、ストウの多彩多様で、豊かな遺産といえる庭を庭師頭として管理した。五年後、一七四七年から「ギリシャの谷」の造成に取りかかる。コバム卿が死ぬまでの二年間に、植樹と谷の造成を行い、自然風景式庭園の景観の原型を誕生させた。

ブラウン自身、「すべてコバム卿のご指示の通りに工事を進めた」といっているので、ここに生まれた新しい景観をブラウンの独創とは呼べないのであろう。ブラウンはコバム卿の死とともにストウを去る。新当主テンプル卿はグレンヴィル家から執事、庭師頭を連れてきた。ブラウンの退職は円満なものだったらしく、新当主のテンプル卿は一〇〇ポンドを貸してブラウンを独立へ送り出した。ブラウンの最初の仕事がクルーム・コートCroome Court（ウースターシャー。現存）である。ここではじめて本格的なブラウンの庭、あの広い風景式庭園が生まれる。

ブラウンの庭が生まれるに当たっては、だからギリシャの谷だけを云々するわけにはいかない。ストウでのまず五年間の庭の管理がある。そこではすでに自然に起伏する芝生に樹木、古典様式の神殿といった組み合わせの景観が実現されており（ケントのいわゆる歴史的風景画の景観）、蛇うねりの川に橋があった。羊や牛が草をはむ牧草地もまた庭の景観であった。ハハーは広い牧野を庭の眺めに連続させていた。ブラウンが管理した庭とは、造園の趣味の変化の先端が積み重ねられたこのように多様な、しかもきわめて出来のよい庭であった。これが経験、修行でなくてなんであろう。そして最後の二年は、また新しい挑戦。これすべてがブラウンの独立時の庭師としての財産であったと見るべきであろう。

ギリシャの谷は、東の庭の北にある。屋敷からすれば、東方。庭全体からすれば、北東。ギリシャの谷は、靴下の形をしている。東端はほぼ平地。そこから緩い傾斜をとりながら谷はこちら（西）に向かってくる。谷は次第に深まり、曲がってあのケントのグロットの方へ向かう。グロットに行き当たって谷尻になる。そこが一番の底。神殿は途中の折れ曲がるところにある。靴下のかかとに当たる位置にあって、岸（あるいは縁というべきか）から谷の全体を眺めている。いま、左右の岸に沿って樹が並び、谷にはほとんど樹はなく、芝生のそこここに僅か認められる程度。ブラウンが造成したときには、反対に、谷が深まるにつれ樹影も濃くなっていったという。湖を構想した箇所はいま雨水のたまりのような池あるいは湿地の様相。ストウに出現したギリシャの谷はあまり広くない。地形からも、そこにブラウンの風景式庭園の雛形を見る、との印象は薄い。

谷の造成作業には、後のブラウンの作業を思わせるものがすでにあった、とされる。ブラウンは谷の岸に、旧庭の南から立派な成樹を運んで植えた。谷の内部にはまだ成長途中の樹を移植した。革新的な運搬方法を考案したらしい。谷の造成では多くの土を移動した。一七四七年の例だが、およそ一万八〇〇〇立方メートルの土を動かした。これは一辺が二六メートルの立方体に相当する土の量である。これをシャベルや二輪の車で行った。このような作業具を使った、当時では最大規模の土木工事だといわれる。

「ギリシャの神殿」の建築は一七四七年から四九年。設計者は特定できていない。コバム卿とも、次に当主となるR・グレンヴィル（甥）とも推定されている。グレンヴィルはグランド・ツアーの帰途、一七三二年にフランスのニームに寄り、メゾン・カレを見ている。同様の建築を、との思いがあったのかも知れない。ともあれ、直接のモデルはなく、ギリシャ建築の書物を基にいろいろな要素を組み合わせて造られた。庭にそれまであったのは、パラディオ、ゴシック、古代ローマ、エジプト、中国の建築。さらに新たに、ギリシャの建築を加えたい、が着想の元にあったのだろうとされる。

コバム卿の死後、一七六四年に現在の名「協調と勝利の神殿」に改められた。動機はここでもイギリスの政治。テンプル伯（旧名R・グレンヴィル）はイギリスの七年戦争の勝利にきわめて満足した。七年戦争はヨーロッパでも戦われたが、植民地でも戦われ、イギリスがアメリカとインドの両植民地において、フランスを追い落とした決定的な植民地戦争であった。コバム卿が記念したかったのがこの勝利。合わせて国民の協調と同盟国プロシアとの一致協調。協調の像と勝利の像を刻ませ屋根に飾った。公民の自由 Public Liberty の像も置かれ、「国に仕える」といった趣旨の銘も刻まれた。すでに（一七六一）パラディオ橋の浅浮き彫り「世界の四大陸は種々の物産をイギリスにもたらす」もここに移されていた。テンプル伯は「国璽尚書」の地位をもって政界から引退（一七六一）していたが、時の内閣はピットの率いるもので、他にも一族の政治家が権力の中枢にいた。庭に政治の印を押す。テンプル伯もそうだった。神殿の階段に立つと、ウォルフ将軍のオベリスクが見えた。ウォルフ将軍はカナダでフランス軍を破った軍人である。オベリスクはギリシャの谷の外、北方に遠望された。庭内では、コバム卿の記念円柱が近くに眺められた。

コバム卿の記念円柱は、卿の存命中から夫人の発案でホークウェルの野に近い丘に建てられた。一七四七—四九年、建造を仕切ったのはブラウン。円柱の内部に螺旋階段があり、上ると展望所。その上にコバム像。円柱上のコバム卿はローマの武将を装っていた。記念柱は三〇メートルを越える高さで、「五国を展望し」、また庭のどこからでも見えた。同様のものに、かつてローマのトラヤヌス帝の記念柱がある。

テンプル伯とその後

その後テンプル伯は、ギリシャの谷に羊を入れた。コバム卿の未亡人は大反対であったという。また、テンプル卿は屋敷の南面（庭に面する側）を整備するとともに、庭にいわゆる「南の通景」を作り出した。ブリッジマンの並木道を取り除き、八角形の池を自然な形に変え、バッキンガムからのアプローチが丘の頂に達する所にコリント様式の門を建てた。これらの整備は一七六〇年代に行われ、庭は次第に時代の趣味を映した風景式庭園に変わっていった。屋敷南の整形園（パルテール）はすでに一七四〇年代にブラウンがならして芝生に変わっていた。

屋敷南面の改修は一七五〇年代から七〇年代と長期に渡り、多数の建築家の手が入っているといわれるが、基本はアダムの案とされる。古典建築の第一人者であった。

ホークウェルの野の東に沿うような細い部分は「ランポート庭」Lamport Gardens と呼ばれる。デイレル家所有の土地を第一代公爵が一八二六年に購入したあと、一部を第二代侯爵が流行に合わせた庭にした。一八四〇年から「岩と水の庭」が造られた。人工の岩と湿地の植物と樹で構成され、深い渓谷にはシダ園が設けられた。そこに外国の珍獣や珍鳥が放たれた。また、一九世紀のヨーロッパで見られた日本趣味を反映して、日本庭園（消失）も造られた。

隆盛と没落の歴史

コバム卿とテンプル伯によるストウの庭の完成から後の物語は、主に没落の歴史である。原因は当主二代に渡る貴族的浪費である。テンプル伯の跡を継いだ甥ジョージが第一代侯爵（一七五三—一八一三）になり、その息子リチャードは第一代バッキンガム公爵（一七九七—一八六一）と位は極まったが、当の第一代公爵、次の第二代公爵が浪費に走り、先代たちが、結婚やスペイン船の略奪、官職で増やした富、所有地の経営から上がる収入などを使い尽くした。たとえば第二代公爵の時代、一八四五年の負債は一四〇万ポンド。一八四八年から地所の売却が始められた。一八五〇年代に、ストウ周辺とウォットン（グレンヴィル家の本拠）の地所四〇〇〇ヘクタールを残して、アイルランド、コーンウォル、グロースターシャー、ミドルセックス、サマセット、オックスフォードシャー、ノーサンプトンシャーの地所が売り払われた。バッキンガムシャーの地所も一部は手を離れた。それでも第二代は平気なものだったらしい。天性の口の巧さで知人・友人から金を借りあるいは騙し取り、ひたすら浪費した。絵画一〇〇〇点を売り払ったが、それはまた新たに絵を買うために、であった、という。骨壺、飾鉢、彫刻など庭の飾りにも金を使った。地中海に二年間ヨットを浮かべて暮らした。古美術品を買い集めるためだったという。老年はロンドンでのホテル暮らしに身を落とした。第三代の時代に、ストウ周辺の土地も削られた。一九二一年、売りに出されたストウは五万ポンドで人手に渡った。

近年のナショナル・トラストによる回復は、ある篤志家による一〇〇万ポンドの寄付が出発点になった。一九八九—九五年の間に、ストウの庭と周辺の風景園がいくらか買い戻された。

歴史を遡る先の物語は、オックスフォードシャーで牧畜を営む小地主に始まる。テンプル家は古王国マーシャの貴族に連なる、と後自称するようになるが、証明はされていない。証明されているのはこの小地主の出だということである。子孫はやがてストウに賃借権を得、次いで購入。法曹家にして国家議員、治安判事を務める者も出る。テンプル家の者が騎士の称号を得るのは一六〇九年。一六四九年には八〇ヘクタールの風景園 park を囲い込み、一六五一年には鹿を放したという。一六五三年、サー・リチャードが一九歳で第三代男爵を継ぐ。四〇年間国会議員を務めた。一六七五年の新妻の持参金で屋敷を一新。一六八〇年から八三年に屋敷南面の庭も整備。三段の区画花壇（あるいはパルテール）からなる整形園を造り、並木道を設けて下の養魚池（後の八角形の池）と繋ぎ、その先の線をバッキンガムの町の教会に合わせた。他に菜園、果樹園、野趣園があり、庭から森林も見えたという。庭は美と実用を兼ね、近くには納屋、厩舎、貯木場、豚小屋などがあった。庭周辺の牧野には縦横の騎馬道あるいは馬車道 riding が複数本取られていたと推定されている。

この庭と屋敷を継いだのが今に残るストウ庭園を造りあげたコバム卿（一六七五—一七四九）である。相続は二一歳。コバム卿はイートン校を経て、ケンブリッジのクライスト・カレッジを出た。二六歳（一七〇二）、新設された歩兵連隊の長となる。モールバラ伯爵の率いるイスパニア継承戦争で戦う。一七一三年（三七歳）、トーリー党政府により解任、しかし翌一七一四年、ジョージ一世の即位に伴い指揮官に復帰、コバム男爵となる。一七一五年（三九歳）、アン・ホールシーと結婚。新婦はロンドンの醸造家の跡取り娘であった。二万ポンドの持参金、その他名誉職からの収入を庭と屋敷の改修に投じる。一七一八年に子爵。一七一九年、スペインの商港ヴィーゴ近くでの商船略奪でも利益。庭の大改修は一七一一年から。父の造った三段の区画庭園を一枚の広いパルテールに変えることから始まった。一七一三―一四年の働く庭師は平均で六名。ブリッジマンに庭造りを頼むのは一七一四年。一七一八―一九年には働く庭師は三〇名ほどに増えた。この頃、コバム卿はお金にゆとりが生まれれば庭と屋敷につぎ込んだ、という。初めブリッジマン、次にケント、最後にブラウンが働いたストウの庭では、およそ五〇ヘクタールが風景化され、三六を越える神殿が建てられた。湖や池は八、ハハーは六キロ、植樹の数は数知れず、彫像は九〇体を越え、壁画や天井画は二〇、刻まれた銘文は五〇以上を数えるという。点景建築に係わったのは、ヴァンブラ、ケント、ギブズ等。屋敷は有名なアダム。

ストウでは、とりわけコバム卿が野に下っていた一七三〇年代には歓待が盛んであった。A・ポープはそんな典型的な一日を書き残している。「各自、思い思いに庭を見て回る。正午にまた揃う。朝、朝食、意見を戦わせる。正餐の後、また夜は、音楽を楽しみ、意見一致。庭で魚捕り。政治なし、トランプなし。読書少なし」。一七四八年、グレンヴィル家に嫁いだ妹ヘスターはもう六四歳の年だが、「乗馬と散歩が朝の楽しみ。トランプは夜の楽しみ」と記録している。次のテンプル伯の時代もストウの歓待に変わりはなかったという。

ストウの庭では、王室の関係者の訪問の折や子供の成人式、夫人の誕生祝いなど、折々に大がかりな宴が催された。村人もお仕着せ姿で整列させられるなど動員され、食べ物が振る舞われた。もう没落の最中だが、一八四五年にはヴィクトリア女王をお迎えし、宴が催されている。

ストウでも、狩りが行われたことは確かである。いつ、だれがという記録は少なくとも公にはなっていない。しかし、狩猟番人小屋は複数置かれていたし、鹿の園もあった。一八二〇年代になってホークウェルの野の東に買い求められた地所に「ランポートの庭」が造られた時、キジの飼育場が設けられた。キジはとりわけ一八世紀の後半から猟鳥として人気があった。猟銃は軽く扱いやすく改良され、貴族は勢子を使ってキジを藪や林から追い出させ空に飛ばせてから撃って、腕を競った。

多くの訪問記と案内書

『ストウ訪問記一七〇〇—一七五〇年』Descriptions of Lord Cobham's Gardens at Stowe (1700-1750), ed. G. B. Clark, Buckinghamshire Record Society（一九九〇）はストウの庭を訪れた人々の記録を集めたものである。一七〇〇年から一七五〇年のもので、J・イーヴリン、W・コングリーヴ、A・ポープ、G・ウエスト、D・デフォー、S・リチャードソン、J・トムソン、W・ギルピンなど二六編を収めている。ひとびとが、ブリッジマンの庭を称賛し、またケントの庭を楽しんだことがよく分かる。

この間、ベントン・シーリーの『ストウ案内書』Benton Seeley: A Description of the Gardens of the Lord Viscount Cobham at Stowe が一七四四年に出て、大好評であった。以後これは幾版も重ねられる。この案内書はリチャードソンがデフォーの旅行記 A Tour thro' the Whole Island of Great Britain（一七二四）を編集した際に付録に付けた案内書（一七四二）を基に編まれていた。こうして生まれたシーリーの案内書は、以後、庭園・屋敷巡りをする人々のために書かれる多くの庭園案内書の先駆けとなった。フランス人を対象にフランス語で書かれたストウの案内書（一七四八）もロンドンの出版者によって出版された。フランスから見物にやってくる者も多かったのであろう。フランスでよく知られたイギリス式庭園といえば、まずストウ、それからやがて造られるキューなどである。

一八世紀後半のストウの姿を文字でよく伝えるものは、ウェイトリー Thomas Whately の『現代の庭の観察』Observations on Modern Gardening（一七七〇）。また、一九世紀の初頭だが、図版でよく伝えてくれるのが、ナッツ Claude Nattes の『ストウの眺め』Views of Stowe（版画の制作は一八〇五—〇九）である。

■ロウシャム園 *Rousham House and Garden*

イギリス風景式庭園の誕生時の姿――すべてを含む風景の妙

誰も知らない？

ここはイギリス風景式庭園の誕生の地である。ケント William Kent（一六八五―一七四八）の造った当初の姿がほぼ保たれている。

ブレニム・パレスに近いウッドストックのパブ兼B＆Bのお兄さんも、呼んで貰ったタクシーの運転手もロウシャムを知らないという。略図を手渡すと、運転手は分かったとうなずき、オックスフォードと逆の方向へ向かった。中年の運転手である。ロウシャムは村（あるいは）町の名であり、それが庭園名にもなっている。まるで知られていないことが不思議だった。でも、見事、あこがれの庭園に到着した。タクシーが走った距離はさほどではない。

入場券は自動販売機で求める。ひとはいない。"You will be asked for it."という掲示があるのみ。パンフが置いてある。我々の重い旅行バッグは、ちょうど通りかかったおじいさんに頼んで預かってもらった。「既に置けばよい」といって連れて行ってくれた。

パンフの末尾には、「ここは商売と無縁、売店も喫茶室もない。飲食物は持参のこと、よく合う靴を履くこと。すると、ここは一日、あなたのものになる」と記されている。

パンフに示された案内図に従って巡る。客はわれわれだけ。六月一日（一九九九）、晴れ。快く暖か。

見所をたどる

屋敷の正面は南。見るべき庭は例によって裏手だから、北に広がる。屋敷の裏手に広いボーリング・グリーン。庭園巡りはその左手の小径に入るところから始まる。小径の左手は、パドック（小牧場）と呼ばれ、現在は牛がいる。庭園との間にあのハハーがある。近づいてのぞき込むと、ところどころ崩れかけている。ハハーは浅い。パドックは屋敷の西にあたる。屋敷の敷地もハハーの続きで守られている。散策路を歩きながら、放牧地と牛を見る、という趣向。途中右手に、テラスがあり、「死にゆく剣闘士」の像。なぜ、このような死の主題の像が、と思う。時に、施主ドーマーの病は重く、本人の希望で選ばれた、といわれる。小径をさらにパドックに沿って進むと、散策路はパドックの途中で行き止まりになる。行き止まりにあるのが、「ゴシックのシート」Gothic seat で、ケントの作。休憩所である。これは、パドック越しに、屋敷を眺めるためのもの。近くにパラディオ風の門。対応するように飾鉢がふたつ、ハハーの際に置かれている。門の外は道路。道路とは石塀で隔てられている。かつてはこの門を潜って訪問者が庭を訪れたともいわれる。

小径をいくらか戻り、石塀沿いの散策路から庭に入る。左右は林になっており、散策路はゆるい斜面を下る。かつて養魚池があったが、今は散策路の下に埋没。散策路は幅を変化させる。広がり、また狭まる。広めだが、直線ではない。快い。やがて芝生の広がりにでる。視界も広がる。芝生は斜面を下って川岸に届く。芝生地を囲んで、木立、一本立ちの大樹、「こだまの妖精の神殿」、そしてアポロの彫像がある。川向こうの風景も眺められる。そこに牧草が刈り取られたあとの茶色の丘陵がみえる。ケントが丘の上に設けたゴシックの三連のアーチが、切妻壁の廃墟のように、小さく見える。目を引くための視線止め eye-catcher である。ケントはさらに古い粉ひき小屋も視界に繰り入れる工夫もし、また左手の隅にヘイフォード橋も見えるようにした。ヘイフォード橋は中世来の村の橋。川はチャーウェル川 Cherwell で、オックスフォードへ流れ、テムズ川に注ぐ。この庭域にはイギリス風景式庭園の典型的な眺めがふたつ揃う。芝生地には古典世界、川向こうにはイギリスの田舎の眺めである。それに加えてゴシック中世の世界。現在でも、廃墟風のアーチと古い水車小屋は視界の内にあるが、ここからでは注視して探さなくてはならない。

アポロの像のところから、「長い散策路」Long Walk を歩く。これは「楡の散策路」ともいわれる。やはり樹間を通る芝生の広めの路。この散策路はケントの改修でもただひとつ残った直線。抜けると、「ヴィーナスの谷」Venus's Vale に出る。こぢんまりとした芝生の谷。上から順に、小池（消失）と段々滝、大池とまた段々滝。この四つの点景物が縦に並ぶ。上部の段々滝の上に立つ彫像は、中心がヴィーナス、左右が白鳥。下段の段々滝では、左右の斜面にファウヌス（林野の神）とパーン（牧羊神）が置かれている。ヴィーナスはここでは、美や愛でなく、庭の神だとされる。段々滝は田舎風の造り。黒茶の荒石を積み上げたアーチの下に造られている。これらすべては大きなものではない。ケントの造る点景物はおしなべて、量感はなく、小粋で繊細。ヴィーナスの谷に出現したのは、古典古代の世界。林に取り囲まれている。ケントの意図では、ここは、回遊者は下から見る、であった。ケントが一七三八年に描いたスケッチ（完成予想図でなく、実景）には、ちょうどヴィーナスの谷を下方から訪れて三々五々歩く六、七組の人々が描かれている。そして、段々滝ではふたつとも噴水が上がっている。スケッチの左右には、クロード・ロランの絵のように幾本かの樹が立ち、視界に枠組みを与えている。庭巡りでも、この疎ら植え、あるいは一本立ちの木の垂直線は、庭巡りをする者に随所で視界の枠になった。そのために木の幹は柱のようにすっきり整えられていたという。樹はまた、林をなすものとして植えられた。ケントはこの時、花を忘れなかった。林の下植に、バラ、ライラック、スイカズラを配した。我々の目に映った花は、サンザシ、バイカウツギ、クロバナロウゲ、スイカズラなど。

大池の処から、アポロ像の立つ芝生地へ細い蛇行する路を歩いて戻る。案内図では「水の路」Watery Walk といわれる。路面上を細い水路が曲線を描いて走っていく。庭園史で有名な「曲線の水路」Serpentine Rill である。庭園中の水路といえば、それまでは直線が相場。はじめて蛇行させた、といわれる。当時は自然な流れだったが、現在の水路はセメントで固められている。路半ばに「水浴場」Cold Bath がある。これは健康のための施設。ここにはグロット、あるいは洞もある。これはプロセルピナのもの。プロセルピナは、大地の女神ケレスの娘。野原で仲間と花を摘んでいたところ、一目惚れした冥界の王プルートによって地下世界にさらわれたが、母ケレスによって探し出され、一年の三分の一は地上で過ごすことになる。毎年春になると、プロセルピナはメルクリウスに導かれて地上に戻る。曲線の水路はさらに先まで続く。

「ヴィーナスの谷」へ戻り、裾を横切って、屋根付き歩廊（アーケード）へ行く。造りは歩廊だが、機能は休憩所である。壁を背に七つの長椅子。歩廊の七つのアーチに対応し、アーチで切り取られた川向こうの風景を眺めるためのもの。歩廊は「プラエネステ」Praeneste と名付けられている。プラエネステ（現パレストリーナ）とは、古来有名なローマ近郊の保養地。運勢の女神フォルトゥーナの神殿があることでも有名であった。風景を眺めるための歩廊は古典文化の世界を表す。歩廊の上のテラスに置かれているのが古代ローマの「死にゆく剣闘士」の彫像。これも古典世界のもの。ローマに座り、イギリスの風景を眺める、というのがここの趣向である。プラエネステには他にもローマを想起させる彫像や飾鉢がある。試しに、私も古典ローマを思い浮かべ、長椅子に座ってイギリスの風景を眺める。終えて、さらに先へ進むと、噴水・泉水盤のあと。噴水はかつて一二メートルも上がり、貝の泉水盤に落ちていた。いま草に覆われ、形も失われ、ほとんどそれと分からない。彫像は、残る。メルクリウスを中心に、左右にバッカスとケレス。メルクリウスは神々の使者・案内役。また、時に旅人の守護者、羊や羊飼いの守り神。商業の神でもあった。バッカスは、酒の神、もと豊饒の神。ケレスは農耕の神、また地母神。このような三神を取り合わせて、なにを表現しようとしたのか。古典世界のなにか、ということ以外、分からない。噴水・泉水盤は、小さな野外劇場の中にあった。野外劇場は、ギリシャ・ローマの代表的な施設であったから、イタリアのルネサンスの庭にもよく設置され、それがイギリスの庭にも造られた。これも古典古代を表す手段。ただ、このロウシャムの野外劇場は、ケントによって平らな芝生地といった程度のものに変えられていた。ここも川向こうの風景を眺めるための場所だった。ここを超え、さらに行くと、「ピラミッド」Pyramid が

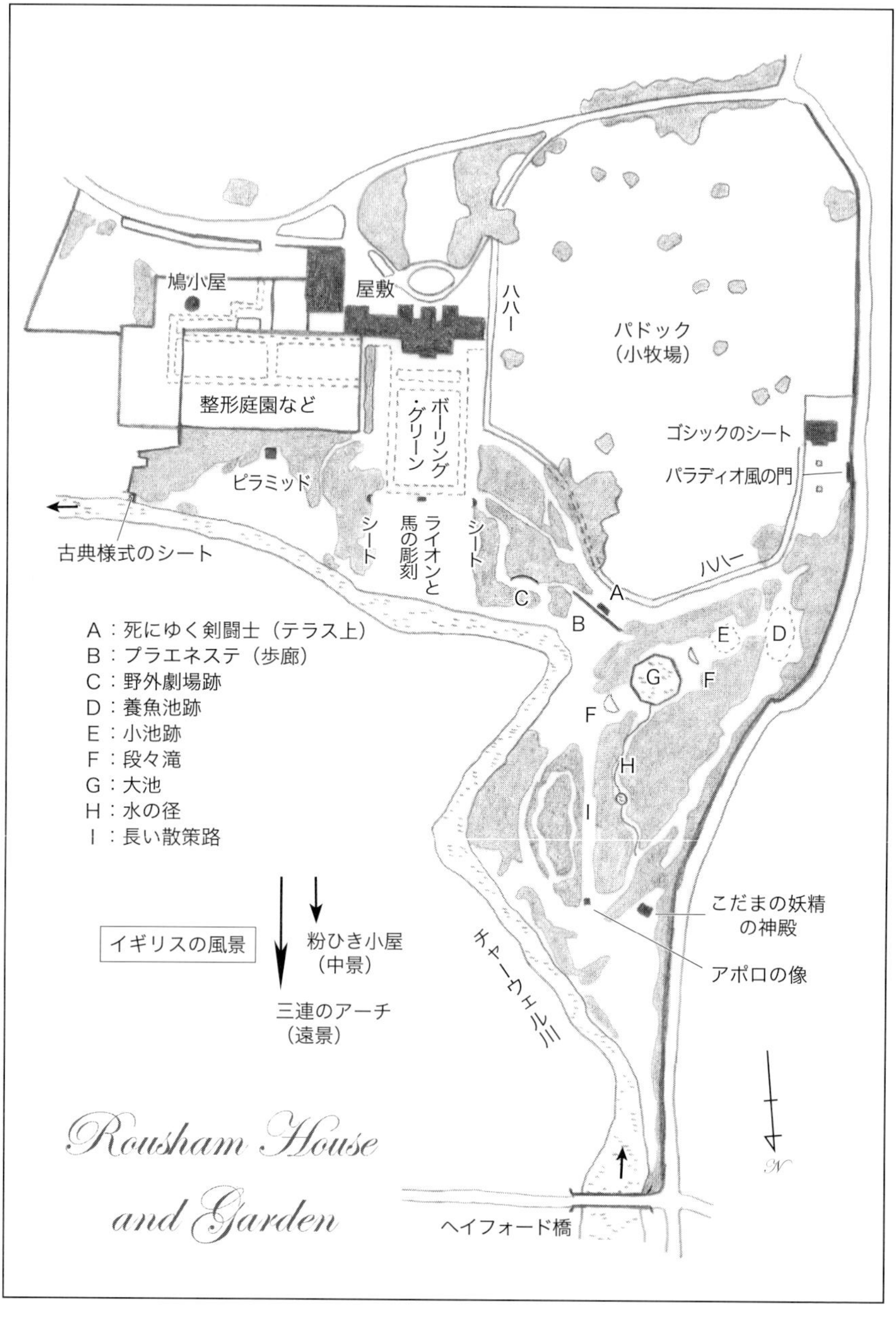

鳩小屋
屋敷
ハハー
パドック
（小牧場）
整形庭園など
ボーリング・グリーン
ゴシックのシート
パラディオ風の門
ピラミッド
シート
ライオンと馬の彫刻
シート
古典様式のシート
ハハー
A
B
C
D
E
F
G
F
H
I
A：死にゆく剣闘士（テラス上）
B：プラエネステ（歩廊）
C：野外劇場跡
D：養魚池跡
E：小池跡
F：段々滝
G：大池
H：水の径
I：長い散策路
イギリスの風景
粉ひき小屋
（中景）
三連のアーチ
（遠景）
こだまの妖精
の神殿
アポロの像
チャーウェル川
N
Rousham House
and Garden
ヘイフォード橋

ロウシャム園　ボーリング・グリーンからイギリスの風景を望む

ロウシャム園　ヴィーナスの谷

斜面の上部に置かれている。これも、やはり川向こうの風景を見ながら休憩する場所。ピラミッド形の園亭のなかにシートが置かれている。その先、庭の東端、川辺近くに「古典様式のシート」Classic Seat がある。このシートも休みの場。ここからは、川沿いの庭の全景を眺める。

ブリッジマンの庭からケントの庭へ

施主はドーマー James Dormer（一七四一年没）という将軍であった。スペイン継承戦争で戦い、ポルトガルの特別大使も務めた。軍人だが、よく本を読む文人趣味の人だったといわれる。オックスフォード大学のマートン・カレッジに学び、ケントを庇護したバーリントン卿の親友グループのひとりであった。兄から相続した屋敷と庭の改修を図り、ケントに、屋敷の増築と内装、そして庭園を依頼した。ケントの作業は、一七三七年から四一年まで。屋敷は、ジャコビアン様式からゴシック様式に改められた。庭はブリッジマンの庭（一七二〇年代）からケントの庭に変わった。

庭の基本骨格には、ブリッジマンのものが残されている。それは一七二五年頃とされるブリッジマンの設計図で確認できる。いま一巡した庭園のおよその姿がそこにある。全体の形が同じで、散策路を巡って、池、噴水、彫像や神殿などを見て歩く構想で造られている。ブリッジマンは一七二一年にロウシャムの庭園敷地の調査をし、その特徴を生かして設計をした。いわゆる「地の霊」genius loci を生かした。パドック越しに屋敷を眺める趣向も、すでに組み込まれていた、とされる。ケントの案のように、チャーウェル川の向こうの風景を眺める構想まで含まれていたか。答えは、半ばイエスで、半ばノーである。ブリッジマンは、いまプラエネステのあるところに円形の砦を置き、眺望の場とした。しかし、川岸に石塀を走らせていたから、仕切りつつ、眺める、である。それはまだ、折衷的な処理であった。

ブリッジマンは、イギリス初期風景式庭園を推し進めた大物で、王室庭園師の地位にあった。屋敷 house と庭 garden の敷地の向こうに、放牧地や農地、森、牧草地の風景、いわゆる parkland を眺めるという庭園もすでに実現させていた。たとえばストウ園である。屋敷の庭と風景園を視覚上つないで一体化させ、風景式庭園を成立させる装置としてブリッジマンの用いたのが、例のハハーであった。ただ、ブリッジマンの活躍した時期は、なにぶん移行期であり、施主の希望も新旧様々であったから、ブリッジマンの造った庭も様々で、規模もまた様々であった。ブリッジマンの庭は全体としてみれば、一七〇〇年前後のイギリス庭園界を主導したロンドンやワイズの整形庭園から次第に遠のく方向に動いた。しかし、このブリッジマンの設計した庭から、直線が抜けることはついになかった。この一線を飛び越えたのが次のケントである。ケントにこれができたのは、おそらく、風景画をモデルに庭造りをする、と明確に新しい原理を打ち立てたからであろう。ブリッジマンの造った庭を見る限り、どうもまだ建築学の原理に拠っている、と推量される。ブリッジマンとケントは、ストウやクレアモントなど、いくつかの庭造りで一緒に働いた。相前後して造った部分が併存することもあった。ここロウシャムでは、ブリッジマンの庭全体にケントのデザインが重ねられた。

ケントはどう変えたか。

一　直線の曲線化。散策路のうち、「長い散策路」（「楡の散策路」）だけは、ブリッジマンの直線が残された。曲線化によって庭が、自然で、柔らかなものに変わった。ハハーも川岸も曲線化された。

二　もうひとつ大きいのは、林の手直し。ブリッジマンの設計では、巡る庭全体が濃い林。その林の中に、池、噴水、彫像、神殿、野外劇場などが嵌め込まれていた。ケントは、林の木を払って四カ所に芝生地を造った。ヴィーナスの谷もそのひとつ。残る林の部分でも、木をいくらか間引きした。風、太陽、視線が通り易くなった。立木は視界の枠になった。

このふたつの基本的な変更で、歩くにつれて次々と風景画が現れる、という庭が生まれた。つまり、風景画をモデルにした新しい庭である。ここで風景画とは、風景画一般のことではなく、後の述べるようにクロード・ロランなどの歴史的風景画である。

三　さらに、三つ目。

四つの芝生地は、いずれも、チャーウェル川に下りていく傾斜に開かれた。

この意図は、何か。

これによって、川向こうの風景に向かって視界を広く開くのである。散策者の視線はおのずと彼方へ馳せる。訪問者は、川向こうの風景を庭園と一体化されたものとして、体験する（さらに進んだ後の風景式庭園では、眺めるだけでなく、風景の中へ入り込み散策するが、ロウシャムではまだ、見る、だけに止まる）。丘陵の上に三連のアーチ、中景に粉ひき小屋を置き、近くに既存のヘイフォード橋を繰り入れるなど、川向こうの風景にケントは、いみじくも'eye-catcher'を設けて、視線を引きつけようとした。庭の中心部にあるプラエネステの歩廊の長椅子も、その上のテラスもともに、川向こうに向いている。「こだまの妖精の神殿」も、ピラミッドも同様である。

なお、川向こうの土地はドーマー家のものではなく、当時も今も、眺めだけ借りている。川向こうから屋敷を眺めた、一七七三年の美しい絵が残されており、近景では、見事な放牧地で牛が草をはみ、遠く丘の上の屋敷を望む構図で、あたかも描かれたものすべてがドーマー家のものでもあるかのような印象を与える。ただ、近年、水車小屋はドーマー家のものとなった。

ケントのデザインによって、農牧地の風景が庭と緊密に結ばれ、ひとつとなった。

細部を見れば、変更点はまだある。散策路の加除。ブリッジマンの散策路のうち、点景物・建造物の間をつなぐ路は、すべて半円弧をつないだ細い曲路になっており、幾何学性が強い。これがなくなった。点景物・建造物の加除もした。ブリッジマンの点景物・建造物は、数は多く、いずれも幾何学の線を見せる。これが、減り、デザインも改められた。池の形などに直線や円は残った。ただ、四角が八角になった（大池）。大野外劇場（計画）の予定地は芝生と木立に変わり、斜面の上方にピラミッド（休息場）が置かれた。庭の中心としてプラエネステが設けられ、その側（東）の小野外劇場は芝生地に均され、その上部に噴水と泉水盤（消失）が置かれた。ボーリング・グリーンを三方から囲んでいた三段のテラスもなくなり、立体幾何学が消えた。先にも触れたが、チャーウェル川は曲線化され、広くなった。川と庭を仕切る折れ線の石塀もなくなった。川沿いの地がヘイフォード橋に向かって延び、ヘイフォード橋が視界に入った。

彫像については、ブリッジマンの庭にあった彫刻との異動は不明だが、ケントの庭で使われた彫像は、いま見られるものと変わらない。

さて、広い緑のボーリング・グリーン。この縁に立つと、川向こうの風景は、さらに良く展望される。「五つの美しい村、遠くアストン・フィールドの大きな凱旋門、起伏する丘陵、チャーウェル川の流れ、ゴシック風の粉挽き小屋、そして牛のいる美しい放牧地」が眺められ、「世界でもっとも美しい」（庭師マッコーレイの手紙。一七五〇）。

庭師マッコーレイのいう「凱旋門」は、ゴシック風の三連のアーチのことで、粉挽き小屋とともにここから正面にはっきり見ることができる。かつて、三連のアーチは丘陵のスカイラインに見えた。現在は背後に樹が育っている。なお、アストンは村の名。三連のアーチまでの距離は、およそ一・六キロである。

ボーリング・グリーンの左右には、ゴシック様式の洒落た小屋型の休憩シート（長椅子）が置かれている。これもケントが造ったもの。ボーリング・グリーンに向いてはいるが、川向こうの風景を眺めることもできる。

庭師マッコーレイは述べていないが、ケントが用意したこの庭の楽しみはもうひとつあった。

ボーリング・グリーンの端の中央に彫像が置かれている。ライオンが馬を襲う像である。これは、ローマ近郊チボリのエステ荘に置かれていた彫像（「古代ローマの噴水」のところ）と同趣のもの。これをここに据えた。先に触れたアーチ歩廊の名はプラエネステであった。プラエネステ（パレストリーナ）は、イギリス貴族・ブルジョワが大陸教養旅行でよく訪れた名所で、ロウシャムのアーチ歩廊は、ケントがこの地の有名な神殿を低く変形させて造ったものである。ヴィーナスの谷の斜面を連なって降りる四つの池と滝は、フィレンツェ郊外のプラトリーノ荘のものを連想させる。プラトリーノ荘では、二〇ほどの池が斜面に連続して、水路でつながっていた。黒茶の粗石で造った噴水と段々滝は、ローマ近郊フラスカーティにあるアルドブランディーニ荘の上部庭園に見られた。ロウシャムには、さらにイタリア・ルネサンスの庭園を特徴づける飾鉢があり、パラディオ風の訪問者の門がある。これらはみな、当時のイギリス貴族・ブルジョワがイタリアで見聞したもので、教養旅行の思い出を彩るものであった。絵画修行で数年イタリアに滞在したケントの芸術と文化の世界もそこに重なる。ケントはローマを拠点としたが、イタリアを広く旅し、屋敷と庭を見て歩いたといわれる。一七一四年の旅日記も残っている。プラトリーノ荘を見たのはこの時のこと。ローシャムの庭巡りは、訪れる者にとって思い出旅行になるのである。

風景式庭園の創出

ロウシャムの庭は、六ヘクタールで、こぢんまりとしている。後のブラウンの庭のように風景園の中を歩く造りになっていないせいでもある。しかし、ここには明らかに新しい庭園の誕生が見て取れる。イギリス風景式庭園の創出といってよい。

それはまず、イギリスの風景と古典世界 nature and antiquity を組み合わせた庭である。直線が消え、代わって自然に近い蛇行曲線が支配する。そこに彫像や神殿などの点景物が配され、古典古代が偲ばれる。そして、すでに、中世の水車小屋（粉挽き小屋）がある。そこには同時に、ゴシックがある。ケントは、屋敷から見える水車小屋の側面に、控え壁・ゴシック風の窓・尖塔を付け加えてゴシック風の神殿を模造した。ゴシック様式の三連のアーチがある。そしてこれは人工廃墟。また、田舎風の段々滝がある。ケントは、他の庭では、中国風の鳥舎、荒々しい自然などをやはりケントらしい節度の中で盛り込んでいる。これらはみな、後のピクチャレスクの造園が重視した点景物である。ケントの造りだした庭は、初めにして、総合性がある。

補足だが、英国の庭園史では、nature の語を独特に使う。手つかずのありのままの自然ではなく、具体的には、人手の入ったイギリスの風景、つまり農・牧・林のある風景を指す。その姿は、本物の、あるいは理想の自然を体現したもの、と理解された。少なくとも、その輪郭線は柔らかで、イタリアやフランスの庭園の幾何学的な線に較べれば、はるかに自然のもつ線や形に近い。


ケントは、もと歴史的風景画家であった。イタリアで数年（一七一二―一九）修行。バーリントン卿（デヴォンシャー侯爵）の支援を得る。帰国して、バーリントン卿の庭造りに協力した。ロンドン近郊のチジック・ハウスである。ウォルポール首相からも支援を受けた。ケントは、ホイッグ派であったが、トーリー派の文人ポープとも親交があった。画家、建築家、造園家として活躍。王室画家、王室建築家を拝命した。庭園では、チジック、ロウシャム、ストウ、クレアモント、ケンジントン宮殿などを手がけた。多くは、ブリッジマンとともに働いた。分担したり、後を引き受けたりした。

ケントにとって、造園とは、風景を造る術であった。「風景の創造」である。当時のイギリスの庭園の実態に合わせてみれば、

specific garden → to be made natural
park → to be polished
the whole garden → to be blended in one（by the ha-ha）

である。すなわち、整形庭園を自然風なものに変える、パークの景観を洗練する、ふたつ合わせた全体を（ハハーで）ひとつにする、である。

目指したのは、「風景画のような庭園」であった。散策につれて風景画が連続する。モデルは、クロード・ロ

ラン（一六〇〇―八二）の歴史的風景画であった。その絵には、草原、川、遠景の丘、廃墟、神殿、橋、樹などが描かれていることが多い。人物は、ギリシャ・ローマ神話やウェルギリウスなど叙事詩の英雄、あるいは聖書の人物。風景は、（当時の観念でいえば、神話や聖書も含む）歴史的な一場面の舞台という意味合いを持たされた。建前は、再構成された古典古代の田舎の風景である。ロランはローマ近郊のスケッチを組み合わせてこの風景を構成した。ロランが描いた絵の風景は、明るく平和で、どこかアルカディアを思わせる。豊かな樹の緑は艶やかな黄金色の光沢を帯びていた。このようなロランの絵はイギリス貴族の好尚に合致した。オリジナルあるいは複製はかれらに買い取られてイギリスに持ち帰られた。ケントはロランやプサン（一六一五―七五）の絵やスケッチをそれぞれ二五〇点以上もっていた。荒々しい自然を描いたのは、御三家のひとり、サルバトール・ローザ（一六一五―七三）であった。

歴史的風景画を庭園に立体的に再現させる、というケントの構想は、かなりの範囲のイギリス貴族やブルジョワに共有された、あるいは共感された。教養旅行の思い出、ルネサンス文化の体験、古典教養への尊敬、芸術鑑賞、これらの集約であったから。ケントの新しい庭がイギリスで受け容れられた背景は広い。イタリア遊学の多くの貴族は、イタリアの庭園も訪れており、異国の見聞を自分の庭に再現するのは悪い趣向ではなかった。屋敷には、イタリアの彫刻と絵、庭にはルネサンスの香り漂う点景物、が理想的であった。こうして、ケントの庭の核心、歴史的風景画の連続＝ピクチャレスクな眺めの連続、という庭が社会的に成立した。ケントはこれに、イギリスのゴシックを加え、イギリスの風景を加え、庭の世界を広げて、ブリッジマン等の折衷式を風景式に進めることになった。ケントは設計図は引かなかった。造園のために提示したのは、スケッチであった、という。

ケントの造園には、自然の重視、という原則もあった。ケントは、規則的なものは、疲れさせ、嫌悪をもよおさせる、といった。自然にシンメトリーはない、自然にあるのは快いものだが、それは多様さと無秩序である、とも語った。造園では、変化のために、曲線を使う。「自然は直線を嫌う」。この傾向も、すでにイギリスの土壌に醸成されていた。庭園に関して、と限っても、自然を規範に、と説き、推奨した者に、シャフツベリー、アディソン、ポープの系列がある。

ケントは一方でイタリア庭園から、光と影のコントラスト、彫像、花鉢、オベリスク（視線止め）などを学び、巧みに応用したとされる。

風景式庭園と整形庭園を合わせ楽しむ

ロウシャムには、ボーリング・グリーンの東に、整形庭園 Walled Garden が三面ほど残されている。手入れも行き届き、美しいデザインの花壇、菜園・果樹園、昔の趣のある鳩小屋などを見ることができる。二〇世紀のボーダー花壇も取り入れられている。そこはもと、三面の菜園・果樹園であった。四つの養魚池もそこにあった。また、屋敷との間には、一面の花庭があった。いつ、現在の姿に変わったのかは分からない。ただ、風景式庭園を見た後で、整形庭園をゆっくり楽しむのも、よい。これは、一七四〇年代当時のイギリスの庭の楽しみ方の追体験にもなる。一七四〇年代のイギリスでは自然風景式庭園へはまだ足を踏み出したばかり。主流はまだ整形庭園であった。とりわけ中下層貴族の間では整形庭園が大勢を占めた。自然風景式を造るのは、まず上流貴族であった。その彼らも当初は屋敷の周辺に整形庭園を残した。自然風景式と整形庭園は後のブラウンの時代のように、二者択一の関係でなく、対照的な姿を楽しむもの、と意識されたらしい。時代の先端を行ったペインズヒル・パーク（次に紹介する）でも、屋敷の近くに整形庭園を保持していた。ここでも、古き（あるいは当時の感じ方で言えばみんなが持っている）整形園と新しい風景園を合わせて楽しもうと考えたらしい。イギリスで整形園が退き始めるのは、一七五〇年代の後半あたり、ブラウンが活躍し始める時期である。貴族の庭からそれがほぼ姿を消すのは一七八〇年頃になってからで、ブラウンが亡くなる一七八三年に近い。

荷物を引いて、連れ合いが近いという Heyford 駅方面に歩き出す。バスが通り過ぎると、左右は田園風景で何もない。道ばたで雑草を刈っている人に駅を聞く。行って右へ、と教えられる。右に曲がると、あの Heyford Bridge がある。そのうえを通っていく。やがて左手に railway station の標識。暑いのでうれしかった。跨線橋を渡ってオックスフォード行きのホームに立つ。連れ合いが昼食を探しに行く。駅付近には何も見えないが、村の中心とおぼしき方向へ。ホームのすぐ外は、運河の舟の溜まり場で、駐車場には車が二〇台くらい停めてある。舟は一〇艘くらい。運河沿いの散歩道 walk にはオックスフォードまで××マイル、××まで六〇マイルなどの標識がある。その路を歩いてきたらしい一家がホームに来る。五人連れ、犬一頭。これからオックスフォードへ戻るらしい。連れ合いがビニール袋を下げて戻ってくる。ひとに聞いてパブへ行き、サンドウィッチを作ってもらったという。パブの客はひとり、若い男が主人と話していた。おばさんが一〇分かけて作ってくれたというサンドイッチは、とてもおいしかった。

3　ピクチャレスクな眺めと連想を楽しむ

■ペインズヒル・パーク *Painshill Park*

復活したピクチャレスクの名園

伯爵家の末子に生まれたチャールズ・ハミルトン Charles Hamilton（一七〇四—八六）が三五年の歳月（一七三八—七三）をかけて造り上げた夢の庭である。当時から訪れて感嘆する者が多く、名声を得た。およそ二マイル半の順路を巡り、美景を眺め、廃墟に盛衰を感じ、グロットで神秘を味わい、トルコのテントで異国情緒に浸る。これが構想の基本だったらしい。

訪問者はハミルトンが設定した順路に従って庭園を巡り、ハミルトンが設定した順序で様々な眺めと庭園建築（点景物）を見て味わっていく。庭園は、起伏に富み川と湖を含んでいる。順路はたえずうねり昇り降りる。眺めの楽しみは、要所に設けられた広い見晴らしであろう。回遊路の始まりにある丘上のゴシックの神殿からの眺めがそのひとつである。湖対岸の丘に見えるトルコのテントと眼下の湖面、そして湖に向かって下りまた対岸の斜面を駆け上る芝生の斜面が眺望できる。かつてはさらに左手に樹林の中の隠者小屋と樹林域の頂点にそびえる四階建てのゴシックの塔が遠望された。ゴシックの神殿からの眺望は、およそ庭園の全貌にわたり、これから見て行く点景物を訪問者に知らせる役割もあったようだ。視線はここでは庭園内に向かう。

左手に見えたというゴシックの塔は、庭園のもっとも高い地点に立っている。東西に長い瓜形のこの庭園の西の端にある。ここまでたどり着くと、塔上から庭園の外の四周の眺めを楽しむことができた。遠くにはウィンザー城やセントポール寺院が眺められた。ここは主に庭園の外への眺めを楽しむところであったが、ゴシックの塔は中世の要塞を真似て作られているところから、眺めの他に、なにほどか中世の武将の生活も追憶させたことであろう。順路を巡る者の視線は、地形上、斜面や木立、建築物などで遮られることが多いので、眺望点に達すると、対照的に広い見晴らしの開放的な楽しみと驚きが増す仕組みになっている。ゴシックの塔はその最たるものである。

眺めの楽しみは、また、巡路で順に目にしていく点景物である。凝った造り、あるいは意表を突く造りで、その種類と数は多い。これまで挙げたものの他に、野外劇場、中世修道院の廃墟、ローマ凱旋門の廃墟（霊廟）、シナ橋、石橋、グロット、バッカスの神殿、水車、段々滝などがある。

この取り合わせを雑多と思うだろうか。当時、これらのものは、多かれ少なかれ、庭園にあることが期待され、出来の善し悪しが楽しまれた物だった。まずこれらのものは、訪れる者の目を確実に捉え、絵になった。いままで

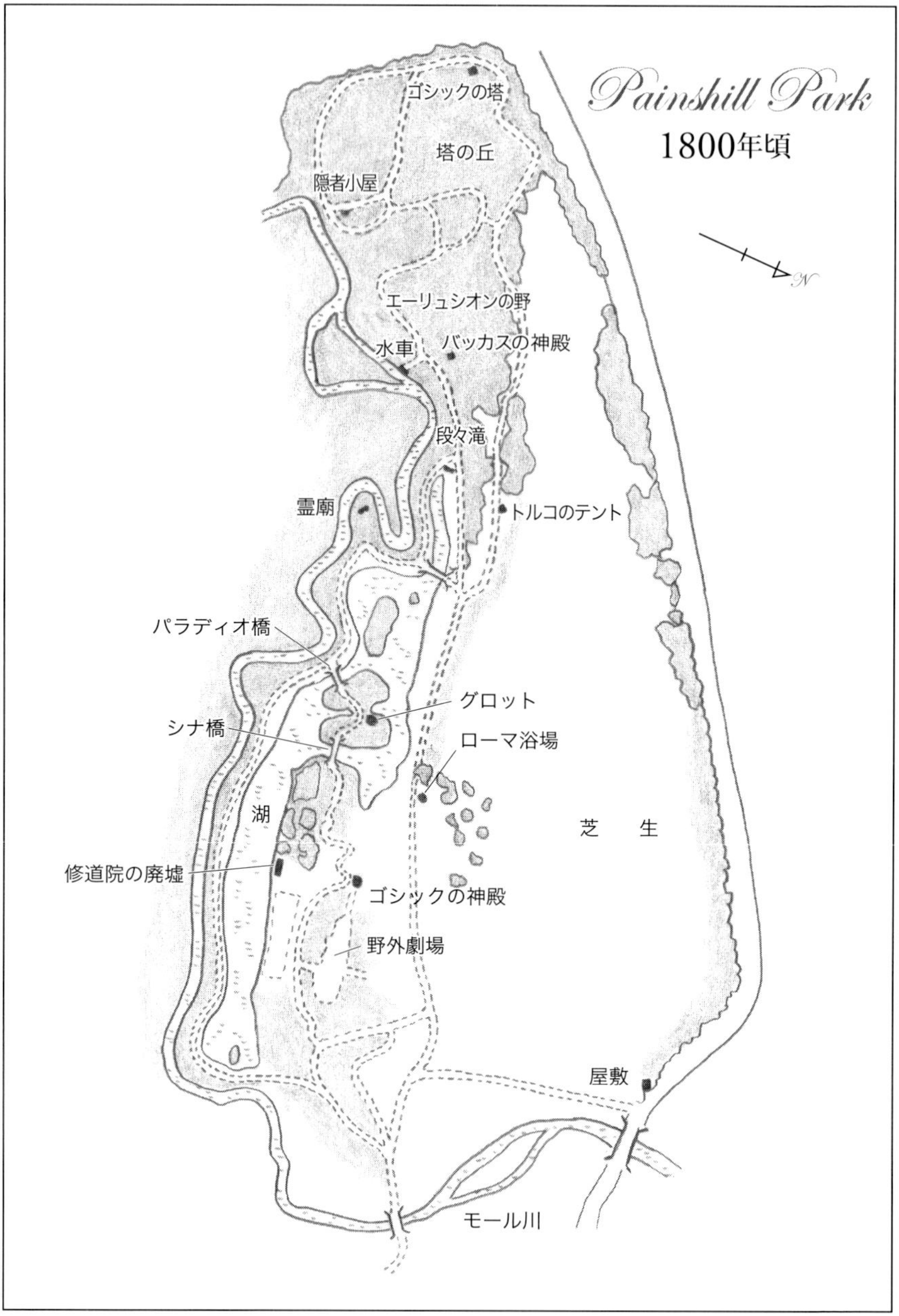
Painshill Park
1800年頃
ゴシックの塔
塔の丘
隠者小屋
エーリュシオンの野
水車
バッカスの神殿
段々滝
霊廟
トルコのテント
パラディオ橋
グロット
シナ橋
ローマ浴場
湖
芝　生
修道院の廃墟
ゴシックの神殿
野外劇場
屋敷
モール川

ペインズヒル・パーク　霊廟（ローマの凱旋門の廃墟）

ペインズヒル・パーク　湖とトルコのテント

もひとつひとつ写真に撮ってみれば、まちがいなくいい写真ができ上がる。実物の印象よりはるかにいいので、感心させられるであろう。これらの点景物は、さらに連想を誘い、追体験させるために置かれていた。想像を刺激し、感情を喚起し、情趣を引き出す。庭巡りの味であった。おそらく、まがい物、と承知した上で、誘いに身を委ねた者もいたはずである。それが、この種の庭園鑑賞の約束ごとだった。

たとえば、湖畔のローマの凱旋門を真似た廃墟は、霊廟と称された。凱旋門の割れ目に雑草がはえ、周辺の景観にわざと荒廃を漂わせる。木立で暗くする、などの工夫が凝らされていた。ここに辿り着いた者は、栄光と滅びを思い、陰鬱な情緒に浸る、というのが設計の趣旨であった。丘上のバッカスの神殿は、見晴らしもよく、明るい。背後はエーリュシオンの野と称され（つまり古代ギリシャ人およびローマ人が死後行くと想定した楽園のひとつ）、広い芝生地の上に十分に間をおいて樹木や低い花木、灌木類が配されている。ここは人生の盛りと陽気さを楽しむ場所と想定されていたのであろう。おそらくまた、古典文化を思いあるいは談じて楽しむ場所でもあったようだ。古代神殿（ギリシャあるいはローマ）を模して作られた神殿には、ハミルトンが大陸教養旅行の折り、ローマから持ち帰ったバッカス像と一二人の皇帝の像が置かれていた。有力な証拠になるであろう。隠者小屋は雑木藁葺きの造りで、隠遁と瞑想の場所として樹林の奥、崖の上に設けられた。

点景物のほとんどすべてが遠心力に沿っていることが分かる。指し示す時代は古代であったり、中世であったりする。あるいは滅びた者の世界。地域や国は、トルコであったり地中海のギリシャやローマ。また、現世でなく隠遁。ほとんどが「今・ここ」から離れて「過去・あちら」を指す。あえていえば、これがピクチャレスク庭園の点景物に共通する性格であろう。なぜか。おそらくイギリスの今とここに欠けている珍しいもの、だったからであろう。やがて興るロマン主義を先取りしていた。

ハミルトンは素人造園家であった。しかし、創意に溢れ、種々独自の工夫を凝らし、当時としては新しいことをかなり行っている。

まず、庭園を巡る順路の導入である。順路は、庭園の縁に沿い、うねうねし、上下する。眺望が開け、また閉じる。光と影の中を交互に通過する。直線的な園路が支配的であった一八世紀初期の庭園から抜け出す最初の試みのひとつではないだろうか。

つぎが湖の造成である。自然に見える曲線の湖岸線を持つ湖を庭園に設けることは、とりわけ次世代のブラウン（一八世紀後半）の定番となるが、ハミルトンの試みはそれに先立ち、やはり新しい。ブラウンは川を堰きとめて湖を造ったが、ハミルトンは、水車で川（モール川）の水をくみ上げて、川よりも一段と高いところに湖を造成した。水車も自分で工夫したという。

次は芝生である。雑草を完全に取り去るまでが大変な苦労であったとか。土のすき起こし方に独自の方法を工夫し、見事な芝生を育て上げた。ゴシックの神殿からトルコのテントまで、すり鉢状に広がる芝生にハミルトンの苦心が偲ばれる。

この芝生の広がりの中に、一本の木、あるいは樹群を美的に散らす。これも後にイギリス風景式庭園の特徴ある景観となっていくものであった。

北アメリカから針葉樹を導入し、隠者小屋やゴシックの塔のある地域を樹林とした。樹姿、色合いの豊かさ、それに対照が増した。緑の樹の姿、緑の色合い、緑の陰影。これもイギリス風景式庭園の重要な側面になっていくものである。

ハミルトンはさしたる役職にも恵まれず、遺産もわずかで、煉瓦事業も成功せず、ついに造園の費用の赤字から回復できずに地所を人手に渡し、西の保養地バースに移っていった。そこでも小規模ながら造園を行い、死を迎えた。造園道楽で身代を潰した、といえないこともない。しかし、残した文化遺産は貴重である。

現在、このハミルトンの夢の跡は、財団によって荒廃から原状近くまで修復され、あと一息のところまできている。一八世紀のイギリス庭園史で六つほどがピクチャレスクの名園とされている。ほぼ完全に近い姿で今見ることができるのは、ハミルトンの造ったこの庭園と数年ほど後のスタウアヘッドの庭である。最近修復されたホークストーンの庭をこれに加えていいかもしれない。

■スタウアヘッド *Stourhead*

湖を渡る視線――眺める者を魅了するピクチャレスク

風景の成熟

これも素人造園家の傑作である。造った人物はヘンリー・ホア二世（一七〇五―八五）。祖父の代からロンドンで銀行業を営んだ家系で、現在も家業は続けられている。庭園はナショナル・トラストに寄贈され（一九四六）、現在もナショナル・トラストによって維持・管理されている美しい絵のような庭園である。

ホア二世が庭造りに乗り出すのは、三八歳（一七四三）の時。ロンドンでの仕事の時間とスタウアヘッドでの庭造りの時間に分け、造園に勤しんだ。「庭園こそ、ジェントルマンを庶民から分ける唯一のもの」が動機であったかどうか。乗馬、狩猟、読書がホア二世の趣味で、古典文学と絵画にも通じ、イギリス芸術家のパトロンでもあった。親類の地所に来るポープやゲイとも知り合いであったし、ケントは銀行の顧客であった。造園に精を出す貴族達に資金を融通した。時の造園熱からなにほどか利益もえた、ともいえる。ホア二世は大陸教養旅行もした。仕事でも趣味でも人に負けないないことが栄える道、が信念であったとか。庭園にはおよそ四〇年の歳月をかけたが、主な部分は、一七四〇年代と五〇年代にできている。ただひとりの息子には、大陸教養旅行中ナポリで死なれ（二一歳）、失意から、一〇年ほど造園から遠ざかった。庭園と屋敷は妹の子供に譲られた。

庭園は湖を中心に造られている。湖は不整形なすり鉢のような地形の底に人工的に造られた。湖は、現在、ブナ、樫、ヤナギ、楓、杉、松、シャクナゲなど多様な樹木、灌木の織り成す帯に取り囲まれている。その樹林の帯が四季を通じ、色とりどりの花で賑わい、樹葉が色合いを移す。緑にアクセントを添えるのは、ここでもあずき色のムラサキブナである。花ではとりわけシャクナゲが目立つ。シャクナゲは世界のすべての色のものを揃えている。春には、夥しい水仙が湖岸に咲くという。

この庭園で美しくも楽しいものは、まず、この植物世界である。現在の樹木や花は、一九―二〇世紀に時代の趣味に合わせて加えられたものもあり、当初より豊かで多彩になっている。一七九〇年に描かれた庭園の絵（S. H. Grimm）では、まだ樹木の帯がぐるりと湖岸を埋め尽くしてはいない。牧草地あるいは芝生がかなり残されている。現在の植物の魅力は、いわば第二世代、第三世代のものである。

湖岸には、古典建築をモデルにした神殿など点景物が要所に配されている。とりわけパンテオンとアポロの神殿がそれぞれ人目を引く良い所にある。ほかにフローラの神殿、石橋、ブリストル十字と古い教会、グロットなど。これらの点景建築を対岸に眺めると、じつに美しい絵になる。ホア二世は、フローラの神殿やグロットにウェルギリウスの詩句を刻み、訪れる者が古典文学に通じていることを求めたが、古典教養に無縁の者であっても、これらの建築物は十分に美しい。教養による連想によって、ホア二世の心に描かれていたものを再構築してみると、楽しみはさらに広がる。

ここを訪れる者は、湖岸を巡る。それはホア二世が望んだ享受の仕方である。樹木や花、灌木類、および点景建築。湖面を超えて、視線はたえずそれらに向かう。ここでは、視線が湖面を渡るのである。そして、閉じた世界で連続する美景にいつしか酔わされる。

パンテオンや石橋、アポロの神殿など点景建築は、眺望地点にもなっている。庭園を巡り歩く者は、ここで足を止め、対岸の点景建築を眺める。対岸の点景建築はこの時の姿がもっとも美しい。この庭園では、点景建築は互いにもっとも美しく眺め・眺められる関係にあるのだともいえる。

この庭園にもグロットはある。スタウアヘッドのグロットとは何だったのか。ホア二世が肝いりで取り組んだ

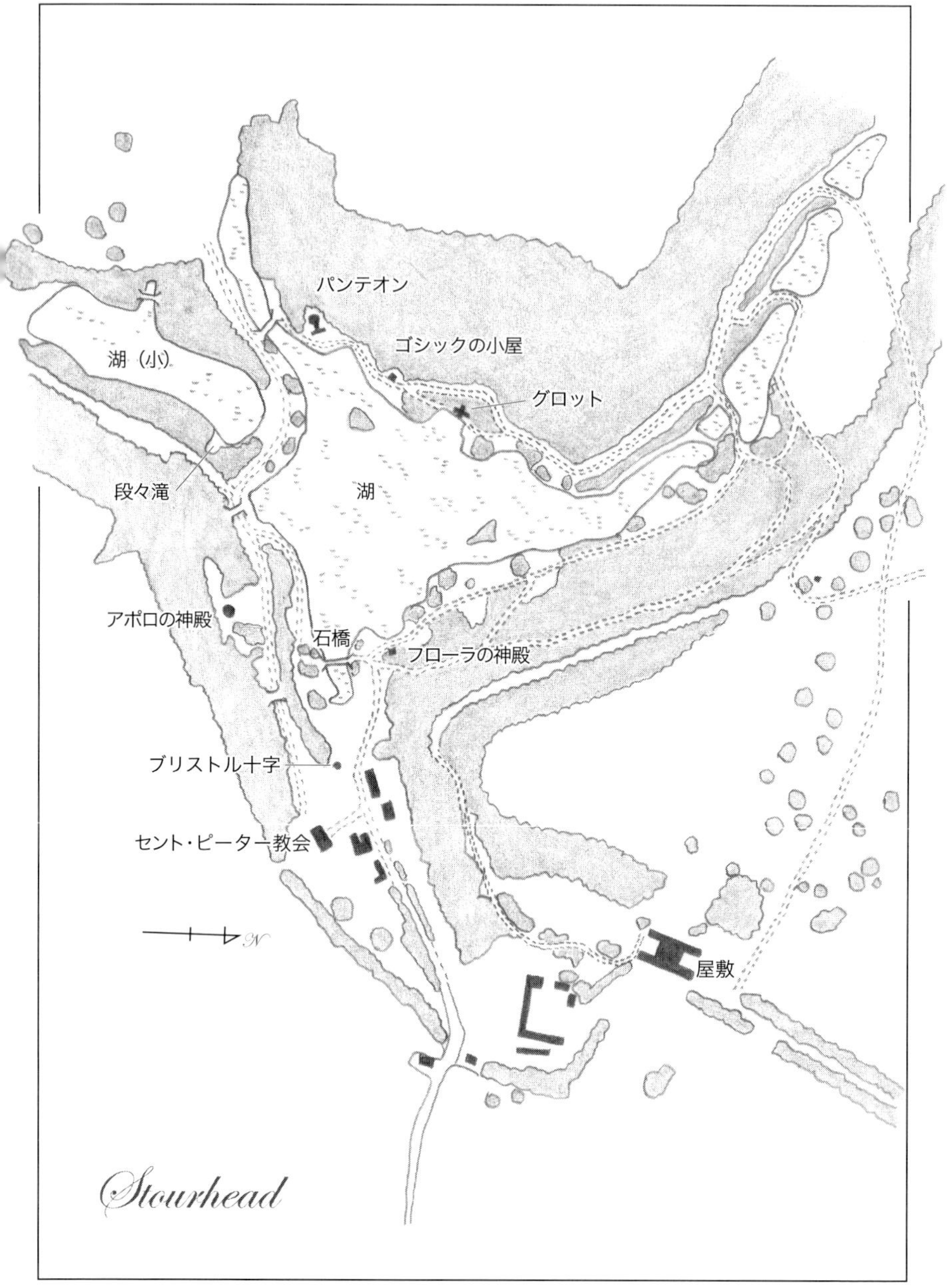
パンテオン
湖（小）
ゴシックの小屋
グロット
段々滝
湖
アポロの神殿
石橋
フローラの神殿
ブリストル十字
セント・ピーター教会
N
屋敷
Stourhead

スタウアヘッド　パンテオンの神殿

スタウアヘッド　グロットから対岸を見る

ものであることはまちがいない。来訪者の便宜のために橋（現在は取り払われている）や渡し舟の用意までしたのだから。ローマ建国の祖アエネーイスは冥界（地下のエーリュシオンの野と想定）に亡き父を訪ねる。ウェルギリウスの名作『アエネーイス』のこのくだりが、下敷きなっているのだろうか。古来、グロットには、涼しさを求める、宴を楽しむ、地下世界の神秘を味わう、冥界を覗く、静かに瞑想する、詩作をするなどの目的で、ローマ時代からイギリス風景式庭園に至るまで、自然風のもの（洞窟）から極めて人工的なもの（室）まで、ともかく庭園にグロットはつきものであった。イタリアのルネサンス庭園やフランスのバロック庭園では、グロット（室）に、技巧を凝らした噴水や水工のからくりを設けて楽しむことが流行った。ルイ一四世のヴェルサイユ庭園にもおよそ二〇年の間、水工と装飾を凝らしたグロットがあった。

スタウアヘッドのグロットの造りは自然風で、なにより上品である。ここには山裾の泉が湧き、水源のひとつにもなっている。グロットの岩壁に穴が空いている。そこから湖面すれすれにフローラの神殿を中心にした対岸の景色を眺めることができる。庭園で一番低いところに造られた眺望点であろう。園路もここが当然一番低い。一番高い眺望点は、アポロの神殿で、丘の上にある。もしグロットが『アエネーイス』の「冥界」なら、アポロの神殿は「楽園」に当たる。そこから清められた霊は生まれ故郷の「天上」へ向かう。

カトリックの故に滅びたスタータン家（一七世紀）の屋敷を取り壊して新築したホア家の屋敷は台地の上にあり、庭園からは坂道を登って行く。屋敷周辺の庭園もまた美しい。屋敷は公開され、スタウアヘッドの庭園の姿を描いた歴史的な絵を見ることもできる。その一枚には貴婦人や貴公子が庭園巡りをしているところが描かれていて往時の様子を偲ばせる。歩く人、馬上の人、また馬車の人が思い思いに湖を巡り、湖畔のベンチで憩う。画才のあった親友のバンフィールド（C. W. Bampfylde）が描いてくれた（一七七五）水彩画である。

スタウアヘッドの庭園は、いまではいとも当然に、ピクチャレスクの庭園と類別されるが、当時はどうだったのだろうか。的確便利なピクチャレスクという言葉が庭園の世界で共通語になるのは、一八世紀でももっと後の一七七〇年以降で、その頃スタウアヘッドの庭園はもう形を整えていた。

スタウアヘッドの庭園には、イギリス貴族の憧れの絵（クロード・ロラン、ガスパール・プサン＝別名ニコラ・プサン、サルヴァトール・ローザ）がそれぞれ生かされていることは間違いないようだ。眺めの要にあるパンテオンにはクロード・ロランの絵。石橋と古教会と村の眺めにはガスパール・プサンの絵。山岳の滝などを画題にしたサルヴァトール・ローザは、小崖を落ちる滝。この滝は、パンテオンからアポロの神殿に向かう順路の途中で、湖岸（ここでは堰堤）の外側、一段と低い小湖の崖に眺められる。当時のイギリス貴族が珍重した御三家のさわりが、それぞれ実景に転じている。

ロラン等の絵は、絵画史では、歴史的風景画とよばれる。主に一七世紀のローマ近郊の田舎の風景を背景に、神話や聖書の題材を描くのがこの歴史的風景画である。多くの場合、その風景のなかに古代ローマの神殿や廃墟が盛り込まれた。ロランの場合、川や海浜、平野の広がり、左右の丘、遠くに低い山々の稜線といった風景がよく描かれた。近景の左右あるいは左か右の一方に枝を広げる広葉樹の大木が描かれ、画面の枠となった。そしてその近景の中に数人の人物がいる。ロランの典型的な絵は、このような構成になっていた。このロランの風景は、夥しい実景のスケッチをもとに合成された風景であった。サルバトール・ローザの絵は、崖や滝、枯れかけ傾く松の古木、立ち上がる黒雲といった荒々しさを描いた。人物の数も少なく、荒涼、寂しさが漂う。

当時、風景画はまだ独自のジャンルとしては認めらず、神話や聖書、歴史の題材を描きこんで初めてアカデミーで認められた。当時は、格の高い歴史画が絵画の中心で、これは「歴史画」の名で呼ばれてはいたが、描かれるのは、歴史に限られず、むしろ多くは、神話や聖書の人物、ストーリー、場面であった。これらの画題こそ、描くに値する崇高なものとされていたからである。風景画は、伝統的な歴史画の主題を風景のなかに据えることによって初めてアカデミーと社会で公認された。歴史的風景画はこのような経緯で生まれた移行期のジャンルであるが、ロラン等の絵は質の高い傑作である。

歴史的風景画は、大陸教養旅行をするイギリス貴族の間で人気が高かった。おそらく旅行のすべてを要約するものであったからであろう。古典世界とルネサンスのローマ。美術鑑賞と旅の記念。こうした背景のなかで、歴史的風景画を立体的に庭園に実現する、あるいは、連続する歴史的風景画として庭を造るということが思い付かれた。イギリス風景式庭園を創出したケントがそのひとりであることは間違いないにしても、では他に誰が、どの程度、どういった範囲の人達が、この構想のとりことなったか、等々となると具体的にひとつひとつ実証するのは難しい。

スタウアヘッドの庭園は、ホア二世の残した言葉からも、また実現された姿からも、このような構想を色濃く持っていた、といえよう。歴史的風景画をモデルにした、という意味でこの庭をピクチャレスクの庭と呼ぶことができる。しかし通俗的には、ただ絵のように美しい、という意味で、この庭園をピクチャレスクと呼んで納得しているのではなかろうか。それも、またよし。とにかく、どこを切り取っても絵のように美しい庭園なのだから。しかもピクチャレスクという言葉を言い出したギルピン William Gilpin（一七二四—一八〇四）も、はじめはそれに近い意味で使ったのである。名園も含めイギリス風景の探訪の旅で多くのスケッチを描いたギルピンは、はじめピクチャレスクという言葉を、絵にするにふさわしい、絵になる風景という意味で使った。ギルピン自身もその後は別の意味で使うようになったし、他の人々もまた独自の意味で愛用しはじめ、今でも使用法は混乱しており、研究家が使う場合もまちまちである。耐寒性のある花と植物を豊富に使い自然な植え方をする庭造りを提案したW・ロビンソン William Robinson（一八三八—一九三五）も、その庭の姿をピクチャレスクと形容している。ロビンソンは現代イギリス庭園の祖である。

スタウアヘッドの庭園は、身障者もナショナル・トラストが用意した電動の車椅子で見て回れる。車椅子を押してもらって見て回る老人も目に付く。

私たちがここを訪れたとき、庭に入ってすぐのところで、作業着で働く日本人の女性に声をかけられた。インターンシップ制度でここに来て、マネジャーの家に寝泊まりしている、という。園芸実習で申請したら、ここに配属になったが、ここは日本のガイドブックを調べてもどこにも出ていないし、日本じゃ誰も知らないし、有名じゃないし、と心もとなげな口調であった。「ここは知る人ぞ知る名園、我々の憧れの地、こんな所に三カ月もいられるなんて羨ましい限り」と答えた。イギリスの庭園に関して日本で流布している情報は、偏り、かつ乏しい。何とかしたほうがいいのかな、とその時思った。

■リーソーズ園 *The Leasowes*
アルカディアに捧げられた趣味の人の名園

Ferme ornée（装飾農園）
リーソーズ園は一八世紀半ばのピクチャレスクの名園である。シェンストン William Shenstone（一七一四―六三）が僅かな収入をやりくりしながら一七四五年から亡くなる一七六三年まで一八年の間にこつこつと造りあげた。シェンストンも素人造園家である。広いとはいえない地所を父から譲り受け、オックスフォード大学で学業を終えたあとは、地所にこもって庭造りに勤しんだ。みずから詩を書き、友の詩人たちと静かな交遊を楽しんだ。生涯独身であった。古典詩人で愛したのはウェルギリウスだったのだろう。生き様もウェルギリウスに倣った。名利と無縁の田舎住まいこそ理想、である。細部まで熟慮を重ねて造った庭は当時「貴族からはもっとも羨やましがられ、造園の心得ある者からはもっとも称賛される」庭となり、「訪れる者が最も多く、模倣する造園家が最も多い」（ジョンソン博士、要約）出来映えとなった。およそ六〇ヘクタール。なにより天与の地形がよく、丘に見晴らし、谷に渓流、と高低差にも恵まれていた。同じところはひとつもないといっていいほど変化に富み、微妙なバランスに優れた地形だったらしい。無理な造成にお金をかける必要がなかった。シェンストンはここに点景物を配したが、いずれも造りは簡素で、数も多くない。過飾は避け、自然を飾るように加えられた。丘はあえていえば、ふたこぶ型。庭園の南と北に頂点があった。北の丘がより高かった。丘のそこここから南西方を望めばヘイルズオウエン教会の尖塔がみえ、地点により異なる格好の絵になった。その背景はクレント・ヒルズ(三一五メートル)やフランクリー・ビーチズの丘陵。南の丘からも北の丘からも北西の方角に、リーキン山(四〇七メートル)、遠方にウェールズ山地が望まれた。内部そして外部も、美しい風景にあふれている庭園だった。巡ればゴシックの過去、あるいはウェルギリウスの古典世界が偲ばれた。夭逝したシェンストンの従姉妹や詩人もまた銘文やベンチで偲ばれた。これがシェンストンの目指した風景庭園 landskip gardening であった。

この言葉はシェンストンが初めて使ったといわれる。「風景のなかには画布に描くに足る絵がなくてはならない。風景には絵になる変化と多様が必要。風景画家こそ最良の庭園設計家。大切なのは見た目のバランス。自然を侵し過ぎてもいけない。森や丘、また建物やオベリスク、この両者の間には均衡がなくてはならない」(『造園断章』Unconnected Thoughts on Gardening 1764. 要約)。

近辺にはハグリー・ホール Hagley Hall やエンヴィル Enville など歴史に残る名園があった。ハグリー・ホールを造ったリトルトン卿とは仲も良く、趣味も同じであった。リトルトン卿の造った庭も地形に恵まれたピクチャレスクの名園だった。広さもほぼ同じでおよそ六四ヘクタールだった。エンヴィル庭園を造ったのは第四代伯爵スタムファドで、シェンストンも手を貸したのでは、といわれる。

これらの名園の出発点にあったのは、装飾農園 ferme ornée である。ferme ornée はフランス語だが、風景式庭園のひとつの型で、イギリスで生まれたものである。

ここでもまず理論が先行した。詩人・国務長官・ジャーナリストなど多彩な活動をしたアディソン Joseph

Addison（一六七二―一七一九）が「自分の地所全体を美しい景色、一種の庭のように造るのもいい」（要約）と提唱したのが最もはやい。イメージされていたのはフランスやイタリアの整形庭園でなく、イギリスにふさわしい新たな自然風景式庭園で、一七一三年のことである。次に一七一八年、理論と実作で活躍したスウィッツァーStephen Switzer（一六八二―一七四五）が庭造りの基本として提唱し、それに基づいた貴族の庭も造った（サイレンセスター・パークなどが代表）。屋敷と農園を広い直線路で繋いで骨格とするまだ折衷式の庭園で、実際にはフランス幾何学式庭園で多用された直線の長いアヴェニュー（並木道）や散策路、運河（長方形の池）、パルテールなどが組み合わされていたが、スウィッツァーの頭にあったのは古代ローマに遡る農園庭園であった。スウィッツァーはこれをrural gardeningの名で一八世紀のイギリス貴族に示した。ローマ時代でも当時のイギリスでも、地所こそ貴族の本拠。かつてローマの農園がそうであったように（とスイッツァーは考えていた）、イギリス貴族の農園を大規模に屋敷と一体化して美化する、という考え方が核心にあった。

イギリスの本格的な装飾農園はウォーバン・ファーム Woburn Farmに始まる。サリー州のウェイブリッジ近郊でサウスコート卿が一七三四年から造り始めた。ウォーバン・ファームでは一五〇エーカーの地所のうち、とくに三五エーカーを対象に美化した。周辺を一巡する回遊路を設け、路端を花、低木、樹で飾った。装飾は全路一様ではなく、単に樹林の間を通るようなところもあり、濃淡はあったが、もっとも手の込んだところでは、まず、スノードロップ、サクラソウ、クロッカス、黄水仙、タチアオイ、アワダチソウ類、ヨウラクユリなどのボーダー、その背後にライラック、バラ、キングサリ、バイカウツギ、西洋ヒイラギなどの灌木、さらにその背後にブナ、ハンノキ、ブラック・ポプラなどの高木の列という三層の帯で飾られた。さらに手前、ナデシコが路端を縁取った。路の隅など空き地にはバラ園や花壇、あるいは木立が置かれた。回遊路には、また、庭外のさまざまな風景を楽しむ眺望点が随所に設けられた。農園の外には、一方でテムズ川やウィンザー城が遠望され、緑の沃野、村や町、そして丘陵が眺められた。他方では、静かな森や教会の塔、ポートモアズ家の地所が眺められた。

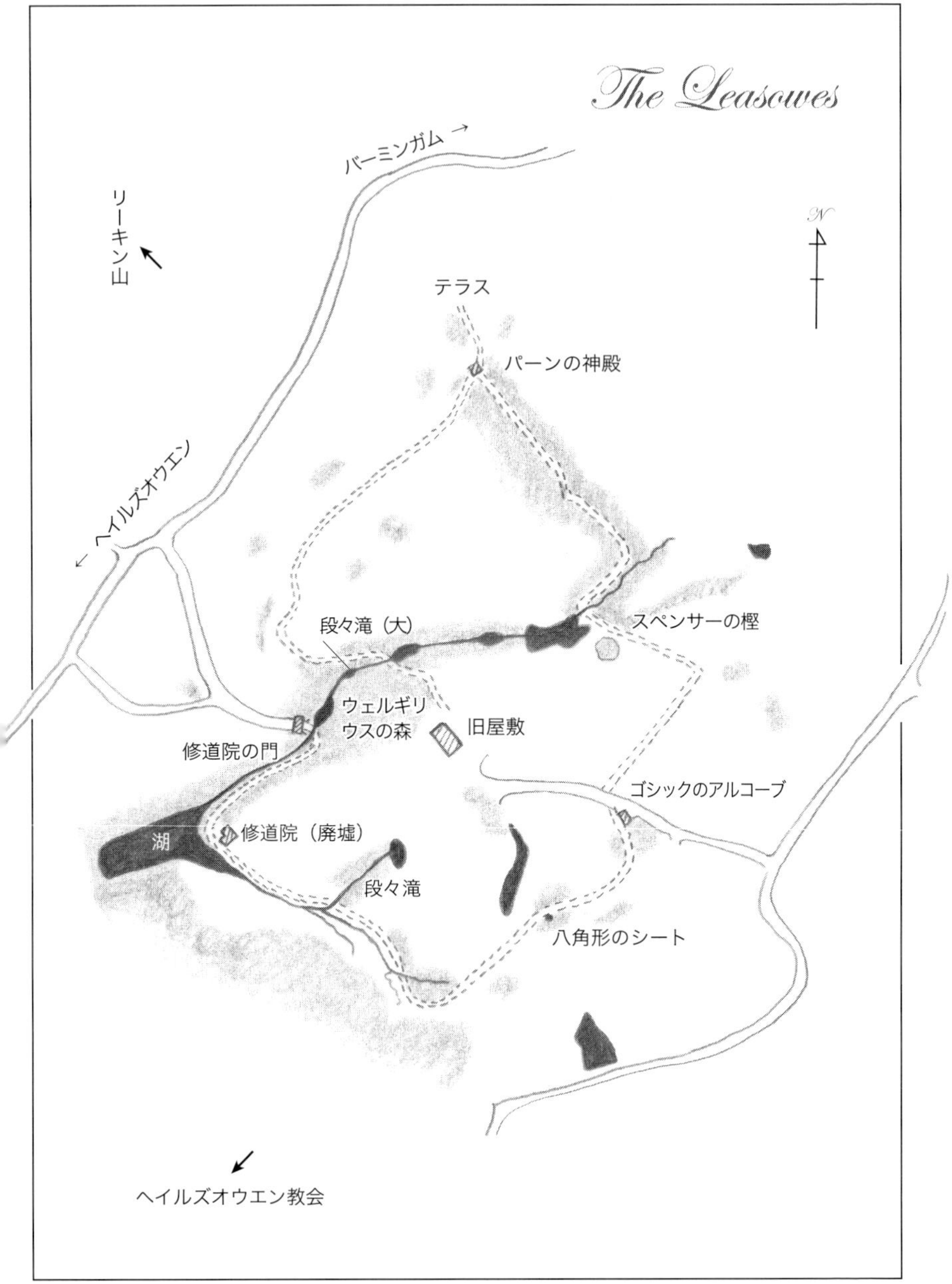
The Leasowes
バーミンガム →
リーキン山
N
テラス
パーンの神殿
← ヘイルズオウエン
スペンサーの樫
段々滝（大）
ウェルギリウスの森
旧屋敷
修道院の門
ゴシックのアルコーブ
湖
修道院（廃墟）
段々滝
八角形のシート
ヘイルズオウエン教会

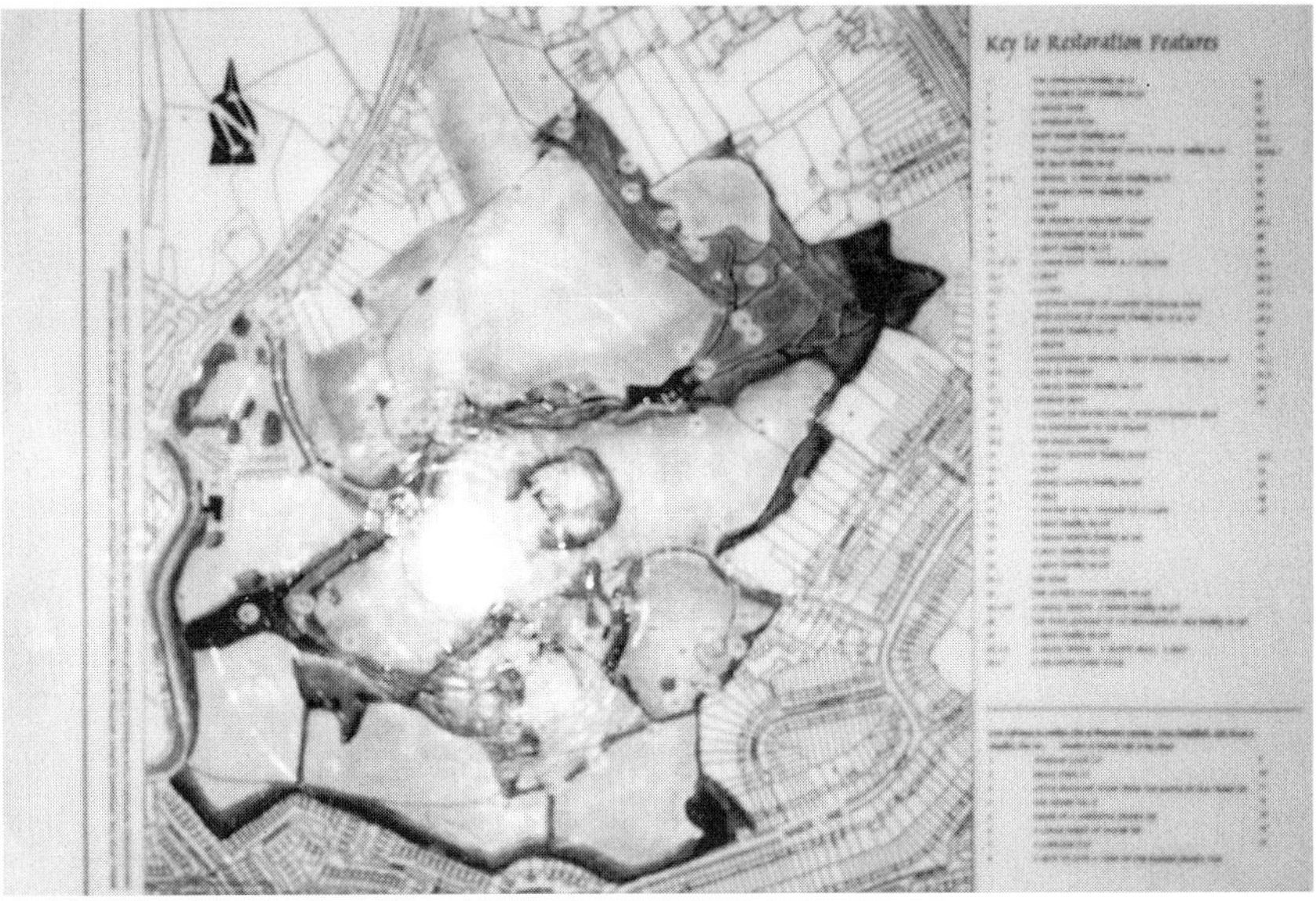

リーソーズ園 『ドズリー回遊記』による復元図

リーソーズ園　ウェルギリウスの森（Th. スミス画　1748 年）

回遊路に沿って、八角形の建物、礼拝堂の廃墟、ゴシックの建物、神殿、動物舎、椅子やベンチ、アルコーブ(園亭の古語)、橋が置かれた。隠者小屋やグロットもあった。そこには蛇行する川があった。三五エーカーの内部は放牧地と耕地であった。放牧地は丘の左右の斜面にあり、小麦畑は平地にあった。眺めも美しく見えるように、樹や樹群の配置に工夫がなされた。眺めはすべて、絵のように、近景・中景・遠景をもつように配慮された。

重点的に美化された三五エーカー以外のところでも、一五〇エーカーの地所は全体に、美化・装飾の手が加えられており、ここは文字通り全体が装飾農園であった。従来なら屋敷の近くに設けられるに止まっていた装飾庭園が、回遊路に沿って遠くまで広がったともいえるし、あるいは、端的に、ここでは回遊路が庭、であったともいえる。

サウスコート卿は、装飾農園のヒントを教養旅行(一七二七)の途次、イタリアで見た農村風景から得たという。おそらくフランスの農村でも同様の農園を見たのであろう。フランスの農村にも、素朴なものであろうが、似たような農園が多かったといわれる。カトリック教徒であったサウスコートは青年時代を長くフランスで過ごし、イギリスに戻ってからも、英語より先にフランス語が口をついて出るような人物であったという。このような事情もあってサウスコート卿は、自分の庭を ferme ornée とまずフランス語で呼んだらしい。英語では ornamental farm と呼ばれる。サウスコート卿は叔父を通してポープを知っており、ポープの造園も知っていた。この装飾農園を造る時、なにより、ケントの新しい造園がヒントになったことは本人が認めている。自然風の新しい庭園趣味、である。大事な原則は、絵のように造ること、また、多彩多様 variety の景観を設けること、である。また、散策路を花で飾るという新しい着想もケントが試みていた。ケントはエッシャー・プレイス Esher Place(サリー州。一七三三年頃から)を改修したときそれを一部で試みている。時代の新しい造園を先導したケントも一度、ウォーバン・ファームを訪れ、その際に一部の建物の設計に手を貸したらしい。

サウスコート卿の装飾農園では、回遊路から庭の内外の美しい変化に富む景色を楽しむ。そこではピクチャレスクの点景物が装飾に使われている。ケントの風景式庭園と同じように、この装飾農園でも、見ると連想する、あるいは見ると想像するという体験が用意されていたと考えられる。風景画のような美景を眺め、点景物によって連想や想像が誘発される。庭園を巡りながら、二層にわたる、しかし分かちがたい庭園体験をするのはケントの造る庭と共通であったといえよう。しかし、違いもあった。違いのひとつは、ケントの庭の内包する連想世界は、主にルネサンスと古典の文化世界であったが、他方、サウスコートの庭が呼び戻すのは、古代の牧歌的なアルカディアの世界であった。サウスコートの装飾農園は、実際に、牛や羊の鳴き声、また鈴の音、鶏の鳴き声に満たされていた、という。また、もうひとつ、重要な違いは、花の楽しみである。サウスコート卿の装飾農園では、回遊路の路端に、ふつう庭に植える花をたくさん使った。ライラックやキングサリなどの灌木が見事な花をつけた。路の隅などの空き地には、バラ園や花壇が設けられた。散策路はこうして多くの色彩と花の香りに満たされ、回遊路を巡る楽しみのひとつは、この花の楽しみであった。

シェンストンの周辺でも、サウスコート卿の装飾農園をモデルにした庭もすでに二、三、造られていた。シェンストンが実際に目にし参考にしたのは、これらの装飾農園であったといわれる。友人グレイブズの兄が造ったミケルトン園にはグレイヴズに連れて行ってもらっている。この意味で、シェンストンのリーソーズ園はサウスコート卿のウォーバン・ファームを源泉にしているといえる。

サウスコート卿の造り出した装飾農園は、地所の周辺に散策路を設けて巡るという造り方だったから、牧草地や耕地はそのまま使えて経済的であった。イギリスでは一八世紀の半ばまでに、装飾農園がたくさん造られたという。

しかし、装飾農園の名で造られた庭の多くは、サウスコート卿のウォーバン・ファームほど完璧ではなかったようだ。まず、装飾の範囲が限定的であった。農園の一部に限って装飾を施した。それは、とりわけ花の維持が大変であったから、らしい。しかも、サウスコート卿が重視した「庭の花で満たす」という構想はその後の装飾庭園では、必ずしも重視されなかったようだ。

リーソーズ園でも花の比重は、高いとはいえない。リーソーズ園も、サウスコート卿の装飾農園から、全園にわたる多彩な花を取り去り、おもにピクチャレスクの点景物と美しい眺望を残したものだった。農園経営も重視された。

エルムノンヴィルの庭を造ったフランスのジラルダン侯爵（一七三五―一八〇八）も、装飾農園とはピクチャレスクの美と農園経営を両立させたもの、との見方を示した。この見方は、シェンストンを含むイギリスの多くの装飾農園の造り手たちと同じ。ジラルダン侯爵がイギリスを訪れたのは一七六三年で、ちょうど人手に渡った直後のリーソーズ園を見て回っている。

シェンストンは、造園には三種あり、という。ひとつは、野菜園。もうひとつは「パルテールの庭」、つまりフランス風の整形庭園である。三つ目が風景庭園である。シェンストンは『造園断章』でこの風景庭園 landskip gardening をピクチャレスクの庭 picturesque gardening と言い換えている。装飾農園は、この分類でいえば、風景庭園、そしてまたピクチャレスクの庭園である。

イギリスでは一般に、リーソーズ園の他に、ペインズヒル・パークやスタウアヘッド、マウント・エジカムやホークストーン・パーク、さらに消失したハファド園を加え、ピクチャレスクの六園と称される。美景と連想を中核とするこのようなピクチャレスクの名園は、庭園史の大筋でみれば、イギリス風景式庭園を最初に造り出したケントの総合的な庭をいっそう洗練させたものとも見ることができる。

ケントの庭から展開したもうひとつの型は、ブラウンの緑一色の風景式庭園であろう。ブラウンの庭は（できるだけ）点景物や花を排除し、芝生と樹と湖で構成される。これはケントの庭に含まれていたふたつの要素のうち文化的連想を誘う点景物をできるだけ取り去り、もう一方の要素であったイギリスの風景をより明確に純化したものと考えることができよう。

なお、庭園の周辺を巡る散策路自体は、早い時期のものではストウ園（一七二七より）に見られる。これは庭園という限られた空間を散策する者が、外の広い空間を見るために工夫されたものであった。外を見る、それも囲壁の所々に設けられた透かし柵のような狭い所から外の風景を覗くのではなく、できるだけ広く外を見る、これが時代の新しい感覚の求めるものであったから。ただし、ブリッジマンが造り出した、庭外の広い景と対面するためのこのストウ園の散策路はまだ直線であった。ここからさらに進んで、庭の端といわず内といわず、散策路のすべてが曲線化するのは、一般の庭園史では、ケントの造ったロウシャム（一七三八）からとされる。ほぼ同じ頃、素人造園家の小貴族ハミルトンが曲線の散策路を一周させながら順次ピクチャレスクの点景物を味わわせ、また随所で美しい眺望（庭園の内外）を楽しませる庭を造り始めている（一七三八―七三）。曲線の回遊路という点では、サウスコート卿のウォーバン・ファームが一足早い。この意味でも、サウスコート卿の庭は画期的であったことが分かる。

リーソーズ園を廻る

名園の名残でもいいから実際に見られるか。事前に分かっていたのは、リーソーズが今は市有地で、中心部分がゴルフ場になっているという程度のことであった。イギリスの詳細地図（コリンズ社）で調べると、ここと思われる場所にゴルフ場の旗印がついていた。

今回の一泊庭園探訪（一九九九年九月一一日）の途中、バーミンガム駅の乗り換えの時間に、なにか最新の情報が得られるかも知れないと思い、構内のインフォーメーションに寄った。そこは観光でなく交通のインフォーメーションで、係官は「聞いたこともない」と言う。しかし、拡げてくれた地図（バス路線図）をのぞき込んだ連れ合いが目ざとくも Leasowes Park なるものを見つけた。それはかなり大きな地図の下方にあった。きっとここだ。よくぞ見つけたとうれしくなる。バスの路線図と運行時刻表をもらいホームに戻った。バーミンガム駅の乗り換え時間は一九分であったが、これはすばらしい成果だった。それでは二泊旅行にしよう、リーソーズにも行く、と決めた。

リーソーズへ向かう日も晴れ、暖かかった。この日の予定はShrewsbury ―（汽車）― Birmingham ―（バス）― Leasowes Park ―（バス）― Birmingham ―（汽車）― York（帰着）であった。

リーソーズはハドリーHudleyという町の所有する公園になっていた。バス停で降りて公園へ入っていくと、プレハブの公園管理事務所がある。ちょうど無人で、机の上に簡単なパンフが置かれていた。傍らに小さな駐車場、右手に運河の土手。土手をまず歩く。左手に湖が見えてくる。土手を降りて湖へ。これでいよいよリーソーズ園に踏み込むことになる。イギリスの庭園用語では広めの水面は大小にかかわらず湖lakeということが多い。ここの湖は形はいいが、小さい。日本人の感覚では池だろう。未整備の感じでゴミも枯木も目に付く。釣り人が数人。右手に芝生の小丘。形は良く、斜面の起伏が絶妙。犬を放ちながら散歩する人がいる。小丘にあがって先を窺うが、何もない。湖の岸に戻って、藪を潜り修道院跡地にでる。今はゴルフコースの下端。芝生の広い斜面が見上げられる。かなりの傾斜があって、スキー場のゲレンデのように思える。丘の上にはクラブハウス。

改めて足下の四角い跡地を見る。いまは二ホール目のティーグラウンド。かつてここには点景物として有名な廃墟式の修道院があった。図版で見た姿を思い浮かべる。修道院の廃墟とはいうが、それは見かけ上のこと。新築されたもので、外観はゴシックの廃墟風に造り、内部は住宅としてこぎれいに整えてあった。シェンストンはこれを老夫婦に貸し、乏しい収入の足しにした。

湖の岸に戻り、そこから谷の渓流を遡る。木立の下で暗い。整備は進んでいない。倒れたままの樹もあり、荒廃の気配が漂う。庭園書などで随一の見所とされる「ウェルギリウスの森」へいたる。必見の点景物であった「高い段々滝」やグロットもない。ウェルギリウスの詩句が刻まれていたオベリスクもない。右手の木立を抜けて再び丘の斜面にでる。クラブハウスはまだ見上げる位置にある。クラブハウスの前でパットの練習をしているゴルファーの姿。芝生ではプレイ中のゴルファーがいる。ボールが木立の中に消えたらしく、しばらく中断。様子をみて、我々は芝生を横切って、向こう側を探索。あるはずのアルコーブ（園亭）はなかった。代わりに何か専門学校らしい建物があって、門が閉まっている。試しにその下方の藪の多い林へ踏み入み、斜面を降りると谷川の様な水の乏しい川へ出る。これ以上なにもないらしい。

そこから戻り、さらに芝生に沿って斜面を上る。木立ちの途切れた所があるので、中を覗く。コースの一部と思われる芝生が広がり木立に取り囲まれている。引き返し、クラブハウスへ近づき、昼食が取れるか思案。あえて入れば食べられそうであったが、闖入者と見られそうだ。諦めて、空腹を我慢して見物を続ける。クラブハウスの位置にはかつてシェンストンの屋敷があった。ここからの眺めは絶景のひとつで、往時、芝生の斜面を下ったところに修道院の廃墟が見え、遠方にヘイルズ・オウエン教会の尖塔が見えた。シェンストンの肖像画（一七六二）のポーズもここで取られた。

渓流の谷に戻りまたしばらく登ると小池がある。ひと息ついて、また登る。森の中の斜面を登り、丘の尾根に至る。これを左（正確にいうと北西）にたどって行くと、やがて森の開けたところに出る。いまはなにもないが、かつて「牧神パーンの神殿」があった。ここは良き眺望点と考えられ、ベンチが整えてあった。南西方面にはヘイルズオウエン教会の尖塔やクレント・ヒル、フランクリー・ビーチィズの森が格別美しく眺められた。庭園が俯瞰され、農園の放牧地で草をはむ羊も点景となった。さらに少し北寄りに進むと台地があり、北西の方面にリーキン山、その遠方にウェールズ山地が見えた。いま、これらの美景は木立に遮られてほとんど見えない。

帰路は道なき斜面を降りいささか難儀。上から見た目以上に草が密で起伏があり、樹間には細流もあって、渡る場所を探さなくてはならなかった。

事務所に立ち寄ると女性がひとり。ひとこと断って壁に展示してあるリーソーズの古い絵図や復元予定図など一〇点ほどをカメラに収めた。女性が主任 chef を呼んでこようかという。奥の室から出てきた主任にあれこれ質問し、いろいろ教わった。カスケードなど水関係のものは一年以内に復元するという。ハドリーの町のホームページで復元の進展が見られるという。シェンストンの立ち姿の肖像画（一七六一）の複製も見せてくれた。繊細な人かと予想するかもしれないが、シェンストンは、肥満体、丸顔の人である。主任はシェンストンの立っている場所、開けた扉から見える背景の廃墟を指さした。遠くにヘイルズオウエン教会の尖塔。シェンストンの遺体はいまここに眠る。それが教区の教会だったから。

これほどの名園もシェンストンの死後すぐに売却され、人手を転々とした。庭園は荒れる一方であった。およそ一〇年後、ここを訪れた作家ゴールドスミスは、もしシェンストンがこの庭に戻ってきたらその変容に驚くだろう、シベリアの荒野にいきなり佇む思いがするはずだ、と言った。

名園を訪れた多くの人物の中には、ゴールドスミスの他に、サミュエル・ジョンソン博士、トマス・グレイ、ジョン・ウェズリ、ウィリアム・ピット、トマス・ジェファーソン、ジラルダン侯爵などがいる。『四季』の詩人トムソンもいる。

半年のヨーク大学研修の期間（一九九九年前期）におよそ八〇ほど巡ったイギリスの庭で最後になったのが、奇しくもリーソーズであった。復元未だし、との印象は強かったが心は満たされた。

ドズリーの『リーソーズ回遊記』

以下、シェンストンの死後、友人達が編んで出版した『リーソーズ回遊記』A Description of The Leasowes（一七六四）によって、回遊路をたどってみたい。ロバート・ドズリー記とされているが、友人のトマス・パーシーやリチャード・ジェイゴウ等が作成し、ドズリーが出版したというのが正しいようだ。『リーソーズ回遊記』を読む上では、ハドリー町の担当部局が作成した「復元計画書」The Leasowes Restoration Master Plan

と「表示一覧」Key to Restoration Featuresがよい手助けになる。ともに事務所内で展示パネルになっている。これを見てはじめて、我々が見て回ったのは、ほぼ半分で、残る半分は未整備のままに残されていることが分かった。

回遊は樹下の渓流の中ほどから下流へ向かい、湖と修道院廃墟を経て、およそ時計の逆回り、もうひとつの渓流の段々滝を見、さらに丘の裾を東へ進み、南丘（と仮に呼ぶ）へ上って眺めを楽しみ、そこから庭園の上方（屋敷の背後になる）を西に向かって横切り、もうひとつのさらに高い北丘（とこれも仮に呼ぶ）へ上り、「牧神パーンの神殿」やテラスから眺望を楽しんでから、西の境近くの斜面を下り、最後は出発点近くへ戻り、渓流の上流側すぐの所に造られた「ウェルギリウスの森」へ至る。回遊のハイライトが最後になるように造られていた。

以下、『リーソーズ回遊記』の概要である。

リーソーズはサロップ州の小さな市場町ヘイルズオウエンの教区にある。シュルーズベリから三〇マイルで、シュロップ州の州境からおよそ一〇マイルある。父の代にはとくに美しいとの評判はなかった。美しさを発見し、これを十分に発現させたのはシェンストンである。現在では趣味人がぜひ訪れてみたいと願う一級の地所となっている。シェンストンの努力は、自然の美しさを少しも損なうことなく、それを十分に引き出すことにあった。今のような姿になったのは、熟慮と工夫の結果である。しかし、地形、樹木の配置、段々滝など、どこにも人工が感じられない。さらに詳しく述べよう。

バーミンガムからビュードリへ向かう道を来て、ヘイルズオウエンの手前約半マイルのところで左へ折れて緑の小道へ入る。小道はうねって樹下の谷へ下る。目に入るのは廃墟風の石塀とそこにくり抜かれた小さなアーチ門で、それには「修道院の門」Priory Gateの名が刻まれている（注—これは後出の記述では渓流を渡った向こう岸、つまり左岸にあるように書かれている）。ここから来訪者は回遊を始めてよい。しかしふつうは馬や馬車を屋敷まで進める。屋敷から芝生を越えて戻り、小さな門を潜って谷へ降りる。入るとすぐ右手に小池がある。散策路は屈曲している。小池も散策路も樹陰に覆われ、谷は狭い。谷はひんやりと暗く、厳かで、別世界である。それまでの明るい世界との対照がつよく感じられ、とつぜん地下世界へやってきたような感じがする。我々は谷の散策路（左岸）を下りて行く。傍らに木の根で作った小さな小屋がある。銘板に詩が刻まれている。

この涼しいグロット、苔むす小屋にわれら田舎の妖精は住む。
人目には見えないが、中天の月が菩提樹の枝を通して月光を送ってくると、
われら妖精は水晶のような水の流れのそばで月の光に戯れる。
月光は流れに跳ね返り我らを輝かせる。芝生は雛菊で刺繍され、
あのパリアン白磁を敷き詰めた床よりすばらしい。

我らは巧みな人工の調べを求めない。
そのかわりに水が静かに落ち行く音を耳にする。
われわれの平穏な光景を味わえば、君の胸の内も澄んでくる。
悩みは消え、争いを忘れる。人を毒するものがすべてなくなる。
それに代わって人への愛が芽生える。

畏敬をもってこの木陰を歩いてほしいものだ。
木は折らず、花は傷つけないでほしい。
そうすれば君の通る道は芳香に満たされる。

作法を心得ず我ら妖精の世界を傷つける者は、
身の災いを覚悟しなくてはならない。

（注―原詩は四聯で、一聯六行）

この妖精の国のような雰囲気は、さらに谷を下っていく間もしばらく続く。

やがて先述した「修道院の門」を潜る（注―ここの記述では左岸にあるように読める）。ここから世界が変わる。高い樹々、見上げる不規則な地形、ごつごつした岩崖の景観になる。右手（上流）にはとても自然な段々滝が見える。左手（下流）には急斜面を上る樫の木がある。中央には樹間を通して美景がみえ、ヘイルズオウエン教会の尖塔が遠くに見える。廃墟風の壁がありその下にベンチがある。それにウェルギリウスの詩句が刻まれている。

樹下こそわれらが住処
岸辺は臥所、草原は住処

すこし下ると切り株に板を渡した簡単なベンチがある。そこから先ほどの段々滝が正面に見える。リーソーズでは見所を観賞してもらうためにこの種のベンチが随所に置かれている。ベンチから見ると滝は内部にアーチを抱えて、美しい一幅の絵をなしている。右手に渓流の瀬音を聞きながらさらに下る。またベンチがある。そのベンチから、先ほどのヘイルズオウエン教会の尖塔を含む景色が違った形で眺められる。驚くほど美しい。右手は小森が斜面を上っている。水は小石の上を流れてやがて湖に入る。湖はよそでは見たこともないほど、自然で快い。岸にシート（長椅子）があり、農園の外の美しい変化に富んだ風景と村々が眺められる。近くにはかつて修道院の僧たちが造った養魚池が連なっているが、これは見えない。

「廃墟の修道院」Prioryを左にして、湖から、もうひとつの谷（注—南の谷と呼べよう）へ向かう。谷には空地がある。ここは両岸とも樫とブナで覆われている。左手にベンチがある。人目を離れたひっそりしたところで、目はしばらく緑の野外劇場といった趣のその場で憩う。そこから少し進むと、樫の木が一本、天蓋のように大きく枝を広げ、その下にシートがある。シートの背面に銘がある。シートからこの農園の美しい眺めが得られる。小さいが変化に富む芝生は、よく育った樫の木々と丘陵に囲まれている。左手の斜面の上に、笛を吹くファウヌスの像がある。この像は樹に囲まれている。右手には飾壺が置かれている。表に「天性と友情へ。G・ソマヴィルへ捧ぐ」という銘、裏には「涙して灰をまく」と刻まれている。ここは左右と背後から木に取り囲まれ、前方に開ける芝生は起伏してやがて視界から消える。

ここで門を入り、いろいろな種類の柳の木の間を抜けていく。すると、木の根で造られた大きな小屋へ導かれる。小屋はスタムファド伯に捧げられたものである。ここで、一五〇ヤードほどの長さを流れ落ちてくる滝を目の当たりにする。段は二〇を越える。滝は、荒々しく、ロマンチックで、不規則、そして同時に自然に見える。滝は、樹で覆われた所から落ちてくる。樹はおもに樫である。滝の眺めは複雑で絶妙である。景の全体は比較的小規模だが、大きく見えるように工夫されている。滝は壮麗で美しく、他の園では見られない。

道を右に取る。シェンストンが「林の景」forest groundと呼んだところに差しかかる。樹影の濃い小谷を通して荒々しい緑の斜面が見える。そこには耕地も混在する。これも農園内の景色だが、サルヴァトール・ローザの絵筆にふさわしい眺めである。芝生の傍らを上っていくと、ときおり、ヘイルズオウエン教会の尖塔がオベリスクのように見える。やがて樫の木が円形に並び、あたかも天然の園亭といった趣のある所へ出る。ここにドズリー氏に捧げた碑文がある。

ドズリー氏へ

友よ、ここへ来て牧歌の趣味を見せてくれたまえ
君がくれたファウヌスが田舎の調べを吹くのを聞きたまえ
ああ、むしろ、ここの渓谷では
　他人の調べではなく、君の調べを奏でたまえ

　ここから土手に上がれば、先述した笛を吹くファウヌス像が樫の古木に囲まれて良い位置に見える。ファウヌスの像は屋敷の前庭からも見えるし、ほかのいろいろの所からも見える。先ほどの三方を樹に囲まれた芝生や、農園外のグロテスクで丘陵の多い景色も、樹間から透かし見えたり、また隠れたりする。つぎのベンチへ至るとはじめて「廃墟の修道院」が見える。ここから見ると「廃墟の修道院」は小さいが威厳が感じられる。門を通って疎林へ入る。ここのシートに座れば樹間にピクチャレスクの眺めが得られる。遠方に、緑の丘が見え、そこには白い小屋が樫の樹群に覆われて立っている。ここから円形のブナの神殿はごく近い。それはブナの木がドームを形作っているものだ。

　ここから森をすこし上ると、ベンチがある。背面に、「ここはひっそりした隠遁の森である」と語る銘文が刻まれている。左手の丘の上にはシェンストンの白い屋敷が見え、右手の丸い斜面の上には、大きな樅の林があり、中にピラミッド風の建物に収まるシートが見える。そのシートに向かう途中、樹間を通して、緑の斜面を越えた先に、「廃墟の修道院」が先ほどより美しく見える。緑の斜面には樫の樹が美しく配置されている。さらに回遊路を進むと、小さなベンチがあり、ここから周辺の地域へ向かって眺望が開けてくる。四マイル先にピラミッドに似た温室がひとつ見える。この地方の温室はみなそのように見える。さらに上のシートからは、森と芝生、丘陵と谷、低木林と平野がほどよく混じり合った外の風景がもっとよく見える。シートの背面に詩が刻まれている。

羊飼いよ、ここには田舎の楽しみがある。田舎にふさわしい静かな喜びだ。
緑の谷と輝く泉、丘の斜面にゆれる樹、小川の音がこだまする洞がある。
花の咲くつぼみに魅力を感じなければ、人の群れに戻って、金を探すがよい。
静かな喜びは飽きがこない。うるさい喜びを遠ざける。

愛だけが霊感を与え、優しく願い、暖かく励ます。理性の声に耳を傾けよ。
羊の毛の衣装を笑う女は羊飼いを愛せない。純朴な行いと飾らない着物こそ
羊飼いの女のもの。礼節を知り、よく考え、率直に話す。わざとらしい風は避け、
慈悲深く、子羊が死ねば悲しむ。

金銭や驕慢のために、このような魅力を斥けるな。これもひとつの世界。
穏やかな感情が支配する。君の憩いを増すために花はつぼみをつけ、
泉はあふれる。

健康な食卓を飾るため、ミルクと果物がある。これ以上のことを求めるな。
他のことは虚しい。楽しみは苦しみに終わるもの。金のメッキははがれて
苦悶が顔を出す。願いは塞がれて終わる。これ以上のことを求めるな。

（注―原詩は一二聯で、一聯四行）

ここから緑の丘の裏側を通って頂上へ至る。小門を潜ると頂上（南丘）になる。頂上には樅の木に囲まれた八

角形のベンチが用意されている。ベンチの背面には「リーキン山周辺の友すべてに」という剽軽《ひょうきん》な銘文が刻まれている。リーキン山は三〇マイルの遠方（北西）に望まれる。また、長い小川が丘の裾を蛇行し、橋がひとつ架かり、それを越えて農園外の眺めが広がっていくのが見られる。風景は限りなく多様で、どこを切り取っても喩えようなく美しい。八角形のベンチはこの周辺の景色を眺めるためのものである。眺める方向は八つで、樅の木が額縁になるように配されている。正確にいうと、樅の木が八つの小部屋を作り出すのだ。ある景色は、小屋と屋敷裏のうねる道と芝生の丘。ある景色は、ヘイルズオウエンの町、そして湖と緩やかな土手である。全体のパノラマをいえば、丘と谷、平野と森、村々と屋敷があり、緑の丘陵が中景、遠方の青い山が遠景である。これらがロマンチックに混ざり合っている。一エーカーとして平らな土地は見当たらない。

頂から下り、ふたつの小さなベンチの間を通る。ベンチからの眺めはそれぞれ趣きがあり、洗練された趣味の持主には見逃せない。われわれは低木の密生する林を抜けて窪地に至る。ここが流れの発する所で、下方には川の姿が橋と一緒に見られる。窪地から上り、「ゴシックのアルコーブ（園亭の古語）」Gothic Alcove に至る。ここから、樫の大木と高いブナの木が左右にある斜面を見下ろす。ゴシックの園亭の背面に銘文がある。

宮廷で幸せに暮らす者も
金稼ぎに勤しむ者も
ここに満足して暮らす者を不幸と思うな
屋敷の素朴な家具や調度を嗤うな
朝夕に世俗の憂いもなく散策すること
花咲く芝生のそばで無為の一日を過ごすこと

これを許してほしい
欺瞞や争いが宮廷で見られても
大目にみよう
この渓谷はそれと無縁で平和なのだから

（注―原詩は四聯で、一聯四行）

「ゴシックのアルコーヴ」から、木立で囲まれた大きな芝生の斜面が眺望される。芝生には一本立ちの樫、また一群れをなす樫が点在し、下方では先ほど見た屈曲する川が芝生を横切っている。ここの景色は変化に富んでいる。丘々は起伏しうねって長い谷へ続いている。また、森の斜面と荒れ地が対照的に見られる。荒れ地は道路で区切られている。「ゴシックのアルコーヴ」のすぐ近くにシートがあって、ここから川の流れがかなりの長さに渡ってさまざまの姿で見られる。

小さい門を潜ると、別の芝生に出るが、左右は矮林の崖で、その間に起伏する丘が続き、今までとは対照的な景色になっている。芝生の上辺を歩いていくと枝を広げたブナの下にシートがある。そこの銘文は「耕地は広くない。庭も広くはない。近くに泉と少々の森がある。神々がもっと増やしてくれますよう」である。シートからさらに行くと、斜面の芝生の真ん中に、樹と低木に半ば隠れてシェンストンの屋敷が見える。右手には立派な樫とブナの小森があり、そこから出る流れが見える。一〇マイルから一二マイルの遠方にはスタムファド卿の地所が、そのまた遠方にシュロップシャーのクレー・ヒルズが見える。ここからの眺めは変化に富み、すばらしい。

さらに進みまた小門を潜ると、（屋敷を囲む）柵を過ぎて、谷へ下り始める。その途中にベンチがあり、斜面を覆う森と荒れた傾斜地、そこに混ざる滑らかな緑の斜面と耕地が近くに眺められる。回遊路は広い芝生の端へ至る。まもなくシートがある。右手には先ほど見た流れが、樫とブナの幹の間に見え、樹が谷を下って続いていくのが見える。左手には樹木に囲まれた屋敷、その遠方にクレント・ヒルの頂き付近が見え、中央には長い芝生の斜面を下ってその向こうに、ヘイルズオウエンの町と教会の尖塔、さらにピクチャレスクで美しい背景が見える。回遊路からすこし逸れたところに、ジョゼフ・スペンス氏に捧げられたシートが堂々としたブナに囲まれて置かれている。銘は「ミューズにこと寄せ、友情に捧げる。一七五八年」（要約）である。

さて我々は小さな門を通って、「恋人の散策路」Lover's Walk にやって来る。形のよい池の全景が樹木に縁取られて眺められる。一方にハンノキ、他方に樫とブナがある。中央の池越しにヘイルズオウエン教会が、背後の丘陵に立つ一群の家屋とともに見え、森の広がりが空と接しているのが眺められる。池辺にもうひとつのベンチが用意されており、少し異なる景色を見せてくれる。樹間に白い家々が散在する丘上の村が先の景に加わるのである。流れに沿って少し上がると、「逢引きのシート」Assignation Seat に出る。一本のブナの枝がシートを覆っている。背面に銘文が刻まれている。

妖精ガラテア
ヒブラ山のタイムより香わしく
白鳥より清純な
……

散策路はここから深い樹陰をゆるやかに上っていく。小川のせせらぎの音を耳にし、穏やかな哀愁的な景を目にしながら進むと、飾壺に至る。「ドルマン嬢に捧げる」と文字が刻まれている。天然痘のために二一歳で急逝した（一七四六）シェンストンの従姉妹である。裏面に、もっとも惜しい人を失った情が刻まれている。

もっとも優雅な乙女マリア
急逝した美しい花よ
さようなら

この世に残る者といても
何の甲斐があろう
私を思い出してほしい

ここから昇りが急になる。ハリエニシダの茂る不規則な凹凸の地面を行くと小さな池にでる。ここから樹間に屋敷が見える。この辺りの景色は全体に楽しくない。丘の斜面をうねりながらさらに上ると小さなベンチがあり、A・ポープの詩句が刻まれている。「思慮少なき事は、神に忘れられる」(Eloisa)。前方に開けているのは樹木および茂みからなる寂しい眺めで、その先は、頂に樅を戴く緑の丘である。この丘を上って行くが、ここではうねる散策路の便利さと美しさをともに味わう。最初にあるシートには、そこから眺められる田舎の景色に合わせたウェルギリウスの詩句が刻まれている。

広い農園には、気ままな閑暇がある
洞穴、湖、涼しい谷があり
牛の啼き、木陰のまどろみがある

(注――『農耕詩』二より)

まず左右に樫とブナが腕のように伸び、その下にハリエニシダの茂みが広がり、池を越えた向こうに広くうねる芝生が見え、その真ん中に屋敷が建ち、その向こうに再びハリエニシダが広がっているのが眺められる。ハリエニシダの広がりは小屋によって変化が与えられている。屋敷と屋敷を囲む半円の樹群、その背後を通る道も同時に見える。このような農園内の眺めの背景にあるのは、農園の外およそ四、五マイル離れた半円形の丘陵で、そこは森や畑地、地所に彩られている。

散策路をさらに上るとシートがあり、樹の間から約半マイル先の大きな湖に架かる橋が見える。橋は五つの橋脚を持っている。また上がって別のシートに至る。ここはかなり高い崖の縁にあり、ここから、崖沿いの不規則な、しかし快い眺めを楽しむ。我々はここからすぐに森の中の真っ直ぐな路に入っていく。真っ直ぐであるが、上下するので規則的な感じはしない。頭上は高い樹に覆われている。この路の途中に、品のよいゴシックのシートが置かれ、先刻の眺めがさらに美しく眺められる。左右の樹林の間から、変化に富んだ斜面が谷を下り、湖に至る。湖の土手は一本の川のように見え、その向こうの土地は次第に三、四マイル先のクレント・ヒルズへ高まって行く。ヘイルズオウエンの町、故ダドリー卿の屋敷、リトルトン卿所有の広い森がこの眺めに変化をつける。このような美しい眺めが生まれる元はといえば、土地の形の美しさ、目に入る多様な点景物、個々の物がはっきり見える程良い距離である。

直線の樹下路は「牧神パーンの神殿」Temple of Pan に至る。神殿は、高価でない荒石で田舎風に造られている。牧神パーンはティビア（オーボエ系の楽器）とシュリンクス（芦笛）のついたトロフィーを持っている。神殿の入り口には銘文がある。

　　牧神パーンは芦の茎を蠟でつなぐことを教えた
　　牧神パーンは羊たちと羊飼いを司る

樹下路をさらに右手に進むと、とつぜん明るい天然のテラスに出る。ここで、これまで見てきたすべての景色が一度に眺められる。しかも、新たに加わるものもある。テラスは崖のような急な斜面に臨んでいる。テラスにもシートがある。シートの銘文は短い一句である。

天与の田舎の栄光へ！

この無上の眺めをもしふたつに分けるとすれば、ひとつは正面の盆地、もうひとつは右手の谷である。盆地は見事な変化に富み、その縁取りも同様である。盆地を縁取る地平線は、クレー・ヒルズ、リーキン山、ウェールズ山地、カー・ケアドック山である。カー・ケアドック山ははるか遠方に位置する。むろん美しさの中心は、遠景でなく、はっきりと物が見分けられる近景と中景にある。そこは至る所、中国人が思いつくロマンティックな景で飾られている。盆地をパンチ・ボウルに喩えてはおかしいだろうか。中国人が考えるこの世の最上の幸せの世界（桃源郷）を表わしてしているかのようだ。中国人なら、この中で泳ぎだすだろう。

右手に見える谷の豊かな変化も見事である。谷の向こう側は美しい森に縁取られている。谷はうねりながら長く伸び、それに沿う一方の丘陵は見事な起伏の後に、やがて他方に現れる窪地に下りていく。ここで目にする個々の物の絶妙な美しさは、筆舌を越え、納得してもらうには一見してもらう他にない。

森へ引き返し、「牧神パーンの神殿」を越え、右手の坂を下りる。リーソーズらしい凹凸の見事な地形の中を下りていくと、高貴なブナの木の下にシートがあり、ここからまた農園の変化に富んだ姿を見ることができる。半マイル先の丘の森の中に「ゴシックのアルコーヴ」が見え、さらにその先の窪地にきれいな小屋が樹陰に見える。右手には一棟の農作業用の建物が見える。すべてピクチャレスクな点景である。散策路の次のシートではこの眺めがさらに近距離に見え、リトルトン卿の地所の隣にあるフランキー・ビーチズと呼ばれる森も視界に入る。

さらに下りると、形の良いゴシック風の遮壁（スクリーン）が樅の木を背負って立っている。ここからの眺めは、世を退いた田舎暮らしの静穏に満たされた典型的な眺めである。前面には、ポプラの濃い木陰から発する段々滝が谷に落ちるのが眺められる。盛り上がる大きな芝生の真ん中に樹林に囲まれたシェンストンの屋敷が見え、窪みまた膨らむ滑らかな芝生はやがて粗い地肌、つまり耕作地に変わる。

次のシートは綺麗な柵に囲まれている。背後にあるのは、ここでも樅の木である。ここからは、まず谷を遡る景色が眺められる。谷は次第に小さくなって、大きな樫とブナの一群の中に消える。右手には、ふたつのすばらしい段々滝が見え、樹間を通して流れ下っていく渓流が見える。左手には、斜面に懸かる森とその真ん中にゴシックの遮壁（スクリーン）が見える。このシートはリトルトン卿に捧げられたもので、そのことを述べる銘が刻まれている。

散策路を曲がりながらさらに下りると、小さなシートがあり、谷の森を越えて、高い丘の上に立つ小屋、それから農作業小屋がみえる。この眺めは、ロマンティックな変化に富んだこの地方の地形を特徴づける突然な高低差の現れのよい例で、眺めて快い。次のシートは同じ谷の別の景をみせるもので、段々滝はなく、水は森の間を静かに滑り落ちていく。先ほどの段々滝のある谷の景色とは対照的である。ここにウェルギリウスの『農耕詩』二から取った詩句がある。

田舎、そして谷を流れる川が私の喜びとなり
無名のまま、森と川を愛して行けばよい

さてここから我々は、ほの暗い美しい景の場へ入る。「ウェルギリウスの森」Virgil's Grove と呼ばれているところである。入ると右手に小さなオベリスクがあり、「境界石は森ともども神聖であれ」という句が刻まれて

いる。オベリスクの前にベンチがあり、これまで見た物がいくつか、新しい角度から眺められる。この魅力的な場所の姿は、ペンによるにしろ絵によるにしろ、伝えることは難しい。ともあれ、まず、全景はほの暗く、ひとつの深い小谷で、両岸はハシバミなどの下生えがあり、全体は、谷の底の地面から伸びる高木に覆われ、豊かな流れが苔むす川岸を洗っている。川岸にはサクラソウが群生し、いろいろな野生の森の花が咲いている。最初のシートは、急峻な川岸の上（谷の縁）にあり、次のような銘文が刻まれている。

もっとも有名な詩人ジェイムズ・トムソンに捧げる
適意の泉のそばでG・Sがシートを歌で飾った。

このような歌のお返しに何をしようか
君の歌はなによりも素晴らしかった
南風に鳴る葉音よりも、また
浜を打つ律動的な波音よりも、また
岩間を流れ下る渓流の音楽よりも

（注—『牧歌』五より）

ここに座れば目はまず、前方の微光に導かれて下方の谷の平地に引寄せられる。渓流は、幾つかの異なる段々滝を落ちて行く。渓流の屈曲するその姿は美しく、滝の音も快い。向岸には、窪地があって、そこから出る水がシダや苔の間を滴り落ちる。流れは谷の真ん中の緑の地帯を縫って流れ、この緑の部分はこれ以上ありえないほど美しく造られている。流れはワン・アーチの橋の下を潜り、下方の小さな湖に落ちる。以上が右手の景である。

目を左に転ずると、樹の間に開けた通景線を通して偶然のように、崖を落ちる美しい段々滝がひとつ目に入る。この段々滝はもっとも美しいもののひとつに数えられ、樹のアーチを戴いている。不意を打たれるだけに、これを見て覚える喜びは格別である。

私は、この「ウェルギリウスの森」を見て十全な満足を覚えない者はいないと信ずる。完全にアルカディア風のこのリーソーズ農園で、見所をひとつだけ挙げるとすれば、ここになるであろう。ただ、この景は先ほどのテラスやその他の幾つかの景と見事な対照を成しているので、これひとつを切り離して見ることは、誰が望むものでもない。

我々は次に、大きな樹の根元に設けられたシートへ進む。ここには次の詩が刻まれている。

この平和な木陰を歩かせてほしいもの
野心は入り込まないでほしいもの
この緑の亭の住人たちは
野心の道を塞ぎ、その力を減らしてほしい

やさしいカワセミは草地から、
また空からここへ飛んでくる
この森の小川の流れに身を任せ
ルリ色の羽根をここに隠す

マスは紅色の斑点をつけ

大川の住処を捨て
太陽の輝きを捨て
この小さな流れに潜む

水の精ナーイアスの声が聞こえる
「流れよ、我が川よ、この折れ曲がった川筋を流れてほしいもの
水音は耳に安らぎを与え
水は冷たく澄んでいる」

「流れよ、優しい流れよ、虚栄の人がこの小さな花の国を
蔑むことを許さないでほしいもの
物思わしげな賢人が、うねる川筋をみて自分の
思いに似ていると嘆くのを止めてほしいもの」

ここからの眺めには段々滝は入らない。水は樹下を静かに流れて小橋を潜り、小さな池に入る。両岸は下草や野生の花に覆われており、段々滝を含む眺めでは、草が短く刈られていたのとは対照的である。小池に落ちた流れの先はもう見えない。瀬音だけが聞こえてくる。中国人が「魔法の景」scenes of enchantment を演出する手法である。

次に我々は突然という感じで、「高い段々滝」High Cascade の前に出る。先ほど通景線を通して目にした滝である。その周りはあたかも自然石による天然のグロットになっており、樹の根が庇のように懸かり、段々滝全

体は暗い陰に覆われている。我々がまず近づくのは左手の鉄分を含んだ鉱泉で、鉄のカップが鎖に繋がれている。岩に「健康の女神へ」の銘が打たれている。

鉄分を含んだ女神の泉
女神の恵みで、この秘泉を味わう

右手に進むと、石のシートがある。これは先ほど述べた洞（グロット）の一部で、銘文は次の通りである。

甘き水の中
石の椅子で暮らす
ニンフたちの住処

これはシェンストン氏がよく言っていたグロットの定義である。

我々は左手の樹下道を上り、「高い段々滝」の上を横切り、段々滝の上流に沿って歩き、それから屋敷へ向かって芝生を上っていく。途中、一本の樫の下にシートがある。屋敷の周囲を半円形で囲む低木の間に格別の友人に捧げたふたつのシートがある。ひとつはリチャード・グレイヴズ、もうひとつはリチャード・ジェイゴウへのものである。グレイヴズのシートの銘文は「この松、この泉、この叢林さえ、君を呼んだ」、ジェイゴウへの銘文は「友情と行いのために」となっている。このシートからの眺めは快い一枚の絵である。谷へ下っていく広い芝生の左右を樫の木が絶妙に縁取り、その先の平野では立派な橋が水面に架かり、ヘイルズオウエン教会の尖塔が見え、樹の間に村がある。我々はこのシートから花木の間を曲がりながら進み、鳩小屋のわきを過ぎ、厩に至る。しかし、「メディチ家のヴィーナス」のことを忘れるわけにはいかない。これは花木のところに入るとすぐ目に入る。オリジナルの半分の大きさに作られ、金魚のいる池の側に置かれている。銘文はこう読める。

贅を尽くしてきらびやかに造る庭
豪華で巨多に飾りつけた王侯の庭
これを避けよ

隠し、一部を見せ、想像させる
慎み深き美しさ
これこそ原理

（注―要約である）

以上がドスリー（編）の『リーソーズの回遊記』の概要である。

簡単に繰り返す。回遊路は左回り、つまり時計の逆の回りで、まず、北の谷（と仮に呼ぶ）の中流から湖へ下り、農園の下辺を東に進み、途中で、南の谷の一五〇ヤードの段々滝を見て、さらに東進し、南の丘（と仮に呼ぶ）の頂へ至り、ゴシックのアルコーヴを経て、屋敷の裏手を通って西へ進み、ビーチ・ウォーターのところで北へ折れ、逢い引きのシートを過ぎ、斜面を上ってから北西方向、丘の背の森の中の直線路を北の丘へ向かい、「牧神パーンの神殿」、その先の天然のテラスへ至り、今度は西の端の斜面を降り、北の谷の中流付近に戻ると、「ウェルギリウスの森」というハイライトが待っているのである。

回遊して見るのは、農園内の景色と農園外の景色の双方で、シェンストンの言葉でいえば、landskip と prospect である。様々な景が用意され、同じ景が角度や方向、高さや距離をかえて幾度か楽しまれる。外に眺望するのは、遠い山と丘陵、中近景の森や村、耕地と放牧地、他人の農園、湖や橋。農園内には、丘陵と渓谷がある。段々滝も多い。農園の樹は、樫、ブナ、樅に代表される。農園の景の中には、森や芝生の他に耕地や荒れ地もある。屋敷や小屋は景色にバランスと変化を与える。散策路、流れはたえずうねり、上下する。景は見下ろし、見上げ、透かし見る。変化、多彩、コントラストの景である。シェンストンの言葉でいえば、grandeur (the great)、beauty (the beautiful)、variety (the various) の景。あるいは the sublime（崇高）、the beautiful（美）、the melanchory（幽暗）が背後にあるとも考えられる。シェンストンが自然の中に求めた三つの味わいである。

彫像や銘文、飾壺は、古典世界や詩の世界、趣味や交遊、そして人生観を含む道徳を語り、連想を喚起させるもの。自然と文化、美景と教養の混じり合う楽しみの庭園である。

ウェルギリウスの世界に重ねて

リーソーズ園の文化連想はウェルギリウスの世界に濃く彩られている。ウェルギリウスが『牧歌』Eclogae（前四三—三七頃）でかたる牧人達の居場所アルカディアには、ブナの木陰や谷があって、洞窟があり、苔むす川岸がある、と歌われている。実際にギリシャのペロポネソス半島にあるアルカディアの地は、楽園とは程遠い峻嶮の地で、四方を高い山で囲まれ、その内部も高い稜線で細かに分けられている。寒冷でかつてはひとびとの暮らしも苦しかったといわれる。牧人達が羊を飼い、歌比べをし、恋をする楽園として描かれた『牧歌』の楽園アルカディアはウェルギリウスの筆から生まれたもので、現実のどの地とも似ていない。風景にしても、ウェルギリウスが合成したとされる。曲がりくねる川、岸辺の芦、湿地などはウェルギリウスの故郷マントヴァのもの、暗いブナの森はマントヴァからガルダ湖へ至る高地あるいはシチリアにみられるもの、苔むした洞穴や木々に取り囲まれた泉はシチリアのもの、とされる。アルカディアの実際の山も二つ三つ取り込まれているといわれる。もともと楽園アルカディアもエーリュシオンの野（ラテン語ではエーリュシウムの野）とともに、古代ギリシャ人の想像力から生まれた楽園である。ツキジデス、ヘロドトス、ポリビウスなどの歴史家に始まる。この楽園は、牧人と恋と音楽の憂いなき楽園として、後の文学や絵画にしばしば描かれ、豊かに膨らんだ。ウェルギリウスは『牧歌』によって楽園アルカディアの決定的なイメージ作りに貢献したひとりである。牧神パーンはアルカディアの神。

他方、牧歌というジャンルはもともと紀元前三世紀のテオクリトスに遡る。シチリア島のシュラクサイに生まれ、詩壇の中心地コス島に渡って修行し、大都会のアレキサンドリアで活躍したテオクリトスは、シチリアやコスの自然を思い出しながら、素朴な農園の生活への郷愁や憧れを詩に託した。

リーソーズ園には、『牧歌』の他に、同じウェルギリウスの『農耕詩』Georgicon（前三六―二九頃）も織り込まれている。『農耕詩』は農業の勧めといった内容の詩。そこに田舎住まいの良さも歌われている。第一巻「穀物」、第二巻「樹木」、第三巻「家畜」、第四巻「蜂蜜」から構成される。ひとつに農業技術を教える。そうしながら、みずから額に汗して農作業をし、自然と調和し、平和な田舎で、無名の民として生きることを歌っていく。農業技術は、ウェルギリウスが当時の農書から学んだもの。完全でも、網羅的でもない。むしろ、帰農、田舎住まい、自然の良さを歌うところに重点がある。当時のローマの農業はほとんどがすでに大農園で、奴隷を使って、小麦、オリーヴ、葡萄などを栽培していた。時代の流れの中では、自由農民は消えていく存在であった。ウェルギリウスと同時代のM・T・ヴァローの『農業読本』Rerum Rusticarum は大農園経営の指南書であったし、すでに一世紀以上遡る頃に書かれた大カトーの『農業論』De Agri Cultura（紀元前一六〇年頃）もすでに当時のローマの農業を反映して大農園向けの指南書であった。このような事情のなかで、ウェルギリウスが自由農民にあてて農耕詩を書いたのは、アントニウスとの戦い（ペルージア戦争、前四一―四〇）に勝ったオクタヴィアヌスが、一〇万人の退役兵のために、敵方の支配地や、カエサル暗殺に荷担した者が支配していた地域の農地を強制没収し、これを退役兵に分配したからであった。退役兵は農業を知らなかった。そして、大部分の者は農業をする気もなかった。土地を売り払い、遊び、金がなくなると、都会へ出て遊民となった。ウェルギリウスはこのような事情のなかで、農耕詩を書くことをオクタヴィアヌスの政治顧問であったマエケナスから勧められたのだという。自由農民はもう消えかかっていたが、自由農民こそローマの礎との考えは強かったからである。ガイウス・マエケナスは富裕な貴族で、政治手腕に勝れ、公職に就かないままオクタヴィアヌスの軍事・外交を陰で支えた。文芸の保護者としても有名で、ウェルギリウスの他に、ホラティウス、プロペルティウス、ウィリウスなどを支援した。ローマ市内の丘に立派な邸宅と庭を構えていた。

シェンストンは、「宮廷生活の栄耀や激情から離れた、心穏やかな田舎住まいこそ理想」（要約）とする処世詩を屋敷の庭のシートに刻していた。また、ウェルギリウスの『農耕詩』から同じ趣旨の詩句をふたつとって、それぞれ回遊路のシートの銘文にしている。いずれも『農耕詩』二から取られたもので、ひとつは「広い農園には、気ままな閑暇がある。洞穴、湖、涼しい谷があり、牛の啼き、木陰のまどろみがある」（再出）であり、もうひとつは「田舎の野と谷をわが喜びとし、無名のまま、川と森を愛していきたい」（要約再出）である。シェンストンはさらに、回遊路の最後の「ウェルギリウスの森」に入る所に、「ウェルギリウスに捧げる」という銘を置いている。「ウェルギリウスの森」に入って最初のシートにも、『牧歌』五の詩句が刻まれている。

リーソーズ園はこのようにウェルギリウスの詩と思想の精髄を盛り込んだ世界という側面を持つ。回遊路はウェルギリウスの『牧歌』や『農耕詩』を下敷きにした世界を巡り、見事なハイライト「ウェルギリウスの森」で締めくくられる。

それにしてもシェンストンは、なぜ「ウェルギリウスの森」を、木陰の暗い深い小谷に造ることにしたのだろうか。

ひとつに、トムソンのシートの詩句を考えてみたい。「君の歌は、南風の葉を鳴らす音、岸打つ波の音、渓流の瀬音、何に較べても勝る」(『牧歌』五より。要約再出)である。『牧歌』五は、牧人モプススと牧人メカルナスの間のやりとりとして展開する。まずモプススがダプニスの死を惜しむ歌を歌う。次にメナルカスが、ダプニスの神化を歌う。最後に、モプススがその歌を褒める。この最後の詩句がトムソンのシートに刻まれたもの。

ここでダプニスは仲間、牧人で詩人である。もともと伝説上のダプニスは牧歌の発明者とされる美少年で、他の神々やニンフ神からは愛されるのに自分しか愛さなかったために、愛の女神アプロディテーの怒りを買い、激しい恋にとりつかれ死んだとされる。しかし、『牧歌』五のダプニスは、悲運の暗殺にあって倒れたカエサルを暗示していると解釈されている。カエサルは紀元前四四年に暗殺され、元老院の決定で紀元前四二年に「神」とされた。ウェルギリウスはカエサルの支持者であった。また、メナルカスはウェルギリウスその人と解釈されている。『牧歌』五の真意は、モプススはダプニス(カエサル)の死を惜しみ、メナルカス(ウェルギリウス)がダプニス(カエサル)の神化を歌い、それをモプススが褒める、である。ウェルギリウスの文学を知る人は、シートに刻まれた詩句から『牧歌』五の全体を思い起こすであろう。偉人カエサルの死と、惜しみと称え、その神化。庭巡りをする教養人にはそのように想像を膨らませることが期待された。

ローマの古典世界で、人間が死後神になる、その神化の過程をどのように思い描いていたのか。それを窺わせるものに、ウェルギリウスの叙事詩『アエネーイス』がある。『アエネーイス』には、死後、選ばれた者の魂が清められ天上へ帰ることが描かれている。この作品は古代トロヤの敗将アエネーイスによるローマ建国を語るウェルギリウスの代表作である。その第六巻で、アエネーイスは女神シビュルラに導かれて、地下の冥界に亡き父アンキセースを訪ねる。ここに「さて入りこんだ谷深く、かくれた森と風に鳴る、灌木林と穏やかな、家々の前を流れゆく、レーテ河とがこの時に、アエネーイスの目にとまる」(泉井久之助訳。以下同じ)という一節がある。

また、アンキセースの居場所を尋ねる女神にムーサエウス英雄（の霊）は「誰にも（どの霊にも）定まる家はない。われらは自由に蔭多い、森としとねの川岸と、小川の水うけ新鮮な緑を見せる牧場とを、住居ときめてここに棲む」と答える。リーソーズの「ウェルギリウスの森」がひとつにこのような『アエネーイス』の冥界のイメージを背景にしているとも考えられる。すると、そのあたりは当然、暗い。

ムーサエウス英雄（の霊）は、さらに「しかし、その気があるならば、この山の背をのり越えてあなたがたは行くがよい。山の向こうの道は楽、そこへ案内いたしましょう」と誘う。山の向こうには楽園エーリュシウムがある。亡き父アンキセースはそこにいる。この作品の楽園エーリュシウムとは、選ばれた少数の霊が清浄に清められて、やがて本来生まれた場所である天上へ戻るまで滞在する快いところとされている。多くの霊の行き先はそれとは異なる。多くの霊はふたたび肉体を得て地上に戻り、地上の苦しみを味わい、また罪を犯す、とされていた。

『アエネーイス』がエーリュシウムについて語っていることは「（浄化の呵責を）忍んだのちにわれわれは、エーリュシウムの広大な、場所を通じて送られて、ごく少数のものだけは、このわしのよう悦楽の、野に住みついて時の輪が、めぐり終える長い間に、われらの心に浸みついた、汚れを去って感覚を、神のごとくに純粋に、浄めて心に清浄な、天火を残してくれるまで、長い時間をここに待ち、遂に天に立ち帰る」である。暗い谷底に位置するリーソーズの「ウェルギリウスの森」は「山の向こうの」「楽園」、そして「天上」を予測させるものであったとも考えられないか。回遊する者も、いずれ暗い谷にある「ウェルギリウスの森」を出て、上の明るい芝生の中に立つシェンストンの屋敷へ上っていくことになるのだから。リーソーズ園を巡る、とはとどのつまり、ウェルギリウスの世界を巡って、最後に天上へ行くことを伺う、だったのかもしれない。牧歌とアルカディアの風景を巡り、さいごに冥界へ下り、そこから天上へ上って行くという道行きを連想させる。

当のシェンストンは意図してそのように庭を造ったのか、それは分からない。これすべて、シェンストン流にいえば、そのように想像を楽しむ、であるともいえる。想像を楽しむ、楽しまないは、回遊者の側に委ねられていたことだったのかもしれない。とはいえ、シェンストンが、庭造りを劇詩の展開あるいは叙事詩の構成に喩えていたこととの関連が裏に推測される。

シェンストンの「ウェルギリウスの森」（実景）は、ウェリギウスの『牧歌』や『農耕詩』の谷や川、洞穴や木陰の描写を超え、また『アエネーイス』の描写を超えて美しい。異なる高さ、異なる姿の滝を適所に配し、中島をふたつ設けて流れが幅広く見えるように工夫した。川岸には苔の緑、サクラソウの花や野の花があり、下生えが斜面を覆い、ほどよい数の高木が垂直性を作る。その景色はバランスと変化を堪能させる。作り出されたのは、ひとつの風景画の美しさ、一望される優れたピクチャレスクの景である。これはシェンストンの造園の腕、あるいは良きセンスの極みであったといえよう。最後のハイライトの景を高木の陰で暗くしたのは、いわゆる「メランコリーの景」が、もっとも洗練された趣味の人に応えるもの、とシェンストンは考えたからでもあろうか。美学からもここを暗く作ったとも推察される。往時の姿は、メイソン James Mason の版画で偲ぶことができる。『ウェルギリウスの森のある眺め（トマス・スミスの絵による）』'A View in Virgil's Grove' after a painting by Thomas Smith（一七四八）である。

■ホークストーン・パーク *Hawkstone Park*

蘇るピクチャレスクの名園――二五〇年前のさわりを追体験する

順路と見所

一八世紀に造られたピクチャレスクの名園六つの中のひとつである。地図の上では、最寄りの駅はウェムである。降りてみると駅は無人で、辺りは人家のみ。いやな予感がする。人通りもないし、商店がない。タクシーもない。やっと通りかかったお婆さんに尋ねる。お婆さんはあれこれ思案し、財布の中も捜してくれるが、タクシーの電話番号は見つからない。「一度タクシーで病院へ行ったのだけれど」という。「テレフォン・ボックスを見たら」というが、ここはもう見た。道の向こうの家で中年の男性が出てきて庭の鉢に水をやり始めるのが目に入った。お婆さんに礼をいい、その男性の所へ行く。男性は家へ入って電話をかけてくれるが、出てきて「二軒ほど電話をかけたが、土曜だから摑まらない」という。「自分が車で乗せて行く。二分で準備ができるから内へ入って待て」という。言葉に甘えて内へ入ると、愛想の良いおばさんが出てきた。

ホークストーンには男性の車で一〇分か一五分で着いた。名前と住所を紙に書いてもらう。日本に帰ったらお礼の品を送るつもり。男性は帰りも必要なら電話しろ、と言う。お礼を言い、なんとかなる、と言って別れる。

ホークストーン・パークは四つの崖上の丘にできたピクチャレスクの庭園である。庭園の部分だけ修復され、一九九三年に公開された。かつてヒル家が所有していた周辺の広い農地や牧場はなくなった。修復公開したのは、中心部を買い取ったホークストーン・ホテルである。

ホークストーン・パークでも順路を巡る。見るべき物が一〇。出発点は旧温室 Greenhouse で、現在は切符売り場、売店とカフェになっている。

見るべき順は、次の通り。

1　骨壺 The Urn
2　白い塔 The White Tower
3　記念塔 The Monument
4　スイスの橋 The Swiss Bridge
5　アーチとジンジャーブレッド小屋 Arch & Gingerbread Hall

Hawkstone Park

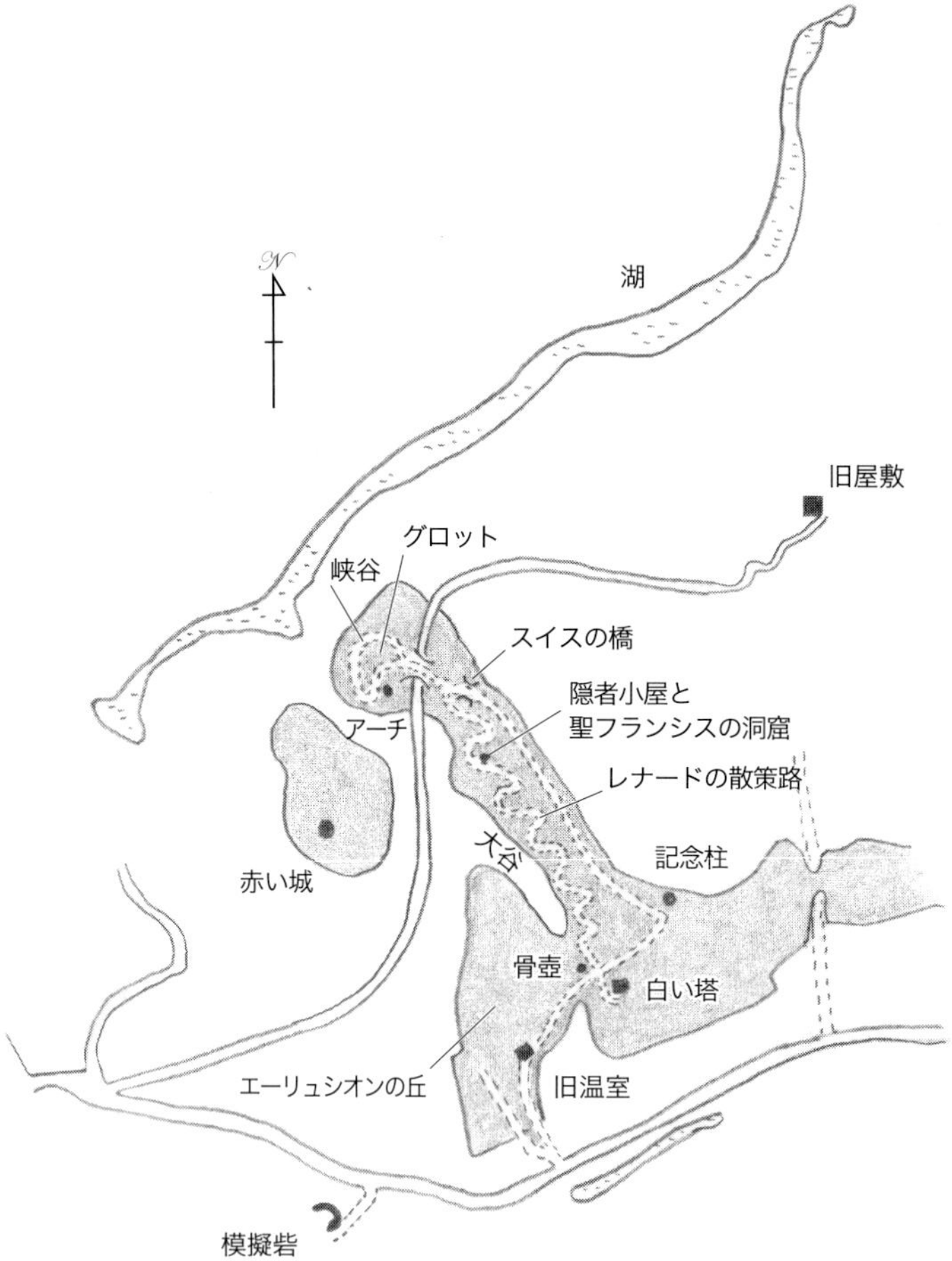

ホークストーン・パーク　アーチ（人工廃墟）のある山と遠景

ホークストーン・パーク　グロットの入口

6　峡谷 The Cleft
7　グロット The Grotto
8　隠者小屋と聖フランシスの洞窟 The Hermitage & St.Francis Cave
9　狐の頭（小山）Foxes Knob
10　レナードの散策路 Reynard's Walk

順路はまず、南西から北東に細長く伸びる丘（「テラスの丘」）の上に登り、およそ一・二キロ、尾根を進んで先端で谷を通って、グロットへ入り、出口から丘の頂に登る。この丘の頂上が最高の眺望点になる。ここから順路は折り返し、往路に平行して、丘の裏手、崖の中腹を上り下りかつうねりながら出発点に戻る。崖の中腹とはいえ、かなり高い所にあり、いわゆる難所・急所が連なる。

順路はおおむね上り下りが激しい。高い吊り橋もあるし、高所からのすばらしい眺望がある。アリの巣のように枝分かれした地下世界（グロット）がある。這って進むような怖い洞窟もある。崖にへばりつき、うねる長い散策路も通る。最高点にはゴシックの模擬廃墟があって由緒ありげにアーチが空に架かる。そこから谷を挟んで、中世の城の廃墟の立つ丘を眺め、細長い湖を遠くに見る。かつて下の谷から湖にかけて、草地に鹿のいる風景式庭園の風景が広がっていた。それは版画で偲ぶことができる。

ホークストーン・パークでは、美しい景、崇高な眺め、ピクチャレスクの景色を眺め、恐ろしさ、あるいはスリル、ロマンティックな暗い陰を体験する。崖は高く、谷は深く、入り組む。良園が生まれたのは第一に自然に恵まれたから。あとは財力とセンスだった。

ヒル家の隆盛と衰運と共に

財力の基礎はサー・ローランド・ヒル（一四九二―一五六一）Sir Rowland Hill という人物が築いた。ヒルはロンドンの織物商であった。織物商組合の長やロンドンの市長も務めた。新教徒として初めてロンドン市長になった人物である。ヘンリー八世の修道院解散令が出された時、初代ヒルはいくつか修道院の土地を買い集めた。あわせてホークストーンの土地も購入し、有力な地主になった。時経て一八世紀、庭園と屋敷を整備したのは第一代準男爵に叙せられたサー・ローランド・ヒル（一七〇五―八三）、そして同名の第二代準男爵（一七三二―一八〇九）である。第一代準男爵は屋敷 Hall を整え、庭園 Park の骨格を造った。第二代準男爵はそれを受けて、屋敷の美化と庭園の拡充整備を行った。

屋敷は東で、庭園は西、という配置である。第一代準男爵が庭園を整えた当初、屋敷を出た見物客はまずグロットの丘に案内され、いきなり庭園のエッセンスを味わった。イギリスでは希有な高い崖の上からの眺望、そして広く入り組んだ地下世界（グロット）である。それから訪問者は丘の尾根の散策路をいったのであろう。丘の裏側（と、かりに呼んでおく）の怖い崖道はまだできていなかったから。途中で隠者小屋に寄る。散策路の終端で「エーリュシオンの丘」Elysian Hill に降りる。そこには「動物舎」Menagerie と「温室」Greenhouse があった。温室とはいっても温室を模して造られた園亭、つまり休憩所で、飲食ができた。その様式はゴシックであった。これを見てから、あるいは茶菓子のもてなしを受けてから、最後は赤い城 The Red Castle（廃墟）のある丘へ向かう。いったん「大谷」Grand Valley と名付けられた平地へ降りる。そしてまた急峻な丘を上る。

このような庭園の骨格と見所は第一代準男爵の時代、一七五〇年までには整っていたらしい。一七四八年には、ここを訪れた人物（Phillip Yorke）が、美化の進展振りと眺めた荒々しい美しさ（rude beauties）を語っている。「スタッドリー・ロイヤルに比べ、崖は多く、より荒々しい。眺めも、より広く遠くに及び、変化がある。胸壁つきのゴシックの尖塔 a Gothic turret がある（白い塔のことか）」（要約）という。一七六五年にはジョン・ラヴデイ John Loveday が「グロットが造られている。地下の道はアーチで飾られ、枝分かれしている」（『ウェールズ紀行』）と述べている。一八世紀最大の文人ジョンソン博士の訪問記も評価を定めるのに力があった。ジョンソン博士がここを訪れたのは、トレイル夫人と連れ立って北ウェールズへ向かう旅の途次、一七七四年七月二五日のことであった。ジョンソン博士はいう。「ヒル嬢に広い岩山と樹林の地域を案内してもらった。息を飲むような景色と恐ろしい雄大さがあった。岩壁の間を抜ける狭い道は不思議の連続であった。川や湖は見られないものの、ダヴデイル Dovedale（注―ダービーシャーにある美しい渓谷）より優れている。眺望が広く遠く及ぶ。陰の恐ろしさがある（昼なお暗きところが随所にある、くらいの意味であろう）。目も眩む断崖。谷間（盆地）に広がる緑。そびえる岩がある。ここで目にするものは、崇高さ the sublime, 恐ろしさ the dreadful, そして広大さ the vast を思わせる。上には達し得ない高さ、下には恐ろしい深み。ヒル嬢は次々に不思議 wonders を見せてくれた。屋敷は身分より格上で上等であった」。ジョンソン博士の言葉が多くの訪問者を誘った。コルシカの将軍パオリ Paschal Paoli もこうしてやってきたひとりで「これまでの旅で味わった事がない最高の喜びを味わった」という。

第二代準男爵の庭造りは、先代から五一歳で家産を引き継いだ一七八三年から二六年間、亡くなる一八〇九年に及んだ。準男爵は生涯独身で、メソジスト教徒（カルヴァン派）であった。メソジストは個人・社会の徳義を重んずる。準男爵は、博愛精神から造園の工事では土地の者を雇用し、人気があった。散策路を充実したのは、広く人々にホークストーンを開放しようと考えてのことといわれる。トレイル夫人がガイドブックがないと嘆いたことを受けて、一七八三年に案内書をローデンハースト Thomas Rodenhurst に書かせた。一七世紀では庭園訪問はまだ上流階級のもの。一八世紀中頃ともなれば、もう中上流階級の人々の間で庭園巡りはきわめて盛んで、すでにいろいろな案内書が発行されていた。ホークストーン・パークの案内書の第一版は地元販売であったが、翌一七八四年の第二版はロンドンで売り出された。ホークストーンが全国的な名園の仲間入りをしたのか、少なくともその資格ありと考えられたのであろう。第二版の序でローデンハーストは、ホークストーンの魅力を三つに要約した。ロマンティックな眺め the romantic scenes, 驚くべき多様 amazining varieties, 自然と人工の美 natural as well as artificial beauties である。あとがきには、「ホーク川」の工事が始まったことが述べられている。ジョンソン博士にないと指摘された水景を設ける工事で、向こう三年続くだろう、という。完成は一七八六年だった。この工事にも土地の貧しい者が多く雇われしばらくのパンが約束された。元の川を利用して生まれた湖は「グロットの丘」や「赤い城」の北側に緩い弓弧の形で造成され、長さが二・四キロ、幅が九〇メートル、船が走れ、西方では森陰に消えていた。ポーウィス城の風景式庭園を手がけたイームズがこれを造った。湖はなんといっても風景式庭園には欠かせない構成要素であった。この時期、西に「動物舎の池」Menagerie Pool も造成された。湖が庭園の北境、池が南の境界になった。パークは広大で四〇〇ヘクタールあった。

第二代準男爵は散策路に碑銘を置いた。銘文の内容は道徳的あるいは宗教的なものであったが、ロマンティックな想像やユーモアを誘発するもので、興ざめではなかったという。散策路の要所に置かれた碑銘は造園者が訪問者に発する文化的あるいは精神的伝言で、イギリス風景式庭園のうちでもとりわけピクチャレスクの庭では、よく見られる。ウェルギリウスの詩句や友人の詩などの碑銘を四〇カ所に配したリーソーズ園などはその代表である。

ホークストーン・パークへの訪問者は確実に増えたのであろう。案内書（第二版一七八四年）で「品の良い調度と内装、パーク見物をする人の宿泊によい」と紹介されていた宿屋 Inn が一七九九年までにさらに立派に広くなって Inn and Hotel になった。「装飾庭園とボーリング・グリーンがあり、パークの見物によい。夏、ウェールズ地方、Buxton, Matlerock への行き来によい。従者や馬を休ませるにもよい」。第二代準男爵はこのホテルからパーク見物に出かけるのが便利なように Neptune's Whim（消失）に新しい入口を造った。

第二代準男爵の庭園の整備はピクチャレスクの線に沿った。まず今挙げた碑銘がそれ。次は「スイスの橋」。樫の木で造った橋を深い谷に渡した。そして「峡谷」である。この狭く深い峡谷を通るときひとは本当に自分が岩の壁に挟まれそうに思えてくる。この峡谷は天然にあったものを発見し、土砂を取り除いて生まれた。これがグロットへの新しい入り口になった。グロットの壁も美化した。高価な貝や化石で飾った。いくらかは近くのコールブルックデイルにできた新しい製鉄所からでる鉱滓に縞目をつけて貼って繕った。準男爵はグロット丘の頂に視線止め eye-catcher を設けた。最高所で空に聳えるゴシックの廃墟である。視線がそこに集まり、期待感が増す。準男爵は尾根の散策路の裏手（屋敷から見て）の崖、つまり南崖に散策路を切り通した。「レナードの散策路」である。訪問者は連続するスリルの合間に時折立ち止まって、息を整え、眺望を楽しむ。この道の途中に先代が設けた「隠者小屋」や狭く低い傾斜もある洞窟「聖フランシスの洞窟」がある。隠者小屋には実際に老隠者が住まわされていた。隠者が座る机の上には死の象徴の頭蓋骨、過ぎ去る時を表す砂時計、一冊の本に眼鏡。イタリアのドミニコ会修道士で思想家であったジョルダーノ・ブルーノ（一五四八―一六〇〇）のように振る舞うよう指示されていたとか。見物客が近づくと、小屋から出てきて、腕の代わりに二本の血染めの切り株を振り回し、「死を思え」と叫んだ、とも記録されている。この本物の隠者が一六年務めた後は、蠟製の自動人形が用意された。「聖フランシスの洞窟」の狭い入り口から好奇心に駆られて入り、背をかがめまた這いつくばって進むと、やがてぽっかり穴が開き、崖から首を出す。眼下に眺められたのは「森と丘と芝生、湖。そして農作業に勤しむ農夫のいる風景」であった。現在はゴルフを楽しむ人々が眺められる。

第二代準男爵は二人の祖先の記念物も立てた。ロンドン市長を務めた先祖には尾根の散策路の東よりの広場に「記念塔」、議会軍によって赤い城に閉じこめられ屋敷の略奪を恣《ほしいまま》にされたもうひとりの先祖には「骨壺」を設けた。この先祖は知恵深く敬虔、慈善行為をよく行った王党派であったという。キャプテン・クックの航海記に見えるタヒチの小屋に似た南洋の島の小屋を設け、周辺にタヒチの景を作ったのは第二代である。これはタヒチの旧称「オタヘイテイの景」（消失）と呼ばれた。なお、パークの外れにあるイタリア風の砦 Citadel は執事のために建てた模擬の住居であった（一七八五）。第二代が死ぬとき（一八〇八）には、ホークストーン・パークはこの地方屈指の名所のひとつになっていた。訪問者が多く、二、三泊し、湖で舟遊びもし、さらに古い鉄器時代の砦の遺跡 Bury Walls へ足を延ばしたという。

衰微は一九世紀の半ば頃から忍び寄った。第二代子爵が浪費家だった。第三代子爵の代に破産宣告を受け（一八九四）、屋敷の家財はシュルーズベリで競売に付されるという悲しさを味わった（一八九五）。屋敷は空き家となった。一九〇六年、第四代が屋敷と周辺の所有地を売却。一九一三年に転売される。一九二四年、今度は数人へ分売される。この時ホークストーン・ホテルが屋敷とパークを購入した。ホテルの所有者が変ったのを機会にパークの修復が始まるのは一九九〇年である。

いささか補足したい。

「テラスの丘」を通る散策路の左右に植えられていた樹木は当初、樫やクルミなどいかにもイギリスらしいもので、その樹間に眺望線 vista が切られ左右の風景を要所で見通すことができた。一九世紀になって、松、杉、トウヒ、ヒマラヤスギなど、針葉樹が数千本植えられ、現在は針葉樹の帯に変わった。たくさんのシャクナゲも植えられた。中近東、アジア、北米由来の新しい樹を競って取り入れた結果であった。いまここを歩けばかつての眺望線も樹で埋まり、ひとは樹林に挟まれ、ひたすら先へ急ぐだけ。シャクナゲを楽しむ他は。

「動物舎」Menagerie はヒル家の人が力をいれたもので、そこには「選りすぐった外国とイギリスの動物と鳥がいる。大きな一羽の鷲。数種のオウム。猿」がいて、「丘の上には本物そっくりの剥製の鳥が置かれた小家あり、管理人の男女が住んでいる。ふたりはアダムとイヴと呼ばれた」（ローデンハースト）。一般にエデンの園の図柄では、アダムとイヴの他に、鳥と動物の雄雌ひと組が草原や森、水辺にたくさん描かれることがよくある。動物舎の趣向はこれを背景とするものだったかと推測される。ここはまだ修復されていない。

「温室」は田舎風のゴシック趣味の建物で前面には五つのアーチを持っていた。オレンジ舎のような建物ともいえたが、主たる目的は休息や軽い飲食にあった。この建物は「周りの景と調和し、前に芝生、オレンジの木、テンニンカ、ゼラニウムが見られた」（ローデンハースト）。一八〇二年、ローランド・ヒル大佐の三〇歳の誕生日がここで祝われた。「温室の壁は半ば以上ツタとスイカズラに覆われ、前方には、森、芝生、池がロマンティックにも楽しくも眺められる。食事の間、音楽家達が演奏した。大佐がエジプトから連れ帰った動物たちが窓の外を行進した」とロンドンの新聞「ザ・サン」が報じている。ヒル大佐はやがてウォータールーで繰り広げられるナポレオンとの決戦ではウエリントン将軍の副官を務め、軍人として名を成し、郷土の英雄となった。そして第一代子爵に叙せられた。ただし家産を継いだ人物ではない。

「白い塔」は六角形でゴシック様式、高さは約九メートル。材は赤煉瓦だが、表面は石灰で白色に仕上げてあった。塔の上から数マイル四方の眺望が可能であった。雨などを避けるのにも便利であった。暖炉が設けられていたから、冬の散策にも利用されたらしい。なお、先に触れた「記念塔」は九〇メートルあり、内部の螺旋階段を上って展望のテラスに出ることができた。ロンドン市長だった先祖の立像は展望のテラスのさらに上方にある。

感想を秘めて

見終わってよくこんな所があった、と思う。

ふたたびタクシーを摑まえるのにひと苦労する。客はみな自分の車できている。タクシーの電話番号はどこにも書いてない。売店の女性に聞いてみる。年輩の女性がホテルに電話をしてくれる。シュルーズベリから呼ぶことになるので一〇ポンドになるが、いいかと聞く。ＯＫだと答える。外へ出て待っているとその女性が出て来て、「Hodnet Hall は近い。自分が車で連れて行く」という。その好意に甘える。

「ホークストーンはどうですか」

「unique で genuine だと思う」（と言ってしまった）。

「その通り」

降りるとき名前と住所を尋ねたが、「これは my pleasure だ」、といって教えてくれなかった。その時の笑顔が忘れられない。ここは無理に聞き出してもいけない、と引き下がる。

趣味人の遊園か。それとも、やや俗に近いか。驚かせようとの安っぽさが見え隠れしないではない。これがホークストーン・パークのもうひとつの感想だった。ヨークに戻ってから、グッドチャイルド先生にホークストーン・パークを訪問したことを話すと、先生は、修復とはいっても商業主義が心配だと言った。かつては、ケルトの古僧（ドルイード）の衣装をまとった案内の者がついた、とも記録されている。

ホドネット屋敷 Hodnet Hall

この庭は中規模。出来は中の上か。観光バスが一台来ていた。他に人影はない。

ここへ寄ったのは、ガイドブックに出ていたし、ホークストーンに近かったから。ガイドブックによれば「屋敷は一八七〇年の建設だが、エリザベス朝様式を採用。湿地に臨む台地の上に建つ。庭造りは一九二二年から故A. G. W. Herber-Percy が始めた。沼地が一連の魅力的な湖と池に変わった。それが庭の背骨をなす。土地は肥沃で、モクレン、楓、ツツジ、シャクナゲ、カルミアなどが見事。湖をアスチルベが縁取る。私が見たうちでは最上のアスチルベ。他に、オニブキ、ミズバショウ、アイリス、サクラソウ。風景式庭園には樫、ブナ、菩提樹。春には水仙とブルーベルの群生で飾られる。湖への道にラヴェンダー。大きな鳩小屋（一六五六）がスカイラインに見える。菜園は整形の装飾園。果樹が壁に平張り仕立てにしてあり見事。野菜や花が収まるのはツゲに縁取られた花壇。七月、私が訪れた時、菜園はデルフィニウム、スイートピー、バラで一杯。子猫がグズベリーの下で戯れていた。菜園では植木や花が買える。喫茶室は天国。犬の入園も紐付きなら可。万歳」。このガイドブックの名は A Guide to Garden Visits. Revised Edition, Judith Hitching, Ordnance Survey（一九九九）。これには五〇〇を越える庭が紹介されている。ここで古い時代の鳩小屋が取り上げられているのは、鳩小屋は地方の貴族階級の目印だったから。鳩の飼育は法律で認めるという制度が布かれていた。肉を食べ、糞を肥料とした。鳩小屋は屋敷の良い位置に建てられることが多かった。

風景式庭園には羊の姿があった。三つの池の造りは趣向が異なりそれぞれ確かに手が込んでいた。屋敷から池に降りる幅広い階段が洒落ている。美しい左右の斜面は灌木や花で整えられている。

見終わったが、とてもタクシーが掴まる様子はない。売店の年輩の女性に聞く。「何とかしてあげられないか」と口に出し、いろいろ考えてくれる。考えあぐねて喫茶室の女性を呼ぶ。彼女がシュルーズベリのタクシーがいいのではないかと、と電話をしてくれる。一五分くらいでくる、という。よかった。ここでもまた、イギリス人の親切に助けられた。門の前で待っていると赤いタクシーが来た。シュルーズベリまでかなりあった。それでも見事、駅前に着いた。一七ポンドであった。町の中心部の Marks & Spencer へ行って夕食用の食品を買う。マークス・アンド・スペンサーは中産階級のスーパーで人気がある。朝、出がけに荷物を預けておいたB&Bへ戻って落ち着く。一人一泊一八ポンドで、値段は昨晩のB&Bと同じだが、心地よさはかなり落ちる。昨晩のB&Bは当たりだった。しかし急な延泊はできなかった。

4　ブラウンによる風景式庭園の極致

■ペトワス・ハウス *Petworth House*

三六〇度の展望——ブラウンの世界に身を浸す

ブラウンの庭とターナーの絵

ペトワスの屋敷と庭の歴史は古く、一三世紀に遡る。なお遡ればウィリアム征服王とともにイギリスにやってきた武人に至りつく。所領は、購入や囲い込みにより、その後しだいに広大になり、一七世紀の末には、それに見合った立派な屋敷と整形庭園が整備されていた。長い正面のアプローチ、立派な厩舎、養魚池、丘状の三段のテラス庭園と遊宴亭、広い菜園兼果樹園。さらに、大きな温室、オレンジ舎、広い林のような樹林、パルテール仕立ての花壇などを含むプレジャー・グラウンド（装飾庭園）があった。

広い菜園兼果樹園から採れたものは、各種の野菜に加えて、アプリコット、桃、サクランボ、葡萄、メロン、スグリ、梨、プラム、イチジクなどであったという。

農園からは、鹿肉、牛肉、豚肉、羊肉、魚がとれ、乳製品が作られた。穀類と氷も自給された。これらの品々は、ロンドンの屋敷にも送られた。

ブラウン Lancelot Brown（一七一六―八三）がこの庭の改修の依頼を受けたのは、一七五一年であった。翌一七五二年、設計図ができ上がり、工事は一七五三年から始まって一七六五年まで続けられた。ブラウンに支払われた額は、五五〇〇ポンドであった。ペトワス農園の年収の半分弱ほどの額であったという。整形庭園は風景式庭園に一変した。それが今残る庭である。元の整形庭園を設計したのは、ジョージ・ロンドンという人気の庭園師。ロンドンは、一七世紀の末から一八世紀の初めの時期、イギリス全土にわたって多くの庭を手掛けた。半世紀の後、それがブラウンの庭に造り替えられた。イギリスの多くの大庭園のたどったコースがペトワスでも見られる。

今、屋敷を背にして庭園に向かって立つと、正面には、芝生が平らに広がり、その向こうに湖、さらにその向こうに緑の丘が見え、丘の背では樹木の連なりがスカイラインになっている。湖の手前、右前方には緩い丘。屋敷から見て左手には、芝生と木立。足元の芝生は、ぴったりと屋敷の土台から始まり、左右ではハハーから始まっている。丘の裾や斜面には樹の旋律的な透かし植えが見られ、中景・遠景に見飽きない変化を与えている。ここでは、屋敷の窓下まで鹿がくる造りになっていた。左のハハーはその鹿から菜園兼果樹園を守り、右手のハハーはプレジャー・グラウンドを守った。

右前方の緩い丘は、もと、三段のテラス庭園があったところ。プレジャー・グラウンドにあった樫、ブナ、菩提樹、西洋カジカエデ、マロニエなどは風景式庭園に移された。風景式庭園の樹はその後も増えた。一七七三年から一八〇四年の間、一万二〇〇〇本を購入した記録が残っている。

屋敷を背に立ってみると、このようなブラウンの庭の眺めと造りが確認できる。

庭園の湖は大規模な工事で造成された。谷川を堰きとめ、幾つかの池をつないで沈めた。使われた土砂は四万七〇〇〇トン。湖底には一万七〇〇〇トンの粘土が敷き詰められた。砂地から水が漏れるのを防ぐためである。造った後の維持にも多くの費用と人手を要した。

屋敷を離れ、この湖に向かって芝生を歩いて行くと、右手の丘の陰に隠れていた湖がさらに広がって、全貌が見えてくる。隠れていた右手の岸辺には、画家ターナーが立って湖岸の風景を描いた場所がある。そこに立ってみれば、湖の眺めの良さを知らされる。ブラウンがもっとも力を注いだのは、湖と周辺の景観であったという。それから一世紀あまり、景観も成熟した一九世紀の初め、当主の庇護を受けたターナーは長くペトワスに滞在した。湖岸の風景を描いた二枚の作品は、当主の依頼によるもの。今、屋敷の室の壁を飾っている。いずれも『ペトワス庭園の湖の夕日』という題の作品で、ひとつは、「水を飲む牡鹿」、もうひとつは、「戦う牡鹿」という副題がついている。いずれも、一八二九年頃—三〇年に描かれた。「水を飲む牡鹿」では、静かな湖面が印象的で、「戦う牡鹿」では、夕暮れになって屋敷前の芝生と丘の斜面に出てきて憩う多くの鹿の姿が印象的である。角を突き合わせて戦っているのは、二頭の白鹿で、広い画面のなかではほんの点景にすぎない。憩いや安らぎが画面を支配している。この「戦う牡鹿」の絵は、屋敷に視点が取られ、そこから夕暮れの庭園が眺められている。夕ーナーが「水を飲む牡鹿」を描いたときの視点が、先ほどの湖岸。

さらに歩いて湖の対岸へ出て、丘の斜面を登り、丘の背に立ち、眺望を確保しながら右手へ歩いていくと、庭園の奥の広がりのなかへ入る。ここからは、丘に囲まれた谷に広がる平地が見える。鹿の群れにも何度か出会う。鹿が走る姿は優美である。逃げなくてもいいのに、と思うが、ややためらった後、デリケートな鹿は結局群れを成して逃げて行く。

右手、谷向こうは、岬のような丘が見える。斜面を鹿と共に下り、平地を横切り、その丘に登る。ここはブラウンの風景を満喫できるすばらしい場所である。三六〇度、どこへ目を転じてもブラウンの風景が目に入り、その美しさが堪能できる。ブラウンの風景に身を浸す、という言い方が心に湧く。ここは庭園全体のほぼ中心の位置を占める。ペトワスの所領は、かつて二度、王室の所有とされた。ヘンリー八世の時とエリザベス一世の時である。エリザベス一世の時は、メアリ（スコットランド女王）への加担、反逆の意ありとされ、当主のトマス・パーシー（第七代伯爵）は処刑、私権剥奪の処分を受けた（一五七二）。所領は一五七六年、伯爵家に戻された。

ヘンリー八世は、一時王室所有となったこの丘の上に遊宴亭 banqueting house を建てた。もとからここは自然の眺めによほど恵まれていたのであろう。したがって、湖を中心として、その自然をより美しく完成させたのが、ブラウンであったといえよう。

もしいま、この風景式庭園を一周するとすれば、五マイル（八キロ）は下らない。ここでは、ブラウンの庭のもうひとつの特徴、大きさというものも実感できる。

ブラウンはプレジャー・グラウンドの改修も行っている。ここでも、整形庭園がミニ自然風景式に転換した。園路が曲線となり、芝生と樹木と灌木の世界となった。ただ、ここではオードリー・エンドなどと異なり、花も見られた。ライラック、バラ、エニシダ、スイカズラ、ジャスミン、バイカウツギ、ストロベリーツリー類など、花をつける灌木が植えられた。植樹も行われた。ヨーロッパ赤松、トウヒ、月桂樹、プラタナス、落葉松、菩提

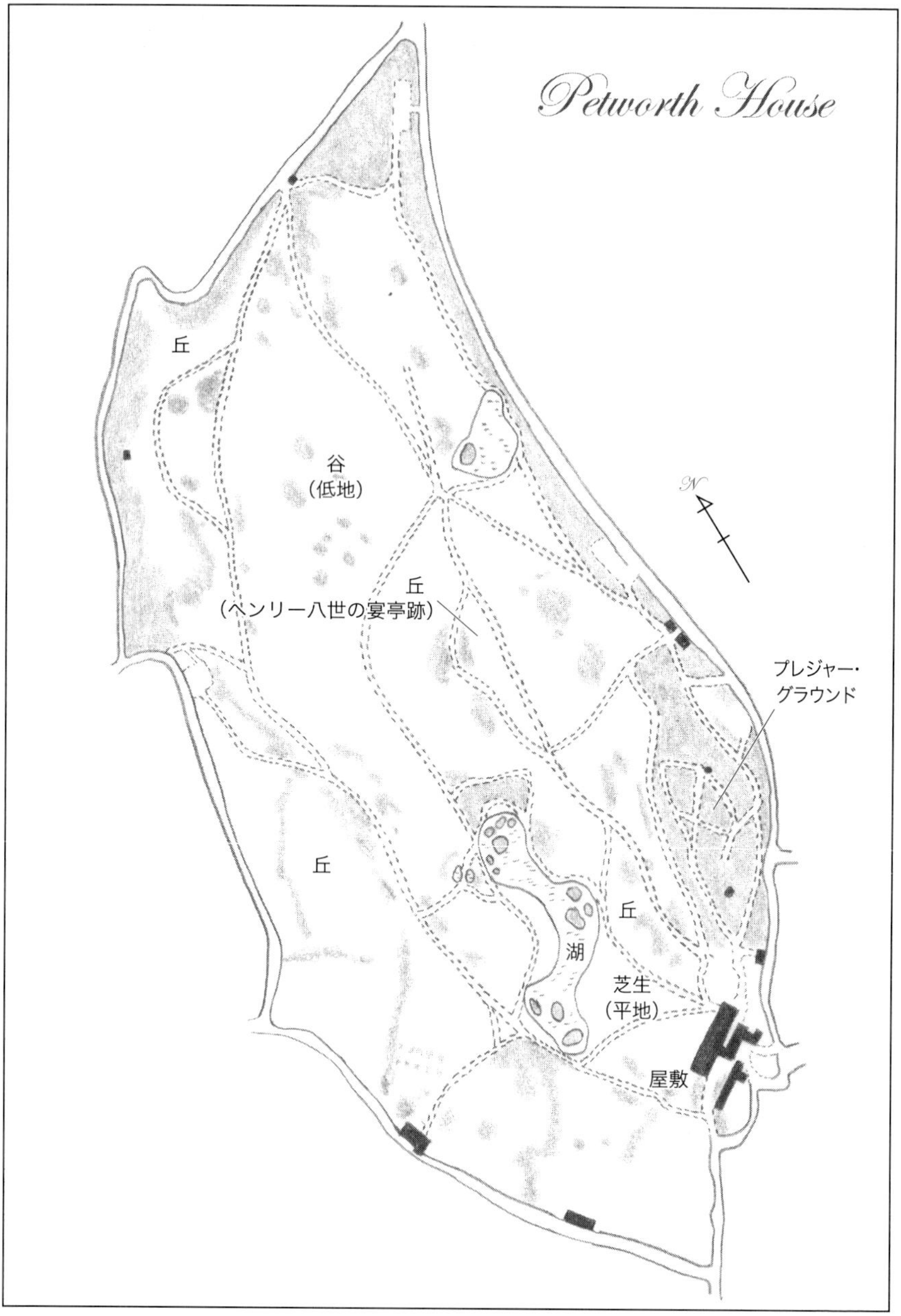
Petworth House
N
丘
谷
（低地）
丘
（ヘンリー八世の宴亭跡）
プレジャー・
グラウンド
丘
丘
湖
芝生
（平地）
屋敷

ペトワス・ハウス　屋敷裏の芝生と丘と湖

ペトワス・ハウス　風景式庭園の広がり

樹、ヒマラヤ杉、アメリカ楓。建築物で残されたのは、ドーリア式の涼み亭と円形神殿のふたつ。菜園兼果樹園は屋敷の南に移された。園路の曲線化は正確にいうと、当初は、樹林の中を走る数本の直線園路を残したまま、周囲に蛇行曲線の園路が巡らされた。

ペトワスの庭と屋敷は一九四七年にナショナル・トラストへ譲られている。

当主たち

歴代の当主はイギリス貴族の習慣にならって、大陸教養旅行に出かけ、フランス、イタリア、オランダなどを訪れ、パリ、ローマ、ナポリ、ヴェニスなどの都市を見ている。そしてイタリア趣味あるいはフランス趣味に従って、家具調度を整え、屋敷の内装を改め、絵画彫刻などの美術品を収集した。イギリスの美術家に目をつけ庇護支援した当主もいる。

ペトワスの所領地は、ノーサンバーランド伯爵家のものであった。ノーサンバーランド伯爵家の本拠は北部にあり、その北部に幾つかの所領地をもち、ペトワスは南部の所領地であった。

興味深い当主も何人か出ている。ナショナル・トラストの案内書に依拠して語りたい。おそらくもっとも興味を引かれるのは、第九代ノーサンバーランド伯爵ヘンリー・パーシー（一五六四—一六三二）であろうか。大陸教養旅行に出て、フランス、北イタリア、ネーデルランドを訪れた後、フランスに落ち着いた。父の死で帰国。若い頃は女と散財の人生だったが、やがて所領経営の建て直しに取り組む。年収も確実に上がるようになる。一五九八年には、三〇〇〇ポンドから六六〇〇ポンドへ増収、一六二〇年代には、純収益一万一〇〇〇ポンド。一六三二年、死を迎えた年には、純収益が一万三〇〇〇ポンドに達したという。

伯爵は当時では珍しいほど多くの書籍を図書室に備えていた。数学、科学、医学、地理、歴史、戦術、錬金術、魔術、建築から古典・現代文学に渡っており、その多くに書き込みがなされていた。馬の飼育、砦の築き方という実用書もあった。ラテン語、フランス語、イタリア語で書かれた本も交じり、ノン・フィクションもあった。シェークスピアやマーロウの作品もあった。伯爵は三人の学者を雇っており、ひとりに図書の管理をさせていた。伯爵が雇っていた学者の専門は、数学と天文学、ケプラーの光学、代数学、地理学などで、ひとりは世界周航に参加した経験をもっていた。他のひとりは、アメリカを旅したことがあった。伯爵自身は、占星術、錬金術、科学の知識が深いとの評判であった。占星術や錬金術は、当時は、最先端の宇宙論や世界観であり、物質の科学であり高度な実用の技術であったことを思い出したい。伯爵の図書室は世間一般の知識水準をはるかに超え、アカデミーともいわれた。

伯爵は、陰謀の嫌疑をかけられて科料三万ポンドを科せられた上、ロンドン塔に幽閉される（一六〇五―一二一）という運命にも見舞われた。ただ、与えられた室は贅沢で広かった。ちょうど幽閉中のウォルター・ローリーの友人となった。伯爵は幽閉中に、屋敷の大改修計画を立てたが、実行に移されたのはごく僅かであった。庭園にはほとんど手をつけなかった。この多才な伯爵はいつしか耳が聞こえなくなったという。

机に肘をついて座りこちらを見ている伯爵の肖像画が残されている。跡を継いだ息子がヴァン・アイクに依頼して描かせたもの。夢想、哲学、理論、大きな構想、実務、いずれにも優れ、遊びと散財の心と同時におそらく強い禁欲の心も持ちあわせた複雑な性格を読み込むことができる、と思わせる肖像画である。

第三代エジャモント伯爵ジョージ・オブライアン・ウィンダム（一七五一―一八三七）もおもしろい。伯爵の名がノーサンバーランドからエジャモントに変わっているのは、男系が途絶えたからである。

かれが当主であった時期は長い。不作の時期もあり、麦に代えて米やジャガイモを植えて凌いだこともある。農業、林業、園芸に興味があり、本や雑誌も取り寄せていた。一九世紀初め頃の園芸雑誌とは、The Garden, The Botanical Magazine, Flora などであった。

第三代は、ペトワスの農園で様々な新しい試みをした。作物の輪作、競走馬の飼育、牛の品種改良、羊のそれ。豚を夏の間放牧して草だけ食べさせる実験も試みた。魚の放流も試みた。新しい農具を考案した。新たに七五エーカーの土地を囲い込み、開拓した。雑木を伐採し排水工事をして有用な土地に変えた。一七九三年から王国の農業評議会の委員長に招かれたが断り、委員の方を務めた。イギリス近代農業の改革者アーサー・ヤングの友であった。伯爵自身も近代イギリス農業の父のひとりに数えられる。

伯爵は、地域社会の人々にも優しかった、という。所領で雇った。道路や運河を造り、そこに働き場所を作った。道路、運河はロンドンへの輸送を容易にし、地方経済の発展を促した。貧しい人々に衣食を施すこともした。年に一度、農園を開放し、ご馳走をふるまった。一八三五年の開放日の様子を描いた絵が残されている。屋敷の前、ブラウンの造った庭園の芝生に多くの人々。近景に、走り回るひとりの子供が描かれていて、印象的である。土地の人々はこれを夏のお祭り、といった。

伯爵は地域の人々に天然痘予防の種痘をさせた。病院、学校、救貧院、ガス工場、ペトワス市庁舎の建設、あるいは資金援助をした。社会事業に使われた伯爵のお金は、年二万ポンド位であったといわれる。六〇年にわたり合計一〇〇万ポンドを超える私財が投入された。伯爵の年収は一〇万ポンド。所領地は、カンバーランド、ヨークシャー、ウェスト・サセックス、アイルランド、イギリス西部など合わせて一一万エーカーであった。

第三代伯爵は芸術家の庇護もした。ターナーはそのひとり。他に、コンスタブル、フィリップス、カルー、クリント、レズリー、ビーチー、チャントリ、ヘイドン、グレヴィルなど。かれらはいわゆる食客。伯爵は、ターナー、フューザリ、バリーなどまだ世に認められる前からその作品を買って支援した。

大広間では美術学校のように自由に名作の模写をさせた。ペトワスの屋敷に滞在した芸術家は伯爵と朝食や正餐を共にし、自由な雰囲気の中で気持ちよく過ごした。

仲間内のような親しい関係にあったのは、ターナー、ビーチー、チャントリ、フィリップス、レズリーであったという。

コンスタブルの来訪は一八四三年。伯爵はコンスタブルができるだけ近隣の風景を見られるよう、毎日馬車を用立てた。コンスタブルは、水彩やスケッチをたくさん描いた。庭園も描かれた。ただ、残念なことに、コンスタブルには伯爵からの絵の注文はついになかった。

彫刻家のカルーは一八二〇年頃から伯爵家の仕事を依頼され、一八三二年から三七年まで、ペトワス近くに住み、南海岸のブライトンにはスタジオを用意してもらった。仕事への報酬も惜しみないもの。その上、五万ポンドの借金も払ってもらっている。

伯爵がもっとも評価していた画家は、ラファエロにホガースであったという。共通点は、とあえていえば、優雅な曲線であろうか。

伯爵の集めた絵画や彫刻は、聖書・神話・歴史を主題にした伝統的なものと肖像画。それに、シェークスピア、ミルトン、スウィフト、トムソン、セルヴァンテスなど文学から主題を得たもの。それに加えて風景画であった。

伯爵はカトリックで、顕彰は好きでなかった。ガーター勲章も辞退した。

一八三七年の葬儀の模様をグレヴィルが描いている。

「町の店はみな閉まり、町中の仕事は休み。すべての住民が参加。列に付き従う者、道に並ぶ者。馬車に乗る者は一人もなく、伯爵の棺の後について歩く。列はいつまでも長かった。葬儀には庇護を受けた芸術家の多くが顔を揃えた。ターナー、フィリップス、カルー、クリント、そして私」。

このペトワスの庭には、ロンドンから汽車とバスで比較的簡単に行ける。プルバラ駅に降りると、駅前にはタクシーもある。

■オードリー・エンド *Audley End House*

緑一色の世界——ブラウンの庭の美しさ

ブラウンの美学と閉じた庭

この庭園では、イギリス風景式庭園の見事な一類型を造り上げたブラウンの庭の美しさを改めて確認し味わうことができる。すでに門を入る時から、期待感を掻き立てられる。いい庭にはよくこの予感めいた感情が伴う。手入れがよく、植物が生き生きしている、緑が滑らかである。快い眺めがすぐ目に飛び込んでくる。屋敷の前方には芝生の広い一面。その先に緩い曲線を描いて横たわる湖面。その向こうは、また広い芝生。芝生は、丘の斜面を駆け上がっていく。その頂で辺縁を閉じているのが樹木の帯。ブラウンの庭特有の樹帯 belt と呼ばれるもの。丘のスカイラインはこの樹木の帯。その帯の中心に古典様式を模した明るい色の円形神殿。眺めの焦点となる点景建築である。丘の傾斜は緩く、一面に太陽の光が眩しい。ここに、高い樹木が群れとして、また一本立ちとして、美しく旋律的に配されている。屋敷の正面に立って眺めれば、この美景に包まれてしばし幸福な気持ちになる。余事はすべて、しばらく心から消える。湖の左手に石橋、右手には煉瓦橋。これもおのずと目に入り、眺めの彩りとなる。ここが西庭と呼ばれている部分である。

この部分を造ったのが、ブラウン Lancelot Brown（一七一六—八三）である。一七六三年の春から翌年の春まで、六六〇ポンドで請け負った契約書と設計図が残されている。神殿（一七七四）と石橋（一七六四）は、当時の建築界の第一人者だったアダム Robert Adam（一七二八—九二）が設計した。

それまでここにあったのは、大きな整形庭園。屋敷の周辺に数面の立派な庭と長短の複数の運河。いずれも長方形。庭はいずれも煉瓦塀で取り囲まれ、それぞれが独立した性格を持っていた。屋敷の正面からまっすぐな並木の長いアプローチが公道に続いていた。公道の向こうは生垣で囲われた牧場。ちなみに、いまでも公道は、この西庭を横切っている。ロンドンからノーウィッチへいく主要道路である。湖の向こう、丘の裾を通る。

ブラウンの庭は、このような前代の趣向に拠った整形庭園を全面的に改修して造られた。長い直線のアプローチはなくなり、屋敷の正面筋にあった門は、庭の左右に移された。屋敷へ向かってうねり上下する曲線のアプローチが二本造られた。数面の庭も取り払われた。運河（長方形の池を意味する専門用語）の直線は緩み、軟らかで自然な曲線になった。牧場の斜面は土を削られて傾斜が緩くなり、かつ、微妙な起伏が加えられた。芝（牧草でもある）の種がまかれ、多数の樹木が植えられた。ブラウンが植えるのは、イギリス固有の樹木が主だった。外国種も使ったが、土着の樹と調和するものに限った。風景式庭園は、イギリスの自然の完成である、との考えに立っていたからと推定される。樫、ブナ、ニレの他に、菩提樹、カラマツ、モミ、月桂樹、ポプラなど。公道の両側には、ハハーを設けて巧みに道路を隠した。同時に羊や牛も牧場から出られないようにした。こうして水平方向で見ても、垂直方向で見ても、緩くうねって続く曲線で構成された広くて新しい景観の庭園が生まれた。内には、新たな一体感と調和が生み出された。庭園を走る視線は遮るものがなく一気に広く遠くまで馳せた。花の咲く、たとえばライラック、バラ、スイカズラなどの灌木類は使わないので、ここはまた、緑の世界であった。屋敷の前から牧場を超え、庭園の辺縁をなす樹木の帯に至るまで緑一色。色彩面では、緑の色合いの差、輝きと影などが美的な鑑賞の対象となった。緑の美——これに感応するには、見る者は、それなりに教育されていなければならなかった。

この新しい庭園は、閉じた庭園であった。庭園の周辺は樹木の帯によって隙間なく取り囲まれていた。庭園の向こうに望まれるものは、ひたすら空だけ。周囲の村落も、耕作地も、牧草地も森林も視界から消える。

なぜ、ブラウンは再び、閉じた庭園を目指したのか。イギリスの中世の庭園はヨーロッパのいずこことも同様に、囲われた庭園であった。修道院の庭と城の庭、市民の庭。すべて石や煉瓦の塀で囲われていた。近世以降、イギリスの庭園は、外への関心を示すようになった。この動きもヨーロッパが示し始めた傾向と同じである。イギリス人達は、塀で囲われた庭園からともかく外の世界を覗こうとした。高いところを作って外を見ようとしたのがマウンド（また、マウントともいう）やテラス、また、隙間を作って透かし見ようとしたのが、透かし柵であった。これは、フランス由来のもので、クレール・ヴォワイェとよばれた。一八世紀の初期、ブリッジマンなどの造った移行期の庭園では、テラスあるいはテラス・ウォークが造られ、かなり広く庭外の世界と対面できるようになった。その後およそ一七三〇年代になって、初期風景式庭園が誕生する。この庭では、外の景観が遠望されるのがふつうであった。遠望される景色は庭の構成の不可欠な一部ですらあった。代表的な例を挙げれば、素人造園家ハミルトンの造ったペインズヒルがそうであったし、造園家ケントの初期の代表作ロウシャムがそうであった。ケントのあと一世を風靡することになったブラウンは、なぜ、また庭を閉じてしまったのか。

この点に関心を持った研究家の答えは、

・庭園に基本型を定める
・プライバシーを守る
・耕作地は美しくない distasteful とされるようになった

である。

庭園の基本型を定める、という理由は、造形面にかかわる答え。プライバシーを守る、は主に心理面にかかわる答え。耕作地は美しくないとされるようになった、は主に、美的感覚に係わる。

これらの理由をとりまとめて言い直せばつぎのようになるだろう。ここは、囲われており、外部とは没交渉である。外部から覗く目はなく、プライバシーは確保され、快適で、いるのは自分（達）だけ。空間は独り占め。醜いものは排除され、不快なものは侵入してこない。ここは、美的で快適な空間。そしてしっかりと囲われ、外界は排除されている。これは、いうなれば、一種のアルカディアだった……。

ブラウンの風景式庭園は、一八世紀のイギリス地主貴族（軍功や政治、行政の功で王により貴族に取りたてられた新貴族も含めて）たちが求めて造った楽園の一類型だったのかもしれない。それは、一面で時代の貴族層の（深層）心理に通ずるものであったのだろう。一八世紀半ばの時代は、地主貴族の繁栄した時代。政治権力も強かった。一九世紀初めの翳り、その世紀末の凋落はまだ遠い先のこと。ブラウンの庭はアルカディアだった、とストレートにいう研究家もいる。私の知る限り、まだひとりだが。私もそれに近いことを考えていた。ブラウンの庭園は、牧畜農業林業を基盤として栄えるイギリス地主貴族が、本拠地に設けた楽園。我が世の春を謳歌する気分が貴族層の間に漂っていた気配もある。その庭は、誇りある楽園であり、謳歌の心の反映。おそらく時代の平和と楽観も背景にしていたであろう。外国との戦いは断続していたが、相対的には、平和といえた。国内もひとまず安定していた。貿易・通商は盛んで富を生み新階層を生み出したが、まだ工業の時代ではない。

ブラウンの風景式庭園では、庭の外に見える景色のうち、畑地 farmland または arable や森林 woodland は好ましくないとされ除外されたが、牧場 pasture は許容された。畑地の緑は作物によりまちまち、収穫期には枯葉色に変わり、やがて土色になる。おそらくこれが嫌われるようになった理由であろう。畑には農作業をする人々の姿も見える。ちなみに、牧草の栽培地 meadow も排除された。春先のビロードのような牧草の緑は、八月ともなれば、刈り入れ時を迎え、枯葉の色に変わる。それを刈り取ってしまえば土と枯茎の色が残される。

また森林 woodland はそのままでは、密生しており、樹は美的に配置されていない。美しいとされるためには、樹は間引かれ、地面は芝生地となり、芝生の広がりの中に、樹が群としてまた一本の立派な樹として配置され直される必要があった。中世に由来する鹿の狩猟園 deer park の多くは、すでに屋敷の側に移され、おおむね芝生地になっていたから化粧直しは比較的簡単であった。樹（群）を乗せた芝生地は、傾斜地であることも必要であった。樹（群）の並べ方はおそらくブラウンの独特の感覚によるものだったのであろう。並べ方は美しく独特で、一目でわかる。今、ブラウンの庭の樹（群）を目で追うと、横に緩く波打つ蛇行曲線で順につながっているよう

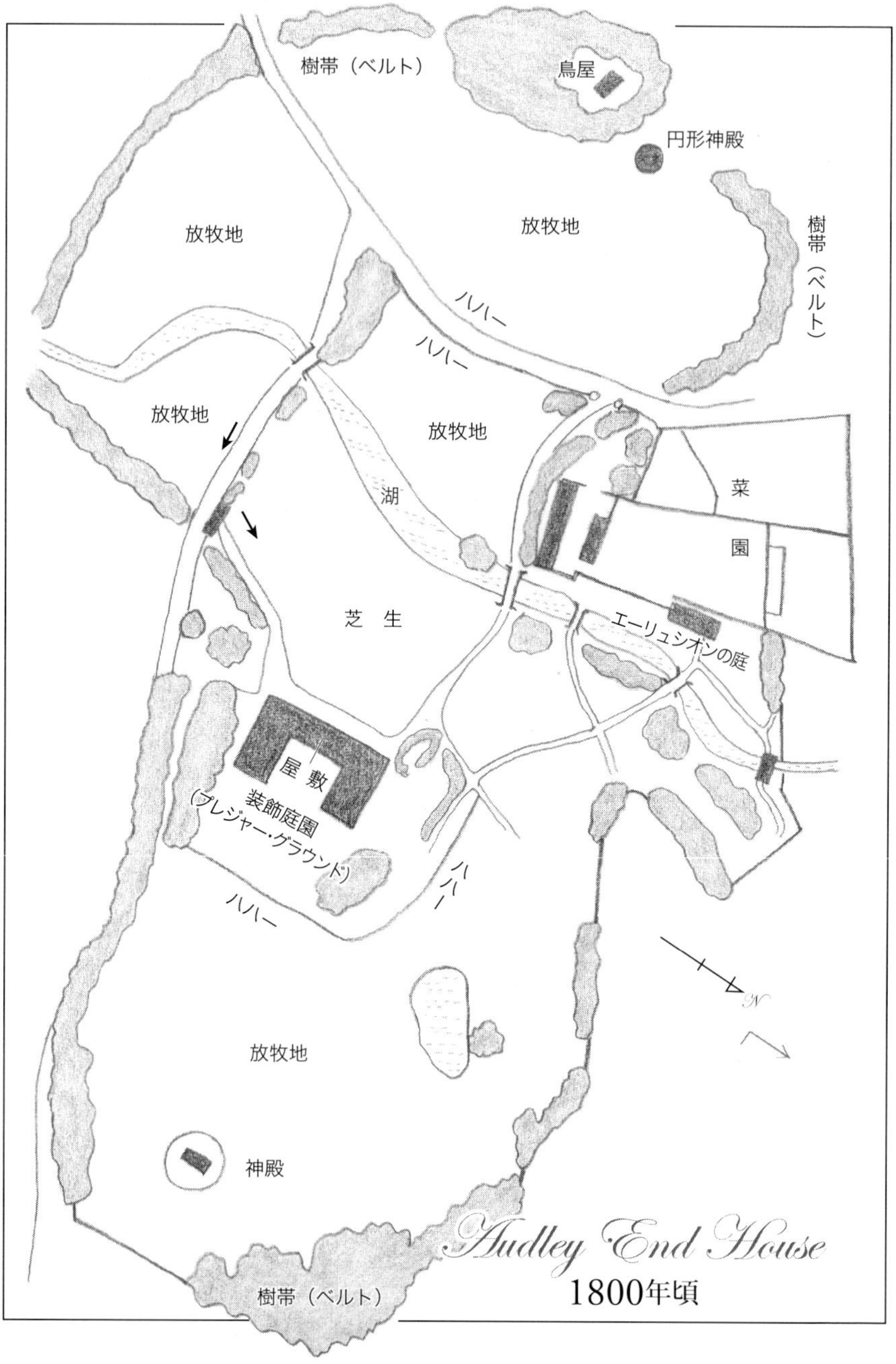
樹帯（ベルト）
鳥屋
円形神殿
放牧地
放牧地
樹帯（ベルト）
ハハー
ハハー
放牧地
放牧地
湖
菜
園
芝 生
エーリュシオンの庭
屋 敷
装飾庭園
(プレジャー・グラウンド)
ハハー
ハハー
N
放牧地
神殿
樹帯（ベルト）
Audley End House
1800年頃

オードリー・エンド　ハハーと屋敷

オードリー・エンド　屋敷前の芝生と湖と橋

に思えることが多い。いわゆる serpentine curve である。この曲線は、ブラウンの庭のいたるところに現れてくる曲線。湖岸、川、丘陵（芝生地や牧場）の起伏、スカイライン。おそらく樹（群）を見えない線でつないでいるのも、これなのであろう。密かに潜んで、目に見える庭園内の同じタイプの曲線と呼応している。

この美学がブラウン独自の感覚から生まれたものであることはほぼ間違いないであろう。ただ、それはまた時代の感覚であったことも見逃せない。バークの滑らかさ（一七五七）やホガースの蛇行曲線（一七五三）が思い出される。バーク Edmund Burke（一七二九―九七）は『崇高と美の観念の起源の探求』A Philosophical Enquiry into the Origin of our Ideas of the Sublime and Beautiful（一七五七）において、美が感じられるためには、まず、滑らかさが必要だとした。美を生み出す条件は、その他に、規模の小ささ、ゆっくりとした移りゆきや変化、形の微妙さであるという。smoothness, smallness, gradual variation, delicacy of form である。他方の崇高さは、恐ろしさ、暗さ、規模の大きさ、線の不規則さに関連して生まれる。人間が、そうしたもの、たとえば、暗く深い谷の上にそびえる奇岩や崖などを目にした時に覚える感じが、崇高さである。イギリスでは、ウェールズの山地や湖水地方の景観に崇高さを覚えるのが例であった。画家のホガース William Hogarth（一六九七―一七六四）は、『美の分析』The Analysis of Beauty（一七五三）において、うねうねと曲がる曲線の美しさを唱えた。serpentine line である。このように相似た感じ方は、時代に共通する感覚であり、また共通する美の趣向であったと考えられる。

牧場 pasture はよしとされた理由は何か。一年中緑である、からであろう。均質の緑が続く。ブラウンの庭園は、この牧場を内部に取り込み、固有の要素として成り立っていた。牧場にいるのは、羊や牛。ときには鹿の群れ。見え方は様々なヴァリエーションがある。羊だけのことも多い。まれに牛だけのこともある。ここに羊、かしこに牛という場合もある。それらのケースに鹿が加わる場合がある。優雅な鹿だけ目に入るところもある。おそらく、眺めて美しく、品もよいとされたのは、鹿＞羊＞牛の順であろう。序列や美醜はともかく、いずれも衣食の源となる有用の動物。ブラウンの庭は経済性にも配慮された庭園であった。アルカディアである一方で、財を生む有効な土地利用も考慮されていた。

ブラウンの装飾庭園（プレジャー・グラウンド）

ブラウンがオードリー・エンドで手掛けたのは、他に、屋敷の傍らのプレジャー・グラウンドと呼ばれる部分。屋敷の南、東、北と回って、コの字になっている。ここをやはり整形式から不整形式に変えた。ここは、手近な家族の散歩や娯楽の場所。とくに天気のよくない時に便利であった。手軽に屋敷の室から直接出ることができた。屋敷の裏手（東）や横手（北）に広がる牧場（後述）の牛や羊が、プレジャー・グラウンドへ闖入してこないように、境界にはハハーを設けた。鉤形に走るこのハハーはいまも立派に残されており、牛や羊のいなくなった元牧場と屋敷裏手の整形庭園（一八三〇年代の改修でできた）との境界になっている。

ブラウンの造った庭園を語るとき、このプレジャー・グラウンドが云々されることは稀だが、実は、ブラウンは多くの庭にこれを設けている。造りは、風景式庭園の部分とほぼ同じで、ここはまず芝生地。そこに樹と灌木を置く。そして、点景建築物や花。このふたつは、伴う時と伴わない時がある。花はふつう外部から見えないように緑の樹木によって隠された。花は花壇に収められるときもあるし、ボーダーになる時もある。花は主に、花の咲く灌木類や草花。ブラウンの庭を一般的に花のない世界というのは、だから少し正確ではない。ただ、表向きの庭は、緑の風景式庭園。ちなみにオードリー・エンドのプレジャー・グラウンドに、花はなかったらしい。

造園後のオードリー・エンドの姿を描いた絵（W・トムキンズ、一七七八―七九）がある。屋敷の裏手（東）にある牧場の頂から屋敷を俯瞰し、さらに表（西）の庭園の緩い斜面とその頂の緑の帯、その中央に割り込んだ円形神殿を描いている。緑一色の世界で、牧場には、牛の群れ（ここには羊もいたが、描かれた範囲から外れている）。二頭の白馬が交ざっている。屋敷と円形神殿は明るい黄色で、白に近い。今、わかりやすいように牧場といったが、ここも庭園の一部。この部分は、ブラウンの後を引きうけたジョウゼフ・ヒックスが造った。屋敷はロバート・アダムの設計で新古典主義の端麗な建築。これもそれまであった一七世紀初期のジャコビアン様式の屋敷を大幅に改修して生まれた。

施主グリフィン

一八世紀の半ば、イギリスの裕福な貴族は、庭の改修にはブラウン、屋敷の改修にはアダムを雇うことが多かった。当代きっての造園家と、もっとも評判の高い建築家であった。ブラウンの庭園とアダムの屋敷。ともに、簡素さと優雅さを旨とした。英語で言った方が分かりやすいかもしれない。simple で elegant なもの。かれらが目指したものがこれであった。むろん、庭だけはブラウン、あるいは屋敷だけはアダムという例もある。アダムが造ったのは、端正な新古典主義の建築。

オードリー・エンドで、ブラウンもアダムも、施主のグリフィン卿（一七八四年から男爵）の全体の構想の中でそれぞれ役割を与えられて仕事をしたことはいうまでもない。グリフィン卿は、軍人で七年戦争（一七五六―六三）に参加。叔母のポーツマス伯爵夫人からここを譲られた。引退の時期と重なり、グリフィン卿は、趣味と余暇の人となった。庭園造りと屋敷の改修に乗り出す。庭造りにかけた時間は、一七六二年から一七九四年のおよそ三〇年であった。このうち一七六三年から六四年がブラウンに庭の改修を依頼した時期に当たる。グリフィン卿は、このブラウンの庭の周辺に、「エーリュシオンの庭」と名付けた小庭園を造った。つまり庭園内庭園で、一七八〇年頃。ここには、ブラウンの緑の世界から追放された花がはやくも回復している。トルコ風テントなどブラウンの庭では受け入れられない点景建築もある。段々滝、冷水浴場、橋などもここに設けられた。「メナジュリー」と呼ばれる鳥屋も西の庭の頂上付近に造られた（一七七四）。これらのすべては、樹木の帯で巧みに隠されて見えない。東の牧場の頂には、「協和の神殿」と名付けた四角い神殿（一七九〇）、北の牧場の中腹には、

「ポーツマス夫人記念柱」(一七七四)も造った。庭園のやはり辺縁には菜園の増設もしている。菜園もやはりブラウンの樹帯の向こうに隠されている。

庭の余暇

今日、この庭園を訪れる者は、庭園を巡り、眺めるだけだが、かつてグリフィン卿の時代、この庭園はどう利用されていたのだろうか。ここは家族と客が、回遊し、遊び楽しむ場所であった。眺めて楽しむ。庭園内の眺望では、それぞれ端に置かれた神殿などが焦点となった。散歩して楽しむ。散歩するにつれ、眺めの美しさが変化した。楽器を奏する。それに耳を傾ける。絵を描く。湖では釣りをする。軽装帆船に乗って楽しむ。おそらく舞踏もしたであろう。円形神殿に達すれば、お茶を飲む、音楽を奏し聴く、あるいはトランプをする。壁に刻まれた碑銘の意味を読み解き味わう。「メナジュリー」では、珍鳥を見る。多色のキジの他に、ワシ、オウム、カナリア、五色ヒワなどがいたという。ここにも茶菓の設備が備えてあった。そのための厨房と喫茶室があった。これらの楽しみと社交の間に、会話もはずんだであろう。菜園でとれた珍しい果物も供されたであろう。庭園に出て、読書をし、日記を綴り、手紙を書いたかもしれない。これらの行為のほとんどは、屋敷内の室々でも行われた貴族の余暇過ごしであった。舞台が庭園に移されただけともいえる。人々は、時には馬上の人となり、また軽快な馬車を馬に引かせて、この風景式庭園を巡った。

一七八八年に描かれた絵(W・トムキンズ)には、男二人、女二人の四人が、「エーリュシオンの庭」へ向かって歩いていく後ろ姿が描かれている。ちょうど段々滝の上にかかる橋を渡ったところで、絵の中央には青白縞の華奢なトルコ風テントが見える。段々滝は、なぜか異様に白い。画面の前景には、花壇の花々。中景にも花の帯。ナデシコ、アフリカン・マリーゴールド、ユリ、チャイナローズ、スイカズラなどが、散策路を飾り、かれらはあたかも花の天国を歩いているかのようにみえる。これはもう次のレプトン時代の庭の愉しみである。

この庭園と屋敷は、英国遺産基金 English Heritage の手で管理・維持されている。修復したのもこの組織である。往時ここにいた牛、羊、鹿の姿はいまは見えない。

■スレッドミア *Sledmere*

不毛な台地の緑化――ブラウンの庭と土地改良

五月二七日。ドリフィールドまで鉄道とバスで行き、そこからタクシーに乗った。バスやタクシーはよく見掛けるイギリスの緑の風景の中を走ったが、この地方はもとは、ヨークシャー・ウォルドと呼ばれる白亜層の台地。不毛に近かったところである。わずかな草を追って牧羊が行われていた。一七世紀でも狼が徘徊。イギリスでは寒村地帯としてよく知られていた。スレッドミアは、この台地の北端から六マイル離れたところにあった。マナー・ハウスが一軒。狩りの時だけ使われた。

一七世紀の中頃、これを買って、常住する人物が出て、農園の経営に乗り出し、いわゆるこの地の郷士 squire となった。三代目の当主リチャード・サイクス（一七〇六―六一）が屋敷を大改修し、庭も整えた。庭は整形式だったらしい。こののち、ふたたび屋敷を造り替え、庭園を風景式に変えたのが、五代目のクリストファー・サイクス（一七四九―一八〇一）である。この時は、たんに庭や屋敷の美化ではなく、不毛の台地に営む農園の改良の一環で、庭造りは農業・牧畜の改革と不可分に結びついていた。まさしく全体でひとつの地所の改良事業 improvement であった。そして、その益は周辺に及んだ。

一七七五年、スレッドミア周辺の土地の囲い込みを認める法案が議会を通る。クリストファー・サイクスは、同年にトマス・ホワイトに庭園の設計を依頼する。翌一七七六年にそれが提示される。意にみたず、今度はブラウンに依頼。一七七七年ブラウンが来訪。翌年再訪して、その秋に案が出された。当主はこれもそのまま採用しなかった。両案を勘案し、良いところを採った。

ホワイトの案もブラウンの案も基本では同じであった。庭園とする土地の辺縁を樹木の帯で取り囲み、内部の要の場所に樹のスクリーン、樹（群）を配したもの。なぜかホワイト案のほうが広い。両案ともいまスレッドミアの展示館に示されており、見比べることができる。ただ、ブラウン案は、既存の樹を考慮したため、硬かった。当主はこれをより柔らかに、よりブラウン的に変えた。案を固めた当主は、植樹に拍車をかける。一七七八（一一月）—七九年（四月）の半年の間に、一七万七二一〇本が植えられた。一〇〇〇エーカー（四〇〇ヘクタール）以上の土地に、ブナ、スコットランド赤松、落葉松、その他が植えられた。植樹そのものは、もっと以前から始まり、一七七一—一八〇〇年の間、植樹に費やされた費用の合計は、八六四八ポンドであった。当主は、理想の風景式庭園を実現させるために、村をそっくり東に移転させ、公道（ヨークとブリッドリントン間）を北に移した。教会だけが元の場所に残され、今、屋敷の西側にある。新しい庭から、村の姿は隠され、公道の往来も見えなくなった。庭園は一家だけの世界として、屋敷の南面に広がることになった。屋敷と庭を描いた絵（Th・モルトン。一七九五年）は、屋敷付近を散歩する三組の人々と木陰に座る数頭の鹿を描いている。芝生はブラウンの庭の特徴を示して、ゆるく起伏して屋敷の壁まで延びている。絵は色調といい、構図といい、あのクロード・ロランの風景画を下地にしたものであることは間違いない。画家の目は庭から屋敷を見る。画面の前景では樹が左右に分かれて立ち、そのあいだを芝生がゆるく広がって、中景。そこに屋敷が建っている。屋敷の背景は、木立と白いオレンジ舎。このような風景の背後には晴れた淡い空。空は全体の図を柔らかく包むように描かれている。まさしくクロード・ロランが描いた理想の風景画の換骨奪胎。今様のロラン風の絵といえる。おそらく最大の特色は平安を様式化したような絵であることだろう。クリストファー・サイクスは自分の庭園をそのような性格のものと理解していたのだろうか。一時期のたんなる流行だった節もないではない。実は、この時期、様式化したといえるこのような絵を描いてもらった地主貴族は少なくなかった。

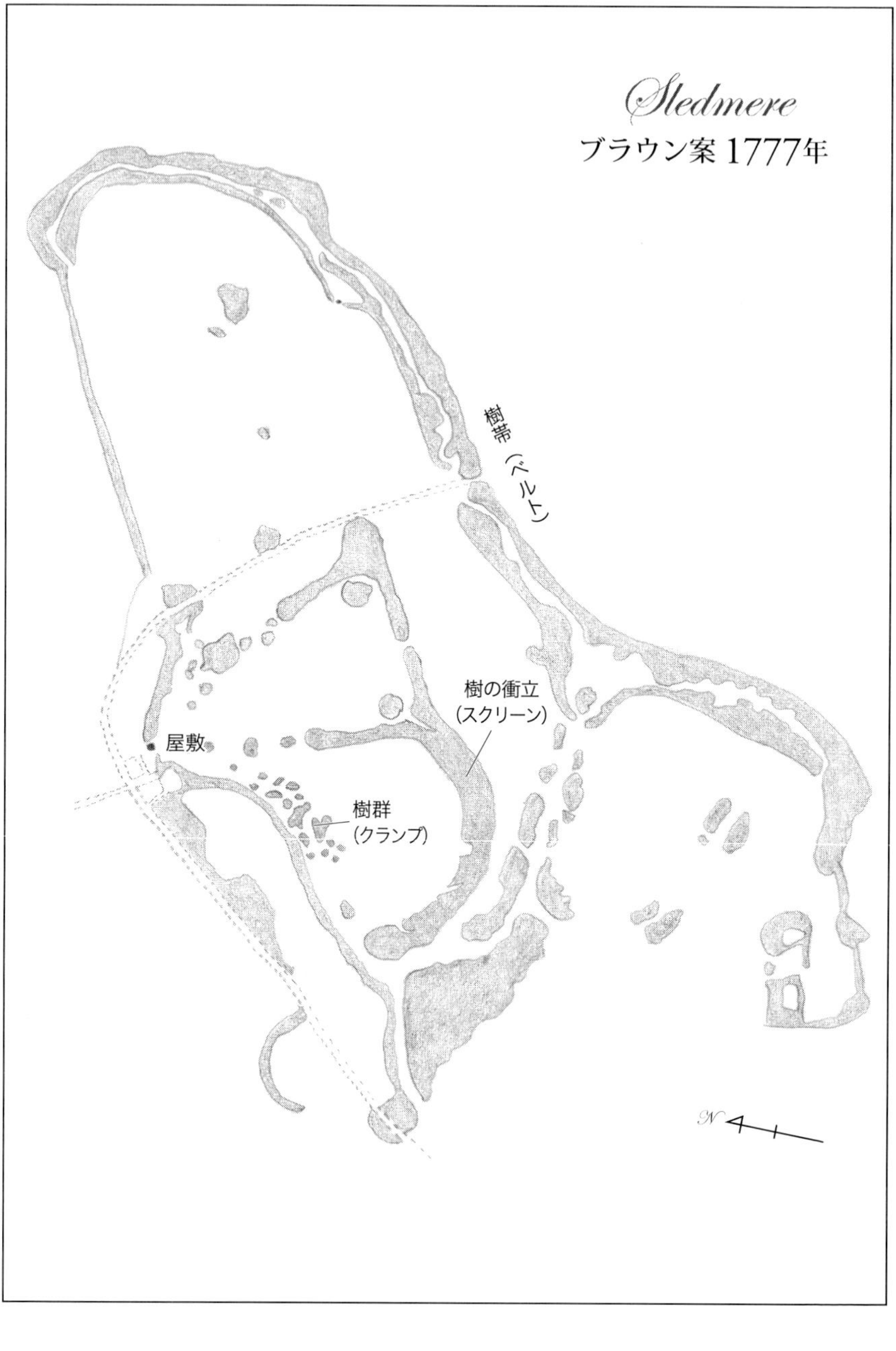

Sledmere
ブラウン案 1777年
樹帯（ベルト）
樹の衝立
(スクリーン)
屋敷
樹群
(クランプ)
N

スレッドミア　屋敷から風景式庭園を見る

スレッドミア　18 世紀の絵画

サイクスは、屋敷の設計もやはり、ふたりの建築家に依頼。そしていずれもそのまま採用はせずに、ジョン・カー案に近い独自案を作っている。ジョン・カーはイギリス北部では名の通った建築家であった。サイクスの案は、綺麗で簡素、並々ならぬ才能が示されている。建築費は二万ポンドであった。

クリストファー・サイクスは、二〇〇〇エーカーに及ぶ農園で農業と牧畜の改良に取り組み、一七八三年、不毛の台地ウォルドにおける農業牧畜改良事業の功を認められて、男爵に叙せられた。男爵の死後、記念碑が建てられ、そこに娘の言葉が刻まれた。娘は父の功績を、「地所周辺の数千エーカーにわたる広い不毛の牧羊の土地を、よく耕され樹が多くて森のように見える土地に造り変えた」と称えている。娘の言葉は割り引かず、ほぼそのまま受けとってよいようだ。男爵が亡くなった一八〇一年「ジェントルマンズ・マガジン」に載った死亡記事は、様々に男爵を称え、改良事業は一〇〇マイルにわたる地域に広がった、としている。

いま、風景式庭園はほぼ原状のまま残されている。私どもは牧場を歩き、鹿や羊の群れ近くに寄ってみた。ハハーの壁をよじ上った。回遊路（黄色の標識に従って歩く）を歩き、樹木のベルトの中にも入ってみた。ブラウンの庭では、ベルトの中に回遊路が通っていることが多い。畑を勝手に横切ることもした。作物は、菜種、麦、トウモロコシなどであった。畑地には白い破片のような細かい石が無数に混っており、地味がよいとは思えなかった。しかし、これは、農業改革に取り組んだ男爵が生み出した緑の世界の一部。

男爵の功績は大きいとしなくてはならないだろう。スレッドミアの造園や土地改良 improvement には、囲い込みや村の移転など、一見して、非難されがちな内容も含まれている。しかし、囲い込みにも功と罪の両面があるようだ。少なくとも日本では、村民共同の土地を奪った、という目で見られがちだが、実態はそう単純ではないようだ。スレッドミアは、囲い込みのむしろ功の方を語ってよい例かもしれない。一般論だが、共同利用地は、過放牧で生産性が低かった、といわれる。ここを利用できたからといって村民の生活の向上や改善が期待できたわけではない。共同利用地は、大局的には、私有となって有効に活用された方が良かったのだ、という論もある。

囲い込みによって、だれも利用しない沼地が、耕地や牧場に変わったところもある。

いまスレッドミアの屋敷の東に煉瓦の塀で囲われた菜園がある。その中には果樹も植えられている。バラ園も併設されている。もとはみなクリストファー・サイクスが造ったものだが、風景式庭園から見えないように緑の樹で隠され、今でも隠されている。

屋敷の内部も見物できる。立派な年代ものの家具調度が室々に並んでいるのは、余所の屋敷と同じ。陽気な説明員が、これはイタリアのもの、これはフランスのもの、これは中国趣味と説明する。「フランス革命の時、フランスの貴族が投げ出すものを買ったのよ。イギリスの貴族達はそういうことをしたのよ」。このような行為も、その善し悪しを簡単には割り切れないもののひとつであろう。

5　装飾園を復活させたレプトンの庭

■ウォーバン・アビー *Woburn Abbey*

レプトンの庭——優美な風景曲線と肝いりの装飾庭園

レプトンの風景園

ここは公爵家の広い庭園である。鹿の苑、曲線の世界、水景の園などとつい言いたくなる。風景式庭園はじつに広く、ゆるやかに起伏する草地と丘からなり、そこに木立、湖と川が配されている。その広い風景式庭園のなかに屋敷がある。屋敷の前に湖があって、屋敷からはおよそ一〇〇メートルの距離。この湖の岸辺に立って、周辺を見渡せば、この庭園の性格の概略を見て取ることができる。屋敷の左右の丘はともに優美な円弧。何度見比べてもほとんど同じ大きさで、大きな月の円弧を借りたような曲線を見せている。その線はブラウンの庭で見られる曲線と明らかに異なり、優美さに満ちている。たおやかで女性的ともいえる。この庭園の丘を支配しているのはこの曲線である。レプトンはブラウンなきあとに出た造園界の最後の巨匠で、活躍したのは一八世紀の末から一九世紀の初めであった。だから、こうもいえる。この曲線はイギリス風景式庭園の最後になって初めて出現した曲線だ、と。やがて衰微に向かうほか先の運命はないかのような、ともいいたくなるほどの柔らかな曲線。角や力、勢いが払拭されている。ただ、これはほぼ元々の地形。レプトンは屋敷が立派に見えるように屋敷前の土をいくらか削った。地所の起伏は全体にきわめて緩やかであった。

屋敷の左右の丘を見ていた目を右に転ずれば、丘にたたずむ鹿の一群が目に入る。ウォーバン・アビーにいる鹿の種類は多く、広い庭園の諸処に全部で九種類の鹿が群れを作っている。屋敷の近くの丘にいるのは、比較的大きくて濃い茶色の鹿。庭園の前身は鹿の狩猟園 deer park であった。

身をさらに転じて屋敷を背にして立てば、湖と向かい合う。湖はゆるやかな広がりと穏やかな湖面を特徴とする。岸辺の眺めにも穏やかさが漂う。岸の曲線はレプトンの設計したもの。もとは整形式の円形の池であった。道端から岸辺へ降りてゆく斜面も緩やか。湖に泳ぐのはカモと白鳥。庭園の中の鳥や動物はレプトンの重視したもの。それがないと、美しい風景も死んだ風景になる、という感覚の持主であった。湖には左手から川が注ぎ、川には橋が架けられている。これもレプトンが以前にあった大袈裟な橋（チェンバーズ作）を釣り合いのよいものに造り替えた。レプトンは川も大きくし、蛇行させた。岸から橋のあたりは比較的樹が多く、林に近い。対岸でも、右手の方は平地と遙かな丘。レプトンは風景式に変更する際に、庭園の樹を格段に増やした。

庭園への入り口からこの地点まで、曲線のアプローチで一・五キロくらいある。アプローチをここまで車で走る間、左右の眺めを楽しむことができる。湖が右手に三つほど連なっていて、先ほど述べたものは、四つめになることが分かるかもしれない。左手は芝生。樹も見える。そこに鹿の群れと羊。ここにいる鹿は小型で、白く、背が茶。黒い斑点の模様がある。

訪れる者の車は、屋敷の前を通り過ぎ、橋を渡り、さらに庭園の奥へ進み、やがて大きく左に迂回して、屋敷の裏手に回り、側面の駐車場に至る。この間、やはり車の左右や前方に庭園の風景を眺め、鹿の群れを眺める。帰る時、この駐車場からやはり別の決められた道を通って、最初の門へ帰着する。訪問者はつまり一歩も車の外に出ないで、およそ楕円の道をたどりながら、庭園の風景をひとわたり見ることができる。

先ほど述べた屋敷前の湖岸地点で見て取れたレプトンの庭園の典型的なイメージは、途中の来る道、また帰る道で補足される。

散策を好む者には、庭園のもっと奥へ、あるいは左右の縁へ向かう散策路も設定されている。

レプトンに庭の改修（pleasure grounds と park）を依頼したのは、第六代公爵（一八〇二―三九）である。レプトン案はレッド・ブック（一八〇四）に示された。

ふつうレプトンは設計を依頼されると、まず、庭園をくまなく回り、測量をし、特徴を把握して、文章と一〇枚程度の水彩のスケッチを添え、改修以前の姿と改修後の姿を対比できる形で示し、分かりやすい設計案を作成した。そしてこの設計案は赤皮の表紙をつけられて依頼主に渡された。レッド・ブックといわれるのは、そのためである。レプトンは二〇〇以上のレッド・ブックを作成したというが、現存するものは数も少なく、それぞれ屋敷に秘蔵されていることが多い。ウォーバン・アビーでも同様で、それは図書室に置かれているという。ウォーバン・アビーのレッド・ブックは格別で、大判で作られ装幀もよく、九〇頁で、スケッチや地図などの図版が四七頁を占めた。

風景園ではレプトンの提案はかなり実現されたようだ。実現したのは次のもの。
一　屋敷への新しいアプローチ（一本）
二　パークへのかなりの植樹

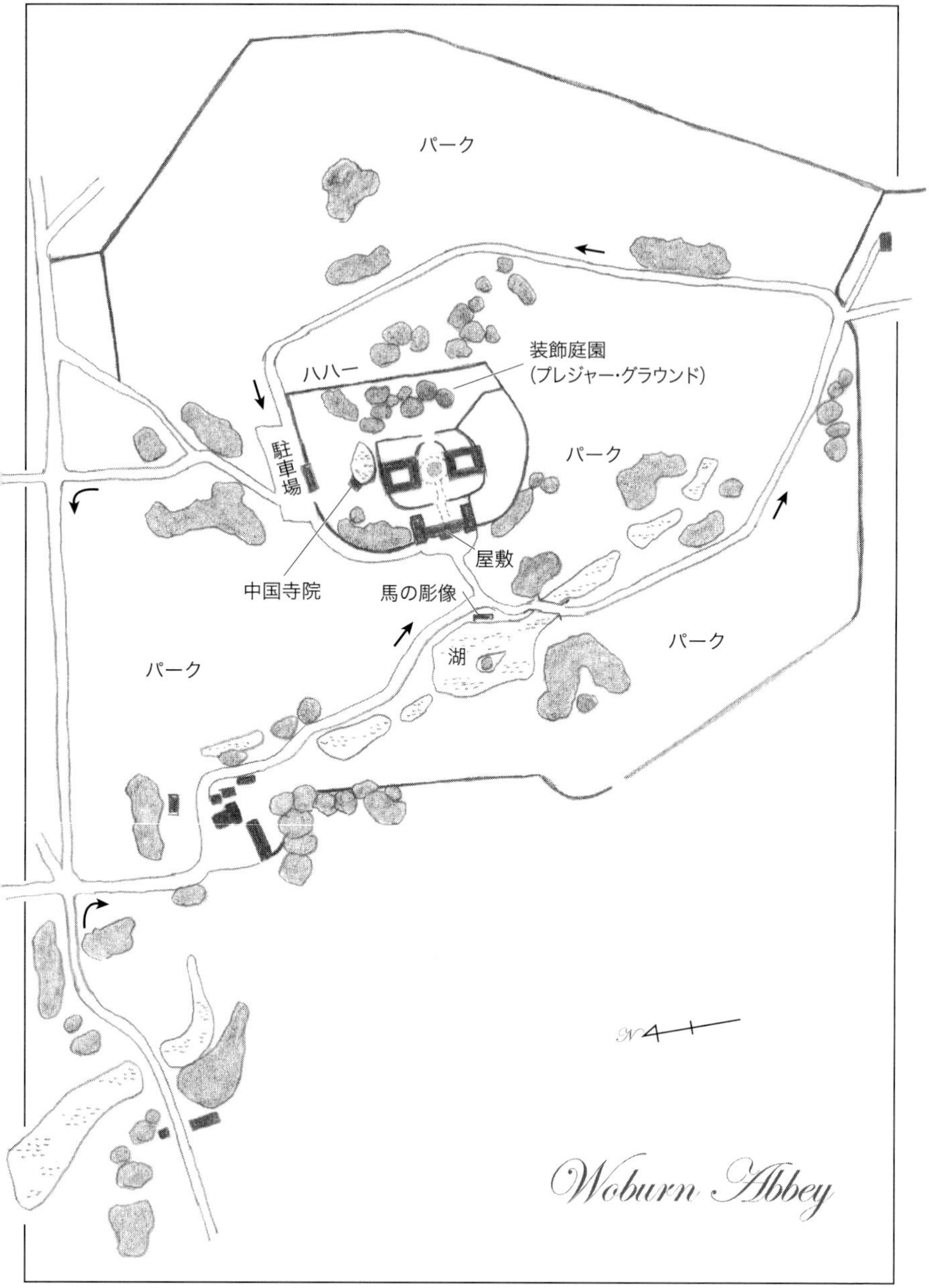
パーク
装飾庭園
(プレジャー・グラウンド)
ハハー
駐
車
場
パーク
屋敷
中国寺院
馬の彫像
湖
パーク
パーク
Woburn Abbey

ウォーバン・アビー　中国寺院

ウォーバン・アビー　湖と丘と屋敷

三　流れを大きくし、蛇行する川にする。stream から river へ。
四　チェンバーズの橋（一七六〇年代）の造り替え
五　滝（複数）
六　湖（複数）と森中の馬車道（複数）
もっとも重要なものは、屋敷前の Bason Lake
七　ソーニー亭 Thorney。田舎家風の小さい四阿《あずまや》で台所と食堂が付いていた。アプローチの途中の奥まったところに建てられた。

レプトンの場合は、植樹の方法、あるいは樹の使い方も、ブラウンとは少し違いがあるようだ。レプトンは、小さな林といえるような景観をあちこちに作り出した。屋敷の付近にもそれを持ってくる例もある。ゴシック様式の尖った建物には、樹冠の丸い広葉樹を組み合わせ、平明な古典様式の建物には、高い落葉樹を組み合わせるなどの工夫を凝らした。ブラウンはイギリスの在来種を植えるのを基本としたが、レプトンは外来種も使った。スクリーン（樹の屏風）、樹群、それに一本立ち、という使い分けは同じであった。

もっとも異なったのは、樹林の帯であろう。レプトンはこれを提案しなかった。「一度もしなかった」とレプトンは言っている。庭域をぐるりと取り囲む樹帯を用いないから、庭はふたたび外の世界に開く。村に向かって開き、耕地に開き、晩年に手がけたシェリンガム・ホール（ノーフォーク）ではひろく海に開いた。ロンドン近郊の庭では、ウエストミンスター寺院やセントポール寺院の見える都市の景観に向かって開いた。ブラウンの時代と違って、社会の富の移動は動きに満ちていた。レプトンの依頼主には、貿易・商業や金融、あるいは投機で富を得た人々、また法曹家や医師など高度専門職につく人々がかなりの割合を占めていた。ひと時代前のブラウンがおおむね大貴族を顧客にしていたのとは変わっていた。これらの新顧客層が郊外に買い求めた土地は比較的狭い。レプトンはそこで中規模の庭を造ることが求められた。この種の庭は、ロンドン近郊で造られたものが最も多いが、西の商港ブリストルや、ヘリフォードでも多い。北のリーズでもふたつの注文を受けている。レプトンは庭を外の世界に開き、積極的に外の景観を利用し、庭を広く見せる工夫をした。そして、美観を損なう醜いものは樹で隠した。開発の進む郊外にはすでに煙をはく工場なども目につくようになっていた。それを隠すために、樹を屏風あるいは衝立のように使った。スクリーンである。

レプトンが大きな風景園を手がけることができたのは、ウォーバン・アビーの他に、ウェルベック・アビー Welbeck Abbey（ノッティンガムシャー、一七八九）やシェリンガム・ホールなどである。ウェルベック・アビーはレプトンの最大の庇護者だったポートランド公爵のものであった。レプトンは王室庭園師にはなれなかった。望みであった王室の依頼もついにこなかった。やっと晩年になってから、皇太子から依頼を受けたが、これは裏切りと失望に終わった。皇太子の依頼は、急速に開けた海浜のリゾートの町ブライトンに別荘と庭を造るものであった。レプトンはインド風の華麗でエキゾチックな別荘の案（一八〇五）を差し出したが、皇太子からきわめて不誠実な扱いを受けた上、実質上、かつての仕事仲間であった建築家のナッシュに横取りされた。庭の案も採用されなかった。ちなみに、レプトンは庭造りには建築の専門的な知識と技能が欠かせないと考えていた。自ら設計することもないではなかったが、多くの場合、専門家と組んだ。ナッシュはそんなレプトンの一時期の相棒であった。

レプトンの造った風景園はブラウンの風景園からの変容を示しているが、レプトンはブラウンを尊敬していた。ブラウンの風景式庭園を継承した上で、時代の流れを読み取った庭造りを心がけたのだといえる。だから、うるさい論客達の攻撃に対してブラウンを弁護した。ブラウンは生前には、単調だとチェンバーズ Sir William Chambers（一七二三—九六）の批判を受けたが、死後は批判する者も増え、攻撃の調子が高まった。プライス

Sir Uvedale Price（一七四七―一八二九）やナイト Richard Payne Knight（一七五〇―一八二四）等は急先鋒であった。いずれも、ピクチャレスク派の人達で、もっと異国趣味や荒々しい自然を庭園に求めた。このふたりはウェールズに近いヘリフォードシャーの地主貴族で、いずれも川に臨む渓谷美に富んだ地所に荒々しい自然を生かした風景園を造っていた。ナイトの庭はダウントン Downton に、プライスの庭はフォックスリー Foxley にあった。ヘリフォードシャーは以前から素人造園家の多かった地方だといわれる。地方の目利きの代表のような格好で、ナイトとプライスはレプトンの庭を批判した。批判が激しかったのは、おそらくひとつに、ブラウンの死後、いわゆる多くの「後継者たち」が、新味のない型どおりの「ブラウンの庭」を造ったからであろう。レプトンは、もともと毛織物の貿易をしていたが、行き詰まり、いくつかの職を試みたあと、三〇代の半ば三六歳（一七八八）の時に、造園界の空白を埋める、という意気込みで庭師に転じた。もとから文才、画才に恵まれた趣味人であった。風景や庭園にも早くから興味を示した。

ウォーバン・アビーの屋敷の裏には、レプトンが改修したプレジャー・グラウンドが残されている。例のハハーが残っているので、範囲ははっきりしている。現在は芝生地の起伏の中に樹木と灌木、池があり、神殿がひとつ、点景建築の跡らしいところが二、三カ所ある。中国風の建物と回廊にロック・ガーデンもある。ただ現在、どこまでレプトンの案が残されているのかは判然としない。いま、ここにはいささか手抜きの気配が漂っている。

レプトンの装飾庭園（プレジャー・グラウンド）

一般に、レプトンは屋敷周辺の庭園部分を重視した庭造りをした。利便性と快適さ、美しさと楽しさを考えた。鹿、牛、羊のいる風景園（パーク）の部分とは、はっきり区別した。風景園とは、ハハーで区切られた。この点はブラウンと同じだが、後には、ハハーに代えて石垣で支えた高いテラスと手すりがよく用いられた。レプトンの明確に区切られた装飾庭園（プレジャー・グラウンド）には、噴水や彫像、花壇、バラやつる草や花木のトンネル、屋敷につながる温室などが配された。このような庭園の部分は外の風景園よりはるかに屋敷に親しい。気軽に屋敷から出てきて利用できる空間になった。建物の延長という性格が強い。レプトンの造園では、ここがブラウンともっとも際立って違うところであった。ブラウンの庭では、基本が屋敷と風景式庭園のふたつだが、レプトンでは、屋敷に装飾庭園を加えたひとまとまりのものに対して風景式庭園があるという構成に変わったのだともいえる。ちなみに、繰り返すようだが、ブラウンの庭園でも、わずかな例外を除き、装飾庭園は設けられた。ただ、副次的なものとして扱われ、屋敷の横手などに移され樹木によって隠されただけである。

ウォーバーン・アビーの装飾庭園でレプトンは、次のような提案をした。

一　家族用の庭（一面）

二　花壇の散在する庭（一面）a dressed flower garden

三　アメリカ庭園（一面）an American garden
　北米のシャクナゲ、木蓮など一八、一九世紀に北米から移入された植物でまとめた庭園。北米の草を集め、分類して並べた。これも新しい趣向であった。

四　芝生庭（一面）a grass garden

五　冬の庭 a winter garden

六　果樹園と樹林園 a fruit garden and arboritum

七　鳥屋（一棟）
　世界の珍鳥を集めたところ。時には、若干の動物もいた。キジや水鳥の種類もよく揃っていた。

八　中国寺院と付属回廊（一棟）
　建物の内部は酪農所。アジサイ、ツバキ、その他中国の植物を植え、一帯を中国庭園と呼ぶ。

九　灌木散歩園 a shrubbery walk

これは装飾庭園全体を囲み、また個別の庭園を隔てつつそれらを散策路で繋いでいた。散策路を通って装飾庭園を見て回ることができ、また、そこから外の風景園や田舎の風景を眺めることができた。

バラ園 rosary や植物分類園 taxonomic bitanic garden も提案されたらしい。

レプトンの案では、「冬の庭」が中心であった。ここは、塀を使った一種の温室がテラス状に整然と並び、縁には月桂樹やシャクナゲが生垣のように走るという造りで、いちばん上のテラスに促成栽培温室 a hot-house が一棟置かれた。

厩舎や乗馬用具の小屋、温室 a conservatory や「花の家」flower-houses、中国寺院風の酪農所、狩猟の獲物の貯蔵所、それからテニス・コートなどは、中庭を巡る屋根付きの歩廊によって屋敷と繋がり、雨の日でも濡れないでそこに行くことができた。中庭に面して納屋や作業小屋も置かれていた。このような設計にレプトンの重視する利便性がよく現れていた。ただ、菜園は屋敷からいくらか距離をとって、風景園の中に配されていた。規模が大きかったためであろう。

公爵家の者は、雨の日でも、雪の降る天候でも、花を楽しむことができると考えられた。レプトンはすでに時代が園芸の時代に入っていることを知っていた。依頼主の第六代公爵自身も、園芸に深い興味をもち、わざわざ園芸実験農場を設けていた。イギリスの園芸は、キュー植物園や貴族の館で探求されていた。

レプトンが庭園に求めたものは、楽しみ pleasure であったようだ。多様、新奇、対照がそれを生む。variety, novelty, contrast である。ここで対照とは、異質なものの取り合わせである。風景でも、歩いていて急にそれまでと変わった景色が現れると、楽しいという。その他に、快適さ comfort と利便性 convenience が重視された。この convenience の語は utility という言葉で表されることもある。レプトンは動きや活気も大切だという。それには animation や cheerfulness などの言葉があてられている。風景園でも、鹿や羊、水鳥がいないと寂しい。

水は流れ、木はそよぐのだ、と。

レプトンにとって造園師の仕事は総合的なものであった。庭園、建築の他に、測量、数学、水力学、農業、植物学などの知識を必要とするものだという。造園家レプトンは、仕事がら、ブラウンなどと同じく、よく旅をした。ほとんどを旅に過ごした、といえる。レプトンへの依頼は生涯で四〇〇件を越えた。そのうち比較的大きな庭についてレッド・ブックが作成された。レプトンはブラウンと異なり、数点の著作を公刊した。レッド・ブックも著作もしばしば旅の途次、あるいは旅先で書かれた。晩年の一八一一年の一月、乗っていた馬車が転覆し、背骨を痛め、後は車椅子の生活を送った。

レプトンは、後（一八一六）、「ウォーバン・アビーにおけるほど、自分の案が完全に実現されたところはない」と語る。風景園と装飾庭園の全体でみれば、ほぼその通りなのかもしれない。

ブラウンと較べて、レプトンの造園ではひとつまた異なる点がある。ブラウンの造園はふつう請負いであった。案を示し、工事を監督した。あるいは庭師頭を送り込んで監督施工させた。だから、おおむねブラウンの設計図と実際にでき上がった庭園とは一致した。レプトンの場合は違った。レプトンは提案をしたのであった。多くの場合、施主はレプトン案を参考に、自分の好みに合わせた庭を造った。レプトンの提案は取捨選択され、改変され、あるいは、ヒントとして役立つということが多かった。施主は納得しても、またしばしば「執事の抵抗や庭師の無知に悩まされた」という。それで案の通りのものができない。レプトンの関わった庭園の研究の難しさはこのような点にある。さらに、実際に造られた当時の庭の何が、現在残っているか。この問題も加わってくる。今ある庭園を訪れて、レプトンの手の跡を実際に見たり、かつての姿を想像するのは、かなり難しいことが多い。ウォーバン・アビーは、レプトンの庭を想像しやすい貴重な庭だといえる。中規模の庭では消失したものも多い。

シトー修道会から始まる歴史

この地は、もとシトー修道会があったところである。始まりは一一四五年に遡る。この修道院はやがて時代の一撃を受ける。修道院長が反逆の嫌疑を受けて廃されるのである。修道院長は、修道院の樫の樹で絞首刑にされたとも伝えられる。修道院は没収（一五三八）された。エドワード六世（一五四三―五三）は、修道院、地所ともジョン・ラッセル卿（後にベッドフォード伯爵）へ与えた。一五四七年である。ヘンリー八世（一五三九死）の修道院解散令（一五三六）により、一五四〇年までにほとんどの修道院は姿を消していた。修道院長の反逆とは、言い掛かりに過ぎなかったであろう。ともあれ、世俗の人の所有となった建物は、以後増改築を繰り返した。地所も増え続け、一九世紀の半ばには、二四〇〇エーカー（六〇〇ヘクタール）、周囲一二マイル（一九キロ）となった。

ヘンリー八世の修道院解散とは、修道院の財産の簒奪が目的。これは歴史家のほぼ認めるところである。このような歴史の負荷を意識していたかどうかはともかく、ラッセル家は農場経営の努力を続けた。第四代伯爵（第一代公爵）は湿地の灌漑に大きく貢献。なおまた、都市ロンドンにも目を配り、タウンハウスの庭を有名なコヴェント・ガーデンに造り変え（一六三一）、高級高層住宅を売りさばいて富を増やした。都市開発の先例である。第四代公爵は農業経営に没頭。当時の進歩的農業改革者の意見を尋ねた。植樹に力を入れた。第五代公爵も改革に貢献。一連の実験を経て新しい牧草を作りだした。「ウォーバン羊毛刈り」と呼ばれた農業ショーを始めた。名だたる関係者のほとんどがやってくるイギリスで有名な催しであったという。同様の例は、ホーカム農園（ノーフォークの北方、海岸に近い）でも見られた。「羊の毛刈り」は新知識普及の大切な機会であった。第四代、第五代とも一八世紀の人物である。

レプトンの風景式庭園を造った第六代公爵は、一九世紀の初め、蒸気機関を動力とする脱穀機を導入。普及のために集会を開いた。第九代公爵も熱心な農業改革者で、王立農業協会の会長となった（一八七九）。ウォーバン実験農場を開設している。

一七二四年、ウォーバンの町は火災で焼ける。町を再建したのは、第四代公爵であった。第九代公爵は、学校や住宅など社会事業に貢献している。貴族に肩入れするような書き方でいささか気になるが、事実は事実として知っていてもよいであろう。

広い庭園の一部は、いま、サファリ・パークになっている。

第四章　ヴィクトリア朝の庭

■ビダルフ・グレンジ庭園 *Biddulph Grange Garden*
「世界のイメージ」の庭、あるいはヴィクトリア朝の取り合わせの庭の極致

庭を巡る

八月一九日（一九九九年）日帰り庭園探訪を計画。タットン・パークとビダルフ・グレンジに行くことにした。ヨークからナッツフォード駅 Knutsford へ行き、タクシーを駅の電話で頼んでタットン・パークへ行った。タットン・パーク見物後タクシーに迎えにきてもらい、ナッツフォード駅へ戻り、ストックポート駅 Stockport まで行って乗り換えてコングルトン駅 Congleton で降り、幸運にも見つかったバス停から、バスでビダルフ・グレンジへ行った。バスの運転手は、停留所ではなかったが、ビダルフ・グレンジに近いからとバスを止めてくれ、この道を上がっていくとすぐ門があると教えてくれた。イギリスらしい融通というべきか。親切はきわめてありがたかった。

ビダルフ・グレンジは炭坑と製鉄・鉄工業などで財をなしたベイトマン家の三代目ジェイムズが妻マリーアおよび友人のクックと協力して造りあげた。一八四二年から六二年頃で、いわゆるヴィクトリア朝の初めである。その後家産がやや傾き、息子の代に別の実業家に譲られ、第一次大戦後は病院（一九二三）となり、庭は荒れ、土砂に埋もれたが、一九八〇年代に復活の運動が起き、一九八八年ナショナル・トラストに買い取られて屋敷と

庭が蘇った。

庭の広さは中規模である。

屋敷はイタリア風。屋敷近くの庭もイタリア風。訪問者はここを出発点にして、ダリアの道、サクランボの果樹園、エジプト宮廷、樹林園、ウェリントニア（セコイア）の並木道、針葉樹園、渓谷、中国園、シャクナゲ園、菩提樹の並木道などを巡っていく。ボーリング・グリーンや輪投げ遊びの芝生など、芝生面もある。湖もある。訪問者はこうして趣きの異なる庭を順にたどり、そこで造り主の意図した驚きに出会い、内心で感嘆の声をあげる。これは体験回遊型の庭。

この庭は、いくつか庭の様式を取り合わせていることにも気づかされる。それで、この庭を「庭の庭」ということもできる。屋敷側にはイタリア庭園、すこし行くと樹林園がある。ここにはイギリス風景式庭園の面影がある。また、針葉樹園にもそれが認められる。中国園には中国庭園の面影がある。渓谷の一部の景色は、岩組といい築山といい、池といい、シダといい、きわめて日本庭園に似ている。ただ、岩組はスコットランドに見られる実景を写生して造ったとされるから、日本の庭に似ているのはたんに結果なのかもしれない。ウェリントニアの並木道や菩提樹の並木道は直線的で、すぐにフランスの幾何学的庭園を連想させる。庭の様式といっても、ここでは規模が小さく、また、特徴の一部の借用であったりする。中国園も純中国風ではなく、西洋版といったほうがいいのだろう。それでもこの庭を巡れば、イタリアやフランスをはじめ、東洋の庭やイギリスの庭を思い浮かべることになる。

ここにはまた、中国趣味とエジプト趣味が持ち込まれている。これはそれぞれ園亭、寺院、橋、歩廊、ピラミッド、地下室など、一方で建造物、他方でサル、水牛、カエルなどの彫刻を用いて表現されている。中国趣味がヨーロッパを襲うのは一八世紀だが、それが一九世紀のここに持ち越されている。エジプト熱は一七九八年ナポレオンがエジプト征服をしたことをきっかけにエジプト考古学とともに一九世紀のヨーロッパにもたらされた。

これを機に、イギリスの庭に改めてオベリスクやピラミッドが目立つようになる。

またビダルフ・グレンジの庭はひとつに植物の庭ともいえる。ここには、ヴィクトリア朝の植物収集熱が反映されている。バラやダリア、各種のシダ、カエデやシャクナゲ、ツツジ、各種の針葉樹。針葉樹はダグラス樅やセコイア（ウェリントニア）など北米から移入されたものが中心。松もある。中国や日本の植物もある。シッキムやブータンのシャクナゲも当初、庭に植えられた。イギリス固有の菩提樹や樫、柊も見られる。温室には流行のラン。そこにはハチドリの剥製が配された。南米のランとハチドリの組み合わせがイギリスでは愛好された。

この庭では、こうして世界の植物、様々な庭園、そして中国趣味とエジプト趣味、といった三層のものが立体的に組み合わされている。

この庭を巡って思うのは、いかにもヴィクトリア朝の庭だということに要約される。それもジェイムズ・ベイトマンという個人の好みが選択した時代の嗜好が反映されている庭、である。

施主ベイトマンとラン

ジェイムズ・ベイトマン James Bateman（一八一一―九七）は実業家の三代目だが、事業一筋ではなかったらしい。若いときから園芸の愛好家だった。父母みずからすでに事業より造園や園芸に力をいれていたという。ジェイムズが生まれたナイパースリー・ホールやジェイムズが結婚後住むことになるビダルフ・グレンジを購入したのも創業者の祖父であった。ジェイムズは特にランには目がなく、収集と研究に熱をあげ、ドイツやオーストリアのランの愛好家を訪ねて回った。みずからランの狩人を中米に派遣し、ガテマラとメキシコで発見されたランを紹介した豪華本を出した。その最初の部分を出版したのが二六歳（一八三七）の時で、ランの新種四〇種を紹介して完成させたのは三二歳（一八四三）の時であった。ジェイムズはイギリスの園芸協会でもランについて再三講演をした。論文も書いた。

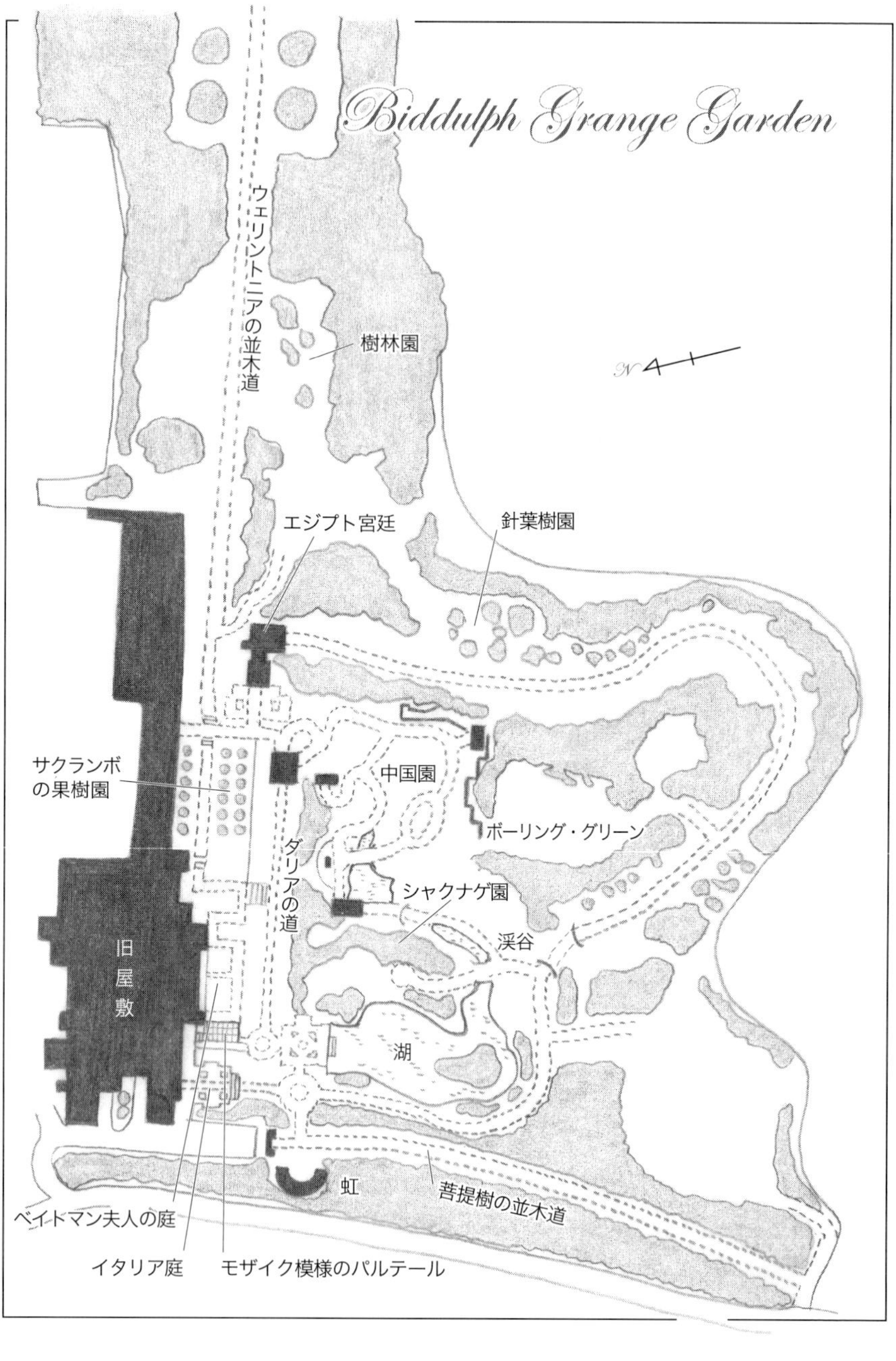
Biddulph Grange Garden
ウェリントニアの並木道
樹林園
N
エジプト宮廷
針葉樹園
サクランボの果樹園
中国園
ボーリング・グリーン
ダリアの道
シャクナゲ園
渓谷
旧屋敷
湖
虹
菩提樹の並木道
ベイトマン夫人の庭
イタリア庭
モザイク模様のパルテール

ビダルフ・グレンジ庭園　旧屋敷とダリアの道・ベイトマン夫人の庭

ビダルフ・グレンジ庭園　中国庭園

ヴィクトリア朝のイギリスのラン熱はかつて一七世紀のオランダを見舞ったチューリップ熱の再現といえるようだ。一九世のイギリスは鮮やかなチューリップも愛好したが、ランも愛好した。ランが初めてイギリスにもたらされたのは一七三一年とされる。ロンドンの有名なロディジーズ Loddiges の営む種苗園で、ランの栽培と販売が始められるのは一八一二年から。一八三九年にはそこから売り出されるランは一六〇〇種にも上った。一九世紀の後半になってもイギリスのラン熱は醒めず、ランの狩人がアジアや南米に送り出された。一八七八年五月イギリスのある業者は、南米から送り出された二〇〇万株のランを受け取ったという。同年、一度に八トンのランの船荷を受け取った業者もいる。ランの狩人は見つけたランを根こそぎ採るということもした。採りきれないランは他の狩人に採られないように全滅させたともいう。コロンビアのラン自生地の多くはこうした採取によって彼らに荒らされたといわれる。珍種はとびきり高く、手にできたのは一握りの金持ちだけであった。ジェイムズ・ベイトマンは温室でランを育てた。残念だが、この温室はまだ復元されていない。温室はたくさんあって、ランの他に、シャクナゲ、ツバキ、シダなども育てられた。ちなみに、温室というが、低温用のものもあった。

ベイトマンはシャクナゲも好きであったという。ヒマラヤのシャクナゲを庭に植えたが、気候が合わず、温室に戻した。ここのシャクナゲの多くは交配種で、原種は一方が北米、他方がイラン・トルコのものだった。シャクナゲの導入は一九世紀のイギリスではきわめて盛んで、全体にイギリスの庭を華やかに変えた。緑を基調とする風景式庭園の中にも大量のシャクナゲが植えられ、樹林部を色彩豊かな中景に変えた。シャクナゲはじつはキジの格好の隠れ場になるので、狩猟のためにせっせと植えられたという場合もある。

針葉樹

針葉樹もまた一九世紀のイギリスの庭を新たに賑わすものであった。導入の始まりは一八世紀であるが、一九世紀に入ると大きな流れになり、貴族の庭では針葉樹園 pinetum が造られた。pinetum は文字通りに訳せば松樹園だが、ここに植えられたのは、松に限られなかった。樅、杉の類も多く植えられた。とりわけカナダや北米で新たに見つけられた針葉樹がイギリスに驚きをもって迎えられた。ダグラス樅やウェンリントニアなどは人気の的であった。ダグラス樅はイギリスの園芸協会からカナダに派遣された植物の狩人デーヴィッド・ダグラスDavid Douglas（一七九八—一八三四）がもたらしたもの。一八二四年からおよそ三年にわたってブリティッシュ・コロンビアとオレゴンを探索した成果のひとつであった。一方のウェリントニアは植物の狩人がカリフォルニアで見つけた巨大な杉の一種である。高さ三〇〇フィート（約九〇メートル）、樹齢三〇〇〇年のものもみつかった。一八五三年、このような樹の情報に触れたヨーロッパは興奮に包まれたという。ベイトマンはこれら針葉樹も好んだ。ウェリントニアだけで並木を造り、他の針葉樹は針葉樹園に植えた。この針葉樹園はたんに針葉樹が並ぶといった平凡な植物園風の造りではない。ここも造園術と園芸知識を集めて造られた庭、いうなればひとつの美しい風景園である。訪問者は左右の芝生の斜面に美的に配置された針葉樹を見上げながら、ゆるゆると足を進める。斜面も道も自然な緩い起伏を見せる造りである。針葉樹の根元にはヒースなどの地被植物が植えられ、また、針葉樹の色合いを引き立たせる効果を狙って別の樹が背後や遠景に植えられている。ここの針葉樹は選んで収集したものであるから、一本一本にそれぞれ思いが込められていたのであろう。モンキーパズル、アトラス杉、レバノン杉、糸杉、松、イチイ、ツガ、ヒイラギ。斑入りの樫もある。一方のウェリントニア並木道の復元はまだ緒についたばかり。種から育てた若木が植えられている。見事な巨樹が立ち並ぶ様を目にするのはまだ遠い先のこと。

「樹林園」Arboretum は復元も終わり、とりわけ秋の色が美しいという。カエデ、フウ、樫、西洋ヒイラギ、サンザシ、ハリエニシダ、キイチゴなどが見られ、圧巻は北アメリカのカエデ群だという。常緑のセレル（ツツジの仲間）が土手を覆っている。

なお、ウェリントニアはセコイアの別名である。あまりに大きく他に抜きんでて、カリフォルニアの森林の帝王といった姿をしているところから、ナポレオンを破った名将ウェリントンにちなんで名付けられた。この提案をしたのは、セコイアの紹介者のひとり植物の狩人W・ロブだという。セコイアも含め、針葉樹の多くは一八二六年から一八五三年の間イギリスに紹介・移入されている。

渓谷と岩庭と中国庭園

いま「渓谷」Glenではジェイムズの時代にいったん温室栽培に戻されたシッキムとブータンのシャクナゲが見られる。シダが二二種。シダもまたヴィクトリア朝に愛好されたもの。「渓谷」には湿生植物の他に、ニュージーランド亜麻、パンパスグラスなどがある。ここの岩庭rockworkはやはり当時の流行のひとつである。スコットランドなどには岩が露出して独特の景観をつくっているところがある。ビダルフ・グレンジのあるビダルフ荒地Biddulph Moorにも似た景観があった。岩庭はこのような自然の姿を模して造るとよいとされた。一八三一年の「園芸雑誌」Gardener's Magazineに掲載された論文などはその例である。

この岩庭の代用になったのが樹の根を岩のように積み上げるstumperyと呼ばれるもの。ビダルフ・グレンジにも樹の根を三メートルほどの高さに積んで造った通路があり、つる草や花などで飾られている。これは中国庭園の入り口へ人を導くものだった。ただ、現在、訪問者がたどるのは別の路である。「渓谷」を見た後、地下道を通って中国庭園へ入る。

中国庭園では、ひとつに朱・緑・黄色などの極彩色が施された橋や欄干、園亭、望楼や寺院などの建造物、さらに、カエルやカイツブリ、龍や金色の水牛などの彫刻で中国世界が作り出されている。かつては中国風の獅子や麒麟、その他、空想の怪物の姿を刻んだ彫刻もあって、いっそう賑やかに中国世界を演出していたという。いま、半円形の芝生の中庭では二匹の龍が切り絵のように切り抜かれているのが目を引く。龍の身は錆朱色で緑の芝生とくっきりとした対照をなす。この錆朱色は小石の色である。この敷地は池や山を設け、高低差が強調されている。全体は念入りに万里の長城で囲まれていて、別世界である。ただ、ここは中国趣味だけの世界ではない。中国や日本の植物をまとめておく場所とも考えられた。中国や日本の植物がイギリスにもたらされ始めるのは一八世紀の末。一九世紀の初めまでが最初の大量移入の時期であった。この時期に活躍したのはジョン・リーブズやウィリアム・カーである。一九世紀の半ば頃には幕末の日本と開国した清を訪れたロバート・フォーチュンRobert Fortune（一八一三—八〇）がイギリスの気候に合いそうな植物をたくさん持ち帰った。この時もウォードの箱（後述）が活用された。ビダルフ・グレンジの中国園に集められたのは、フォーチュンが紹介したものが多いという。ヒイラギナンテン、オオデマリ、斑入りのヤダケ、ミヤマシキミ、ボタン、ギボウシ、シュウメイギク、イロハモミジ、イヌカラマツ、日本の杉、シャクナゲ等。ここでは、色と形の取り合わせが優れている。

「菩提樹の並木道」はもと公道だったところである。道の左右に芝生があってツタの絡まる菩提樹が並木になっている。ここの緑色は柔らか。一カ所に「虹」とよばれる弓形の植え込みがある。シャクナゲやツツジを使って虹の七色を描くという趣向。これはヴィクトリア朝の庭造りの流行を写したもの。ヴィクトリア朝の時代、花は原色に近い鮮やかなものが好まれたが、ひとつに色を順にずらして広い面積を覆うという植え方が流行った。ここの「虹」はこれのミニ応用である。

ベイトマン夫人の庭

屋敷の側にあってあたかも屋敷に付属しているかのように寄り添う庭がある。イチイの端正な生垣で囲われた小庭が三つ並ぶ。それぞれ中心になる花は、シャクヤク、バーベナ、チャイナローズである。この三つは「ベイトマン夫人の庭」と呼ばれる。夫人がそれぞれ好きな花をあしらったからであろう。その先にあるのが「サクランボの果樹園」。手前にあるのが「モザイク模様のパルテールの庭」と呼ばれる。芝生、色砂、矮生の草ツゲ、ハーブなどで幾何学的な模様が描かれている。そのなお手前、訪問者が庭の回遊を始めるとき最初に足を降ろすのが、「イタリア庭園」。イタリア庭園といっても、きわめて小型。イタリアのルネサンス期に生まれた貴族や富裕階級の庭園の基本要素であったテラス、階段、手摺り、飾鉢などに花や木を加えたものを一九世紀のイギリスではみな通称してイタリア庭園と呼んだ。本来のイタリア・ルネサンス庭園の規模や典雅とは比べ物にはならないが、一九世紀のイギリスの通念はまた別で、きわめて緩やかであった。ただ、バリー Sir Charles Barry（一七九五―一八六〇）などが貴族の庭などに造った数段のテラスを重ねる大きくて本格的なものは別格で、とくに「新イタリア式」と呼ばれた。

ビダルフ・グレンジの屋敷の前の庭の裾を長い廊下のように走っているのが「ダリアの道」。ダリアはやはり色鮮やかなことからヴィクトリア時代にはよく庭に登場した。「エジプト宮廷」には、このダリアの道を通っていく。入り口がエジプト風に作ってあり、左右にスフィンクスが身を横たえている。上にイチイで作った大きなピラミッド。階段をおりて、地下の道をいくと、ルビー色の光の中に座るサルの彫刻に迎えられる。このサルは古代エジプトの植物の神トトの従者である。

ジェイムズがマリーア・シビラと結婚したのは一八三八年で、ビダルフ・グレンジに移ってくるのが一八四〇年である。マリーアは園芸に詳しく積極的に庭造りをするといった女性であった。マリーアのお陰でジェイムズの興味はランから露地植物にも広がり、また庭の設計にも強い関心を寄せるようになったという。マリーアが好んだのは、とくに古風な宿根草に、バラ、ユリ、シダなどで、ヴィクトリア時代の趣向が原色の派手な色の植物であったのとは対照的に地味な色彩の花であったという。

エドワード・クック

ビダルフ・グレンジが誕生するには、もうひとりの人物が必要だった。それがエドワード・クック Edward William Cooke（一八一一―八〇）である。クックは、風景画や海洋画を描いた画家であった。と同時に園芸や庭造りにプロの腕を持っていた。やはりランに熱中し、温室で育てていた。王立キュー植物園はクックの行動半径の内だった。一八四七年ジェイムズ・ベイトマンと知り合うのはそのキューにおいてである。クックの父は版画家で、同じドイツ出身だったから、当時ハックニー種苗園を経営（一七七一年から）していたコンラッド・ロディジーズ Conrad Loddiges と親しかった。クック父子ともにこの種苗園の発行する園芸カタログの絵も描いた。ハックニー種苗園では、父の仕事をふたりの息子ジョージとウィリアムが手伝っており、後にクックが結婚するのは、ジョージの娘である。クックはジョージを通して、ウォード箱の考案者ウォードと知り合い、一緒に植物採集をし、一緒に仕事をし、また遊ぶ親しい間柄となった。庭造りにも興味があったクックは、イギリス、フランス、オランダ、イタリアの庭を十分に見て回った。自分の庭も造ったし、ウォードの庭造りにも手を貸した。クックは以前、一八三六年に、ケントの造船家で美術品収集家のウェルズに紹介され、見込まれてその屋敷と庭を設計した経験ももっていた。そもそも若い頃のクックに庭造りの手ほどきをしたのは、ジョージであった。

クックがビダルフ・グレンジの庭造りのために招かれて来るのは一八四九年である。この時は七日間滞在し、ここでは良い庭ができると感じたらしい。以後一七年間に渡ってクックは一五回ビダルフ・グレンジを訪れ、「渓谷」の岩組をはじめ、庭の植樹全般にも積極的に協力した。シダなど庭に植える野生の植物の採集も行った。とりわけ、庭の建築物のほとんどはクックが設計したと推定されている。クックとジェイムズは、ロンドンでもときどき会っていた。なお、屋敷を設計したのはジェイムズ本人である。

ハックニー種苗園は一五エーカーの広さがあり、ジョージも園芸協会の副会長（一八二〇—四六）を務めるなど、栄えていたが、ジョージの死（一八四六）、弟ウィリアムの死（一八四九）が相次ぎ、借地権も切れたことから、一八五二年に在庫一掃の競売を行い廃業した。ハックニー種苗園を継ぐようにイギリスの園芸の需要に応えて行くのがヴィーチ Veitch の種苗園である。

ハックニー種苗園やこのヴィーチの種苗園、園芸協会や王立キュー植物園、さらに広くイギリスの植物収集家などが、海外から植物を入手するのに決定的な貢献をしたのが、ウォード箱 Wardian Case である。これはウォード Nathaniel Bagshow Ward（一七九一―一八六八）というロンドンの植物マニアの開業医が一八三三年に実用化したガラス張りの密封型小型温室で、これにより、植物の狩人たちが遠い船旅に託す貴重な植物も途中で枯死することがなくなった。ウォード箱は、家庭用にも様々のものが設計され、とりわけヴィクトリア時代のシダ熱を裾野で支えた。

ウォード箱

ウォードは、ロンドン・ドックに近いウェルクローズ・スクエアで医業を営む家に生まれ、一三歳の時にジャマイカを訪れたが、南国の植物、とりわけヤシやシダに深い印象を受けたという。植物と博物への興味は父の後を継いで熱心な開業医として活躍する間も失われず、早朝にはシューターズ・ヒルやウィンブルドン・コモンへ植物採集にでかけ、夕方にはよく王立キュー植物園やハックニー種苗園、またチェルシー薬草園へ足を延ばした。自宅の小さな庭には所狭しと植物が置かれ、塀の上や窓、小屋の屋根などあらゆる空間が利用され、その有様はポーチェスター・テラスにあったラウドン（後述）の庭を凌駕するほどであったという。

一八二九年のある日、ウォードはスズメガのさなぎを持ち帰り、ビンのなかで孵《かえ》してみることにした。大きなビンの中に湿り気を与えた土を入れて、さなぎを入れ蓋をした。およそひと月経ってさなぎは孵った。その時ウォードは土から二本の小さい緑の芽が出ているのに気づいた。ウォードはこれがどうなるか見てみるために、ビンを北の窓に置いておいた。芽は成長しそれぞれシダと草であることが分かった。シダと草はその後もビンのなかで三年生きた。この間、ビンのふたは閉められたままで、水分の補給はなされなかった。二本の植物が枯死したのは、ふたが錆びて、中に雨水が入った時であった。

ウォードは六〇種以上のシダや幾つかの植物を使ってこの実験を繰り返した。結果は同じであった。ウォードは、ほぼ気密のガラス箱の中に、ミズゴケと腐植土、砂をまぜ、湿り気を与えた床を作って実験植物を入れた。シダも他の植物も、この箱の中で数年の間、生育することが分かった。水を供給しなくても、箱の中の水分は一定に保たれるからであった。ウォードはこの箱が植物の輸送に使える可能性があることを悟った。蓋は植物を空気の汚染から守ることもわかった。この箱の中で植物の種を発芽させることもできる。ウォードのこのような一連の実験を支えたのがハックニー種苗園を営むロディジーズ兄弟であった。

一八三三年の六月、ウォードは試しに、シダと他の植物をウォード箱に入れてオーストラリアのシドニーへ送り出した。植物は無事届いた。そこから今度はオーストラリアの植物を入れたウォード箱が、ロンドンへ送り返された。植物は航海の途中、給水を受けないまま、零下七度から四九度の気温に耐え、見事ロンドンに着いた。ウォードとロディジーズ兄弟は、船に上り、シドニーから送り出された植物が無事であることを確かめた。ロディジーズ兄弟は、Gleichenia microphylla（ウラジロ科のシダ）の美しい姿をみてたいへん喜んだという。この新種は生きたままはじめてイギリスにやってきたのである。ロディジーズ兄弟は、すぐにウォード箱を植物の輸送に使い始めた。こうして植物が生きたまま大量に海を越える時代が始まるのである。

園芸協会が一八四三年に派遣した植物の狩人フォーチューンが中国と日本から送り出した植物もこのウォード箱に入れられてきた。ボタン、シャクヤク、菊、バラ、椿、ツツジ、藤、茶、桃などがイギリスに届けられ、園芸協会の会員の間で分けられた。

ベイトマン家に衰退は忍び寄る。しかし、事業家の三代目ジェイムズが堪能した庭園趣味は、ビダルフ・グレンジに止まらなかった。ジェイムズは生家ナイパーズヘイでもすでに二〇を越える温室で園芸を楽しみ、屋敷の周りをピクチャレスク派の論客ナイトの主張したような荒々しい風景庭園に造り替えていた。ビダルフ・グレンジに移った後一八六三年にはビダルフ・オールド・ホールを購入し、そこの廃墟を含む荒々しい自然を巡って楽しんだ。また、二マイルの馬車道でつなげた鹿園もジェイムズはもっていた。

「世界のイメージ」の庭か

ジェイムズが造ったビダルフ・グレンジの庭をみれば、ひとは様々のことを思う。『ビダルフ・グレンジ』（一九八九）を著したハイデンは、これは「世界のイメージ」の庭だという。

……ビダルフ・グレンジの庭は、型からすればいわゆる「世界のイメージ」の庭 'world image' garden である。そこには古い時代と遠い異国が盛り込まれている。この種の庭は古く二世紀に遡る。古来有名なハドリアヌス荘の庭である。統治のためにローマ帝国領を広く旅したハドリアヌス帝はその庭にギリシャやエジプトなどの思い出に残る名所を模して盛り込んだ。一八世紀のイギリスでは、ストウ、シャグバラ、キューが挙げられる。フランスで有名なのはオルレアン家のルイ・フィリップ・ジョゼフが造った人目を驚かすモンソー庭園である。一七九三年ルイ一六世の死刑に賛成票を投じたあの人物である。モンソー庭園（注―現在のモンソー公園）では、中国の門と橋、エジプトのピラミッド、イタリアの葡萄園、オランダの風車、トルコの園亭とテント、廃墟仕立ての軍神マルスの神殿、タタール族のテントと尖塔が揃えられた。タタール族のテントと尖塔には、それぞれタタール人とヒンドゥー人の民族衣装をまとった者が配置され、アフリカとアジアの動物を連れ回してみせるということまでした。同じ一八世紀、パリ近郊に造られたデザール・ド・レもこの型の庭である。ドイツではシュトゥットガルト近郊のホーエンハイムの庭が挙げられる。イギリスの一九世紀初めにも有名なものが誕生する。シュルーズベリ伯爵がスタフォードシャーで作ったオールトン・タワーズ Alton Towers である。ベイトマンはこれらの庭を知っていたであろう。ビダルフ・グレンジの後にも、「世界のイメージ」の庭は造られた。一九世紀末のフライアー・パーク（オックスフォードシャー）や二〇世紀初めのアイフォード・マナー（ウィルトシャー、現存）である。フライアー・パークには、中世の庭、エリザベス朝の庭、フランスの庭、オランダの庭、ボッカチオの庭、日本の庭があった。……

この「世界のイメージ」の庭という見方がどれだけ本質をついているか、私にはまだ見極めがつかない。ただ、この関連では、一八五一年にロンドンのハイド・パークで開かれた万国博覧会が大きな意味を持っていたことが指摘されている。先進国の工業製品とアジアや植民地の物産、先進国の文明と異国の文化が一堂に集められた。まさしく世界の姿がそこで初めて展示された。この時パクストンの建てた水晶宮は有名だが、パクストンはまたここで庭園も造った。それが多彩な取り合わせの庭で、イギリスの造園に衝撃を与えたという。

ビダルフ・グレンジの作庭に直接ヒントを与えたのは一八三一年の「園芸雑誌」に載った論文だとされている。ジェイムズ・メイソンという人物が、北極、南極、灼熱地帯、北部、南部と分けた地球の五地域の植物を集めた庭を提案した。

ビダルフ・グレンジの庭は、イタリア風の屋敷、熱帯の植物を収めた温室や展示館など建築と合わせて、全体としてひとつの「世界のイメージ」を構成しているとみることもできる。

ハイデンはさらにこう指摘する。ビダルフ・グレンジの庭の植物には、宿根草やイギリスの固有種も使われており、必ずしもヴィクトリア朝の庭の一般的傾向に支配されているのではない。この点は先駆的である。また、異なる庭域を巧みに遮断し、かつ繋ぎ、そして、それぞれの庭域で植物に好適な生育条件を整えたことは、これも後のヒドコート・マナーなどの先駆といえるだろう。

取り合わせの庭の極致、そして園芸

ビダルフ・グレンジはヴィクトリア朝の庭の到達したひとつの極点として、評価はきわめて高い。変化に富み、次々と驚きの世界へ誘い込む、その巧みな繋ぎと構成がすばらしいのだ、と。その後のイギリスの庭の展開に与えた影響も大きいとされる。

一八四〇年頃のイギリスには、新しい庭造りのアイデアも植物も実に豊富に揃っていた。あるいは揃い過ぎて

いたというべきかもしれない。その後も着想は増えていくから、ヴィクトリア時代の庭園を通してみれば、人々は次々に提案されてくる様々の趣向や着想を捌ききれなかったという印象が強い。ヨーロッパでは、イギリスばかりでなくイタリアやフランス、オランダでそれぞれ独自の庭が展開してきた。これもアイデアの宝庫で、たとえばバリーは装飾庭園 pleasure grounds の庭、つまり屋敷のすぐ側におく装飾的な庭としてイタリアの庭を提案したのに対し、ネスフィールドはフランスのパルテールを勧めた。いずれも一八世紀の風景式庭園を持つ屋敷の側に整形園を置いて庭園を美化しようとしたものであった。やがてそれに対して、イギリスの一七世紀の整形庭園がよい、との主張も出された。地方と生活に密着したイギリスのコティジの庭がよいとの考えも提出される。アルプスを模した岩庭を造りたいという願望も人々の心を捉える。それに加えて、東洋、ニュージーランドやオーストラリア、北米に南米、南アフリカなどから引きも切らず、新しい外国の植物がイギリスに送り込まれる。さらに東洋趣味やエジプト趣味が流行する。すべてに目配りをしてもきりがない。統一や総合を狙うよりも、いきおい適度の混合や取り合わせで、というまとめ方に落ち着く。ヴィクトリア朝の庭造りの百家争鳴、あるいは賑やかな、しかし決定打に欠ける展開がようやくある方向に収斂を見せはじめるのはその終わり頃である。それをもたらしたのはジーキルとラッチェンズの新しい庭であった。ジーキルとラッチェンズの庭は、新しい庭の様式であったばかりでなく、それまでの夥しい、ときには極端にわたる外国種の利用からの脱皮も含めて、園芸の領域でも新次元を開いた。ふたりの庭はイギリスの現代庭園の源流になる。

イギリスの庭造りではすでに一八世紀の末から、取り合わせと園芸への傾斜が見られた。ブラウンの風景式庭園を引き継いだレプトンはアシュリッジやウォーバン・アビーなどで、屋敷周辺の庭（プレジャー・グラウンド）としてこの種の庭を提案し、実現させている。時代の流れに、レプトンの感覚が柔軟に応じたのである。

イギリスでは一八二〇年代、庭造りは広く中産階級に広まり、中小規模の庭がたくさん造られはじめた。ラウドン John Claudius Loudon（一七八三—一八四三）が造園界を主導し、庭造りの提案を雑誌や著書で盛んに行った。中産階級のためにラウドンが提案したのはいわゆる混合型で、整形式と自然式、植物と庭園装飾物、花と果樹などを、狭いスペースに取り合わせた。小型温室もあればなおよいとされた。その温室の普及もすでにそうとう進んでいた。有名な素人造園家ローレンス夫人の庭もラウドンの提唱した庭と同じで、二エーカーという比較的狭いスペースに、パーゴラや滝、整形園に自然園など多くのものを取り合わせて造られ、各種の植物と花が所狭しと盛り込まれた。夫人の庭はロンドンの西二マイルの郊外にあったが、夫人はヴィクトリア朝の庭造りの花形で、園芸協会（一八〇四年設立）Horticultural Society（王立 Royal となるのは一八六一年から）の展示会では五三ものメダルを獲得した。園芸の腕も優れていたのであろう。

ラウドンの提唱した混合型の庭は一九世紀の後半、ケンプ Edward Kemp（一八一七―九一）によって「ガーディネスク」の庭として再提唱され、中産階級に浸透した。規模は中小、整形と非整形を組み合わせた庭である。

ラウドン自身の庭はロンドンのポーチェスター・テラス Porchester Terrace にあったが、これは庭というより種苗園に近かったらしい。約一〇〇〇平方メートルという狭い敷地で二〇〇〇種の植物が育てられた。レバノン杉、クルミ、ムラサキブナなどの樹に始まり、モクレンやスイカズラ、藤、バラなどの灌木、チューリップ、アネモネ、ナデシコ、カーネーション、サクラソウ、ポリアンサスやダリアなどの花卉、そして様々な色合いの宿根草がそこに見られた。各種の鉢植え植物もあった。リンゴ、梨、桃、サクランボ、ネクタリン、アプリコット、イチジク、プラム、葡萄などの果樹もあった。しかもたとえばリンゴなどは、五〇種類も揃えていたから、植物の実数は二〇〇〇を遙かに越えていた。ここには温室がいくつも設けられていた。植物のためにヴェランダもフェンスも使われた。これらの植物はすべて、王立キュー植物園や有名なハックニー種苗園 Hackney で入手できるものに対応していたという。明らかに一九世紀は園芸の時代であった。ラウドンがこの庭を造り始めるのは一八二三年からである。かれの庭は園芸の時代の庭造りのための実験場であった。ラウドンは造園と園芸の雑誌を発行した。他の園芸雑誌も競って新しい植物や花を紹介した。

この園芸という点に限っても、ビダルフ・グレンジが間違いなく大いなる到達であったのは確からしい。スタフォードシャーの気候は寒冷で雨が多い。土地は痩せている。炭泥質で水はけが悪い。この地に見事な植物と花の庭を造るには、ふさわしい生育条件を整える知識と工夫が求められた。丘、谷、陽と陰、水辺などが人工的に造り出された。

■ヒーバー城 *Hever Castle and Gardens*

アン・ブリンの生まれた古城を偲ぶ――帰化した富豪の庭の傑作

この庭は一九〇四年から〇八年にかけて造られた現代の庭の傑作で、一九九五年には「今年の庭」に選ばれた。造ったのはアメリカからイギリスに帰化した実業家アスターである。アスターは父祖の国ヨーロッパの文化と伝統への憧れを強くもち、「アメリカはもうジェントルマンが住むのに適した国ではない」と感じて、イギリスに帰化した。

曾祖父はドイツのハイデルベルク近郊の村の出で、若い頃アメリカへ移住し、毛皮貿易で財をなし、ついでニュー・ヨークの土地売買でまた財をなした。一八四八年に死んだとき、アメリカ一の富豪といわれた。赤貧から富豪への道をたどった人物である。ヒーバー城はその曾孫の造った庭である。

帰化後アスターは慈善事業も積極的に行い、男爵、ついで侯爵に叙された。アスターの孫は新聞雑誌の世界へ乗り出し、タイムズ社の社長や会長を務めた。

この庭は、アスターがアメリカの駐イタリア大使を務めた一八八二年から八五年の間に収集した古代遺物の展示場所も兼ねている。一六世紀のイタリア・ルネサンス庭園を再生させた部分がそれである。庭園に彫像など美術品を展示する、という考えそのものがイタリア・ルネサンスの庭に始まるのだから、この構想は庭園史のひとコマの再現ともいえる。庭は屋外の美術館――これはヴァチカン宮殿の離宮の庭がその始まりとされ、広大なボルゲーゼ庭園なども同様であった。

ヒーバー城の庭はそれだけではない。周りには一八世紀イギリス風景式庭園を活かした部分もある。このふたつが構想の二本柱で、庭の主要部分を構成している。蒸気機関を利用するなど大がかりな造園作業が四年間続けられ、三〇エーカーの景観が新たに創り出された。

ここにはまた、アン・ブリンの生まれ育った古城と付属する小庭がある。これもアスターにより復元された。アン・ブリンはエリザベス一世の母といった方がいいか、あるいはヘンリー八世による強引な求婚と結婚、千日後の処刑という歴史悲劇のヒロインという方がよいか。ここは、有名なアン・ブリンの実家であった。

イタリア・ルネサンス庭園、イギリス風景式庭園、そしてチューダー朝の古城と小庭。ヒーバー城の庭の味わいはこの三種になる。

イタリア・ルネサンス庭園の構成や要素を生かして造られた部分は、庭全体の中心部にある。一六世紀の典型的なイタリア・ルネサンス庭園との違いは、ここが平面に造られていること。空間がゆったりして広く、余裕が感じられて快いこと。このふたつであろう。案内図やガイドブックでは、噴水園、「イタリア庭園」、ポンペイの壁、パーゴラ歩道などと記されているところ全体がそれにあたる。

「イタリア庭園」はグランドのように広い長方形の芝生で、芝生の上に彫像、飾鉢、壺、棺などが配されている。数は少なく、まばらという感じすらするが、要所を押さえる。噴水もある。長辺はおよそ一四〇メートルほどあり、一方がポンペイの壁、他方がパーゴラ歩道である。短辺の方は三〇メートルあまりある。

入り口に近い手前の区画には、イチイの生垣で囲われた部分があり、内部には沈床園が隠されている。中央に池、小さくかすかな水音をたてる噴水がある。周辺はボーダー花壇で、うす紫や白や灰色、銀色にくすむ緑などの色彩が使われている。人の心を沈静へ誘う色彩と造りで、これは見事である。微妙な色彩設計を考えたイギリ

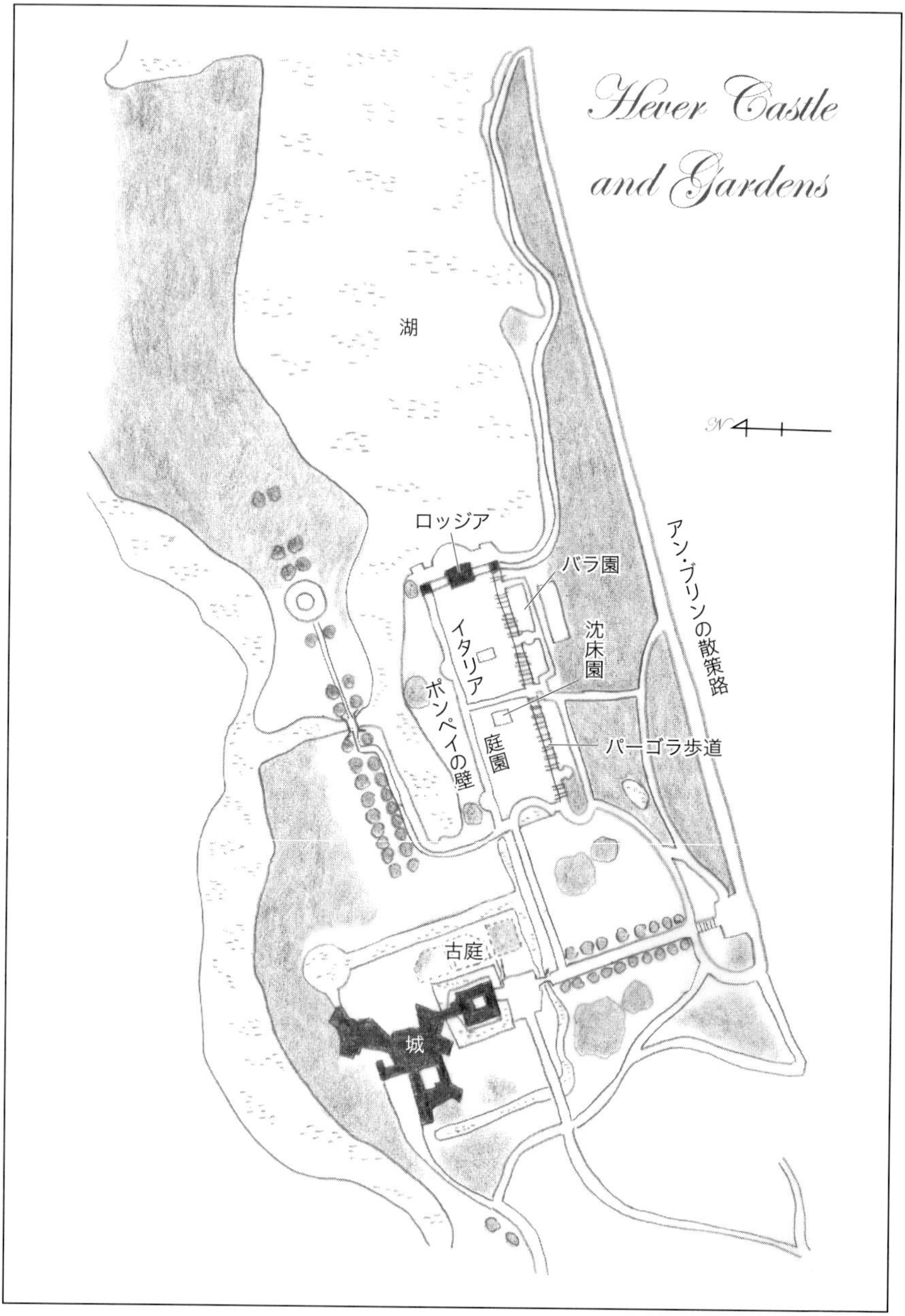
Hever Castle and Gardens
湖
N
ロッジア
バラ園
アン・ブリンの散策路
イタリア
沈床園
ポンペイの壁
庭園
パーゴラ歩道
古庭
城

ヒーバー城　パーゴラ歩道

ヒーバー城　ポンペイの壁

ス現代庭園の生みの親ジーキルの見事な遺産を感じる。当初はローマ浴場で、一九三〇年代に改修され、この沈床園が誕生した。

ポンペイの壁は、構想も実際の造りも、ともに秀逸である。アスターが集めた古代の遺物がここに植物や花とともに展示されており、独特の雰囲気を醸している。美的世界といってもいいし、日本人なら、規模の大きい勅使河原流の生け花の連続と見立てることもできる。一四〇メートルほどの長さを控え壁で区切り、一〇あまりの区画を作って、それぞれ異なるデザインで遺物と植物、花を組み合わせている。展示されている遺物は、彫像、柱、壺、飾鉢、水槽、花瓶など、大きさも種類も様々で、いずれも味わい深い。古いものは、二〇〇〇年以上前のものという。これらが灌木、藤やクレマチスなどつる草、さらに多年草、一年草の植物や花と共存する。ここで用いられている一年草は温室で育てられた後、移植される色とりどりのペチュニアやサルビアなどである。その他、スイカズラ、レンギョウ、木蓮、インドの珍しい低木、チリ原産の木なども使われている。壁の高さは三・六メートルほどある。

これと向かい合うパーゴラ歩道も見事である。ポンペイの壁が日向の道なら、パーゴラ歩道は日陰道といえよう。ブドウ、スイカズラ、藤などに覆われている。キングサリ、バラ、アメリカヅタも目に付く。初夏、キングサリは鮮やかな黄色に花咲き、秋、アメリカヅタは紅葉する。ブドウは緑の葉を広げた後、実をならせる。四季、このようなトンネルをくぐって歩く。一部の覆いには、小粒な果実を稔らせるリンゴの木も使われている。壁の一部は涼しい水音を響かせるグロットに仕立ててあり、水に濡れた岩肌に沿って、シダ、サクラソウ、ギボウシ、アスティルベ、ウェールズヒナゲシが見られる。苔も岩肌に張り付いている。ふつう、グロットは洞窟で、奥へ伸びる造りになっているが、ここでは横に連続する壁のように造られている。それでローマ近郊の有名なエステ荘の百噴水を思い出させる。

このパーゴラ歩道の壁には潜り門があり、外へ抜け出ることができる。そこにあるのが、バラ園である。バラ園はイギリスでも古くから造られてきたが、ヒーバー城のバラ園は、造りといい色合いといい、噴水といい、一種独特の暖かみといい、やはりイタリアの庭園の雰囲気に包まれている。バラはおよそ三〇〇〇本、見頃は六月から九月といわれる。

潜り門から、ふたたび「イタリア園」へ戻る。右手、「イタリア園」の短辺に接して造られているのがロッジア（涼み亭）と柱廊である。ロッジアの裏手は湖になっているので、「イタリア庭園」の中で閉ざされていた視線はここで、広い眺望に向かって開放される。視線が向かうのは、イギリス風景式庭園が育てた湖と木立の景観で、木立を構成する樹の色合いと樹姿にはやはり独特の旋律が認められ、快くて美しい。

一八世紀のイギリス風景式庭園の景観は、湖周辺のほかに、庭園の南の境界に沿って真っ直ぐに伸びるアン・ブリンの散策路にも見られる。樫、ブナ、杉、楓、スコットランド赤松、菩提樹など、イギリス風景式庭園の典型的な樹が見られるだけでなく、その後、一九世紀、二〇世紀になって、イギリス風景式庭園の景観を豊かにしてきた世界の珍しい樹が植えられている。この散策路の内側にある芝生の斜面もまた、イギリス風景式庭園のものである。ここは、アン（妹）とメアリ（姉）の二姉妹にちなんで、「二姉妹の池の芝生」と名付けられている。

城は庭園に入場して左手にある。内堀と外堀の間にアン・ブリンの庭と名付けられた小庭がある。推定的にだが、当時のままを再現している。ハーブ園、バラ園、パーゴラ、チェス園が生垣の中にまとめられている。チェス園とは、チェスのコマを並べた庭。コマは、イチイのトーピアリ（装飾刈込み）で作られている。往時のチューダー朝の小身分の者のこぢんまりした庭が偲ばれる。

城は、かつて貧しい境遇から身を起こし、財産を築いてロンドン市長を務めたアン・ブリンの曾祖父が一四六二年に買い取ったものであった。一三世紀の古城だったという。曾祖父は騎士に叙せられた。アン・ブリンの父は、この曾祖父の孫に当たる。母親はノーフォーク公爵の娘であった。アン・ブリンが生まれたのは、一五〇一年、この城であったろう、とされる。

アン・ブリンは子供時代をここで過ごす。とはいえ、野心ある父親によって早くから宮廷に送り出され、子供の時から宮廷で過ごす事が多かった。一三歳の時、ヘンリー八世の姉メアリー・チューダーがルイ一二世に嫁ぐお供に加わってフランスへ行く。ブリンは父がフランス大使を務める間もフランス宮廷で過ごし、合計でブリンのフランス滞在は一三年に及んだ。帰国後父はヒーバー城に引退、アン・ブリンも田舎暮らしを始めるが、退屈、すぐに、王妃キャサリンの侍女となって宮廷生活を始める。その宮廷生活の中でヘンリー・パーシーと恋に落ちるが、ヘンリー八世に喜ばれず、仲を裂かれた。ヘンリー八世の頭には、それぞれ政略結婚させる相手があった。アン・ブリンはヒーバー城に戻され幽閉状態で暮らす。ところが、運命のいたずらな糸で結ばれていたというべきか、姉のメアリはヘンリー八世の思い者であった。やがてヘンリー八世の目は姉から妹へ移る。ヘンリー八世はたびたびこの城を訪れもてなしを受け、来ない時は手紙と贈り物を寄越した。はじめきっぱりと断っていたアン・ブリンも強引な求婚に折れる。一五三三年、王とアンは結婚する。アンはこの時二五歳であった。しかし、ヘンリー八世が熱望していた世継ぎの王子は産まれなかった。死産、流産が続くことに怒った王は、姦通の罪をでっち上げ、五人の男たちと共にブリンを処刑してしまう。アン・ブリンはこの時二八歳。最初に生まれた女児が後のエリザベス一世になる。

アン・ブリンとヘンリー八世との結婚は、カトリックだったヘンリー八世には元々認められるはずのないものだった。ヘンリー八世にはキャサリン王妃がいたからである。ヘンリー八世は、力業を発揮する。別個にイギリス王を長とするイギリス国教会を作って、カトリック教会と法王から独立した。これで離婚を可能にし、結婚も可能にした。

ブリンの死後、城は王室のものとなり、ヘンリー八世の四番目の妃アン・オブ・クリーヴズに与えられる。その後、二〇世紀の初めにアスターが購入するまで、この城はさまざまな人の間を転々とした。一九八三年からは、ブロードランド不動産が所有する。

城内には、アン・ブリンの劇的な人生の二場面がいきいきと実物大の人形を使って展示されている。ヘンリー八世がもてなしを受ける場面と、アンと男達が冤罪で裁かれる場面である。

第五章　現代庭園

1　ジーキルとラッチェンズの庭

■ヘスタークーム *Hestercombe Gardens*

ジーキルとラッチェンズ共作の整形園と洒落た一八世紀風景園

この庭を見て、心に残るのは、ジーキルの洗練された植栽とラッチェンズの巧みで立体的な庭園設計であろう。ジーキルのシックな植物や花の取り合わせはここでも追随を許さないものがあり、ラッチェンズの石や水を巧みに使い、高さの異なる庭を石段でつなげた庭の設計の斬新さに驚く。ふたりが扱った素材は、植物と石という違い、軟と硬の違い、生命体と無機物という違いがあるが、ともに細部まで配慮が行き届き全体はすっきりしている。美的で洗練されていて、至る所、鼓舞的である一方で、親密さや落ち着きを感じさせる。ふたりの作業の調和がすばらしい。ジーキルの自然な植物がラッチェンズの幾何学的な庭園を柔らかに覆う。完全に隠すのではなく、人工の幾何学的な輪郭を透かし見させる。花の白色や藤色、銀灰色、ピンクや黄色、赤、そして葉の緑が、直線的な石の人工世界を透かし模様のように飾る。

この庭では、開放と眺望、囲いと保護といった空間の変化も程良く快い。階段を少し上る、また少し降りる、平面を歩くというリズムも変化よく織り込まれている。そこここに座るベンチも用意されている。石の壁や花の姿に囲われた洒落た小空間で憩い、テラスを歩き庭や遠景を見やって開放感を味わう。

イギリスの多くの庭が快いのは、周辺環境が良いからである。ここでも周辺はいわゆるカントリーサイドの静かな緑の広がりで、遠景に丘があり、近くに放牧の牛の姿がある。これに比べてたとえば東京の小石川後楽園が、都市の建物と自動車の騒音のただ中に置かれ、都会の人工環境にたえず強く圧迫されていることを思えば、ヘスタークームの置かれている状況の良さがよく分かる。

風景式庭園

ここではまず、屋敷の裏手に広がる良質の風景式庭園をゆっくり巡るべきであろう。ヘスタークーム（ヘスターの谷）の名前の由来になった小さい谷を利用して一八世紀に造られた細長いピクチャレスクの風景式庭園である。木立に覆われた小谷の散策路に沿って歩き始めよう。まず池を眺め、中程で滝を見上げ、流れにかかる橋を渡り、谷頭で対岸に渡り、尾根のゴシックの園亭、ドーリア式神殿や魔女小屋、霊廟など点景建築物を順に訪ね、このそぞろ歩きの間に、選定された眺望点から庭園のそとに広がる風景を遠望する。遠望されるのはいまも往時もトーントンの谷に広がる田舎の風景である。ゴシックの園亭以下、点景建築物として挙げたものは、ひとつに庭園のピクチャレスクの建築物として絵のような眺めになって目を楽しませるとともに、その中にはベンチが置かれ、休憩所の役割も果たした。そして休憩所は同時に眺望所でもあった。たとえばドーリア式の柱を採用した小型の神殿からは、対岸の滝を眺めた。同時に外の風景も楽しむことができた。魔女小屋は木の根で組み立てた茅葺きの田舎風の小屋で、中には魔女の絵とともにフクロウと猫の絵が壁に掛けてあった。古い民俗を映したこの小屋もピクチャレスク効果に貢献するとともに、休憩所・眺望所として使われた。対岸の急峻な斜面を落ちる滝の景は本来この田舎小屋から眺めるものであった。また、霊廟と名付けられた建物は、本当の霊廟ではなく、形やデザインからそのように名付けられたやはりピクチャレスクの遊びの建物で、正面の造りはピンクの壁にアーチの入り口、その上に灰色の尖塔、ピンクの壁の左右に角柱、角柱の上に骨壺を乗せる、という独創的なデザインであった。あるいは目を引く珍奇さを狙った類例のない建物である。この建物も休憩所であり眺望所。谷尻の大池に姿を写すところも見所であった。谷尻、つまり風景式庭園が始まるところにあるのが梨形をした大池であった。造園まもない頃の絵には、このあたりの景観が描かれている。池の周りに芝生の斜面。そこで草をはむ数匹の羊。散策にやってきた男女たち。魚釣りの糸を垂れる人物。水鳥に餌をやる人物。樹木が芝生を囲み、尾根付近にはドーリア式神殿が見える。樹木は不規則に芝生に進出し、また退く。樹にはすでに針葉樹も混じっている。池に注ぐ谷川は段々滝に仕立ててある。絵は一七七五年頃、この庭を造ったバンフィールドが水彩で描いた。すでに一七六一年にここを訪れた女性が手帳に詳しい記録を残している。あの農政学者アーサー・ヤングもここを訪れた（一七七二）。絵はこの後のものである。

この風景式庭園の中程にあって最大の見物である段々滝は、およその庭の骨格が完成したあとに付け加えられた。バンフィールドは一七六二年に有名なリーソーズ園を訪問し、シェンストンが工夫を凝らして造りあげた「ウェルギリウスの森」の段々滝を目にした。それに教えられたのであろうか、「ウェルギリウスの森」と同じように暗い樹陰をたどっていくと、この滝に行き当たる。ただ、「ウェルギリウスの森」と異なり、滝の前だけ森が開けていた。いまリーソーズ園の名滝は復元されておらず、イギリスの趣味人の間で格段に有名であったその姿を目にすることはできない。ヘスタークームの滝はこれを「かくや」と偲ばせるものがある。なお、滝の水は谷の上部にある池から丘の中腹を水路で導かれた。ヘスタークームの風景園は小さいので小一時間で見て回ることができる。

ヘスタークームが所領地として記録に残る初めは六八二年である。一三九一年から領主の家名がわかる。ヘスタークームは以来一八七二年までウォー家 Warre のものであった。風景式庭園を造ったのは、バンフィールド Coplestone Bampfylde Warre（一七二〇—九一）という人物で、絵がうまく挿し絵画家としても名が通っていた。

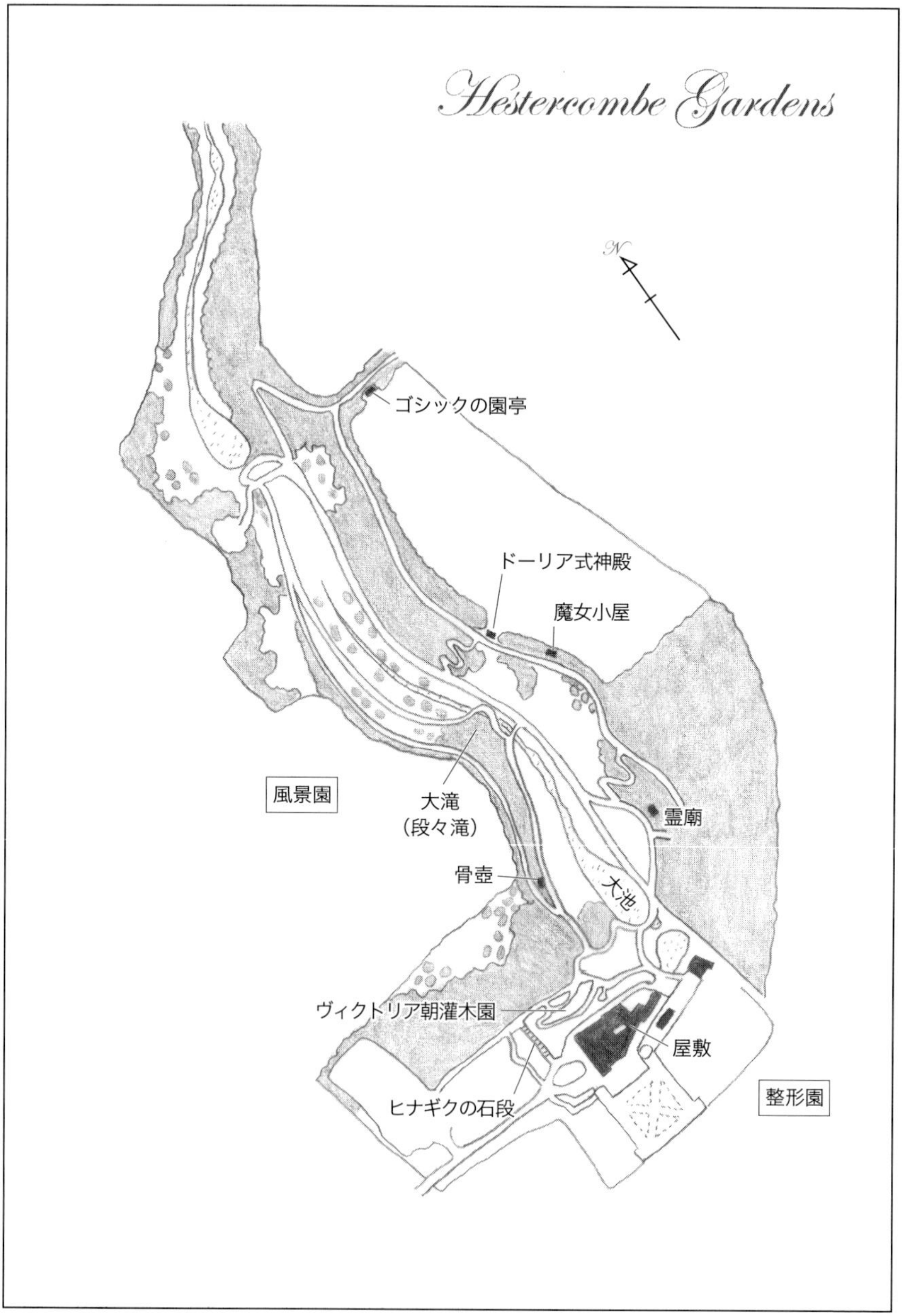
Hestercombe Gardens
N
ゴシックの園亭
ドーリア式神殿
魔女小屋
風景園
大滝
（段々滝）
霊廟
骨壺
大池
ヴィクトリア朝灌木園
屋敷
ヒナギクの石段
整形園

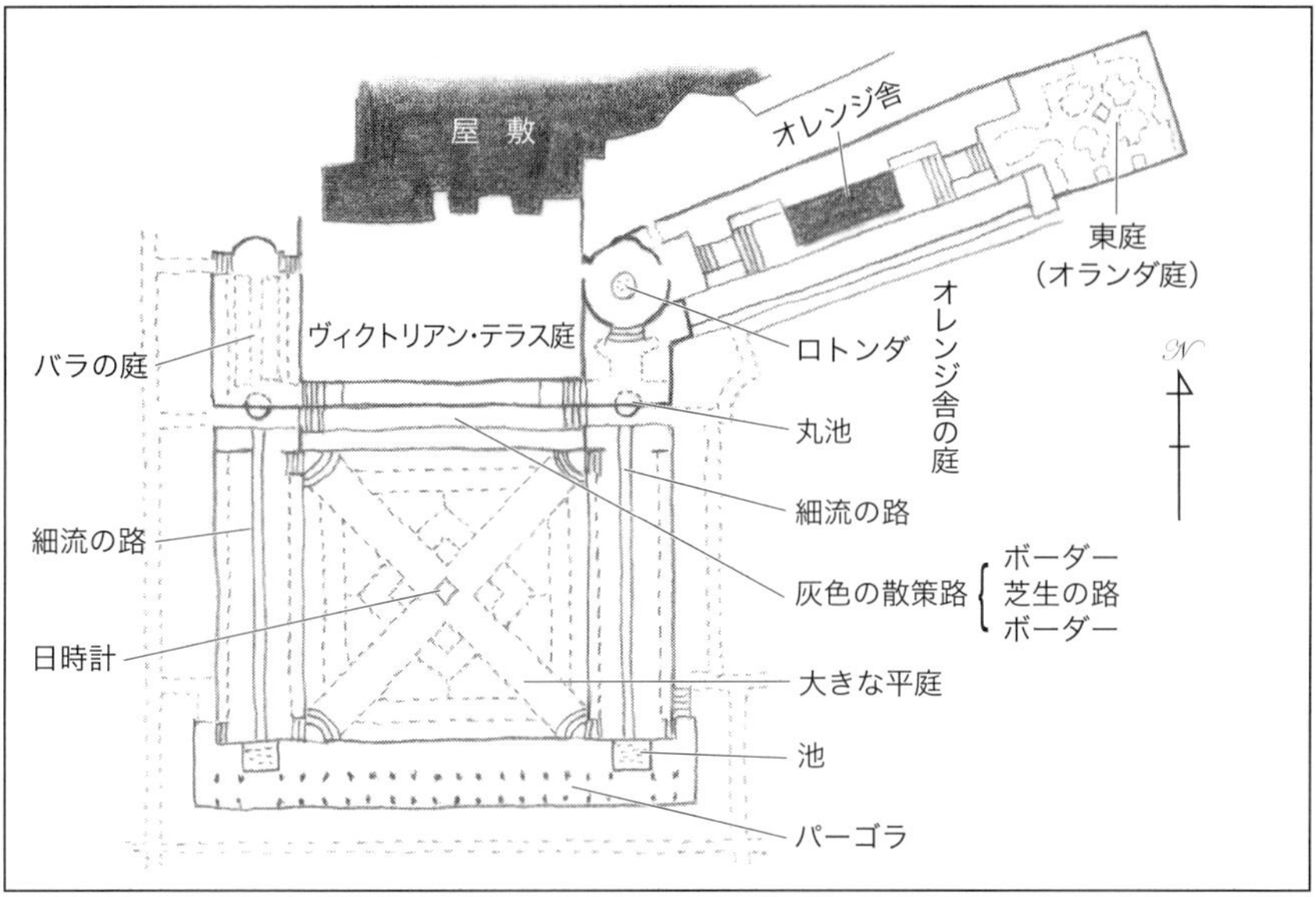

ヘスタークーム 「大きな平庭」

おそらく古典の教養もあったのであろう。親友にあのスタウアヘッドの庭を造ったホア二世がいた。このような関係からスタウアヘッドの庭の段々滝（パンテオン神殿近く）を設計したのはバンフィールドである可能性が高いという。

作庭のおよその時期は一七五〇―六一年だと推定されている。風景園の中には親友のふたり、このホア二世と隣地の主チャールズ・ケミス・ティントに捧げる骨壺が飾りに置かれている。この骨壺はケントがポープのトゥッケナムの庭に飾ったものを真似ていた。イギリスの新しい造園の水脈がここにも達していたことが窺える。またウォー家の生業のひとつであった木炭製造を記念して「炭焼きの作業小屋」も置かれている。それは緑岩の採れた石切場だった谷の中腹にある。中国風の園亭や八角形の園亭などは消えたまま、まだ姿を現していない。

なお、ひとこと。ヘスタークームの風景式庭園をピクチャレスクの庭というのは、スタウアヘッドの庭をピクチャレスクの庭というのと同じで、クロード・ロランやニコラ・プサン、サルヴァトール・ローザ、いわゆるイタリア風景を描いた御三家の風景画をモデルに、庭園の要所に彼らの絵のようなイタリアの風景を作り出すことを考えた庭という意味である。ただこの場合でもたんにイタリアの（古典的）風景の再現という範囲を超えて、絵になるという点から、ゴシックの建物や魔女の小屋（田舎小屋）などイギリス固有の景物も付け加えられた。さらにエジプトのオベリスク、中国の橋や四阿《あずまや》、トルコのテントなど異国趣味のものも使われた。これらのピクチャレスクの建物は、視覚に訴えて絵になると同時に、心に訴えておのずと文化連想へ誘うものであった。

一八世紀の三〇年代からこのようにして造られ始めるイギリスの新しい庭は、シェンストンの言葉に要約されていく。それは“landskip or picturesque gardening” as “pleasing the imagination by scenes of grandeur, beauty or variety”（一七六四）である。のちにイギリス風景式庭園とまとめて呼ばれることになる一八世紀のイギリスの庭では、これはひとつのグループで、個々の趣味人が造ることが多かった。それに対して、ブラウンの風景式庭園（一八世紀半ばから七〇年代まで）は、点景物が少なく、イギリスの地所の理想的風景をカントリー・ハウスの前に作り出すものであった。芝生、樹、湖、それに鹿、牛、羊の群が基本の構成要素であった。シェンストン等の庭が個々の趣味の人の庭であったのに対して、ブラウンの庭はプロの庭である。ブラウンに依頼した施主の多くは、大貴族であった。

ヘスタークームの風景園は五五エーカー（約二二ヘクタール）で、その中心部となれば三五エーカーほどである。間違いなく、趣味よく、洗練されている。

一八七二年、ウォー家最後の血筋が絶え、ポートマン子爵がヘスタークームの地所（農園）を購入した。風景園はそれ以来荒廃した。荒廃はヘスタークームが一九四四年、クラウン地所（不動産会社）の手に渡ってからも続き、近年ようやく一九九二年になってホワイト Philip White という人物が関係機関の資金援助を得て、「ヘスタークーム庭園復元計画会社」をヘスタークーム整形園の庭師頭とふたりで設立、復元に取り組み始めた。調査結果を踏まえ、一九九五年、この会社はクラウン地所から三〇年の賃貸を受け、復元工事に取りかかった。四つの池合わせて一万七〇〇〇トンの土砂を取り除いた。一九九六年に大滝（段々滝）を復元、同年ドーリア式神殿や霊廟も復元。一九九七年サマセット州議会と一緒に「ヘスタークーム庭園トラスト」を設立。一九九七年四月に、風景園の一般公開へこぎ着けた。

整形園

ヘスタークーム庭園はいま屋敷の前に広がる整形園に結びついて語られることが多い。これはポートマン子爵の二代目がジーキル Gertrude Jekyll（一八四三―一九三二）とラッチェンズ Edwin Lutyens（一八六九―一九四四）に依頼して生まれた見事な現代の名園である。二人には施主からほとんど注文は付けられなかった。それでふたりは存分に腕を振るうことができたらしい。ポートマン家はここを夏の別荘に使っていた。注文らしい注文は、ポートマン家の者がここに滞在する六月にもっとも美しくなるように、くらいだったという。ふたりの共作は全体でおよそ一〇〇庭ほどあるが、ここが最高の傑作となったのは、自由に任されたことが大きいのであろう。庭は一九〇四―〇六年の間にほぼ完成した。

中心となるのは、正方形の沈床園で、屋敷の前のテラスの下に広がっている。一辺の長さはおよそ三七・五メートルある。この庭の左手に「オレンジ舎の庭」、そのまた左手に「東庭」（「オランダ庭」とも）。この三つがふたりの造りあげた庭である。ほぼ横並びになって、ともに南方に広がるトーントンの谷の田舎風景とブラックダウン丘陵に臨んでいる。

主庭は「大きな平庭」the Great Plat と呼ばれる。平庭は×字の園路で仕切られている。従って花壇は三角形である（正確にいうとそれぞれの三角形はさらに細かく区切られている）。初夏には白ユリ、青いデルフィニウム、シャクヤク、バラが咲く。七、八月は赤いカンナ、グラジオラス、トウモロコシ（縞葉の観賞用）、フロックスなどに変わる。縁取りは常緑のヒマラヤユキノシタである。ジーキルの原案も確認されており、この七、八月に咲く花の組み合わせに近かったようだ。植え方はジーキルが編み出した「群植」drift である。これは自然なかたまりとして花を植えていくやり方で、それもいくらか自在に行う。ヴィクトリア朝の整形花壇で赤い花を三角形や四角形や渦巻きなどに植える植え方とは正反対であった。平庭は広い面なので、花は垂直性のあるものが使われている。花壇は花の色に塗りつぶされるのではなく、むしろ下地のような緑の様々な色合いの広がりの中から花が浮かび上がってくる。×字の交点の飾りに、小さな石の彫刻――目立たない日時計が置かれている。

四辺それぞれに沿い、ここにも園路が取られている。園路は×字の苑路と同様にここでも幅広い芝生である。それが灰色の敷石に縁取られている。四辺の苑路の外側にボーダー花壇が設けられ、それぞれ一段上のテラスの花壇の色を反復する。ボーダー花壇はテラスを支える石積みの壁に沿って延びる。石積みの壁は極めて美しい。園路の舗石と同じ、灰色の頁岩《けつがん》（泥板岩）が小口を見せて積まれている。板状の岩を平らに積んだ壁で、表面に生まれる小刻みな凹凸面に趣があり、そこに浮かぶ何本もの不規則な横線の連なりがまた美しい。そこここに花。

この沈床園に身を置いたとき、そこから眺められるものはもっとある。屋敷側のテラスには「灰色の散策路」Grey Walk が眺められる。そこはもっともジーキルらしいと思わせるあの銀灰色の葉をもつ植物が青・藤・白の花を付けているのが眺められる。ユッカ、イヌハッカ、コットン・ラヴェンダー、セキチク、オオキセワタ、ローズマリー、シャボンソウなどである。六月には白いエンドウが滝のように懸かり、夏にはセダム類。出入り口にはテンニンカとミカン科のショワジア。この色調は下の沈床園のボーダー花壇に連続している。

「灰色の散策路」のなおその上には屋敷前のテラスを支える石壁と手摺りがそびえる。そこに使われているのはまた別の石で近くに産するハム・ヒル石。黄色にオレンジを混ぜたような半ばくすみ半ば華やぐ色合いである。反対側に目を転ずると石の「パーゴラ」が眺められる。そのパーゴラに這い上がる、バラ、クレマチス、スイカズラが見た目にも涼しげな日陰を作っている。これは遠景を透かし見させる装置でもある。

左右、あるいは東西に眺められるのが「細流の路」East and West Rills である。ただしこれは、いざそこを歩いてみないと真価は分からない。

この庭を出るには、四隅のいずれかの石段を上がる。石段は五、六段で、低く穏やかな感じがする。沈床園を出て、たとえばまずパーゴラの下を歩いてみよう。パーゴラの向こうにはトーントンの谷の田舎風景とブラックダウン丘陵が眺められる。すぐ外の放牧地に牛の群がいる。パーゴラを支える柱は石の平積みで、それも角柱と円柱が交互に入れ替わる。このパーゴラを歩くのは極めて快い。パーゴラの突き当たりの壁には覗き窓。壁で仕切りながら同時に外の世界を覗く。これでひとまず東から西へ歩いたとしよう。次に右に折れ、西の細流の路を屋敷側へ向かって歩いてみよう。まず四角い小池があり、睡蓮が浮かび、金魚がいる。石の階段を数段上ると、真っ直ぐ向こうへ延びる石の水路が見える。水は細く深い石の水路をたどってくる。この水路の形に意表を突かれるが、美しい。水路の三カ所に極小の円形の池が穿ってある。それは水路の左右に並べてある。視覚的に変化を与えるこの工夫は洒落ている。水路の左右が歩く舗石。その石の帯に芝生の帯が平行している。水路には水生の植物があって石を柔らげる。左手にボーダー花壇。灌木、バラ、クレマチスが主要。黄色やクリーム色のモウズイカがその間にそびえる。細流の水源は円形の小池。小池には天井がある。お椀をふたつに割ってそのひとつを被せたような。壁をくり抜いたような。その池に一条の水が静かに注いでいる。水は壁の人面（男である）の口から出、ほとんど音を立てない。これはイタリア庭園の賑やかな水でなく、おそらくイスラム庭園の静かな水である。一度振り返ってみるとよい。細流の路の設計のよさがよく分かる。ここを背にして一段上がると「バラの庭」Rose Garden に出る。小さな空間にピンクや白の古いバラ。イギリスで栽培種のバラが記録されるのは一一世紀。ヨーク家の白バラもランカスター家の赤バラもフランス由来。一七九九年イギリスでは九九種のバラを数えた。一九世紀に入ると急激に増え、すぐに一〇〇〇種を越えるバラが庭園を飾るようになった。ここではバラを思い、園亭で休むことができる。三つの椅子はラッチェンズが設計したもの。眺めが良い。

バラの庭から少し下って、「灰色の散策路」を歩く。踏みしめるのは芝生。このいかにもジーキルらしい世界を経て再び石段を下り、東の細流の路の頭に出る。ここの造りも西で見たものと同じで対称形。ただボーダー花壇の趣は異なる。銀灰色や淡色の多年草があの「群植」で植えられている。アイリスや赤いケシも使われている。沈床園の沿う側にはイチジクや葡萄。水を池に注ぐ人面はこちらでは女性。改めてこの壁面の全姿をみる。その造形の美しさにひとは唸るかもしれない。全体は上の「ロトンダ」Rotunda を支える壁である。それが極めて美しく造られている。四分球の形で壁面をくり抜いた所が中心。その左右に大きな水牛の角に見立てることもできる、美しく反った階段の手摺りのような装飾壁が見られる。手摺りが始まるところに花の壺。壁面の上部にはロトンダの欄干の線が横に走る。縦に柱が並び、横の線がそれを連ねる。欄干の奥にロトンダの柱や園亭。すべては石でできているが、植物が半ば覆う。ところどころに白やピンクの花。壁面には幾何学図形の影が生じ、陽の部分とコントラストをなす。目に映るものの中でとりわけ明るいのは、一条の水と明色の花の壺。

おそらくポートンマン家の者は、屋敷を出、ロトンダを通り抜け、階段を降りて、細流の路にやってきたのであろう。あるいはバラの庭へ降りて、庭のそぞろ歩きを始めたのかもしれない。いずれにしても沈床園はテラスからまず見下ろされ全体の姿が眺められた。同時にまた誘われて視線は庭の外へ向かう。外の世界も楽しむべきもの。このようなテラスに囲まれた庭はイギリスでは一六、一七世紀のチューダー王朝の庭の主流であった。ラッチェンズがヘスタークームに造りあげたのはその洗練された現代版だと言えなくもない。

東の細流の路を見下ろしていたのが、ロトンダの欄干である。そこへ向かって、石段を上ると、石を敷き詰めたテラスにでる。欄干に寄って、細流の路を見下ろしてもよい。沈床園を見てもよい。庭外に目をやってもよい。ロトンダはテラスに続くその奥にある。そこへは数段の石段を上がる。これは円形の高い石壁に囲まれた一種の園亭。あるいはロータリーのような繋ぎの場。庭園を歩く道はみなここに集まり、振り分けられる。

ロトンダの床は石敷き。単純だが組み合わせから生まれる模様が美しい。中央に円形の浅い小池。空や雲、壁の植物を映す。壁は頁岩《けつがん》の平積み。その肌理《きめ》が美しい。壁に円形の壁龕。ふだんは飾りはなく、冬一月に蠟梅が置かれるという。ここの作りも秀抜としかいいようがない。デザイン力の素晴らしさを思う。ここで椅子に座って一息つくといい。円形の小池から欄干、さらに細流の路から遠景へ至る美景が石壁と柱の間に切り取られて眺められる。

東へ、花を見ながら石段を数段ゆっくりと降りよう。そこが「オレンジ舎の庭」Ogangery。オレンジ舎とテラス、そこから下る斜面に芝生、そして果樹園がある。ここでは平積みの石壁を彩るメキシカン・デージーと青い西洋ヒルガオを見ることができる。この二つの花はジーキルが石塀などによく取り合わせたもの。メキシカン・デージーの白い花と紅の花が交じり合って広がる様子が美しく眺められる。テラスにはローズマリー、ラヴェンダーにショウワジア。芝生には栗などの大樹。オレンジ舎はハム・ヒル石を用い、黄褐色。古典様式で典雅な落ち着きがある。

また東へ行く。石段を上れば、ここはまたひとつの独特の庭の世界。正方形で小さいが、訴えてくる力は強い。

全体が石敷き。ユッカ、ラヴェンダーにスタキス、イヌハッカなど緑から銀灰色の葉の広がりの中に薄紫の花。僅かに白と紅色。ジーキルの色彩世界である。イタリア風の飾壺が数個その間に立つ。それは黄褐色で輝くように目立ち、浅浮き彫りが美しい。二方は塀。平積みの柱やオレンジ舎も見える。ここもジーキルとラッチェンズの対称と調和の世界である。中心点と四隅、そしてその中間部というのが基本構成。ただシンメトリーは微妙に崩してある。ジーキルの植栽計画書が偶然発見され、それが復元の基礎になった。

ここから風景式庭園をラッチェンズが作った門扉の透かしから眺めることができる。門扉は一八世紀の庭と二〇世紀の庭を繋ぎ、かつ隔てる意味合いで設けられた。

この庭は「東庭」Easten Garden と呼ばれ、別名「オランダ庭」Dutch Garden という。なぜオランダか。理由はわからない。小さな整形庭園をただ、それまでのイタリアからオランダに変えた、たんに呼び方の変化にすぎないとの説の通りなのかもしれない。

ヴィクトリア朝のテラスとロビンソン

ヘスタークームに来て最後に確認すべきものは屋敷前のテラスの庭（Vivtorian Terrace）である。これは今に残ったヴィクトリア時代の庭。中央に噴水、幾何学的な花壇が四面。色合いは豊かというより、派手。ヴィクトリア時代の花壇を飾る花がけばけばしいほど派手だったことは有名だが、それでも当初の派手一方の色合いから次第に落ち着いた色合いへ変化した。が、ここの花の色には派手さが残る。デザインも通り一遍かもしれない。しかしこれは、ヘスタクームを買い取った第一代ポートマン子爵がわざわざロンドンの建築家ヘンリー・ホールに依頼して造った庭である。出来映えはともかく、屋敷の改修と共にこれを造った意気込みが感じられる。一八七〇年代のことである。復元が完成したのは一九九八年。いま屋敷の壁には植物が這い上がる。ヴィクトリア時代にもそうだったであろう。

なお、この時屋敷の裏も整備され、イギリスの自然な庭を唱えたウィリアム・ロビンソン流の庭が生まれた。これは一九九九年に復元され、案内図には「ヴィクトリア朝灌木園」Victorian Shrubbery と記されている。ロビンソン William Robinson（一八三八―一九三五）はジーキルの師であるとともに友人でもあった人物である。ロビンソンはサセックスに買い求めたグレイヴタイ農園 Gravetye Manor で一八八五年から亡くなるまでイギリスの固有種やヨーロッパやアジアの耐寒種を育て、実験を繰り返してイギリスで可能な自然な植栽と庭の設計を著書や雑誌で提案した。ロビンソンは森や湿地、野原も庭に仕立てることができることを示した。石塀や石壁、果樹園のリンゴの木に這い上がるバラといった植栽も示した。したがって、その後、ジーキル、ジョンストン、ヴィタ・サックヴィル＝ウェストと連なっていくイギリス現代庭園の流れの源に立つ人物のひとりである。ロビンソンの提案はヴィクトリア時代の造園の一八〇度の転換を意味した。派手な外国種、温室の活用といったイギリスの自然にとってきわめて不自然でかつ人工的な造園との決別であったから。この転換はまた経費と手間の節減を意味した。ロビンソンの代表的な著作が『自然な庭』The Wild Garden（一八七〇）で、今読んでもじつに新鮮である。

ラッチェンズは「雛菊の石段」Daisy Stepps も作った。屋敷の表に設計した整形園と屋敷裏に広がる一八世紀の風景園を繋ぐという趣向であった。当時、裏の風景園が荒廃の状態にあったことを思うと、ラッチェンズが風景園を意識していたことに考えさせられる。繋ぎのポイントをふたつ、東に「中国の門扉」、西に「雛菊の石段」を設けたのである。

なぜ共作か

しかし、なぜ、ヘスタークームの整形園は、ラッチェンズとジーキルの共作だったのか。当時の支配的な考え方では、庭は建築の一部、庭は建築家が家と共に設計するもの、と考えられ、建築家が庭も設計するのが慣行だった。ふたりが知り合ったのは一八八九年、偶然知人の家に招かれた時であったという。建築家のラッチェンズが庭を設計し、植栽を専門家のジーキルが担当する。これに、なんの不思議もなかった。ちなみに、ジーキルの収入になるのは、ふつう、納めた花や植物の代金で、あの見事な植栽計画はいってみれば、ただであった。

ポートマン家も負債に苦しみ、先述のように一九四四年にヘスタークームをふくむ一万エーカー（約四〇〇〇ヘクタール）を「クラウン地所」に売却した。屋敷と整形庭園は一九七三年サマセット州議会 Somerset County Council が買い取った。

一九九七年以来、ヘスタークーム庭園を管理するのは「ヘスタークーム庭園復元計画会社」と「サマセット州議会」が共同で設けた「ヘスタークーム庭園トラスト」である。

■ロドマートン・マナー *Rodmarton Manor*

アーツ・アンド・クラフツの庭と邸宅の典型を見る

はじめに

いわゆるアーツ・アンド・クラフツの庭として挙げられる庭である。訪れたのはヘスタークーム庭園などと同じ、二〇〇二年六月初旬であった。

アーツ・アンド・クラフツの庭は一六、一七世紀のイギリスの古庭園あるいはコテイジの庭（田舎の民家の庭）をモデルにし、田舎住まいを理想とする中産階級の家の庭として造られた。設計、園芸とも、地味で、いきなり目に飛び込む際立った特徴があるのでもないし、規模の大きさで驚かせ、華麗な美しさで魅了するといったこともないのがふつうである。共通点をあげるとすれば、

一　庭を建物の続き、戸外の部屋 outdoor rooms とみる。

二　テラスの庭や沈床園を設けて、庭の間にいくらか高低差を設ける。
三　庭は相互に生垣や石塀で区切り、庭はそれぞれ異なる趣きにする。
四　むかしベーコンが提案したように、屋敷から見て順に、芝生―主庭―野趣園と並べるのがよい（少なくとも、自然庭 wild garden を持つ）。
五　実用も兼ねるので菜園を設けて、野菜と果樹を植える。

などである。アーツ・アンド・クラフツ運動では、建物と庭は一体と考えられ、庭は建築の一部として建築家が設計するもの、と考えられていた。

庭の構成

ロドマートン・マナーの庭を設計したのは、建築家で家具デザイナーでもあったバーンズリ Ernest Barnsley（一八六三―一九二六）である。銀行家のクロード・ビダルフから屋敷と庭の依頼を受けた。屋敷の建築は一九〇九年に始まり、一九二六年にほぼ完了した。庭造りは屋敷の工事と同時に進行したと推定されている。バーンズリの設計に基づいて、造園の工事をしたのは、スクラビー William Scrubey という土地の庭師であった。

庭の当時と現在は次の通りである。

屋敷に接して「テラス」があった。生垣で仕切られ、二部屋のよう。敷き詰められた舗石の上に椅子とテーブル。花鉢や壺に植えた花がたくさん飾られていた。外縁にはバラとゼラニウムの花壇。他に、初夏の花がすばらしいポルトガル・ローレルと夏のつるバラ。高い生垣は風を遮り、植物はさわやかな日陰と香りを与えた。前方にはモールバラ・ダウンズ（草地性丘陵）が見える。ここは会話、読書、アフタヌーン・ティーにふさわしい場所だったのだろう。

右手には「冬の庭」と「秣桶《まぐさおけ》の庭」と「トーピアリの庭」。いずれも小さい。「冬の庭」は寒い時期に窓から眺める意味合いのもの。冬、球根類の花が咲く。季節が移るにつれて、フリチラリア、タイサンボク、リンゴの花が咲く。菩提樹が木陰を作る。秣桶の庭は、石の秣桶・水飲み桶を集め、その中にアルプス高山植物を植えたところ。桶は農場の廃品。アルプスの高山植物のうち小型種が揃えられた。アルプスの花が春先から晩秋まで咲く。「トーピアリの庭」のトーピアリは小型艦隊に似ているとよく言われた。背丈の低い、幾何学的に刈り込まれたツゲが、なにか小人の軍勢のように勢揃いしている。

テラスや今見た三つの庭から一段下にあるのが芝生の路。バラが列をなしていた。現在は「白色のボーダー花壇」に変わっている。スノードロップに始まる白い花が季節に従って咲く。

その前方（南）に「黄水仙の小牧場」。名の通り春先に黄水仙が咲く。七月には干し草を刈る。その跡を野の花が飾る。当時もこうであったかは不明。役目は視覚的に、庭から農場に繋げる、であったのかもしれない。

左手前方には「沈床園」。小さく深い。棚には葡萄。秋に色づいて美しい。

三小庭の西隣にあるのが、「レジャー・ガーデン」。大きめの整形園で、石の園路でラヴェンダーやバラの花壇が区切られていた。枝垂《しだ》れ白樺やアイルランド・イチイが庭に垂直性を与えた。一九五八年に改修、近年一九九一年にふたたび改修。一年を通してどこから見ても楽しめるように造り変えたという。多様な灌木と多年草の織りなす庭になった。当初ははるかにシンプルだったと想像されよう。

ここからまた西に行くと「ボーダー花壇の庭」に入る。左右に優れたボーダー花壇があり、正面に夏の涼み亭が見える。石造りの涼み亭はバーンズリが設計した。この庭にくると、屋内にいるような保護感を覚える。イチイの生垣と菜園の石塀がともに高いためであろう。中央には小池があり、イチイをくり抜いたような四阿《あずまや》のなかに長椅子がある。これが池の四方に設けられている。R・ロビンソンが生きた木の四阿を提案したのが思い合わされる。ボーダー花壇の植栽そのものはジーキルの案だったかもしれないとされる。一九二六年に急死した兄アーネスト・バーンズリに代わって、ここを仕上げたのは、それまで主に屋敷の家具のデザインを担当してきた弟のシドニーである。シドニーは建築家でもあり、当時、近くのコンベンド・マナーの庭造りをしていた。シドニーはコンベンド・マナーの庭の設計案を八〇歳を越えた高齢のジーキルに送り、意見を尋ねたところ、ジーキルは整形園の部分を自然な庭に変えた上で、植物の名を書き込み、庭全体の植栽計画案を送り返してくれた。そんな資料が残されている（一九二五年九月三日付け）。ここで推測するのだが、ロドマートン・マナーの「ボーダー花壇の庭」の植栽にもジーキルの影は濃いのであろう。現在は、当初より花壇の幅が広げられ、一九九〇年代には全面植え替えが行われた。花は新旧を問わず、良い花が選ばれたという。当初からの花もいくらか残っているようだ。いま、フロックス、ヘメロカリス、シャクヤク、オールドローズ、フクシア、白ユリ、オオキセワタなどが見られる。植え替え後も、ジーキル流のボーダー花壇であることに変わりない。ジーキル流とは、多年草を「群植」で植え、花の季節をなるべく長く保ち、色は対照より調和の関係を重視し、歩きながら見ていくと色彩が例えば寒色から暖色へ移っていく、である。ジーキルは、白は近くのたとえば青を引き立てると考えた。現在のボーダー花壇は洗練され、きわめて手入れがよい。五月から一〇月まで楽しめるという。

石塀の向こう（北側）にあるのが、菜園で、当初の半分が維持されている。由緒ある品種名のついた当時のリンゴや梨が残され、今も、果物、野菜、切り花が育てられている。かつての広さは必要ないので、半分は芝生に変えられた（一九八〇年代）。

イチイの生垣の向こう（南側になる）にあったのが、三面のテニスコートで、いまは一面を残して他の二面は「岩庭とクリケット・ローン」、そして「スイミング・プール」に変わっている（一九七〇年代）。そこも花や植物、樹で飾られている。ちなみに、ローン・テニスコートやクリケット・ローン、ボーリング・グリーンなどスポーツの場を設けるのも、アーツ・アンド・クラフツの庭の特徴のひとつである。

「ボーダー花壇の庭」と三面のテニスコートの間に走っていたのが、「春のボーダー花壇」で、これは、現在の「白いボーダー花壇」に真っ直ぐ連なり、庭全体の軸の役割を果たす。ここで、花はまずクリスマス・ローズや

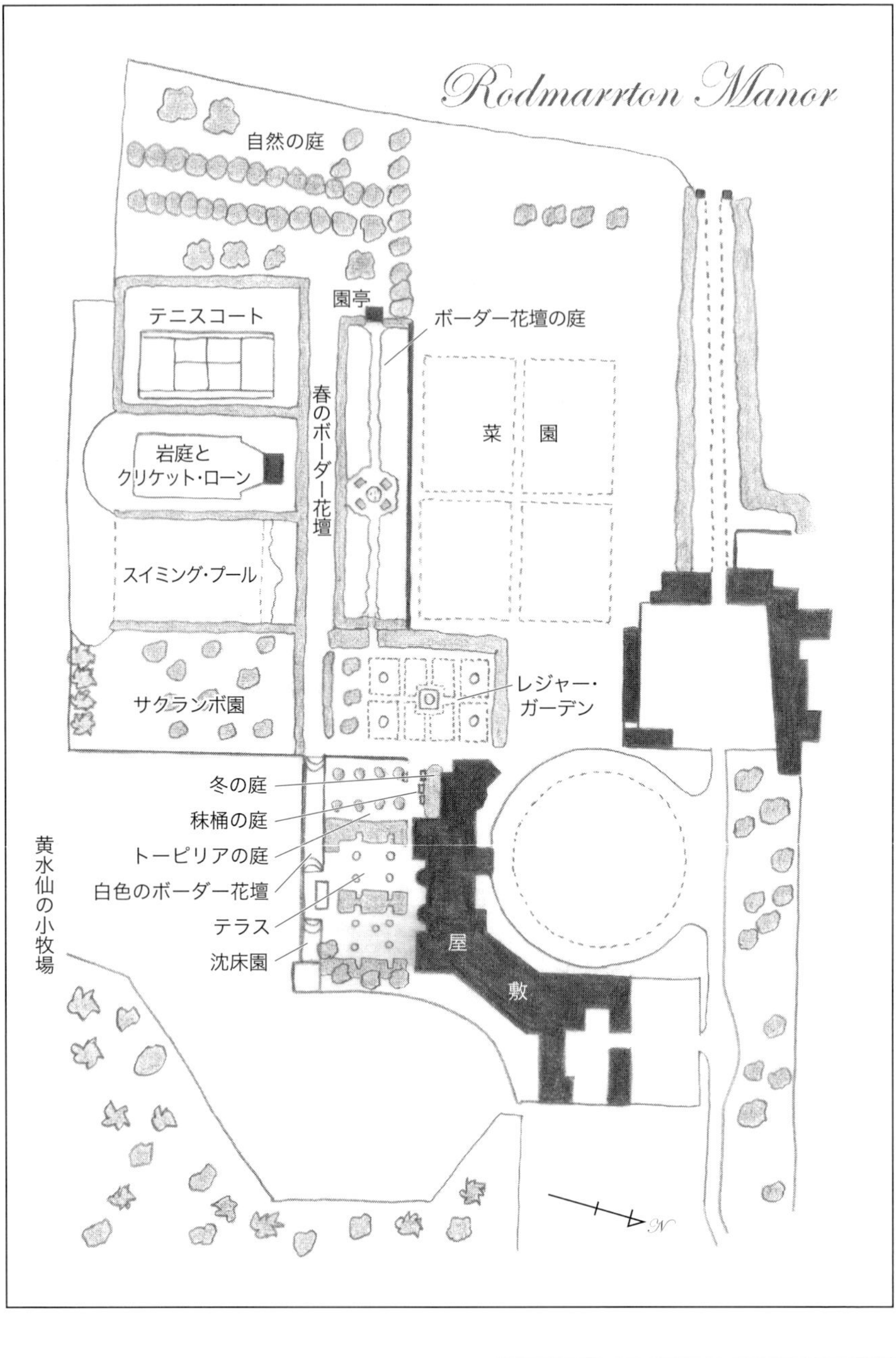
Rodmarrton Manor
自然の庭
園亭
ボーダー花壇の庭
テニスコート
春のボーダー花壇
菜
園
岩庭と
クリケット・ローン
スイミング・プール
レジャー・
ガーデン
サクランボ園
冬の庭
秣桶の庭
トーピリアの庭
白色のボーダー花壇
テラス
沈床園
黄水仙の小牧場
屋
敷
N

ロドマートン・マナー　ボーダー花壇の庭

ロドマートン・マナー　秣桶の庭

スノードロップに始まり、夏にヨモギギク、フウロソウ、シュウメイギクに続く。ただ、「春のボーダー花壇」が元来の姿を留めているかは、不明である。

この「春のボーダー花壇」の突き当たり（西）にあるのが「自然の庭」Wild Garden で、当時のクマシデの並木が残っている。現在は、他に、灌木、バラ、地被植物、スノードロップが見られる。当時も似た状況だったと推測される。ジーキルが晩年好んだオオハナウド heracleum が生き残っている。

なお、「春のボーダー花壇」の東端で「レジャー・ガーデン」と向かい合うのは「サクランボ園」。これはバーンズリの設計にはなかったもので、一九五〇年代に造られた。しかしサクランボの木は枯死、現在は灌木と樹。スノードロップも多いという。

一八世紀のイギリスの貴族の屋敷には正餐室やホールがあり、ここでは男女が同席し、食事をしたり、踊ったりした。正餐の後、女性達が男性達を残して退き、社交をしたのが「ドローイング・ルーム（女性社交室）」である。一九世紀や二〇世紀の富裕階級の家にもこのような部屋が引き継がれた。ロドマートン・マナーにも正餐室とホールがあり、その隣にドローイング・ルームがある。しかし、二〇世紀ともなると、ドローイング・ルームを息苦しいと感じる女性も多く、それではと代わりに庭にでた。ロドマートン・マナーの庭もこのような新しい生活習慣に応えた。

アーツ・アンド・クラフツの庭 1 ――ウィリアム・モリス

アーツ・アンド・クラフツ運動は、都会より田舎、人工より自然、機械生産より職人仕事、現代より中世、派手さ・華美さより質実さや落ち着き、規模より良質といった価値志向をもった運動であった。その核心にあったのが英国性 Englishness であった。フランスやイタリア、オランダなどヨーロッパ大陸由来のものでなく、古い英国固有の文化への回帰と誇り。これが創造の推進力になった。建築、家具、内装、庭がこのような精神に基づいて造られた。もうひとつ重視されたのが、地方性である。アーツ・アンド・クラフツは地元の鍛冶屋、大工、石工、家具職人、漆喰職人など伝統的な職人の技を生かすことを考えた。彼らの作る物は確かで質も高い。それが機械生産に押されて衰え行く。その職人の技術の復活を目指した。

アーツ・アンド・クラフツ運動は、建物と周辺環境を一体と考えていたので、庭も十分に彼らの関心対象であった。モリス William Morris（一八三四―九八）自身も若い時から庭に関心を示し、詩、散文で庭を描き、それから講演で庭について語り、次々と住んだ「赤い家」Red House（一八六〇―六五）、「ケルムスコット・マナー」Kelmscott Manor（一八七一―七三）、「ケルムスコット・ハウス」Kelmscott House（一八七八―）には、それぞれ自分で庭を設計し、好みの植物を植えた。商会・工場を移したマートン・アビー Merton Abbey（一八八一―）でも同様であった。モリスが造る庭は整形園で、芝生、果樹園、菜園と組み合わされた。赤い家の庭はもとは果樹園で二エーカー、ケルムスコット・マナーの庭はエリザベス一世の時代の建物についていた小規模の庭である。楡の高木に取り囲まれ、古い納屋も付いていた。土地の全体は広く、六八エーカーあり、画家のロセッティと共同賃借していた。ケルムスコット・ハウスは、その後ロンドン近郊でモリス一家が住んだ家である。

モリスが愛したのは、古い中世の庭であった。また、コティジの庭であった。中世の庭とは、たとえば一三世紀のヨーロッパでひろく読まれたロマン・ド・ラ・ローズ作の『バラ物語』やチョーサーの物語が描く庭で、囲われた小さな庭である。芝生に散らばって咲く小花、庭木に木陰、中央には小さな噴水や四阿《あずまや》、塀際には芝生のベンチ。音楽、語らい、ダンスに人々はここに集う。たとえば『バラ物語』の典型的な庭のひとつはこのように描かれてる。『バラ物語』には多彩の挿し絵がついていた。一方のコティジは、イギリスの田舎の民家といえばよいのだろうか。お屋敷や大邸宅は、ハウス House、ホール Hall、あるいはコート Court と呼ばれる。そこに住むのは、貴族や富裕商人、また高給を貰う高官など。それに対し、農家、鍛冶屋、石工、大工、指物師、村の商人、あるいは牧師や郵便局長が住んだのがコティジ。漁師の家もコティジである。裏手には、野菜、果物、それから土地の花を植えた庭があった。半ば実用の庭だから、派手さはない。美しさもほどほどで、庭は一面、また数面。生垣や石塀で囲われ、形はふつう四辺形、中は路で区画に仕切られていた。その路の縁は、花で飾られた。バラやスイカズラが石塀やポーチに這い上がり、ひとつふたつ、小さなトーピアリが作られた。そのモチーフは主に鳥であった。ミツバチの巣箱を備えることもあった。多分、井戸もあったであろう。ここに植えられた花は、おもに当地の在来種。お互いに交換するくらいで、めったに新しい花は買われなかったから、ここは、在来種の宝庫であった。

モリスが赤い家やケルムスコット・マナーの庭などで造った整形園は正方形の四つ割りで、生垣や木の枝の柵で仕切られ、それぞれの部分は異なる趣きを持っていた。建物の壁や生垣、柵、石塀にはバラやスイカズラ、クレマティスが這い上がり、ボーダー花壇や正方形の花壇には、自生の固有種が植えられた。果樹園の果樹、庭の灌木、芝生の花など、花は至るところに咲き、匂いが漂った。ケルムスコット・マナーの庭では、スノードロップ、クロッカス、西洋ジンチョウゲ、ミスミソウが咲いた。ピンクやブルーの花を付けるミスミソウは子供の頃のモリスが大好きな花であった。その庭には土地の自生のトネリコ、ニワトコ、ポプラ、柳があり、庭の塀の外には楡があった。赤い家ではリンゴなどの果樹が窓から部屋を覗いた。モリスの造る庭では、苑路は直線であった。モリスは、生垣や花壇、苑路の直線は抑制を表し、それに対して、植物の曲線がその硬さを和らげるのだ、と対照で考えていたという。芝生ではクリケットをし、子供が遊び、友人とお茶を飲み、果樹園は散歩をする場所であった。庭は良き生活環境であると共に、楽しみの場、機能面では、家の延長であった。モリスの庭には菜園と果樹園がつきものであった。ケルムスコット・ハウスの庭では、テムズ川に臨む屋敷の裏に、まず芝生、次に果樹園、その奥に菜園と奥へ向かう配置になっていた。モリスの庭は、実用と装飾美を兼ねるものであった。庭の外は、川辺へ向かって草地が広がり、そこに土地の花と樹と鳥がいるのが理想であった。ケルムスコット・ハウスでそれは望めなかったが、赤い家やケルムスコット・マナーやマートン・アビーでは望み通りであった。

赤い家はロンドンの南一二マイルのところにあり、ケルムスコット・マナーはオックスフォードシャーのテムズ川の源流に近い、レチレイドにあった。ケルムスコット・ハウスはロンドン西郊のハマースミスにあった。ちょうどそこは新しい郊外住宅が古くからのコティジを消滅させていく前線であった。モリスが入居したのは、一八世紀の三階建ての古い建物で、モリスはケルムスコット・マナーにちなんでこれをケルムスコット・ハウスと名付けた。家の前をテムズ川が流れ、家からオックスフォード大とケンブリッジ大のボートレースを見ることができた。モリス商会の事業が発展し、手狭になった工場をクイーン・スクエアから移転した先のマートン・アビーは、ロンドンの南にあり、テムズ川の支流ウォンドル川に面していた。この工場で、モリス商会の捺染綿布、織物、装飾壁掛け、壁紙、ステンド・グラスなどが作られた。

モリスの庭にはすでに、庭は部屋、という考え方も見られ、またボーダー花壇もある。ボーダー花壇や花壇に植えるのはイギリスの古い自生種で、宿根草が多かった。庭の灌木も樹も、その土地のものあるいはイギリスのもの。果樹も同様であった。植物の植え方は、かなり自在で、果樹園にも花が植えられた。重視するのは、自然、固有(イギリス性)、歴史(古さ)で、庭造りの基本は、抑制に節度であった。それに単純さであった。

モリスが理想の庭と考えたのは、たとえばケルムスコット・マナーの庭であった。モリスはこよなく愛したが、ここは電気も水道もなく、鉄道駅からも遠く、ロンドンのモリス商会を経営していくには不便であった。モリスは結局おもに夏期滞在のために使うことになったという。ちなみにここには共同借家人のロセッティも住んだ。ロセッティがモリスの妻ジェーンをモデルに傑作を描くのがここである。およそ三年のロセッティとジェーンの恋愛関係が深まり、やがておさまるのもここである。

モリスがとりわけ好んだ植物は、柳、フリチラリア、スミレ、スイカズラなどであったという。モリスが庭に植え、草地で眺めて楽しんだ花や灌木、小鳥は、モリスの作る壁紙、捺染綿布、織物、装飾用壁掛け布、タピストリー、刺繍、書物の装幀や挿し絵に再現された。

モリスが造ったような庭は、エジャトン夫人（モリスの「赤い家」完成間もない時期）やイーヴリン・ボイル夫人（一八七二）、またロリマーの庭（一八八〇、また一八九二）にも実現された。モリスの影響を受けたのか、独自に考えたのかはっきりしない。いずれにせよ、新しい動きが生まれ始めたことを物語るのであろう。ヴィクトリア朝の主流は、強く対照的な色彩構成、凝った幾何学模様、春と夏の総植え替え、非耐寒性植物や外国種の偏用であった。園芸の世紀にもかかわらず、ヴィクトリア朝の庭の多くは、画一的で単調であり、通常用いられる花の種類は少なく、花の代わりに煉瓦粉や色石が幾何学模様の隙間を埋めるために使われた。

アーツ・アンド・クラフツの庭 2 ――セディングとブロムフィールド

モリスの庭造りの考え方はアーツ・アンド・クラフツの建築家の間に拡げられた。接点は建築家のセディングJohn Dando Sedding（一八三八―九二）である。セディングはモリスと知り合いで、建築事務所もクイーン・スクエアではモリスの展示室の隣、オックスフォード通りに移転してからはその上階にあった。二人が知り合ったのは、ロンドンのG・E・ストリートの建築事務所に助手（見習い）として働いていたときである。

先述の通り、一九世紀の末から二〇世紀の初めにかけての時期、イギリスでは、一般に建物と庭は一体と考えられ、庭の設計を担当するのは建築家であった。これはアーツ・アンド・クラフツでも変わらない。庭は建築の一部であった。当時、イギリスでは中産階級の小規模の庭がたくさん造られていたが、それはほとんどが建築事務所で育てられた建築家が設計したものであった。

セディングが庭のモデルとして考えたのはイギリスの古庭であった。一六、一七世紀の、チューダー王朝やスチュアート王朝の時代の整形庭園である。セディングの名は、したがってまた、イギリスの古庭をはじめて推奨した人物として記憶に止められるべきかと思われる。それまでヴィクトリア時代では、整形園といえば、イタリア、フランス、オランダの庭をモデルにその復活をはかり、その変種を造るのが常だったから。

セディングには『昔と今の庭造り』Garden Craft Old and New（一八九一）という著書があり、自然をよく愛し、みずからも自宅の庭造りをして楽しんだ。セディングはモリスの庭の考え方に共感するところがあったのだと思われる。その一方で、セディングの庭は、建築家らしい構造性を持った庭であったから、建築家には分かりやすく、弟子達を含め、多くの建築家に受け容れられたのであろう。

一世代後の建築家で、庭に関心の深かったブロムフィールドSir Reginald Blomfield（一八五六―一九四二）も同じ線上のひとである。造園はあくまで芸術、ロビンソンのように、庭らしい庭に造成もしない自然な非整形的な庭でなく、建築的に構成される整形園が本来で、植物はその飾り、邸と庭は良き調和を保つべきだ、という。ブロムフィールドがモデルにしたのも一七世紀のイギリスの庭で、ハドン・ホール、メルバーン・ホール、モンタキュート・ハウス、ピットメドン（以上は復元現存）やエイヴバリ、ブリムトン・デヴァシーの庭である。整形の中庭や立派なテラスを持ち、ハーブで埋められたノットあるいは色石を敷いたパルテールを核心に据え、適所に長方形の池、亭、生垣、森（林）、鳩小屋、日時計を配置して造るような庭である。ブロムフィールドは著作『イギリスの整形庭園』The Formal Garden in England（一八九二）で、一六、一七世紀に書かれたイギリスの庭園書のひとつひとつに当たってその内容を順に述べ、そこに記された図版を紹介し、かつてのイギリスの庭造りを彷彿とさせた。その著書からかつての質実な園芸と造形の楽しさがよく伝わってくる。と同時に、ブロムフィールドの強い信念も伝わってくる。

ロドマートン・マナーの庭を設計したアーネスト・バーンズリはセディングの建築事務所で働いていた。そしてブロムフィールドと親しかった。

その一方で、バーンズリはジーキルを尊敬していた。したがってロドマートン・マナーの庭は、セディング系のアーツ・アンド・クラフツの庭が基本であろうが、ジーキルの考えにも染められている。ボーダー花壇や自然の庭Wild gardenなどにそれが窺える。

モリスの庭造りの考え方を展開させて庭園史に大きな足跡を残したのがロビンソンとジーキルである。特に、自然、自生・固有種、それに花や植物、木に対する深い愛といった側面が受け継がれ、イギリスの庭は二〇世紀に向かって、独特な花の庭へ展開していく。ロドマートン・マナーの庭にはロビンソンの影さえみえる。「ボーダー花壇の庭」の中心に作られたイチイの四阿《あずまや》や、秣桶《まぐさおけ》のアルプス植物である。ロビンソンは庭の石も花で飾ろうと提案し、それには岩礫植物や高山植物がいいと言った。

アーネスト・バーンズリがロドマートン・マナーで造ったのは、邸宅と庭の他に、邸宅の周辺を回る散策路がある。ただ、この散策路は現在は辿れないようだ。

協力者たち

ロドマートン・マナーが造られたいきさつや、アーネスト・バーンズリ、それから彼に協力した人々の経歴は次の通りである。

アーネストは、ロンドンのロイヤル・アカデミー・スクールで建築を学んだあと、セディングの建築事務所で働いた。セディングは先述の通り、師にあたる。その後、故郷のバーミンガムに戻った。アーネストには弟がいて、シドニーといった。弟シドニーも兄アーネストと同じ建築学校で学んだ後、ロンドンのR・N・ショーの建築事務所に入った。隣にモリス商会の展示室があった。一八九〇年代の初めにシドニーは、セディングの事務所にいたアーネスト・ギムソンErnest Gimsonと家具の会社を起こした。ギムソンは鋳鉄業を営む家に生まれ、セディングの事務所に徒弟として入った人物であった。ふたりは一八カ月会社を続けた後、自然の美しいところで暮らすために場所を探し、サイレンセスターの南西のユーインにやってきた。兄のアーネストも呼び、一緒に仕事をした。三人はそれぞれコティジに住んだ。次に三人はピンベリー・パークに拠点を移し数年過ごした。ピンベリー・パークは、サプルトンの北、コッツウォルドの縁に位置する村であった。それぞれコティジの周りに素朴な庭を造り、薪割りをし、暖炉の火を眺めて暮らした。この時期には三人とも結婚しており、三家族は一種のよき共同生活のような暮らしを営んだという。三人は次にサプルトンに移転、ここでもそれぞれ家を構え、中世の領主屋敷の納屋を作業所と展示室に使った。彼らの制作する椅子は伝統的なイグサ張り、あるいは背の高い長椅子、堂々とした高い本箱、樫材を使った机や卓、チェスト（大きな収納箱）であった。黒檀やクルミの板を張ったり、珊瑚や真珠母の象眼を施したり、石膏飾りにした。事業は好調であった。ギムソンは、好きな自然の中で暮らし、毎日散歩をし、観察したものを象眼の模様に変えた。スノードロップ、兎、白鳥が意匠になり、葉や果実の渦巻きが家具に嵌め込まれた。バーンズリ兄弟の建てる建物は古色を帯び、辺りの古建築と見分けがつかなかったという。一九〇五年に、共同事業は解かれるが、実質的な連携は維持された。アーネストがロドマートン・マナーの注文を受けるのは一九〇九年。ロドマートンはユーインとサプルトンの間に位置する村であった。

屋敷

ロドマートン・マナーの注文主はクロード・ビダルフ（一八七一―一九五四）という銀行家であった。財の大半は株で得たものと推測される。株の仲買人としての腕は一流であった。ロドマートン・マナーは一八九四年に父から譲られた。引退後に住むカントリー・ハウスを建てようと思い立っての注文であった。あったのは農園と古く壊れた領主屋敷。自然を愛し田舎に住む、そして地方色の中で暮らす。アーツ・アンド・クラフツ運動が進めてきたこの流れは、ハドソン Edward Hudson が一八九七年に雑誌『カントリー・ライフ』Country Life で支援を始めると一段と勢いづいた。クロードが引退後は田舎で、と考えた背景が知れる。クロードが参考にした本は、“Small Country Houses of Today”, “Modern Homes; selected examples of dwelling houses, described and illustrated by T. Raffles”, “Counrry Cottages and Week End Homes” などであったという。いずれも二〇世紀初頭のイギリスの中産階級の住宅需要に応え、またその趣向を映している本であろう。クロードは『現代の小カントリー・ハウス』でアーネスト・バーンズリの名を知ったらしい。依頼はアーネストにフリーハンドを与えるものであった。作業は一九〇九年に始まり結局二〇年の歳月を要した。クロードは当初、毎年五〇〇〇ポンドの予算をあて、小さな家 cottage から出発し、順次増築していく計画であったという。しかし、次第に膨れて二〇世紀に建てられたものでは最大の屋敷のひとつになった。部屋の数は七四、うち寝室が一九室あった。大きいのはホールで、その左右に正餐室と女性用社交室があった。いずれも社交あるいは接客の空間である。この建物は、この社交の空間、私的な居住の空間、そして家事賄いという三つの空間に分かれていた。建築界をリードしていたピュージン A. W. Pugin（一八一二―五二）の述べた建築設計の二大原則は、(1)建物は使いやすさと構造に必要なものに限る、(2)装飾は構造の本質を豊かにするものに限る、であったという。このような観点から見るとこの家の新しさが理解されるのかもしれない。かつての貴族の屋敷を真似た虚飾と誇示のブルジョアの建物でないことは確かである。

ともあれ、この大邸宅がアーツ・アンド・クラフツの精髄を体現した建物であるとの定評は確立している。漆喰の内装や家具、そして陶器にもアーツ・アンド・クラフツの優れた技が生かされている。バーンズリ兄弟やギムソンのセンスや技術ばかりでなく、土地の鍛冶屋、石工、大工、指物師、鉛管工などが働きその技を揮った。土地の技は復活し、いまでも維持されているという。地元の石やタイルを使い、切妻壁に高い煙突、窓に入る縦仕切、鉄の窓枠、鉛の雨樋など、この邸宅にはコッツウォルドの伝統家屋の特徴が盛り込まれている。床、柱、梁、天井から家具などのために大量に使われた樫材は農園の樫を切り出してきたものである。

ビダルフ一家は一九一五年からここに移り住んだ。ここは一家が孤立して住む場所ではなかった。村のセンターとして機能し、音楽会が催され、素人芝居が演じられた。パンチ・アンド・ジュディ・ショウ（滑稽な操り人形芝居）に村人が集まった。技術訓練や仕事の斡旋も行われた。こうした活動は一九二九年から一九四〇年の期間が顕著だったといわれる。一九四〇年には、ロンドンの学校がそっくり疎開してきた。クロードは亡くなる一九五四年まで、四四歳から三九年間、ここに暮らした。

新興ブルジョアの「ノブレス・オブリージュ」

ロドマートン・マナーはクロード以下三代に渡ってビダルフ家が住み、現在に至っている。西洋ヒイラギとツゲの混植の生垣に沿って近づき門を潜ると、大きな丸い芝生にでる。一方には影を落とす菩提樹があり、他方には屋敷がある。菩提樹の下ではキバナセツブンソウ、スノードロップ、ブルーベル、黄水仙が咲くという。これも当初からの植栽計画に入っていた。広く丸い広場のようなこの車回しは特にクロードの妻マーガレットが望んだのだという。マーガレットはスタッドリー園芸女子専門学校に学んだ。かつて一七世紀、庭の世話は主に女性に任されたという。一八世紀の庭は明らかに男性主導。そして一九世紀、庭造りに再び女性が登場する。マーガレットが園芸学校に通ったことは、英国の庭への男女の係わり方のおよそこんな流れを思わせる。

庭に入ると石碑があり、ゴールドスミス Oliver Goldsmith（一七二八―七四）の「捨て去られた村」Deserted Village（一七七〇）の詩句が刻まれている。「貴族は栄え、村人は滅ぶ。無垢も健康も滅ぶ。暮らすに足るものを自然から得て暮らす農民の生活が滅ぶ。富者は生まれるのも滅ぶのも一瞬だが、堅固な農民魂がいったん滅びると、もう終わりだ」(大意)。こんな詩句をわざわざ選んだ心は何だったのだろうか。クロードとマーガレットのロドマートン・マナーの造営は、あの「貴族の義務」を引き継いだブルジョア版のひとつだったのだろうか。

■バーリントン・コート *Barrington Court Garden*

ジーキル晩年の植栽の残る庭

バーリントン・コートはナショナル・トラストが一九〇七年という早い時期に獲得し、修復に力を注いできた建物である。そこに、ジーキルが相談に応じた庭が付いている。辺りには牧場の風景が広がっている。二〇〇二年の六月の初旬、タクシーで行き、またタクシーで帰ってきた。

土地は古くウィリアム一世が作らせた『ドームズデイブック』（土地台帳）に載っている。しかし以来、持ち主はめまぐるしく交代した。官職から伯爵に取り立てられた者、ロンドンの富裕な商人、また地方都市の裕福な服地商、その息子の国会議員、その他多数に上る。その盛衰はめまぐるしい。今残る邸宅はロンドンの富裕商人クリフトンが一五五〇年代に造ったエリザベス朝様式の石造りで、煉瓦造りの立派な厩舎は、次の服地商ストロウドの息子が一六七四年に造った。これは二台の馬車と一二頭の馬を入れるためのものであった。一九世紀の半ばには、貸し農場にまで落ちぶれ、一八七〇年代には農業の不況に見舞われ、邸宅は荒廃の度を強めた。一九世紀の末に、消えゆく共有地、古い建物、自然風景を保存すべしとの運動が始まる。このナショナル・トラスト運動に救われた。ただ、ナショナル・トラストも結成されてからまだ一二年目で、購入と修理の費用は一万一五〇〇ポンドという高額であった。大部分はJ・L・ウッドワードという婦人の寄付で賄われた。一九二〇年、ナショナル・トラストは、砂糖精製業を営むA・ライルと九九年の賃貸契約を結ぶ。A・ライルは、建物と庭、アプローチや周辺を整備した。立案は友人の建築家フォーブズJ. E. Forbes。フォーブズは屋敷の正面を除いて三方に、意匠の異なるそれぞれ美しい整形の庭を設ける案を作った。その植栽のため、ジーキルに相談がもちかけられた。まず、ビスケット缶に詰められた石灰質の土が送られた。高齢のジーキルはもうほとんど目が見えず、土を手に取って砕き、指の間に滑らせた。それで、どのような花がよく育つか分かったという。次に植物に詳しいライル夫人がマンステッド・ウッドにジーキルを訪れ、相談した。しかし、実現されたのは、西側の庭だけであった。「バラとアイリスの庭」、「ユリの庭」、それから「白い花の庭」である。三つをパズルのピースのように合わせるとすれば、全体は正方形。「ユリの庭」だけ他の二倍で細長い。「ユリの庭」と「バラとアイリスの庭」にはいまもジーキルの案が生きている。「白い花の庭」は最近、全面的に造り替えられて生まれた。

「バラとアイリスの庭」のボーダー花壇に関しては、たとえば二重丸を四角に変えた格好といえば良いだろうか。苑路を間に挟んで二重。外周のボーダー花壇はアイリス、内周のボーダー花壇はバラが中心。外周のボーダー花壇には寒色から暖色に渡るすべての色合いのアイリスが使われた。その間にフロックス、アフリカン・マリーゴールド、フレンチ・マリーゴールド。他に宿根草。パープル・セージ、キンギョソウ。やはり花の季節が長くなるように配慮された。常緑のヒマラヤユキノシタやサキシフラガが前面の枠になっている。

内周のボーダー花壇に使われたバラは、ゼフィリン・ドローイン（深桃色）とブランシュ・ドゥブル・ドゥ・クベール（白）。現在は新しい同等種に変えられている。この庭の中心にジーキルが置くように提案したのは、花鉢、あるいは日時計、あるいは二段のプラットフォーム。庭全体はツゲの生垣に囲まれている。

「ユリの庭」は睡蓮の浮かぶ池の周りに、芝生とボーダー花壇を回して造られている。フォーブズとジーキルは沈床園を考えたが、代わりに花壇を盛り上げ、東はテラスにした。これで費用が抑えられた。東のテラスにライル家が居住する家があった。旧厩舎を改修して居住空間にした。現在はレストランとショップ。この庭を歩くのもいいし、テラスに腰掛けて眺めるのもいい。おそらくもっともいいのは、レストランに入って、午後の紅茶を楽しみながら、窓辺の席から眺めること。ライル家の人達が窓から眺めた視線に重ねて見ることができる。

ボーダー花壇の色合いは、ジーキルの本拠マンステッド・ウッドの「ロング・ボーダー」と似ているかも知れない。色の順は逆だが、使われている色が似ている。窓から見ると、ボーダー花壇の花の色は、オレンジ、深紅、臙脂色、紫に始まり、ピンク、黄色、白と変わっていき、中心で逆順になり、緋色、紫、深紅、オレンジに戻る。緑の灌木やつる植物が壁を這い上がり、背景として効果がある。ここがジーキルの案にもっとも忠実な所である。

庭の中央に睡蓮を浮かべた長方形の池があり、落ち着きや静かさを醸し出す。ジーキルは、整形園の真ん中に池を設け睡蓮を浮かべる、という着想をイタリアの庭から得たと『石塀と水の庭』（一九〇一年）の中で述べている。睡蓮は石造りの壁とよく似合い、静かな水面が安らぎを伝えるのだ、という。庭の色合いとレストランの煉

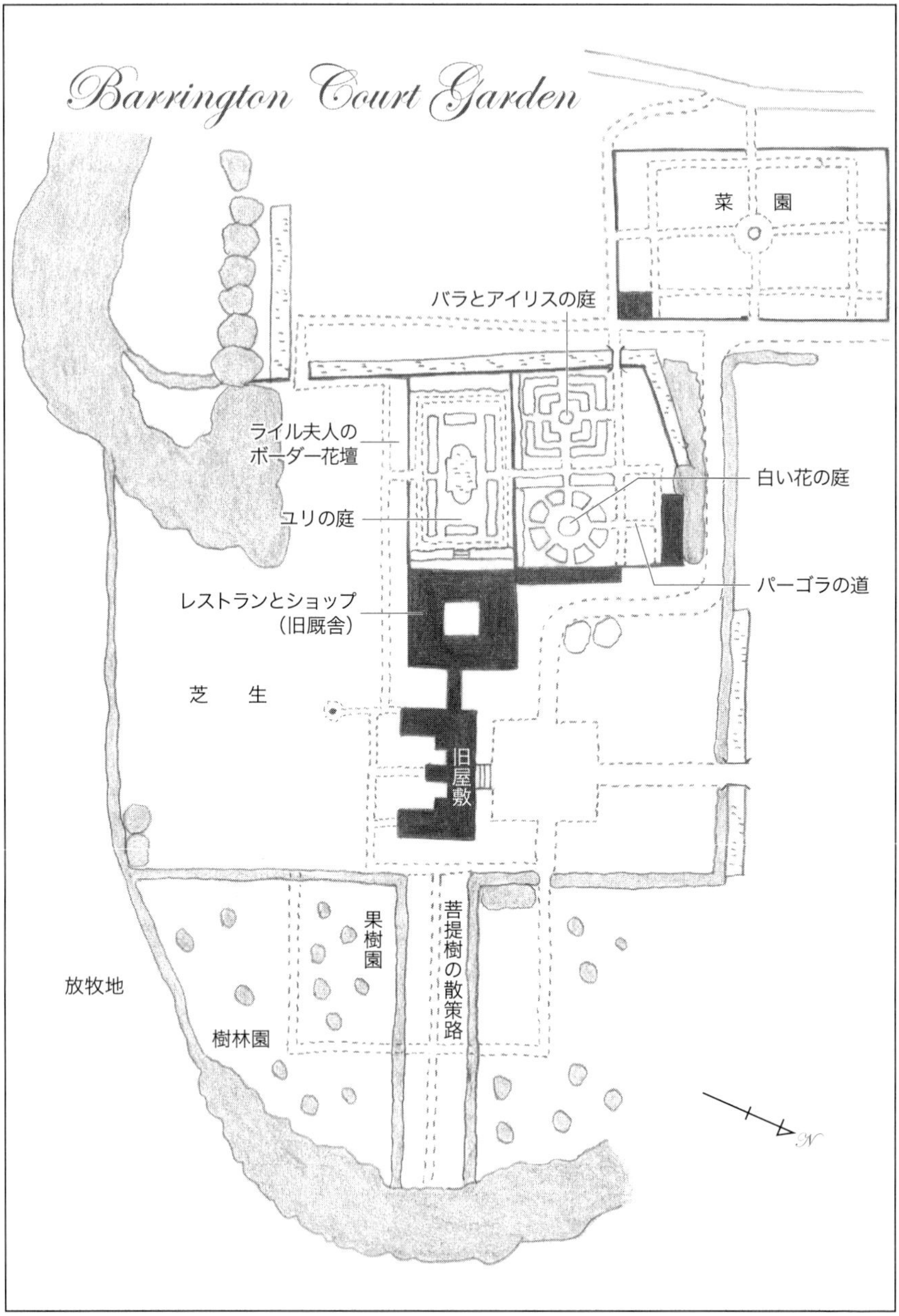
Barrington Court Garden
菜　園
バラとアイリスの庭
ライル夫人の
ボーダー花壇
白い花の庭
ユリの庭
パーゴラの道
レストランとショップ
（旧厩舎）
芝　生
旧屋敷
果樹園
菩提樹の散策路
放牧地
樹林園
N

バーリントン・コート　ユリの庭と旧厩舎

バーリントン・コート　バラとアイリスの庭

瓦の色はよく調和している。

「白い花の庭」はもともとバラやシャクヤクの庭であった。一九八六年バラが衰えたのを機に、白い庭に変えた。中心の花壇には、クリーム色、白、銀灰色の一年草、外側のボーダー花壇には宿根草を使った。ここでは太陽の陽と影の受け具合が計算されているという。盛りは真夏。改修に当たって一九二〇年代の庭の雰囲気の再現を心がけたという。庭を白い花だけで構成するというアイデアは、ジーキルが『花の庭の色彩』（一九〇八）で述べている。庭の中心には、森と牧畜の神ファウヌスの小振りな像が置かれ、視覚の焦点となって、庭をさりげなく、しかし確実にまとめている。

三つの庭はいずれも一九二〇年代の前半に完成し、ラッチェンズとの共作の庭に見られる構造的な華や冴えはないが、ジーキルの庭らしい特有の落ち着きと節度を感じさせる。

庭園史的な興味の中心はこの三庭だが、他にも見るところはある。他にも見事なボーダー花壇がふたつある。そのうちひとつはライル夫人が造ったもので、「ユリの庭」から南へ出ると、塀沿いにある。藤が懸かる「パーゴラの道」もいい。煉瓦造りの牛舎に這い上がる花も美しい。菜園を見ることもできる。旧邸宅はいま骨董品の展示販売所になっている。覗いて見るのもいい。A・ライルが木を使って施した見事な内装が残されている。その裏手は広い芝生で、向こうに放牧地の丘がみえる。旧邸宅の東は、やや自然風で、果樹園、菩提樹の散策路、樹林園など、いずれも規模は小さいが、なにか自然を呼び込んでいる。おそらく、屋敷の三面に整形園を設けようとしたフォーブズの案より、それを変更して決めた施主ライルのセンスが勝っていたのかもしれない。

2　現代イギリス庭園の最高のモデル

■ヒドコート・マナー *Hidcote Manor Garden*

庭造りの驚異の玉手箱――ガーデニングの聖地

ジョンストンの創才

もらった案内図に従い、順に見て歩く。造園と園芸の百科事典のような、というべきか。庭園のディズニーランドというべきか。いたるところ見事で美しく、驚きに満ちている。ひとつひとつに、そしてあらゆる細部に工夫が凝らされている。ここでは、ひとつの夢の世界から出て、また別の夢の世界へ入っていく。夢が連続するといえよう。造形面でも、かつてあったものがほとんどすべてである。整形園と風景園。外にはハハーも羊のいる牧草地も。幾何学の図形と自然な不規則な形。直線に対して蛇行線。通景と囲い、展望と遮断。トーピアリや列植樹、あるいはボーダー花壇に対して自然な植栽。草、花、灌木、樹木の種類も相当数に上る。これは一九世紀から二〇世紀にかけての盛んな園芸熱を背負ってのこと。イギリスの園芸熱は二〇世紀も続く。

庭全体の骨格は太いT字である。横棒を中心に整形園があり、縦棒を中心に自然園がある。横棒を中心とする整形部分は、廊下と部屋にも喩えられる。部屋の配置は、いくらか不規則で、遊びがあるとも見受けられる。ひとつひとつが生垣で囲われ、内部の作りに個別の趣向が凝らされている。他方、縦棒の左右に、自然な植栽があり、小道が緩く起伏してうねる。植物は極めて多彩で、ここも変化の連続。植え方の密度も高いが、不自然さは皆無で、歩けばきわめて快い。ここで覚えるのも、やはり感嘆。昂揚感が静かにこみ上げてくる。この自然な庭域を一本の小川が横切る。

このような庭の構成は当時と変わらない。変わったのは、植物。先ほどT字の横棒と呼んだのは、「赤のボーダー花壇」Red Bordersと「スタンダード仕立ての庭」Stilt Gardenで、これが一本になって東西に走っている。つなぎ目に階段があり、上がると左右に同じ造りの園亭がある。縦棒といったのは「長い散策路」Long Walkである。長い散策路は芝生の幅広の路で、まず下り（小川まで）、つぎに緩く長い昇りになる。これが南北に走る。南が行き当たり。その外側にあのハハーと羊のいる放牧地がある。案内書などは、ここを庭に入れず無視するが、ここも庭の一部だろう。これがあるために、風景も広がり、視線も外へ伸び、庭園史の過去が展望される。横棒の先端、「スタンダード仕立ての庭」の外にも、同じ、ハハーと放牧地が眺められる。放牧地の先は、低い丘陵。

ヒドコート・マナーは、いまナショナル・トラストが所有する。ナショナル・トラストが獲得した（一九四八）最初の庭である。ナショナル・トラスト（一八九五年設立）がそれまで中心としてきた遺跡、土地、建物から、庭園に手を広げ始めた時期である。ナイマンズ庭園やシェフィールド・パークの獲得もこの時期。いまヒドコート・マナーの人気はうなぎ昇りで、年間一三万人近い訪問者がやって来る。

造ったのは、ジョンストンLawrence Waterbury Johnston（一八七一―一九五八）という人物。アメリカ人だが、フランスで育ち、中高等学校（途中から）と大学（ケンブリッジ）は英国。卒業後（一八九四）に英国に帰化。ボーア戦争に参戦。以後、軍人の道に入る。第一次大戦では少佐として戦い、負傷。引退後（一九二〇）、ヒドコート・マナーで庭造りに専念。三六歳からおよそ四〇年をかけて、ひとりで造りあげた。設計図も植栽計画書も残さなかった。もともとその種のものはなかったらしい。日記もない。手紙もほとんどない。詳しい造園の過程は分かっていない。この農園（二八〇エーカー）は、母親（Mrs. Winthrop）が一九〇七年に購入したもの。その時庭らしきものは何もなかった。庭（一〇エーカー）は一九三〇年までにひとまず仕上げられた。その後は、洗練と充実。ジョンストンの庭造りの源泉になったのは、「イタリア、フランス、友人たちの庭、周辺のコティジ・ガーデン」(Hidcote Manor Garden, Anna Pavord, National Trust, 1993)だという。でも、すべてが一新された。ジョンストンの創才が、古い由来のものから、飛び抜けて斬新なものを生んだ。

ヒドコート・マナーは、シシングハーストの庭(ハロルド・ニコルソンとヴィタ・サックヴィル゠ウェスト夫妻の作)と並んで、現代の英国庭園の手本とされる。ジョンストンもサックヴィル゠ウェストもニコルソンも、素人造園家。素人造園家が名園を残す。これが英国の伝統の不思議な奥深さかもしれない。

なお、ジョンストンは母ひとり子ひとりであった。母の財産は、銀行家だった最初の夫と法廷弁護士だった二度目の夫の遺産。ヒドコート・マナーの庭は、アメリカのブルジョアの富が注がれて生まれた、ともいえる。

ジーキルとラッチェンズを継承

上記の本によれば、イギリスでは、二〇世紀、第一次大戦までの間、新しいブルジョワたちの庭造りがひときわ盛んであったという。鉱山、造船、商業から生まれた豊かな富が造園に注がれた。ちょうど、ジーキルとラッチェンズがかれらの趣向に合う現代庭園を創りだす時期であった。ふたりの共作で代表的なものは、フォリー・ファーム Folly Farm(一九〇六年バークシャー)やヘスタークーム Hestercombe(一九〇四―〇九年サマセット)。傑作とされるのが、初期のディーナリー Deanery Garden(一九〇〇―〇二年バークシャー)で、これを超えるのは難しい、といわれる。かれらの庭は基本的に整形式 formal garden で、コティジ・ガーデンの洗練とされるが、一七世紀のイギリスの古庭の蘇りという側面もみせる。庭は屋敷と密接な関係に置かれ、庭は屋外の部屋の連なりと考えられた。庭は、生垣や石塀で幾つかの小庭に仕切られ、それぞれ趣きの異なるものに造られた。沈床園もよく使われる。テラスや石段も見られる。数段ほどの低い、半円形の石段がよく用いられる。水生の花を浮かべる小池なども特徴のひとつ。伝統的なトーピアリ(鳩、鶏、孔雀が主)と日時計などの庭飾り。装飾はおおむね簡素。庭の主役は植物と花。イギリスの固有種、あるいは、ヨーロッパ系、アジア系でイギリスの気候のなか

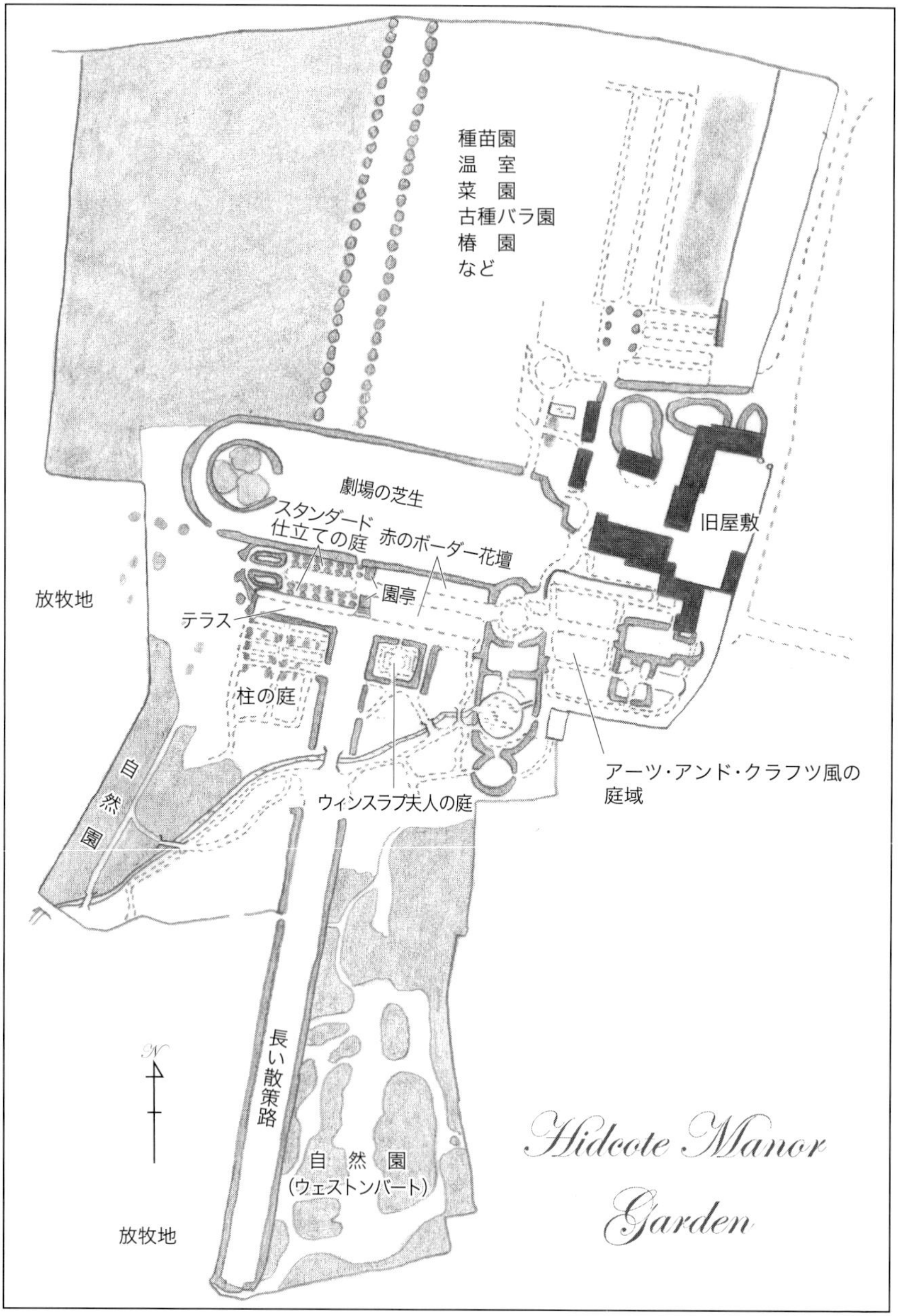
種苗園
温　室
菜　園
古種バラ園
椿　園
など
劇場の芝生
スタンダード仕立ての庭
赤のボーダー花壇
旧屋敷
園亭
放牧地
テラス
柱の庭
自然園
ウィンスラプ夫人の庭
アーツ・アンド・クラフツ風の庭域
長い散策路
N
自　然　園
(ウェストンバート)
放牧地
Hidcote Manor Garden

ヒドコート・マナー　赤のボーダー花壇

ヒドコート・マナー　「プールの庭」と生垣

で自生できる耐寒性のあるものが選ばれて、中心となった。ヴィクトリア朝の派手な弱い外国種で飾られた庭と対照的に、イギリスらしさEnglishnessが強調された。植え方は多めで豊かluxuriant planting。バラや藤、クレマティスが石塀やパーゴラに這い上がる。テラスを支える石壁にも、石段の手摺りにもまた、植物と花。なにより美しいのは、洗練されたボーダー花壇。それが苑路や小庭の縁を飾った。菜園や果樹園も別個に造られたが、花との混ぜ植えもよく行われた。庭では実用と装飾がともに重視された。森と野の花を楽しむ自然園を併せ持つこともある。かつての風景式の大きさはなく、規模は中から小。彼らの造園や著作が二〇世紀の新しい造園を先導した。雑誌Country Life（一八九七年創刊）もかれらの庭を数多く紹介し、普及に一役買った。二人の一〇〇あまりの共作のうち、八〇庭が第一次大戦前までに造られた。第一次大戦後、造園を始めたジョンストンがふたりに負うものは大きかったと思われる。

ラッチェンズのいう造園のつぼはふたつあった（一九〇八）。⑴骨格と飾りの二部分で構成、⑵飾りは花と植物でする、のふたつ。つづめていえば、庭に中心となる骨格を定め、それを花と植物で美しく飾る、である。庭はこれで雑然さを免れて、構造性をもち、主に花と植物の世界になる。パーゴラや園亭、石造の階段や手摺り、彫像や飾鉢といった人工の建造物は少な目に控えられる。

ラッチェンズの造った庭とジョンストンの造ったヒドコート・マナーを比べると、構造性を持つという点では変わらない。他方の、植物と花の世界という点では、ジョンストンの庭が一段と徹底している。ラッチェンズの庭ではまだ、パーゴラやテラス、舗道といった構成物が目立つ。それも石を用いたものが多い。ラッチェンズが石や煉瓦を用いたところで、ジョンストンは、イチイやブナ、芝生を使う。石塀のかわりに生垣、彫像に代えてトーピアリという具合。

このラッチェンズ（一八六九―一九四四）に庭造りを教えたのが年上（二五歳ほど）のジーキル（一八四三―一九三二）であった。『小カントリー・ハウスの庭』（一九一二）Gardens for Small Country Housesは、ジーキルの書き表した造園指南書である。幾何学的なセンスに秀でたラッチェンズにジーキルが教えたのは、庭の趣味、新しい時代にふさわしい良き庭とはどういうものか、である。ジーキルは、イギリス固有種や越年可能な移入種の植物を自然に植えることを提唱したロビンソンとも、またアーツ・アンド・クラフツ運動の推進者モリス（ジーキルの九歳年上）とも知り合いで、かれらの庭造りの考え方に学んだ。また、ジーキルはイタリアやスペイン、フランスの庭を広く見て歩いた。これも源泉。イングランドやスコットランドの庭も見た。彼女が好んだのは、イタリア・ルネサンスの庭、スペインに残るイスラム庭園。それにイギリス一七世紀の整形式の古庭。とくにエッツゼル城、ピトメドン、バークリー城、モンタキュート・ハウスの庭が好きであったという。ハドンホールやメルバーンも好んだ。ジーキルの構想した現代の庭の背景に見えるのは、ひとつに、一八世紀のブラウンの自然風景式庭園を飛び越えて遡る、このようなイギリスの古い庭である。

ジーキルにとって、庭とは何であったか。人々に、喜び delight、なぐさめ sweet solace、楽しみ pleasure、リフレッシュ refreshment を与えてくれる場であった。ジーキルの庭は、イギリスの中産階級にこのような庭を提供した。

ジーキルの際立つ功績のひとつはボーダー花壇であろうか。もともとボーダーと呼ばれるものは、庭につきもので、園路や花壇・菜園の縁飾りとしてイギリスでも中世の庭以来あったのだから、ジーキルが行ったのは、正確には、新しいボーダー花壇の創出である。その基礎には、若い頃の画家修業や学んだ色彩理論、それから長年の植栽実験があった。ジーキルが植栽実験を行い、庭造りをしたのは、サリー州ゴドルミング近くのマンステッド・ウッドの自宅の庭で、一八八〇年代から。ここでジーキルは、二〇〇フィートの長さ、幅一四フィートのボーダー花壇を造った。両端から中心に向かって、カラフルになるような色彩計画を立てた。両端は、まず、灰色、青みを帯びた灰色の草に始まる。そこに、青、青灰、白、淡黄、淡いピンクの花を配する。色はひとつにまとめたり、相互に混ぜたりする。それから中心に向かって、黄色、次にオレンジ色、そして赤。この赤が中心部分を支配する。マンステッドのボーダー花壇では、背後に砂岩の石塀。背後に向かって植物や花の丈は次第に高くなっていく。マンステッド・ウッドでは、ジーキルといえば連想される銀灰色の緑葉と青い花から構成される落ち着いた品のよいボーダー花壇も、また反対に、赤・オレンジ・黄色などの暖色系の色で統一したボーダー花壇も造られている。

かつてベーコン（一五六一―一六二六）は「一二カ月の間、庭の花が絶えないようにすること」（「庭園について」。『ベーコン随想集』第三版一六二五年所収）と庭造りの原則を述べたが、ジーキルが目指したことも、できるだけ花壇の花が絶えないことであった。ジーキルは春先から晩秋までボーダー花壇の花が次々と咲いていくように花を組み合わせた。

ジーキルのこのような花壇の作り方はヴィクトリア朝のものと異なる。ヴィクトリア朝の庭では、春に温室で育てた花を一斉に植える。そして夏に模様替えを行う。この時夏の花を一斉に植える。このような植え方はbedding-out の名で知られた。ヴィクトリア朝の庭の色彩は、例えば、ゼラニウムの赤、カルセオラリアの黄色、ロベリアの青など原色を、それも対照に重点をおいて組み合わせるものであったから、きわめて鮮やかではあったが、その反面、けばけばしく、また時には俗悪さを感じさせた。ジーキルの色使いは、対照でなく調和を原則にしていた。使われる花も、白や中間色の花の他に、同じ青でも微妙に異なるものなど、選択は多様であったから、微妙さに優れ、落ち着きや沈静、また逆に暖かさや華やぎも生まれた。優美さや上品さも表現できる。ジーキルによってとどのつまり、いかようにも趣味の良さが高められる、あるいは深められていく可能性が生まれた。ジーキルの色彩理論や植栽計画は『花の庭の色彩』Colour in the Flower Garden（一九〇八）で知ることができる。なお、この著作は一九一四年に『花の庭の色彩計画』Colour Schemes for the Flower Garden と改題された。

ジーキルのボーダー花壇は、その後の英国の現代庭園では欠かせないものとなった。現在もたえず創意斬新なものが生み出されている。色、香り、触感や肌理《きめ》、草・花の丈や形、それに季節も考えなくてはならない。園芸の経験や博識が必要で、最後はセンスだろうか。

ジョンストンの庭に見られるボーダー花壇の代表は、「赤のボーダー花壇」。T字をなす横棒の右半分で、芝生の園路の両側にある。ここでは、それぞれ六〇種の花と草木が使われている。他に「冬のボーダー花壇」。これは、「赤のボーダー花壇」と「ウィンスラプ夫人の庭」Mrs. Winthrop's Garden の間に置かれている。「古庭」にも、短いが三本ある。

ジーキルが造ったマンステッド・ウッドの庭とジョンストンのヒドコート・マナーを比べてみると、ボーダー花壇の他にも比較できる点がある。マンステッド・ウッドでも、庭は、整形園と自然園のふたつから構成されていた。自然園は、森 wood と呼ばれ、樹木と灌木と花の世界。一年中楽しい散策ができるように、植物が選択されていた。また訪れてくる客を驚かせる、ということも眼目であった。ただ、植栽の密度は、ヒドコート・マナーに比べれば、疎らで、ヒドコート・マナーのように密植された植物の呼気に圧倒されるのでなく、まだすがしい森の中の空気が吸えるような感じがする点で異なる。

マンステッド・ウッドの整形園は家の近くに設けられ、「小庭が部屋のように連なる」a series of garden rooms ように配置されていた。この構成法でも両者は似ている。といってもマンステッド・ウッドの庭では、小庭の並べ方が杓子定規でなく、形も向きも位置もかなり自由であったから、この点、秩序のあるヒドコート・マナーの並べ方とは違う。

庭と家（邸）の関係は、両者では異なる。ジーキルのマンステッド・ウッドの庭では、建物と庭は緊密な関係で設計されているが、ヒドコート・マナーの庭では、関係性が高いとはいえない。

ヒドコート・マナーにはアーツ・アンド・クラフツの庭の影響が云々されるが、それはジーキルとラッチェンズの庭の影響というのとほぼ同じことである。アーツ・アンド・クラフツ運動に携わった人々が造った庭も、ジーキルとラッチェンズ二人の庭に収斂されていく。あるいはふたりの庭は、アーツ・アンド・クラフツ運動を庭の分野で極めたもの、との見方もできる。その理由から、ジーキルとラッチェンズの庭をアーツ・アンド・クラフツの庭と呼ぶ研究家もいる。最盛期は一八九〇年から第一次世界大戦（一九一四）であった。

アーツ・アンド・クラフツ運動の本拠は、コッツウォルドのチッピング・キャムデン Chipping Campden で、ヒドコート・マナーはそこからわずか北に数マイル。ヒドコート・マナー自体が、コッツウォルドと呼ばれる地帯にある。前述のように、ジョンストンが、近くの、アーツ・アンド・クラフツの影響を受けたコティジの庭を見て参考にしたことも考えられる。

ヒドコート・マナーでみると、屋敷に近い（南）、「古庭」Old Garden、「白の庭」White Garden、「楓の庭」Maple Garden、「フクシアの庭」Fuchsia Garden と「プールの庭」Pool Garden が、アーツ・アンド・クラフツ風の庭になっている。

ヒドコート・マナーの小庭は石塀を使わず、みな生垣で仕切られている。この手法は、ジョンストンに先立って一九〇五年に、素人造園家のジェイムズ Robbie James が試みたものであった（St. Nicholas, Richmond in Yorkshire）。

ヒドコート・マナーには、友人リンゼイ夫人 Norah Lindsay の影響も指摘される。この女性素人造園家は、立体的で垂直的な植栽を好んだ。そして豊かな色彩の庭を造ったという。一九三〇年代、とくに植栽面で、このリンゼイの影響は否定しがたいといわれる。彼女は自分の庭（サットン・コートニー Sutton Courtnay、オックスフォードシャー）を造るほかに、頼まれて友人たちに造園の助言をした。ジョンストンは彼女にヒドコート・マナーを譲るつもりでいたが、彼女が急逝（一九四八）したため、ナショナル・トラストに譲られることになった。

ジョンストンの死後、売りに出された庭園の本は五〇〇冊ほどあったという。これらの本もジョンストンの造園の情報源。ジョンストンは、植物収集のためにアフリカ（一九二七、ケニアやヴィクトリア滝）と中国の雲南（一九三二）に出掛けている。

庭造りの順

造園の過程は、およそ三つの時期、第一期一九〇七―一四、第二期一九一四―二〇、第三期一九二〇―三〇に分けられる、とされる。屋敷近くから始められ、第一、第二の時期に、T字の横棒と周辺が造られ、最後の第三期にT字の縦棒と周辺が造られた。初めは、母親も参画したといわれる。その母は一九二六年に亡くなった。

第一期、すなわち第一次大戦までにできたのが、先述したアーツ・アンド・クラフツ風の庭の部分。第二期、ジョンストンの引退（一九二〇）までにできたのが、「スタンダード仕立ての庭」Stilt Garden と「ウィンスラプ夫人の庭」Mrs. Winthrop's Garden。それと「劇場の芝生」Theatre Lawn。いずれも古典的な趣きで、整然としている。建築的で立体的。すっきりした造りで、草と花の色彩で構成された平面的なアーツ・アンド・クラフツ風の庭とは対照的であった。

「スタンダード仕立ての庭」では、シデの木が、左右に長方形に並べられている。木は下半分が一本の丸太のような幹、上半分は枝葉が直方体に刈り込まれ、連なる。全体を周囲から生垣が取り囲んでいる。「ウィンスラプ夫人の庭」は、ヤシが並び、地中海の庭の趣きが盛られた。龍舌蘭など地中海の植物の鉢植えが台座に載って並んでいる。独特の洒落た園亭 The Gazebos もこの時期のもの。The Long Walk も小川のところまではできていたらしい。

第三期、一九二〇年以降にできたのが残余の部分で、まず、「柱の庭」Pillar Garden。ここではアイルランド・イチイが柱のように立っている。次に「テラス」Terasse。ここは南向きで暖かく、シェルターが設けられ南国の植物が育てられた。このふたつを除くと、あとは自然園、あるいは森の庭。このうち「ウェストンバート」Westonbirt と呼ばれる比較的広い庭は、ジョンストンの集めた灌木や樹木が植えられているところである。

最晩年の一〇年間、ジョンストンは植物収集に熱中した。長い散策路の延長部分も第三期のもの。緩い上り勾配の部分で、先端には透かし門がある。訪問者はこの門に向かって空を見ながら緩い傾斜を上る。至りつくと、先述したイギリス風景式庭園の光景が目にはいる。

ひとは見て言った

完成されたこの庭を見て人々はどう思ったのだろう。ノーラ・リンゼイ夫人は言った。「夢のような美しさ」a dream of beauty、「次々と別の眺めへ導かれる」constantly led from one scene to another、「驚きに満ちている」full of surprises、「アジアとインドの珍しい植物が一杯」（一九四三）。王立園芸協会長のヒューバート・スミス氏は「驚いた。主に庭園の玄人と専門家に訴える庭だ」It struck me, as the type of the garden that would mainly appeal to connoisseurs and experts（一九四七）と述べた。いずれも、庭園の譲渡が問題になった時の言葉である。「ある型の文化」a type of culture と評した（一九四九）人物もいる。シシングハーストの庭を造ったニコルソンも、ヴィタ・サックヴィル＝ウェストもヒドコート・マナーを愛した。ヴィタ・サックヴィル＝ウェストは、ヒドコート・マナーについて論文も書いている（「王立園芸協会雑誌」一九四九年一一月号）。

緊密な構成で、庭から庭への繋がりは滑らかである、とする評もある。集められた珍しい植物も数多く、それが庭の卓越した設計の中に収められた。収集と設計。このふたつともにきわめて秀でた庭であった。

ジョンストンは自分の庭をどう考えていたか。「整形のデザインに収めた自然園」という言葉を残している。

...the chracter of the garden which is largely a wild garden in a formal setting（一九四八年九月一日）。

ジョンストンにとって庭とは何であったか。「憩う場」a place of repose であり、「この世を逃れるため」to get away from this world の場であった（一九五〇）。古来言われてきたとおり、地上の楽園なのであった。

ヒドコート・マナーは孤絶した庭ではない。隣のキフツゲイト・コート Kiftsgate Court も同趣の庭でミュア夫妻によって同じ時期に造られた名園である。ミュア夫人はジョンストンに随時ヒントを与えたといわれる。似たような庭が他にもいくつかある。ジョンストンの庭は、それらの頂点に立つ庭である。

ジョンストンはもうひとつの庭を南フランスに造っている。晩年は、健康のためフランスのリヴィエラ海岸のマントン Menton で過ごすことが多くなった。初めは冬季を過ごすためであった。第二次大戦後は、そこへ移り住んだ。ヒドコート・マナーがナショナル・トラストに譲られたのはこの時（一九四八）である。

当初、ナショナル・トラストは資金不足で維持の目途も立っておらず、ヒドコート・マナーの赤字はしばらく続いた。庭の管理のノウハウも手探りであった。やがて資金面でも管理面でも運営が軌道に乗り、現在の隆盛を迎えた。現代英国庭園の聖地ヒドコート・マナーの訪問者はとくに六月に多い、という。私たちが訪れたのは、五月三〇日（日）。一九九九年。冷雨であったが、駐車場はバスと車で一杯であった。

■シシングハースト *Sissinghurst Castle Garden*

野趣の豊かさと伸びやかな典雅——現代庭園のひとつの源泉

庭の構成

これも素人造園家の造った庭である。造ったのは、ヴィタ・サックヴィル゠ウェスト Vita Sackville-West と夫のハロルド・ニコルソン Harold Nicolson。ふたりは、一五世紀由来の領主屋敷が気に入り農場ごと買い取った。ケント州の広野（weald）が広がる景観のなかにあった。ふたりは残っていた建物と壁を生かして、家と見事な庭を造った。庭は一九三〇年から三八年にかけて、ひとまず形を整えた。様式はG・ジーキルやW・ロビンソンの流れを汲む。先行したジョンストンのヒドコート・マナーから示唆を受けたことも推測される。

石塀や生垣で仕切られた小庭が一〇。訪問者は、順に、ふたりが創出した一〇種の庭を見て歩く。庭それぞれは設計と色彩が異なり、したがって、趣きと雰囲気も違う。庭はひとつひとつ、ヒドコート・マナーのものより大きい。その分、数は減ったが、充実。植え方は自由で、伸びやか。色彩が素晴らしく、豊かな野趣と同時に、典雅さが感じられる。庭を繋ぐのは、おもに潜り門、ときに散策路。散策路は直線で長く、通景線になる。散策路や生垣など、骨格はニコルソン、他方、植栽はヴィタ、とおよそ分担した。庭を仕切る石塀や生垣は高いから、庭は互いに見えず、訪問者は、まず美の迷宮をまよい巡る思いにとらわれる。古塔に上ってはじめて、庭全体が見渡せる。そこから、この庭が崩しと均衡の上に成り立っていることがよく見て取れる。この点、ヒドコート・マナーの構成が、端正なT字形であるのとは、対照的である。塔上から、周辺の農場も見渡すことができる。農場は四〇〇エーカー、庭園は六エーカー（約二・四四ヘクタール）。一九六七年以来、ナショナル・トラストが所有・管理している。エリザベス女王も訪れた（一九五二）。

我々が辿った順路はおよそ次の通り。Front Courtyard — Delos — White Garden — Tower Lawn — Rose Garden — Yew Walk — Cottage Garden — Lime Walk — Moat Walk + Azalea Bank — Nuttery — Herb Garden — Moat — Gazebo — Orchard。それから、古塔に上り眺望し、さらに庭を出て、外の湖と林を歩いた。一九九九年六月二四日だった。庭園は見頃、空は晴れていた。

「塔前の中庭」は、芝生張り。古い煉瓦の壁に赤やピンクのバラが這う。緑のイチイが少々、鉢に紫の花。左手には、赤紫のボーダー花壇。紫のクレマティスも使われている。庭の導入部のような空間か、と思う。これから見ていく庭の良さを予感させる。左手の潜り門から、次の「デロス」へ。ここは、ハロルドがエーゲ海のデロス島を訪れた記念に一九三五年に造られた。シシングハーストゆかりの古物、ハロルド家に伝わる宝物、古石などを置き、アイリス、ムラサキナズナ、タイム、アルメリアなどで整えてある。

次の「白の庭」は白眉。かなり広い庭が、白い花で満たされている。中央にあって一段と高く盛り上がっているのが、白いつるバラ rosa mulliganii。パーゴラのようになっていて、人は下を潜る。七月初旬がもっともよい、といわれる。この庭では、やや見上げる白い花もあれば、目の高さの白、胸元の白、腰や膝の高さの白、さらに足下の白など、高さも形も様々に白い花。この白い庭を思いついたのは、ヴィタであった。夕刻、庭を歩くのが好きだった。あるとき夕闇に白バラが輝いているのを見て、白の庭を思いついた、という。白と銀灰色の花をハロルドと探した。シロタエギク、ニガヨモギ、サントリナ、ユリ lilium regale、白花グラジオラス、イギリスアイリス、ポンポンダリア、エレムルス（ユリ科）、モウズイカなどが選ばれた。着想は第二次大戦中のことで、実行に移されたのは、戦後（一九五二）であった。白い庭の構成は、四つ割りとし、さらにそれぞれを四つに分割、花壇それぞれを腰までの低いツゲの生垣で囲った。アリウムやキンギョソウ、ユリ、ジギタリス、ギボウシ、クレマティスなどもある。花は、七月いっぱい保つように計画的に選ばれている、という。

「白の庭」に長く留まるほどに、幻想的になり、気分が静かに高揚してくる。葉の緑は、淡く銀色がかったものも多い。これも当初からの構想であった。「白の庭」の前身は、バラの庭であった。

庭の端に屋外の食事室として使われたエレクテウム Erechtheum がある。庭造りに協力を惜しまなかった古建築保存の建築家ボウイスの提案で造られた。屋内の食事室は牧師の館 Priest's House であった。この建物の二階には息子たち二人の寝室があった。ヴィタが癌で死を迎えるのも（一九六二）、ここである。

「塔下の芝生庭」は緑の空間。単純で、すっきり、目の覚める思いがする。生垣の緑も、単純で美しい。赤煉瓦の石塀に穿たれた潜り門を通ってバラの庭へ入る。

「バラの庭」もハイライトのひとつ。「白の庭」と対照的な色彩の庭。設計は四つ割り。やや変則で、中心は東にずれている。中心にイチイの円形の生垣。西側に浅い半円の凹みの壁。ボウイスがヴィタの反対を押し切って造ったのだという。造形上も、視覚的にも、すばらしい。大成功だったといえよう。バラの各花壇は直線園路で区切られ、大小で一〇。集められたバラは、古い品種が多いという。あまり知られていないもの、ほとんど忘れ

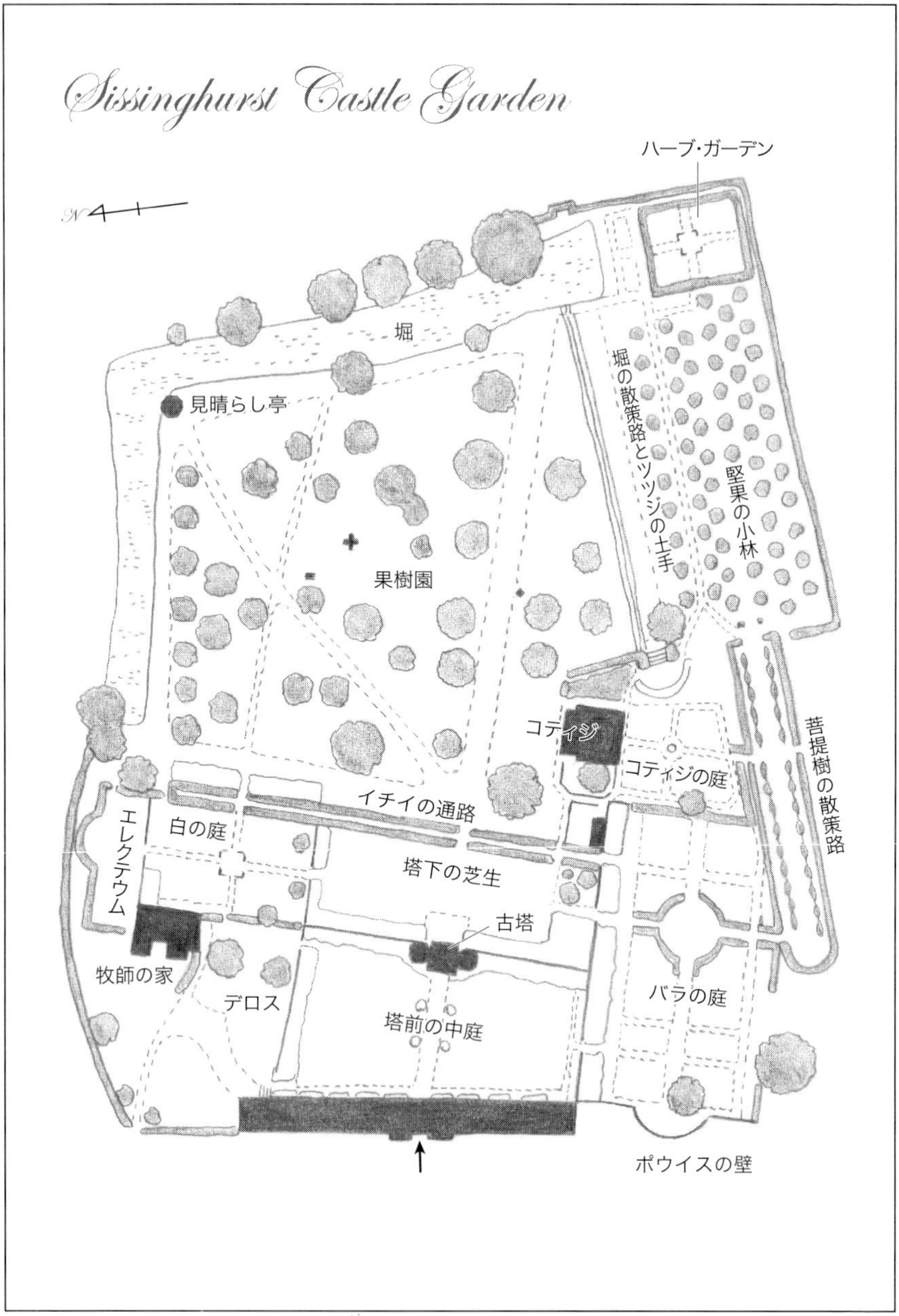

Sissinghurst Castle Garden
N
ハーブ・ガーデン
堀
見晴らし亭
堀の散策路とツツジの土手
堅果の小林
果樹園
コテイジ
コテイジの庭
菩提樹の散策路
イチイの通路
エレクテウム
白の庭
塔下の芝生
古塔
牧師の家
デロス
バラの庭
塔前の中庭
ポウイスの壁

シシングハースト　バラの庭

シシングハースト　白の庭

られたもの。'Souvenir du Docteur Jamain'（ジャマン博士の思い出）なども忘却から蘇った。古種のバラは、ヴィタの好みだったという。「バラの庭」は、もとの農場ではキャベツ畑だったところ。バラの盛りは六月。庭の花の季節を延ばすために、他の花を混ぜてある。アイリスで六月を彩り、クレマティスで八月を繋ぎ、一〇月、秋の花まで続く。バラと他の草花が映え合うこともある。バラも花も、あまり刈り込まれず、自由にのびて、豊かさと野趣を醸している。色彩の趣味の良さも抜群。調和もすばらしい。北側の石塀沿いに、バラを交えたボーダー花壇が造られている。

「イチイの通路」はほぼ庭全体を南北に横断する長さを持つ。ただ、細く目立たない。でも、やはり、見事。実用の通路でもあった。南のコティジから北の食事室に通う時に使われた。コティジの二階は夫妻の寝室、一階にハロルドの書斎があった。朝食あるいは夕食となれば、冬でも、イチイの通路を通って「白の庭」を越え牧師の館へ行ったという。なお、ヴィタの書斎は古塔の中にあった。

「コティジの庭」も花の世界。ただ、「バラの庭」の多彩さと異なり、赤、オレンジ、黄色に限定。暖色の庭である。赤・オレンジ・黄といっても、ヴィクトリア朝の庭を席巻した人工的な派手さはなく、落ち着いて品がある。コティジは、農場購入の当初、最初に整えて寝泊まりしたところである。入り口の壁に白バラ Madame Alfred Carriee を這わせた。それが今も見られる。ここの庭は、シシングハースト庭園の出発点。最初に造られた庭である。どこにでもあるイギリスのコティジ・ガーデンを洗練させるという構想であった。

「菩提樹の散策路」は、直線の庭。ここはハロルドがひとりで世話をした。専用の庭師ニーヴ Sydney Neve を雇った。生垣で囲われている。剪定された菩提樹の列が左右にある。その下に春咲きの球根。菩提樹が葉をつける前に、桃色・黄・ブルーと白の花が咲く。黄と白のスイセン、サクラソウ、シラー（青）などが花群を形成。ハロルドはイギリス一の春のボーダー花壇を造る、と言っていた。テラコッタの壺（イタリアの赤茶の素焼きの壺）にチューリップやスミレ、アイリス、クレマティスが植えられ、並木の間に置かれていた。

「堅果の小林」。これは元からあった堅果の小林を整備して作られた。ポリアンサス（西洋サクラソウ）が下植え。虹の絨毯あるいはポリアンサスの絨毯となる。

「ハーブ・ガーデン」は、実用でなく、ハーブの観賞のため。第二次大戦の直前に設計、ハーブを植えたのは戦後。六〇種以上ある。香り、色、肌合いで集めて、整形式の小庭園に植えた。ヴィタは料理をしなかったので、これを食用に使うことはなかったが、ハーブはどれも香りで判別できたという。

「堀の散策路とツツジの土手」も、直線の庭。東西に走る。古い石塀に沿い、一段と低く、もとの堀だったところを走っている。水の代わりにいまは緑の芝生が散策路として延びる。右のツツジの土手には野の花があり、左の古い石塀には、藤が垂れる。散策路の始点には半円形のテラス、終点にはディオニュソスの彫像。

「堀と果樹園」。堀は古くから残されていたもの。水を湛えた堀がL字形に果樹園を囲む。果樹園の春から初夏には、黄色・白のスイセン、ジギタリス、アイリスなどが、咲き誇る。七月まで草は刈らず、自由に延びる。ここで野生の花と小鳥の声を楽しむ。バラMadame Plantierがリンゴの木に這い上がる。ここは「ふたりの夢の自然の庭 wild garden」と呼ばれた。W・ロビンソンの提唱したあの庭の構想に沿うものと理解されよう。ロビンソンは、森、原、水辺、散策路、並木道、ボーダーなどに、イギリスの自然のなかで越年できる在来種・外来種を花群として植えることを提唱（一八七〇）した。スイセンやイチゲ、クロッカス、スノードロップ、スズランなどはロビンソンが推奨した代表的な草花であった。ヴィクトリア朝で盛んだった庭造りとは逆の流儀である。流行の庭造りは、温室で育てた外来種を使って整形花壇にびっしりと植える。時には立体的なデザインで植えた。花は年に二度ほど総入れ替え。手間も金もかかった。それでも花壇を楽しめる期間は四カ月。花の好みも、派手な赤・オレンジ・黄色あるいは青に偏った。ロビンソンは、自分の農場で試して、この慣習と逆の提案をしたのだった。試した草花や灌木・木の数は数百をくだらない。当時はほとんど相手にされなかったというが、提案は画期的。やがて二〇世紀の庭造りに生かされることになった。

我々は、塔にも上り、庭を再び巡り、それから外へ出て、湖と森へ行った。やや荒廃の気配が漂う、変哲もないところであったが、なぜか心が伸びやかになった。自然の中に解放された、と感じたからであろう。シシングハーストの庭に野趣・自由を感じ取っても、そこはやはり造られた庭のグルメの世界。密度は高いが、どこか、閉じた人工の境界の内に閉じこめられる。グルメに対してシンプルなもの、巧まざる無限の自然もまた人間に必要なもの、と強く感じた。

なお、果樹園の一角にある「見晴らし亭」は、ハロルドの死後、ハロルドを記念して建てられたもの。ケント州の広野に臨む。

才能とセンスを持ち寄って

ヴィタ・サックヴィル＝ウェスト（一八九二―一九六二）は一六世紀から続くケント州の名家のひとり娘にうまれ、ノウルKnoleの屋敷と庭を愛したが、相続は男系とされ、継ぐことはできないことが分かっていた。一九一三年に外交官ハロルド・ニコルソン（一八八六―一九六八）と結婚。ノウルを去って、ロング・バーンLong Barn（セブンオークス近く）のコテイジに移った。二三歳（一九一五）、長男出産後、ハロルドとそこで庭を造った。構成を見ると、シシングハーストの庭の原型といえよう。整形園では、色彩の組み合わせの実験もしている。一九二八年、父サックヴィル卿（男爵）が死ぬ。ノウルの屋敷と庭は叔父の手に渡った。長詩「地所」The Landを発表。翌一九二九年、ハロルドは外交官を辞し、ジャーナリズムの世界に入った。ロング・バーン周辺は土地開発が進んだ。これを嫌って、翌年（一九三〇）五月、知人の紹介で知ったシシングハーストの農場を購入。古い建物と農場（合わせて四〇〇エーカー）に一万二三七五ポンドを払った。農場はオズワルド・ビールに貸した。ビールは夫妻の友人となり、夫妻の庭造りを助けた。二人は時々滞在しながら、建物と庭の整備をした。完全に移り住むのは、一九三二年。まずコテイジに住んだ。夏など、ヴィタは一日の庭仕事のあと、夜執筆した。

粗食で、冬もあまり暖房はせず、毛布を膝に掛けて寒さを凌いだという。

一九三〇年には、川を堰止めて湖を造った。一九三一年、ヴィタ・サックヴィル＝ウェストは詩「シシングハースト」Sissinghurst を発表。一九三二年から三六年まで、建築家アルバート・ポウイス Albert Powys が庭造りに献身してくれた。牧師の館、ポウイスの壁（「バラの庭」にある）、イチイの散策路、エレクテウム（「白の庭」に接する）、塔前の中庭の北壁、などはポウイスが提案・造成したものであった。ポウイスは一九三六年過労がもとで亡くなる。ハロルドは前年の一九三五年に下院議員となり、以後、一〇年間政治家として活躍する。一九三八年、庭はひとまずでき上がる。訪れる者もあった。The National Gardens Scheme（個人庭園の慈善協力公開制度）で初めて公開。やがて一九三九年、第二次大戦で、庭造りも中断、維持も後退する。庭師頭のジャック・ヴァス Jack Vass は、最低、生垣と園路を守り、他は諦める、と言った。果樹園では干し草を作った。空中戦を見た。湖や森を英国軍が進む。塔は見張りに使われた。一九四五年五月二日、戦勝を祝って、庭を公開。一九四六年、ヴィタ・サックヴィル＝ウェストは長詩「庭」The Garden を発表。庭は一九四六年から五一年まで戦後の五年間、庭師頭ヴァスの手で整備された。

政界を去ったハロルドは、ロンドンで執筆活動に従事、帰って来るのは週末だけであった。ハロルドは講演、委員会活動、書評もしていた。ヴィタはシシングハーストに常住。ときに二人で海外旅行をし、七、八月にはイギリスの庭を巡った。一九四六年、ヴィタは、「オブザーバー」紙 The Observer にコラムを開始。これはシシングハーストの庭の記録になった。一九四七年から五〇年後半まで、ハロルドは「菩提樹の散策路」の春のボーダー花壇に力を注ぎ、詳細を日記に残した。一九五一年には、前述のように、戦争中に着想して計画を練ってきた「白の庭」にいざ植物を植えた。不満だったバラ園がこうして「白の庭」に転身した。一九五二年エリザベス女王と皇太后が来訪。一九五九年に New Years Honours を受賞。一九五九年から、二人の若い庭師頭 Pamella Schwerdt と Sybille Kreutzberger を雇う。現在はこの庭師達も引退。

中世のシシングハーストにあったのは、ド・サクセンハースト家 de Saxenhurst の石造りの領主屋敷であった。一五七三年、エリザベス一世がこれをベイカー卿に与えた。ベイカーは旧屋敷を取り壊し、すばらしい領主屋敷を建てた。しかし、王党派だったベイカー家はクロムウェル時代に零落。一七五六年、建物は政府に貸し出され、フランス軍の捕虜収容所に使われ、三〇〇〇人を収容した。英仏が植民地を争った七年戦争の時である。このため建物は荒れ、後、三分の二が取り壊された。残った建物は一八八五年まで教区の貧民院に当てられ、その後コーンウォール家が農場の建物として使った。古い屋敷のうち、残っていた部分は、正面の南北に延びる長い建物、その奥の塔、コテイジ、石壁の一部、堀であった。正面の長い一棟の中央にアーチの出入り口があり（ただし塞がれていた）、北半分は厩、南半分は使用人の住居であった。農場を購入したヴィタとハロルドは、アーチを通れるようにし、がらくたを整理、建物の整備をした。厩はヴィタの図書室になった。

庭造りのために、新たに石塀三つといくつかの生垣が造られた。新石塀は、「塔前の中庭の壁」（北側）と「バラの庭の壁」（南と西）、ビショップスゲイトの壁である。これが、旧石塀と合わせて、庭に構造性を与えた。

■ニュービー・ホール *Newby Hall & Gardens*

多彩な小皿料理の味わい

一九九九年七月二三日。ヨーク駅前からリポン行きのバスに乗る。バスはわずかな乗客を乗せてひたすら田舎の風景の中を走る。行程はおよそ一時間程。リポンからタクシーで一〇分。

庭園は、太い園路を十字に組み合わせて骨格をつくり、その左右あるいは背後に趣向を凝らした小庭をおよそ二〇ほど設定している。現在あるような姿の庭に造り替えたのは、現当主の父親。あのジョンソンのヒドコートマナーの影響を受けたと自認する。たしかに似ている。しかし、違う点もある。それはやはり独創といってよい

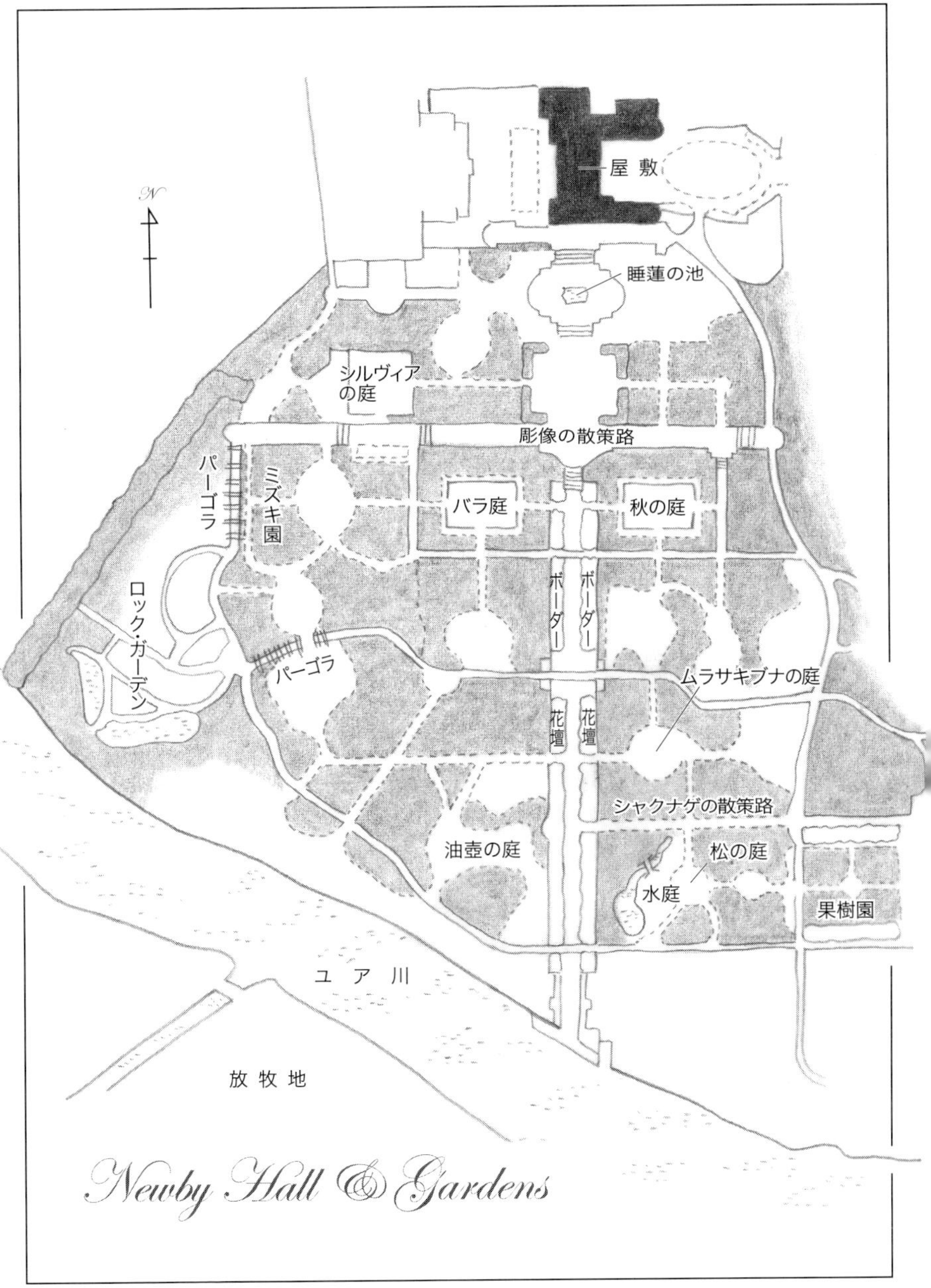
屋 敷
睡蓮の池
シルヴィアの庭
彫像の散策路
パーゴラ
ミズキ園
バラ庭
秋の庭
ボーダー
ボーダー
ロック・ガーデン
パーゴラ
ムラサキブナの庭
花壇
花壇
シャクナゲの散策路
油壺の庭
松の庭
水庭
果樹園
ユ ア 川
放 牧 地
Newby Hall & Gardens

ニュービー・ホール　ボーダー花壇

ニュービー・ホール　ボーダー花壇へ降りる石段

のだろう。屋敷から庭を見下ろすと、太い園路が一本川へ向かって走る。川向こうは、低い丘陵をなす牧場。この太い園路は、庭園の骨格の十字の一本で、艶のよい芝生の長い路。両端にいとも美しいボーダー花壇が走っている。その背後を固めるのが生垣。生垣はボーダー花壇の花々の色彩を際立たせる役割も果たす。生垣の内部は、左右ともおよそ樹木の群れ。その樹木は姿と葉むらの色彩が多様。一本としても見事だし、群れとしても変化があって美しい。この園路の眺めは、ヴェルサイユ庭園の王の道「タピ・ヴェール」を想起させるかもしれない。王様の気分でここを歩くといい。いま述べたすべてがより近くこまかに観察できて嬉しさがこみ上げてくる。

ヴェルサイユの庭が造られてからもう三〇〇年以上が経つ。庭園はその間に、より自然に、より多彩になり、個人的で自由になった。ここのボーダー花壇の園路にはその庭園史が映し出されている。ヴェルサイユの庭の「タピ・ヴェール」を思い出して見よう。左右は緑の高い壁（高木のパリサード）、その前に等間隔で並ぶ白い古典的彫像。パリサードの背後には、内部を整然と整えた緑の部屋（ボスケ）が拵えてあった。

色彩と形の美しいこのボーダー花壇を造り上げたのは現夫人。一〇年をかけたという。十字をなすもう一本の太い園路は、彫像と南欧風の針葉樹の並ぶ並木。典雅端正な雰囲気を醸し出している。十字の骨格で庭の概要を摑んだあと巡る二〇ほどの小庭は、趣向や目的が様々。それぞれの出来と維持状態はかなりよいと見受けた。当主は実業家。現在六人の庭師を雇っている。利益は無に等しいが、喜びは毎年数万の人々が来てくれること、とガイドブックに記している。

■ヒール・ハウス *Heale House Garden*

イギリス人の田舎住まいの理想の庭

これはソールズベリの北四マイル（六・四キロ）のところに隠れたようにある庭である。およそイギリスの庭巡りでは、テイラーの案内書『イギリスの庭』（一九九八）に載っていれば、見に行って失望しない。この庭は、「イギリス人にとって田舎住まいの理想の美の庭」the beau idéal of the English country house estate と紹介されている。もうひとつヒッチング女史の案内書『庭園訪問案内』（一九九九）でも「魅力的で必見」としている。この案内書は五〇〇の庭を紹介しているから、行ってみて、やや落胆する庭も含まれているが、ヒール・ハウス庭園には最上の褒め言葉を与えている。

ここへ行ったのは、その beau idéal（理想の美）をこの目で確かめたかったから。

二〇〇二年の六月初旬である。ソールズベリ駅前にはタクシーが数台。中年の運転手にヒール・ハウス庭園の名を告げた。運転手は「ヒール・ハウス庭園か。なぜストーン・ヘンジには行かないのだ」という。やや遠回りになるが、行ってみることにした。観光バスもたくさん来ていて、大変な賑わいである。入場券を買い、ストーン・ヘンジの周りを回る見物路に沿って一周。タクシーに戻って、ヒール・ハウス庭園へ向かった。なかなかそれらしきものが見えてこないので、いささか気を揉む。見事なイチイの生垣が見え、やっと着いた。タクシーには四時間後の迎えを頼んだ。曇り空から雨がぱらつく。ストーン・ヘンジとは打って変わってひっそり。訪れる客は数人。ガイドブックを買い、ゆっくり庭を見て回る。魅力は表現しがたい。「田舎に住むなら、このように住みたい」気持ちが想像できる。標準的な日本人からすれば、夢のまた夢であろうが。

ここは七つの造りの異なる庭からなる。中心は「トンネルの庭」Tunnel Garden。荒壁土の塀で囲われ、リンゴの木で造られた十字のトンネルが庭を仕切る。中央に池。池の側に球形のイチイが数個集まり、目を引きつける。ここは、生産と装飾が渾然一体となった、野菜・果物と花の庭。野菜や果物は、ほとんど自給できるという。骨格をなすリンゴの木のトンネルは一九六五年に造られた。蒲鉾形の鉄の枠に木を固定させている。リンゴの木の根元は、細長い花壇になっていて、チューリップを初め、フロウソウ、ユリ、プルモナリア（ムラサキ科）、ジギタリス、ルドベッキア、アジサイ、フクシアなどが順に咲き、移りゆく季節にいつも複数の花の色がある。

長辺に沿って長いパーゴラがあり、キングサリ、藤、バラ、クレマチス、スイートピーなどがこれを飾る。反対の塀際にはボーダー花壇。塀にも植物が這い上がっている。庭の花は、他にたとえば、銀葉のつるバラ（白い花）、アイリス、ローズマリー、赤いバラ、イエロージャスミン、クロタネソウ、ナデシコ、ハニーサックル（スイカズラ）、コロニラ（マメ科）、ドリミス・ウィンテリ（シキミモドキ科）、ハニーブッシュ（ミツバナ科）など。庭は細部まで、入念に造られていて、野菜作りや園芸の知識、庭造りのアイデアや技術が十分に発揮されているとの印象を受ける。華やぎは抑制され、落ち着いた美しさが感じられる。刺激的でないのがイギリスらしい。要約すれば、なかなかシック、だろうか。田舎っぽさと品の良さが溶け合っている。

残りの庭は比較的あっさりしている。イギリス特有の芝生のスペースが広くとってあり、装飾の部分が小さい。それもまた庭造りの流儀のひとつなのだろう。いずれも洗練されている。

まず、「テラスと魚池の庭」Top Terrace and Fish Pondsは、以前はおそらく正門と屋敷の間の庭だった所。昔の屋敷の造りでいえば、前庭forecourtである。ここはまず客を迎えるところだから重要だった。今はそのように使われていない。いまかりに昔のように屋敷に訪問者がやってくるとする。訪問者は、まず立派なイチイの生垣に沿って屋敷に近づく。すると左手に門があり、入るとテラスがある。テラスは手摺りで囲われ、左右の端にベンチが置かれているのを目にする。みな石造り。彩りは、藤、その他の花や植物。屋敷は芝生の向こうに見え、いくらか低い位置にある。訪問者は石段をおりて、ゆるく傾斜する芝生を越え、数段の石段を下り、屋敷の建つ平面に降りる。そこも芝生で、左右に魚池がある。魚池の側、それから屋敷の側にも花や植物がある。ふたつの魚池を結ぶ線の上に日時計が置かれている。振り返ると芝生の広がりとテラスが見える。芝生の左右の端は並木。踏みしめて来たところは敷石。魚池辺りの花や植物は、濃い緋色、銀色、濃緑のものを選び、テラスの白、紫、銀色に対応させたという。ここでは、二〇世紀の初め頃、造園界で活躍したハロルド・ピートHarold Ainsworth Peto（一八五四―一九三三）の設計がほぼ残されている、という。

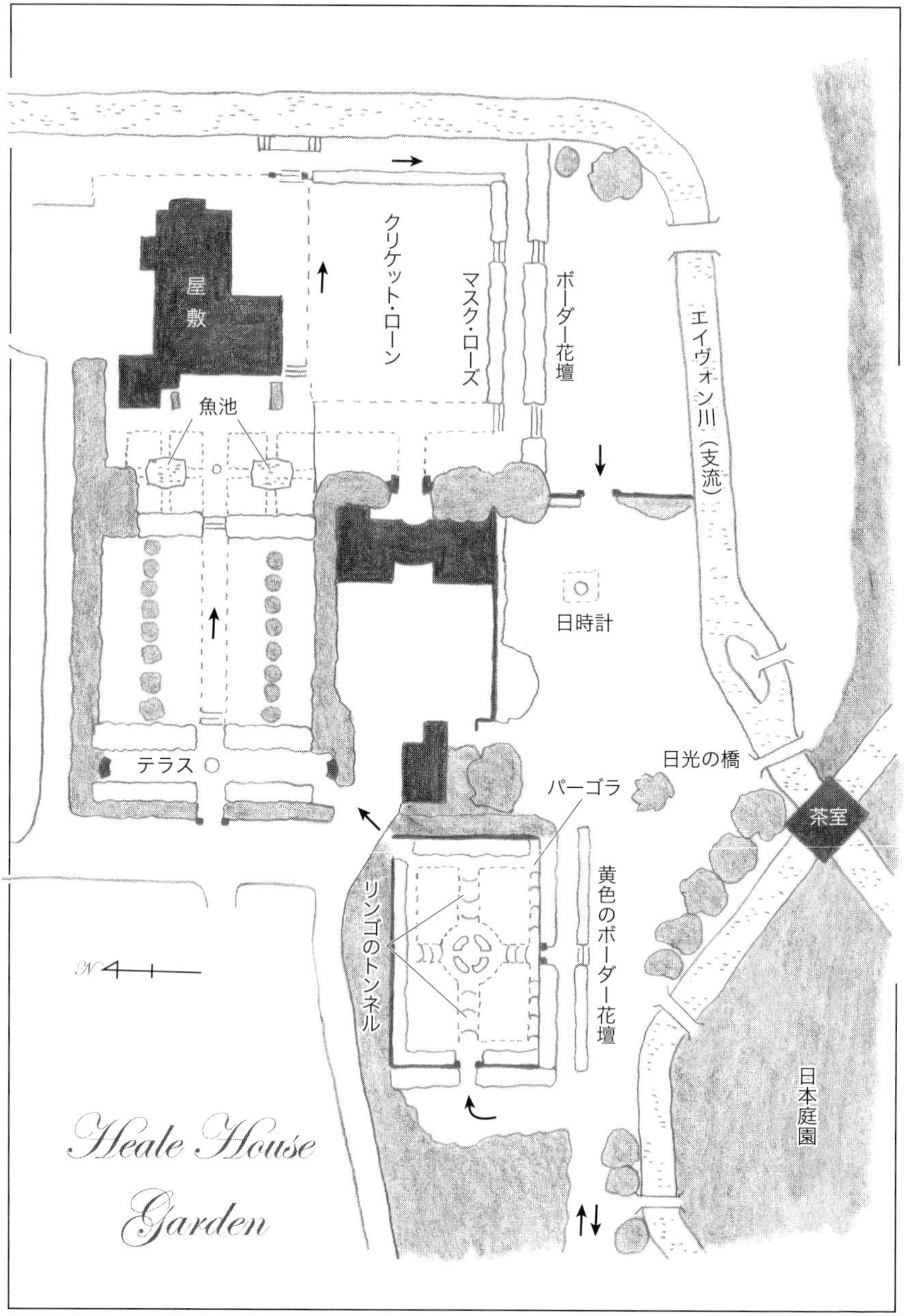
屋敷
クリケット・ローン
マスク・ローズ
ボーダー花壇
エイヴォン川（支流）
魚池
日時計
テラス
日光の橋
パーゴラ
茶室
黄色のボーダー花壇
リンゴのトンネル
日本庭園
N
Heale House Garden

ヒール・ハウス　テラス

ヒール・ハウス　トンネルの庭

次に、「クロケット・ローンとボート・テラス」Croquet Lawn & Boat Terrace。ここもほぼ芝生の広がりから成る。エイヴォン川の支流がここを巻いて流れる。向こうの川岸に草地が広がっているので、「テラスと魚池の庭」より開放的である。屋敷近くは一面に敷石が張られ、その隙間からナデシコ、フロウソウ、スイカズラ、ローズマリーが顔を出すという変わった趣向。かつてR・ロビンソンが提案したことが想起される。藤もある。まっすぐ行くと、一段下にボート・テラス。エイヴォン川の支流で、排水路を兼ねて一七世紀に造られた流れに面してボート・テラスが作られ、岸沿いは散策路。クロケット・ローンは屋敷の立つ面から一段下に広がる。クロケット・ローンやボウリング・グリーンは一六、一七世紀からイギリスの庭にあったもの。石壁の端に第一回クリスティーズ・HHA賞受賞の銘板がさりげなく嵌め込まれている。

クロケット・ローンの向こう端に見事なボーダー花壇がある。そこではマスク・ローズのボーダーとロング・ボーダーが平行して造られている。マスク・ローズは地中海原産のバラ。多くの園芸種の親である。このようなことを知らなくてもバラのボーダーは見事。花の色はクリーム、ピンク、白、淡い杏色など。ロング・ボーダーも見事。花と緑の取り合わせだが、緑が優勢のボーダー。これを左右に見ながら間を歩くのもいい。なにより素晴らしいのは、外側の芝生からふたつを重ねて見てゆくこと。ボーダーのあたかも二重奏が楽しめる。このようなボーダーは初めて。いつまでも見ていたくなる。

土塀の門を潜ると、「日時計の庭」。右手の旧厩舎が屋敷の離れとして使われている。芝生の中に日時計が置かれ、離れ近くに花壇がある。柔らかで淡い色彩の花でまとめられている。規模は比較的小さい。残りは芝生の広がりで、真ん中あたりに樹齢一〇〇年の桑がある。芝生のもっと先には「黄色のボーダー花壇」が見られる。ちょうど「トンネルの庭」の外側の位置。しかし目が引きつけられるのは、左前方の和風の赤い橋や茶室、それに大きな石灯籠、つまり「日本庭園」。朱塗りの反り橋は日光の大谷川に架かる神橋を模したもので、エイヴォン川の支流に架かっている。ここを渡ると「日本庭園」。まず本格的な茶室。屋根は茅葺きで、たたみ敷き八畳。

この茶屋はヒール・ハウスの当主だったグレヴィルが日本のイギリス大使館勤務を終えて帰国するときに持ち帰ったもの。もう一本のエイヴォン川の支流が、ここで、屋敷の傍らを流れてきた支流と交差する。茶室は支流の交差点の真上に置かれている。水量は相当ある。日本庭園には、モクレン、カエデの他にシダ、アヤメを初めとする様々の植物が植えられ、細流にはミニ橋も架けられている。歩いて見ると、一部では、いくらか湿地の気配もする。四人の日本の庭師が造った庭園だという。

「日本庭園」から出発点だったショップへ戻る途中、右手に見える芝生の一画は「野生の花」の区画で、芝生にブルーベル、水仙、ヒヤシンス、イチゲ、その他の球根類の自生化が試みられている。そこは入園券をショップで買い、期待に高ぶりながら「トンネルの庭」へ向かって横切ったところである。

庭は八エーカーで、そとに森の庭がある。そこではスノードロップが早春に咲く。冬、一、二月に天気次第で公開するという。ジーキルの本拠マンステッド・ウッドにあった「森の庭」Wood を思わせる。現代のやや大きめのイギリス庭園ではこのような森の庭がよく設けられ、とりわけ早春の景色が楽しまれる。

ここのショップは余所と違い、中古の園芸用品や置物などの装飾品、紅茶碗、椅子、テーブル、容器、それに古本などが置いてある。一種のがらくた市。一隅にセルフ・サービスの茶と菓子。それを昼食代わりに取る。ショップの外の園芸センターには、苗や鉢の類がたくさん置かれ、客がいる。この庭で使われている品種はみなそこで買える。ガイド・ブックには素人には分からないラテン語の植物名がたくさん出ている。

タクシーは予約通り駐車場に現れた。中年の運転手は「時間が余って、長く待ったのではないか」と二度も聞く。納得いかないらしい。

このショップで買い求めた『日本庭園』という簡明な小本によると、イギリスに造られた最上の日本庭園は姿を消してしまった、とのこと。荒らされ、壊されて、なくなった。いま日本庭園はヒール・ハウス庭園の他に、タットン・パークやコントン・エイカーズなどで見られる。チャールズ皇太子の庭にも日本庭園がある。一九世紀のジャポニズムは浮世絵や工芸品に限らない。日本の庭は、ヨーロッパやアメリカの万博の会場には必ず造られ、日本の庭の姿を伝えた。あのストウ園の一画（パラディオ橋やゴシックの神殿の外の拡張地域）にも日本の庭は造られた（消失）。ただ、イギリスの日本の庭を見て感じるのは、日本の庭とはどこか違うちぐはぐさである。でも、このようなことは日本の庭に特有のことではない。一般に庭の移植にはなぜかこういったことが伴う。イギリス風景式庭園にしても、フランス、イタリア、ドイツ、イタリアで造られたものは、変容を伴っている。その変容は間違いなく、ほとんどの場合、劣化と言い換えられる。

ヒール・ハウスの屋敷は、一六世紀の後半、エリザベス一世の頃、サー・ウィリアム・グリーンが建て、娘の結婚の折に贈り物として与えたところから歴史が始まる。時経て、一八九四年、L・グレヴィルが購入、二〇世紀の初めに、石、煉瓦、木材など、みな元の建材を使って修復再建した。購入時には、三分の一が焼け残っていたという。庭の整備もこの時行われた。本人が庭好きで、ハロルド・ピートの協力を仰ぎ、庭の設計を行った。庭は六人の庭師によって維持された。庭を造ったこのL・グレヴィルは、現在の当主の大叔父に当たる。すなわち祖父の世代のひとである。屋敷は第二次大戦中、ソールズベリ病院に提供され、戦後の一九五九年、ラッシュ夫妻が屋敷に戻った。現当主の両親である。母親のアン・ラッシュが庭を仕切り、ひとりで維持できるような植え方に智恵を絞ったという。父は芝刈り役。二人の庭は第一回クリスティーズ・HHA賞を受賞。一九八四年、ふたりは園芸センターを開いた。一九九六年、息子ガイ・ラッシュはフランシスと結婚。フランシスはロンドンのチェルシー薬草園に開設されている造園専門学校に学び、「新しいアイデアのデザイン、色、様式を試み、庭の改良に取り組んでいる。日本庭園で働くのが好き」だという。新しい世代と共に新しい庭が始まっている。

この屋敷には一瞬の英国史が秘められている。チャールズ二世がフランスへ亡命する途上で、この屋敷に数日身を隠した。滞在の模様は『ピープスの日記』で有名なサミュエル・ピープスに王自らが後に口述筆記させている（一六八〇）。一六五一年一〇月、王はここで七日過ごした後、ショーハム（ショーラム）へ向かい、そこからフランスへ船で渡った。

「しばらくフランク・ウィンダムの屋敷に身を隠した後、ソールズベリから四、五マイル離れた、さるジェントルマンの未亡人の屋敷へ、私はロビン・フィリップひとりだけを伴い、やってきた。日が暮れる寸前で、私は初め身分を明かすつもりはなかったが、夫人は私が誰であるか分かったようだった。ハイド夫人がそれまで私を見たのは一度きりだった。それは、数年前で、内乱時に私が王であった父とソールズベリ近くを進軍したときのことであった。夫人は用心深い人であったので、そのことは表に出さなかった。私はひとまずロビン・フィリップの友人で通った。私はこのフィリップの勧めで夫人の屋敷に来たのだった。夕食の席には、判事のフレデリック・ハイドとその義妹にあたる寡婦、ロビン・フィリップ、それに私とロンドンの司教ヘンチマン博士が着いた。司教とはそこで会うようにあらかじめ手配をしておいた。夕食の席で、ハイド夫人と弟の判事はいくらかまじまじと私を見たので、私はふたりには悟られているのだと思った。私は内心ぎくりとはしなかった。夫人にはいずれ自分から身分を明かすつもりでいたので、夕食後に夫人が私の所へやってきたとき、身分を告げた。夫人は、船の用意ができるまで安全に匿う場所がある、といった。しかし、夫人は、自分か妹以外の者は信じない方が安全なので、明朝、馬で出発を装って屋敷を離れ、夜戻ってくるのがよいでしょう、と言った。夫人は、妹だけ残し、使用人も含め、だれも屋敷におらないようにする、という。そこで、フィリップと私は馬に乗ってストーン・ヘンジまで遠出をし、しばらくそれを見て過ごし、夜、指示された時刻にヒール屋敷へ戻った（ロビン・フィリップはソールズベリに戻った）。夫人は私を隠れ場所に連れていってくれた。そこはきわめて安全で心地よく、私はそこで四、五日を過ごした」（'Heale House Garden', guide book より）。

第六章　長い歴史を刻んで現代に至る

■チャツワース *Chatsworth Garden*

時の話題を提供して——大貴族の証しであり続ける

話題の庭

一九九九年六月一七日チャツワースを訪れる。

チャツワースは歴代デヴォンシャー公爵のお屋敷で、その庭園はいつも流行の先端を走って人々の口に上る話題を提供してきた。一九世紀にはパクストン作の皇帝噴水や最新式の巨大な温室がイギリスの話題をさらった。かつて一七世紀にはフランス幾何学式庭園の美しいパルテールが称えられた。その時造られた柳の噴水や長い段々滝はいまでも目玉。柳の噴水は一三歳のヴィクトリア女王を喜ばせた。一八世紀には、ブラウンの手によって川向こうに風景式庭園が造られ、出来映えは「無比」peerless であった。一九世紀に設けられた針葉樹林園や、岩庭と渓谷なども時代の反映だが、これも本格的なもの。近年の波形生垣は斬新。やはり話題を提供した。他所にもあるが抜群の物、あるいは、ここにしかないすばらしい物、によって、チャツワースは大貴族の庭であることを証明してきた。現在は、農場店舗の経営や積極的な観光誘致に力をいれているように見受けられる。余暇客を引き寄せ、社会教育の需要も視野に入れているようだ。この積極的な観光誘致の点でも、一九世紀前半、チャツワースは時代の先端を走った。

おおよそだが、ここでは屋敷と川が一番低いところにあり、庭は東と西に分かれ、ともに斜面にあるといえばよいだろうか。西の庭はいまでもブラウン風の風景式庭園。東の庭は一〇ほどの見物 features が配され、いま、多くの人が巡って歩く。八〇メートルの高さに水の上がる皇帝噴水があるのは、東の庭。屋敷からすれば南。屋敷と川の間には、手入れの良いパルテールが三面。ここは、屋敷に住む人が、屋敷の窓から見るもので、観光客は入れない。芝生面にツゲの幾何学模様が描かれている。

六月一七日は晴れ。訪れる人が多く、観光バスも一〇台くらい来ていた。駐車場はバスならゆうに一〇〇台は停められる広さがある。小学生の団体がバスから降りてくる。

ほとんどのひとは東の庭を巡って歩く。西の庭にはおそらく目もくれない。かつての美しさに思いを馳せるひともいない様子である。しかし図版に残るその姿はきわめて美しく、ブラウンの庭特有の品格を感じさせる。東の庭は、屋敷に近い方が整形、丘の上へ行くに従って樹林の続く自然風。自然風といってもすべて選択された樹からなり、ほとんどがもう高木だが、シャクナゲやツツジなどの花木もある。

写真でよく見かけるあの皇帝噴水はあまり高く感じない。大げさでもなかった。段々滝も同様の印象であった。それほど長くないし、角度も緩い。庭が広いためだろうか。段々滝の滝頭に園亭があり、さらに上方には、人目から隠れて人工の貯水池がある。水源である。

柳の噴水もさほど大きくない。位置は岩庭の端の木立の中で、あまり目立たないように置いてある。まだきちんと作動しており、鉛で作った柳の枝から噴水が出ている。噴水の細い水がそのまま枝になる格好。もとはびっくり噴水で、作ったのは遊び心。びっくり噴水の趣向だったから、ふだん噴水は出ていなかったのだろう。何だろうと好奇心に駆られて近づくと、不意に噴水がほとばしり見物人は水を浴びせられた。イタリアのバロックの庭で流行った趣向である。

迷路をたどってみた。大きくないので、あまり迷わない。ルピナスの大きな花壇が美しい。立つ人の影が針になる日時計があった。これも遊び心。連れ合いが試してみる。時刻を表す文字は夏用と冬用とに分けてある。夏と冬では影の長さがちがうから。波形生垣も、意匠の工夫が半ば、遊び心が半ばといったものだろうか。視線止めに第一代公爵の胸像が置いてある。波形生垣は、この公爵様に敬意を払う仕掛けらしい。

庭を巡ったのは、屋敷見物の後であった。その順は、温室—バラ園—菜園—コティジ・ガーデン—段々滝—グロット—針葉樹園—山峡—ツツジ谷—迷路—岩庭—波形生垣 serpentine hedge —運河池と皇帝噴水—南芝生と海馬の噴水。昼食は付属のレストランで取った。ここも広かった。そして喜ばしくも人々で賑わっていた。以下やや詳しい庭園探訪を記す。

ロンドンとワイズの庭

温室は、なぜかいつも興味がわかない。立派で学術的なキュー・ガーデンの温室でも感興を覚えない。それで、「温室」は傍らを通過。「バラ園」は整備中。「菜園」は広い。野菜、ハーブ、果物が栽培されている。デザインは装飾的、つまり庭のように作られている。ここは屋敷の台所とレストラン、さらに農園店舗に直結している。もともと風景園のなかにあった菜園の代わりに、第二次大戦後（一九四六）、ここに作った。もとは、公爵家の馬車を引いた馬のパドック（小牧場）だったところ。「コティジ・ガーデン」はある年のチェルシーのフラワー・ショウの主題に倣ったもの。植物を刈り揃えて作った部屋である。中央にテーブルと椅子、壁際にソファと暖炉という構成。

いまロンドン近郊の王立園芸協会の庭園ウィズリー Wisley には、年ごとのフラワー・ショウの入賞作品の多くが再現されている。すでにシーズン中の新鮮な輝きを失っているが、ここのコティジ・ガーデンにも同じ衰微が見える。

「段々滝」は芝生の斜面の中央を二四段、二〇八ヤードを下りる。今きれいに見えるのは、一九九四—九六年

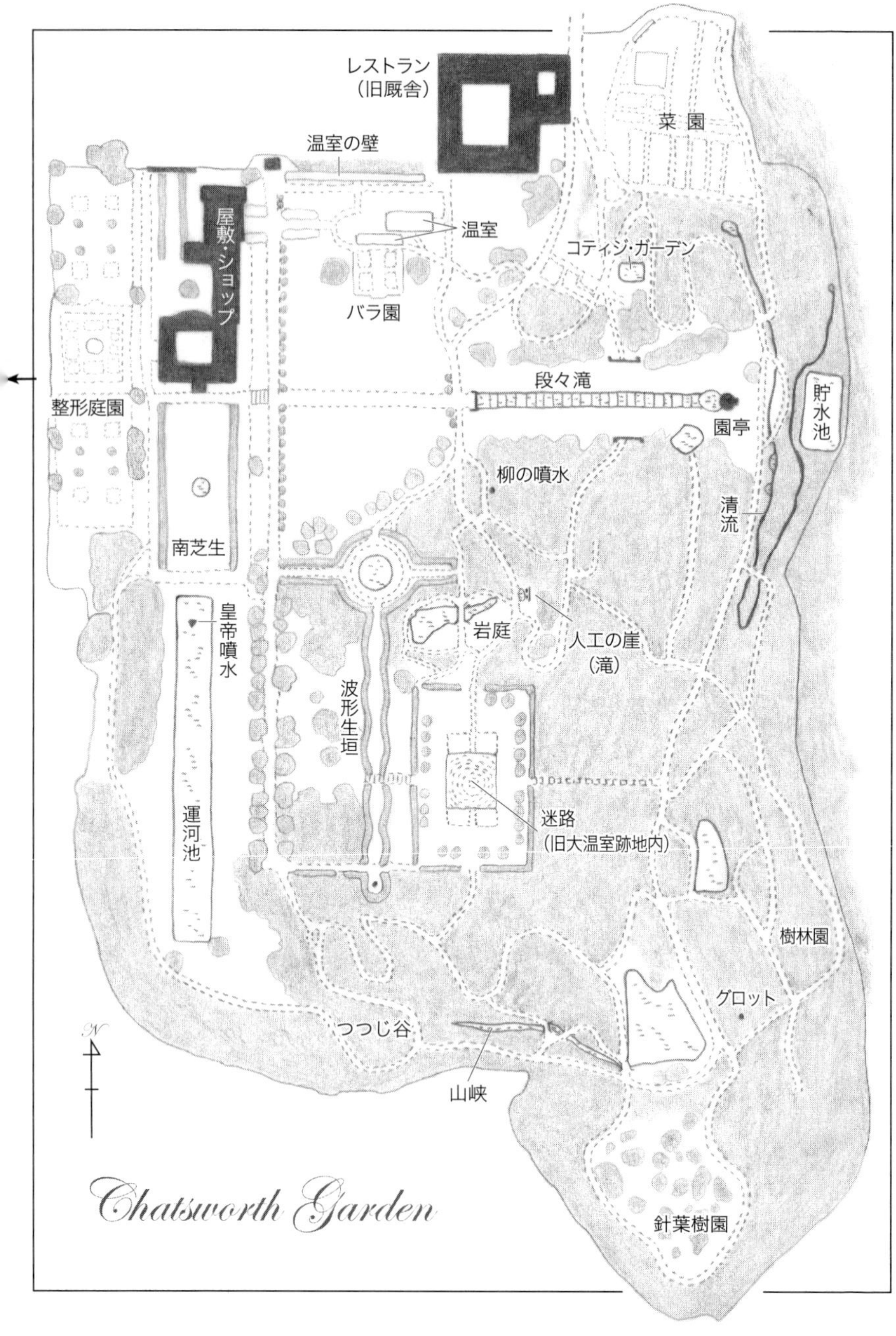
レストラン
(旧厩舎)
菜 園
温室の壁
屋敷・ショップ
温室
コティジ・ガーデン
バラ園
段々滝
貯水池
整形庭園
園亭
柳の噴水
清流
南芝生
皇帝噴水
岩庭
人工の崖
(滝)
波形生垣
運河池
迷路
(旧大温室跡地内)
樹林園
グロット
つつじ谷
山峡
N
Chatsworth Garden
針葉樹園

チャツワース　屋敷から整形庭園とブラウンの風景式庭園を見る

チャツワース　段々滝

に本格的に改修されたから。およそ三〇〇年の歴史を持ち、ここの庭では最も古い。第一代公爵が、一六九〇年代にロンドンとワイズに庭造りを依頼した時のものである。デザインの担当はル・ノートルの弟子フランス人のグリエ。一七〇一年に水音を響かせた。園亭の前には、小池。ここにも噴水がある。園亭の袖壁が池を軽く抱く。園亭は古典様式。

ロンドンとワイズは、当時の造園界の第一人者だった。屋敷の南と西にフランス式の美麗なアラベスク模様のパルテールを作った。いわゆる刺繡花壇である。また、多くの樹木も提供した。二人の種苗園（一六八八年から）はロンドン近郊ケンジントンのブロンプトン・パーク（いま、この地区には博物館が建ち並ぶ）にあって、一〇〇エーカーという広さだった。ロンドンとワイズは全国規模で、造園と苗木・植木の供給を行っていた。ロンドンは全国を回ってイギリスの上流貴族の庭造りに手を貸し、ワイズはやがて王室庭園師になる。当時このふたりに造園を依頼するのは、貴族として、一流の証しであった。彼らが造るのは、まだ風景式庭園が始まる前、多くはいわゆるフランス・オランダ式。これは、イタリア・ルネサンス庭園を承けて、フランスとオランダでそれぞれ独自に展開した整形庭園が、やがてオランダで融合して生まれた。刺繡花壇 parterre de broderie や並木道 avenue はフランスのもの、生垣で囲われた正方形の区画花壇 compartment はオランダのもの。運河 canal はフランスのものともオランダのものともいえる。ヴォー・ル・ヴィコントやベルサイユの庭で造られた堂々とした長い長方形の運河はフランスのもの、それに対して小規模な運河や形の崩れた運河はオランダ系のものと考えても良いのかもしれない。干拓地の多いオランダには実用の運河が多く、それが庭園にも取り入れられた。

オランダでは風が強かったから区画花壇を生垣や樹で囲った。トーピアリに工夫を凝らし、花壇に珍種・外国種を飾るのはオランダ式。海外貿易の国柄であったし、多くの人口を養うために農業技術に力を注いできたいきさつもあったから。その作りはカット・パルテールに代表される。カット・パルテールは、四角い芝生を幾何学模様にくり抜いて、花を植え込むもの。オランダは平地だから、イタリア庭園のテラスやカスケードは望めない。

庭も比較的小さく、外回りは運河や堀で囲われた。左右対称であった。国土も狭く、人口の多いオランダでは、広い樹林園（風景園）は断念された。プロテスタントの共和国だから、絶対王権のような広大な庭を政治的な意味合いで必要としなかった。このようなオランダの庭はイタリアのルネサンスの庭や古代ローマの源泉に直接結びつく形で、フランスの庭とはやはり別個に形作られた。それは一六〇〇年頃に始まる。

では、なぜ、オランダの本来こぢんまりとした庭が、広大なフランス式と融合することになったのか。それは総督の権力が次第に強くなったから、である。典型がヘット・ロー Het Loo。やがてイギリスの王位に迎えられるオレンジ公ウィレムが総督としてオランダのアペルドールンに造った広い庭である。イギリスでは、ウィリアム三世として王位についたこの王とともに、これがしばらく貴族、それもとくに名門の間で流行した。ただ、造り方に見られるイギリスらしい自在さが面白い。オランダ式でも、屋敷、庭、風景園は中心線で貫き一体化するのが本来だが、イギリスでは必ずしもそうなっていない。刺繡花壇は屋敷に接するのが鉄則。これくらいは守られたが、運河や並木道の置き方は気ままとしかいいようがない。庭のそこここに置かれた小さい運河は養魚池を兼ねることが多かったらしい。

フランス・オランダ式で大事なのは、刺繡花壇と並木道であった。いずれも、富と地位を表す手段。刺繡花壇は、作るにも維持するにもお金がかかった。さほどの財力がなければ、装飾性を控えた区画花壇で我慢しなければならない。つまり本来のオランダ式の花壇。また、フランス・オランダ式なら、並木道はヴェルサイユ宮殿の庭に見られるように、縦横、斜め、また放射の形で、風景園 park の果てまで通す。これで広さが視覚化される。こうして周辺の開放耕地や共同地と異なる風景が生まれる。開放農地や共同地ではこのような長い並木道は作れない。広い貴族の囲い地であればこそ、の景観である。イギリスではこの並木道が存分に使われた。

当時のチャツワースでみると、運河は屋敷と川の間に延びている。並木道は庭全体にわたり、それが不規則な格子をなしている。船遊びや庭巡りは、直線と直角に支配される。いずれにしても、第一代公爵が整備した庭は、広大である。精妙な二面の刺繍花壇の他に、簡素な装飾の整形園が数面、そして正方形の樹林が七、八区画あった。整形園は芝生に砂利の小径をとり、彫像に噴水を置くという仕立て。園亭、樹下の涼しい散策路、樅林、そして野趣園（ウィルダーニス）も記録されている。広い斜面を緩やかな雛壇に整地した。

一六九九年九月のチャツワースの姿を伝える図版では、並木道の樹も小さく若い。庭の辺縁のそこかしこに整然と植えられた樹林もやはり小さく若い。この姿は、一七世紀後半に始まった植林の世紀を告げるものである。農政学者イーヴリンの勧めもあった。イギリスは国として森林の減少に歯止めをかけなければならなかった。建材、そしてなにより戦艦の材のために。貴族達は林業で収益を、と意気込む。イギリスの森は、製鉄のために、つまり燃料として大量の薪を使ったために、急激に減ってしまったのであった。

この図版（一六九九）はクニフとキップによる『ブリタニア絵図』L. Knyff and J. Kipp, Britannia Illustrata（一七〇七）所収のもの。この本には、王室や上流貴族達の造ったフランス・オランダ式庭園が収められている。その多くを手がけたのは先述したロンドンとワイズである。

チャツワースの第一代公爵、その依頼を受けたロンドンとワイズの造園の時期は、一六八七年から一七〇六年まで、とされる。

「段々滝」の頭には、園亭風の建物が一七〇三年イギリスの建築家によって付け加えられた。壁に彫刻と噴水、小型のドーム屋根を載せ、その上にミニ円形神殿が立つ。ドーム屋根も表面は細かな段をなし、流れ落ちる水が滑らかに覆った。建物の色は明るい茶色。内部の床には、あのびっくり噴水が仕掛けてあった。ここは絶好の眺望点だからであろう。下方の屋敷と華麗な刺繍花壇、川向こうの斜面を駆け上がる風景が展望できた。眺望に心奪われていると、噴水に襲われた。

川向こうに広がるのは広い鹿園deer parkであった。この時期のイギリスでは、屋敷近くに広い鹿園を備えることが、上層貴族の地位の印だった。鹿園の維持は高くつく。もと、鹿園（鹿の狩猟園）はノルマン人の征服（一〇六六）とともにイギリスにやってきた。以来、鹿園は王侯貴族の証しだったもの。鹿の肉は特別の機会に食べられ、また特別の恩賞として与えられた。鹿肉は当時は鳩を除けば冬季では唯一の生肉という点からも珍重された。鹿園は、石塀や柵、堀や土手、あるいはこれらの組み合わせで囲われた。鹿園は鹿を狩るためだけのものではなかった。豚、牛、馬の放牧に使われた。豚はドングリを食べ、牛・馬は草を食べた。ちなみに豚の越冬飼料は用意できなかったので、みな秋に殺されて、ハムやソーセージに加工された。また、鹿園では計画的に木材と薪炭材がとられた。ただ、一六世紀以来、中世とは異なり、すでに樹木を間引き、草地をたっぷり取るようになる。これで鹿園の全貌が見える。またしばしば中世ではそうであったように遠隔の地に置く代わりに、屋敷の側に置くようになった。屋敷の側に鹿園を置くこの流行は、一七世紀の第4四半期にはすでに中小貴族の間にも広まり、かれらも鹿園を持っていたから、違いは広さだった。

滝頭の園亭では、広い鹿園に見とれる人をびっくり噴水が不意打ちした。床に隠されたペダルを踏むと、水が噴き出した。見とれるのには、さらにまた理由があったのか。それは、ここの鹿園の自然な眺めだったらしい。当時の人にとって、それは、一般的だった整形庭園とのコントラストによって際立つ魅力的な新しい眺めであった。ロンドンやワイズの整形庭園の時代が終わって、代わりに、ブラウンの自然風景式庭園が流行するのは、一八世紀の後半。だが、すでにロンドンやワイズが活躍していた頃にも、耕地や放牧地など人手に支配された景観に比べて、より自然な景観への趣好は誕生していた。ただ、まだそれを庭として見る、あるいは造るには至らない。実際に、チャツワースの鹿園がブラウンの手によって風景庭園に変えられるのは、半世紀後である。ブラウンはこの時、ブラウンらしい植樹に加え、川筋を変え、橋を新しくして位置を変え、景観を整えた。村も移動させた。改修で東の整形庭園もなくなった。ただ、段々滝は残った。今、段々滝が流れ下る芝生はブラウンの改修時に誕生した。ちなみにこの芝生は現在は緑一色ではないという。季節の野花が順に彩り、楽しいという。一八世紀の後半、ブラウンに風景式庭園を頼む。これも、やはり時代の大貴族の証しであった。

パクストンの庭

一九世紀、パクストンによって、チャツワースの庭は再び大きく変貌する。パクストンがチャツワースの庭師頭になったのは一八二六年。まず、大々的に植樹をした。これで、東の庭の丘陵部が、上と横（東と南）に広がった。流行の針葉樹をまとめたところもある。一八四三年には「皇帝噴水」を造った。ロシアの皇帝の訪問が予定されていた。皇帝の来訪は実現しなかったが、八〇メートルの水柱を青空に立てる噴水は生まれた。おそらくイギリス一。技術の世紀らしい快挙と思われたのだろうか。利用しているのは、段々滝のある丘陵のなお上に設けられた貯水池の水。この源は、さらになお丘陵の上にある湿原の水。パクストンは一連の水源の工事も行った。貯水池は二・八ヘクタール、水深約二メートル、石の護岸を施し、屋敷より九〇メートル高い位置に造られた。湿原からの水道管は四キロの長さであった。

皇帝噴水の着想はパクストンを雇った第六代公爵のものだった。ロシアの皇帝ニコラスは友人。そのロシアでの戴冠式に招かれて、ペトロドヴォレーツの夏の大宮殿の噴水を見た。皇帝ニコラスには次年の訪英が予定されていた。公爵は、皇帝をさらに高い噴水で歓迎しよう、との考えにとりつかれた。ペテロドヴォレーツは聖ペテルスブルクの西にあって、フィンランド湾の南岸の港湾都市。ここにペトロ一世が北方戦争勝利を記念して、夏の宮殿を造営した。ヴェルサイユ宮殿をモデルとし、一四四の噴水を持っていた。

皇帝噴水が上がる「運河池」Canal Pond はパクストンが造ったのではない。これは古く、チャツワースにおける庭整備の初期のもの。第一代公爵が丘を削って造った。これによって南方への展望が開けた。ここにも、整形園を越えて外の景色を眺めようとの姿勢が窺える。長方形の池の長さはおよそ二八〇メートル。第一代公爵の頭にはヴェルサイユの庭があったのだろうか。同じ時期に造られた段々滝は、一六九四年にいったん完成したあと、すぐ一六九八年から幅を広げ延長する工事が始められた。ルイ一四世の離宮マルリの段々滝に対抗する意図からか、とされる。第一代公爵の大規模な庭造りには、こんなふうにルイ一四世の影がちらつく。

段々滝の水源もまた丘陵の上に隠された人工の貯水池である。滝頭にある園亭や水盤の噴水も、下の皇帝噴水も、つまりサイフォンの原理で吹き上がる。原理的にはチボリのエステ荘の噴水と変わらない。

パクストンは大規模な「岩庭」も造った。人工の崖に滝を落とし、巨岩の渓谷でうける。最後はL字の峡谷へ導く。人工の崖は巨石を組んで造った。L字の峡谷は、ヨークシャーのボルトン修道院近くのウォーフ川の峡谷を模したものだという。広い川がここで岩の割れ目のように狭くなり、その幅は一メートルに満たないという。L字の峡谷はじつは池で、マスが放たれている。岩庭は一九世紀の半ば、ミニ・アルプスとしてイギリスで流行った。パクストンの造った岩庭にも高山植物が植えられた。チャツワースの岩庭は、公爵家の造るものだけに、広く、高低差もあり、驚嘆を誘う。しかし、日本の渓谷美を知って見れば、心中、なにほどか割り引いて見てしまう。

「大温室」Conservatoryなら文句なく驚くかもしれない。鉄骨とガラスで作られた。大量の石炭がこれを温めた。水晶宮のような形も美しかった。世界中から見物客が訪れ、熱帯の珍種に目を見張った。オオオニバス（ヴィクトリア・アマゾニカ）がイギリスで初めて花開いたのは、ここ、一八四九年であった。第一次世界大戦となって、燃料の石炭が不足、植物が枯れ、やむなく取り壊された。パクストンが作ったのは一八三六—四〇年で、壊されたのは一九二〇年。平面積はおよそ〇・三三ヘクタールあった。温水パイプの全長は、七マイル。一八四三年、少女だったヴィクトリア女王が訪れたとき、特別に一万二〇〇〇個のランプが灯された。

オオオニバスは現在、新温室New Greenhouseで見られる。いまパクストンの大温室の跡地は、ルピナスの花壇や迷路、日時計のある庭になっている。なお、大量の石炭は、段々滝のある芝生を横切る地下道で運ばれた。

パクストンは「温室の壁」Conservative Wallも作った。大きなガラスの箱をつなげたもので、これも温室の一種。連なって壁のように見える。これは「新温室」や「バラ園」のある一画に現存し、パクストンが一八五〇年頃に植えたレティクラータ（一種のツバキ）がいまなお見られるという。

第六代公爵は、一八二九年、岩庭の南に「針葉樹園」を造った。一九世紀に新たに移入された針葉樹を集めるためであった。広さはおよそ三・二ヘクタールあり、訪問者はここでも感嘆の声をあげたという。一九六二年の突風で倒れた樹も多いが、当時から残るものもあり、一九五六年には六〇本が加えられた。樹下には自然な草原が広がり、野の花が咲く。

パクストンは近代技術だけの人だったのではない。もともと、ロンドン近郊の園芸協会の庭で働いていたところ、第六代公爵に認められてチャツワースの庭師頭になった。園芸協会の庭は、公爵家のタウンハウスのひとつであったチジック・ハウスの隣にあり、公爵はその庭を散歩する習慣があった。そこでパクストンと知り合い、公爵は、その才能に驚き、ちょうど隠退した庭師頭の後釜に呼んだ。パクストンが二二歳の時である。チャツワースには、一八三五年にパクストンが造った「樹林園」が東の丘陵の上にある。植物の分類に従って樹木を配列した。当時の樹木はいまほとんど残らない。現在は、西洋カジカエデ、イチイ、月桂樹、ヒイラギなど。シャクナゲも多い。藍色のブルーベルの群生も見られる。この裾を「小マス」の清流が流れる。いまほとんど目を引かないであろう。しかし、これは第六代公爵がわざわざ、二マイル離れた湿原から水を引いて造った庭の清流なのである。

第六代公爵が植物に興味を示すようになったのは、パクストンの影響だといわれる。公爵は園芸協会の会長も務めた。

二〇世紀になって

「ツツジの谷」や「山峡」はツツジやシャクナゲ、その他の花を小さな峡谷の景とともに楽しむものらしい。もともと造られたのはやはり第六代の頃だろうか。二〇世紀の初頭（一九〇七―三八）、第九代公爵夫人が、とりわけここに力をいれた。二〇世紀のイギリスの庭は、ロビンソンに始まりジーキルとラッチェンズで極まる。ジーキルとラッチェンズの庭は、屋外の小部屋として繋がる小庭の連続と、広めの森の庭 woodland garden との組み合わせに代表される。公爵夫人は、ここをジーキル流の森の庭として楽しみたかったのかもしれない。とくに春の花を多く植えたという。ジーキルの森の庭は訪問者を楽しませるように工夫され、下草にたとえば黄水仙のような花がいろいろと、あたかも自然のように群生していた。

グロットは今閉鎖されている。上に乗るのは隠者小屋。いずれも一八世紀の末に第五代公爵夫人の好みで造られたという。奥まった庭の端に設けられた。夫人の鉱物集めの趣味と関係するという。その前の池は、養魚池だったところ。いまは野鳥の小楽園。

写真うつりがよく、話題になった波打つ緑のカーテンのような生垣は、ブナの木を使い、現公爵夫人が一九五三年に作った。ただ、石塀が波打つという遊び心は一例だがすでに一八世紀の末のイギリスに現れている。

起こり得ないこと

この庭の訪問では、起こり得ないことが起こった。

私どもはここへ来るとき、バスの運転手の指示で、あるバス停に下りた。近くにチャヤツワース農園の生産物を売る店舗が目にはいった。店内に案内のパンフがあった。外で拡げて庭への行き方を二人で調べた。そこへ車がやってきた。藤色のスーツを着た女性が降りてきて声をかけてくれる。

'Can I help you?'

「これから屋敷 House へ行くから乗りなさい」。ワゴン車には犬が二匹乗っていた。

車中での会話。

「なにで来たの？」

「汽車とバスで」

「車でないと面倒ね」

「車の余裕はありません」

「そう。車は費用がかかるわ」

「チェスターフィールドへ戻るの？　迷わないように手配してあげるわ」

「ハドン・ホールへ行くかもしれません」

「……。前にイギリスへ来た？」

「二五年前に」

「それじゃ、あなたが赤ちゃんの時だわ」

……

「ここがパークの入り口よ」

パークでは羊が草をはんでいる。

車は守衛小屋の前で止まる。守衛がふたりいる。女性は守衛にこう話す。

「迷っていたので連れてきたわ。帰りにチェスターフィールドへどう帰るのか教えてあげなさい」

それから私たちに向かって「見終わったら、この人のところへ来なさい。チェスターフィールドへの行き方を教えてくれる」という。それでは、と女性はまず連れ合いと、握手。それから私に手を差し出す。そしていう。

「屋敷と庭 House and Garden を楽しんで下さいね」。我々はお礼を言い、女性は車で走り去った。

バス停から、ここまで、二、三キロはあった。車の中の犬の匂いは強かった。

屋敷は「小ヴァチカンね」と連れ合いがいうくらい豪華で、所蔵品の展示物もそれに見合うもの。イギリスの公爵家は二六家のみ。貴族でも格が違うのが分かる。

見終わってショップを見る。絵はがきに当主夫妻を図書室で写したものがある。夫人は先刻の女性と似ている。一家の歴史を書いた本や所領地のことを書いた本があり、そこにも著者の写真がのっている。それも先刻の女性に似ている。庭を見終わって、守衛小屋に寄ると、守衛が「あの女性がだれか知っているか」と聞く。「公爵夫人」と連れ合いが答える。守衛は、そうだ、'a big friend of the Queen'（女王の親友）だという。

守衛は親切で、「チェスターフィールドへ戻ると理解しています」といって、戻り方を地図にして渡してくれる。「時間もあるので、ハドン・ホールへ行ってみたい。タクシーは呼んでもらえるだろうか」と聞くと、電話をしてくれた。応答の後、しかし「むずかしい」といって、駐車場へ行き、ベイクウェルへいく観光バスを探し、運転手に話をつけてくれた。我々は、観光バスの出発時間を待つことになったが、幸い、再度の電話でタクシーが見つかり、一〇分くらいでくることになった。タクシーが来て、お別れである。

'Tell her our heartful thanks and surprise afterwards!'

「私はあなた方がハドン・ホールへタクシーで行くことになった、と夫人に申しておきます」。

ショップで買った絵はがきは、図書室にいる夫妻のもの、それから歴史的なもの。ひとつは、エリザベス朝の頃の古いチャツワース。五階建ての堂々とした屋敷と大きい整形園が描かれている。あとの二枚はいずれも一八二八年のチャツワースで、それぞれやや異なる角度からブラウンの造った風景式庭園と屋敷を写している。公爵夫人の著書は、いずれも大部で重いので、惜しいが断念。今でも惜しまれる。

屋敷見物の収穫は、チャツワースの庭の変化が分かる三枚の絵と説明文である。絵は写真に収めた。これは屋敷と庭の肖像画である。

■ブレニム・パレス *Blenheim Palace*

ヴァンブラとブラウンの偉業が調和する大庭園

見るべきは

ヴァンブラの偉業とは、まず宮殿。それから宮殿前の大橋。ブラウンの偉業とは、その周辺の景観。まず、一八世紀の初め、ヴァンブラの建物ができた。夢の建築家ヴァンブラが採用したのは、イギリス・バロックと呼ばれる様式。中央が高く、左右対称に建物が広がる。ブラウンの庭は、この宮殿と大橋を広い緑の風景の中に包み込む風景式庭園。そこには湖もある。ブラウンの庭は、一八世紀の後半に造られた。このふたつはいまもよく調和し、かつてと同じ美しさで眺められる。

この絵のような眺めをみれば、ブレニム訪問の目的はほぼ達せられる。かつてヴァンブラが設計した精妙な整形庭園はいまはない。これはヴァンブラに庭師ワイズが協力して造りあげた。いまそのかわりに、一九世紀から二〇世紀にかけて造られたイタリア庭園やテラスの水庭を見ることができる。これはイタリアやフランスの庭園を参考に現代風に創作したもの。これを美麗な庭と見るか、それとも、つまるところ単なる細工物とみるか、これは好み次第。ワイズの庭の跡地は、現在、宮殿の南、滑らかな芝生として広がっている。日本では目にすることができない艶を帯びた濃密な芝生である。緑の絨毯のようなその見事さ、そして広さに驚嘆したのは一九九九年五月二九日。

ブレニムの戦い

ブレニム・パレスはスペイン継承戦争（一七〇一―一三）の英国軍総司令官として軍功著しかったモールバラ

公爵のお屋敷。アン女王からとくに王室のお狩り場だったところを賜って、宮殿と庭が造られた。二六万ポンドの建築費も支給された。

スペイン継承戦争は、ルイ一四世がスペインの王位に孫を就かせようとしたことから始まった。イギリス、オランダ、オーストリア（正確にはハープスブルク帝国というべきだろう）がその勢力拡大に対抗して、オーストリア大公を後継者に立てて争った。フランスにバイエルン選帝侯とケルン市が同盟して味方についた。他方のイギリス、オランダ、オーストリア側には後にポルトガルやプロイセンがついた。ヨーロッパでは陸海で戦われたが、主戦場は陸であったようだ。

イギリス軍の総司令官はモールバラ伯爵（当時）で、友軍のオーストリア軍を率いるのが名将オイゲン公。一七世紀の末、オスマン・トルコ軍をバルカン半島から駆逐した名将である。モールバラ伯爵はマンデルスハイムでオイゲン公のオーストリア軍と合流し、ドイツのバイエルン公国、ドナウ川上流のブレニム（ドイツ語ではブレンハイム）村でフランス・バイエルン連合軍に大勝した。村は燃え、何千人もの敵兵がドナウ川へ追い落とされた。フランスの敗将タラールは捕らえられてイギリスに送られ、ノッティンガムの監獄に入れられた。ただ、待遇はきわめてよかったという。モールバラ伯爵とオイゲン公は、さらにスペイン領ネーデルランドのラミーユ（ラミリーズ）でフランス軍を破り（一七〇六）、同領内のマルプラケの戦い（一七〇九）でもまたフランス軍を破った。

北米ではアン女王戦争と呼ばれるイギリス・フランス間の植民地戦争（一七〇二―一三）も併発した。ここでもイギリスは勝った。

戦争の結果、ヨーロッパ大陸では、フランスとスペインの勢力が低下し、その海外植民地では領土や通商権益の割譲が行われ、この点でもフランスとスペインの地位が低下した。

かわってイギリスの地位が上がり、海洋帝国の基礎ができた。

ユトレヒト条約（一七一三）でイギリスが獲得したものは、
一　ジブラルタルとメノルカ島
二　スペイン領アメリカへの奴隷貿易の独占権（アシエント）
三　フランス領北米植民地の一部（ニューファウンドランド、ノヴァ＝スコシア、ハドソン湾）
であった。

スペイン継承戦争は、イギリスにとってよほど重要な戦いと意識されていたのであろう。ブレニムの勝利（一七〇四）にすぐ応えて、アン女王は翌年一七〇五年に、王室のお狩り場であったブレニムの土地をモールバラ伯爵に与えた。旧名はウッドストック・マナーといったが、戦勝記念との意味合いを込めて、アン女王はブレニムの名を指定した。

ウッドストック・マナー

ウッドストック・マナーは中世に始まる。設けたのはヘンリー一世（一一〇〇—三五）とされる。土手と柵で囲い込んだ鹿園であった。堀をほり、土手に積み上げ、その土手の上に柵を巡らしたという。堀が鹿の助走を妨げ、土手と柵が鹿の飛越を妨げる仕組みであった。鹿は、助走があれば、ふつう六メートルの幅、三メートルの高さを跳んだからこれだけの工夫が要った。鹿園は、黒々とした森で、ところどころに空き地が設けられていた。ここでは木材の他に、魚もとれ、利用された。木材は、建材、家具材や燃料である。魚は、ウナギや川カマス、それにブリームというコイ科の淡水魚で、生け簀も設けられた。鹿園を流れる川はグライム川といった。やがて、イーヴンロウド川に注ぎ、テムズ川の水となる。ウッドストック・マナーはコッツウォルドの台地がテムズ川の谷の平地に下がっていく境目に位置する。ヘンリー一世はここに狩猟小屋（あるいはマナー・ハウス）を建てた。ヘンリー二世（一一五四—八九）はそれを整備した。たとえば、ヘンリー二世が建てた付属建物は、台所、食糧貯蔵所、肉貯蔵所、ワイン貯蔵所、施物分配所、厩、鍛冶場、鳩小屋、門番小屋などであった。ヘンリー二世はまた泉の側に園亭を建て、愛人のロザムンドを住まわせた。中世のヨーロッパで広く読まれた、密会と悲恋の物語『トリスタンとイゾルデ』になぞらえた、との解釈もある。その園亭には、池や花、薬草、果樹の囲われた園があり、湧き水を湛えるロザムンドの泉は後代、ロザムンドが王妃に毒殺されたという伝説とともに有名になる。この王の鹿園には、一二三〇―一三〇〇年には一〇〇〇頭を越える鹿がいた。一五七七年には三〇〇〇頭ほどだったと推定されている。歴代の王はここで鹿狩りを楽しんだばかりではない。そこでとれる鹿の肉を随時、届けさせた。そのために鹿が狩られるのは、九月から五月で、たとえば一三世紀には、塩漬けにされた鹿の肉は樽に詰められてクリスマスや聖エドワードの祝いに送られ、宴の席を賑わした。王の滞在するヨークに送られたこともある。鹿園の森のなかには、王の鹿を管理するキーパーの小屋もあった。なお、この鹿園は、一定の時期に限って付近の農民に開放され、牛や豚、馬の放牧に使われた。

オックスフォードシャーは、ロンドンに近いところから中世には一〇を越える王の鹿園があったが、その中心的地位を占めていたのがウッドストック・マナーであった。しかし、中世が終わり、近世に入ると、鹿狩りは王達の主要な楽しみではなくなる。王室の関心は薄れ、エリザベス女王、ジェイムズ一世、チャールズ一世の時代、ここは寂れていく。ジェイムズ一世は数回狩りに来た程度であった。宮殿と呼べるほど立派に維持されてきた屋敷も荒れる。王達に代わってここでは地方のジェントリー達が定期的に競馬を催し楽しんだという。競馬のために設けられた四マイルのコースが古地図に残されている。ただ、この間も、近世に至るまで、交換や購入等によって、ウッドストック・マナーの面積は増えた。

内乱時代（一六四二―四九）には、城は議会軍の砲火を浴びて大きく損傷、廃墟さながらになった。王党派はロンドンをすて、オックスフォードを拠点にし、ここを砦として使った。

さらに時代が下って一八世紀の初め、アン女王の時代には、ウッドストック・マナーは有用であるより、むし

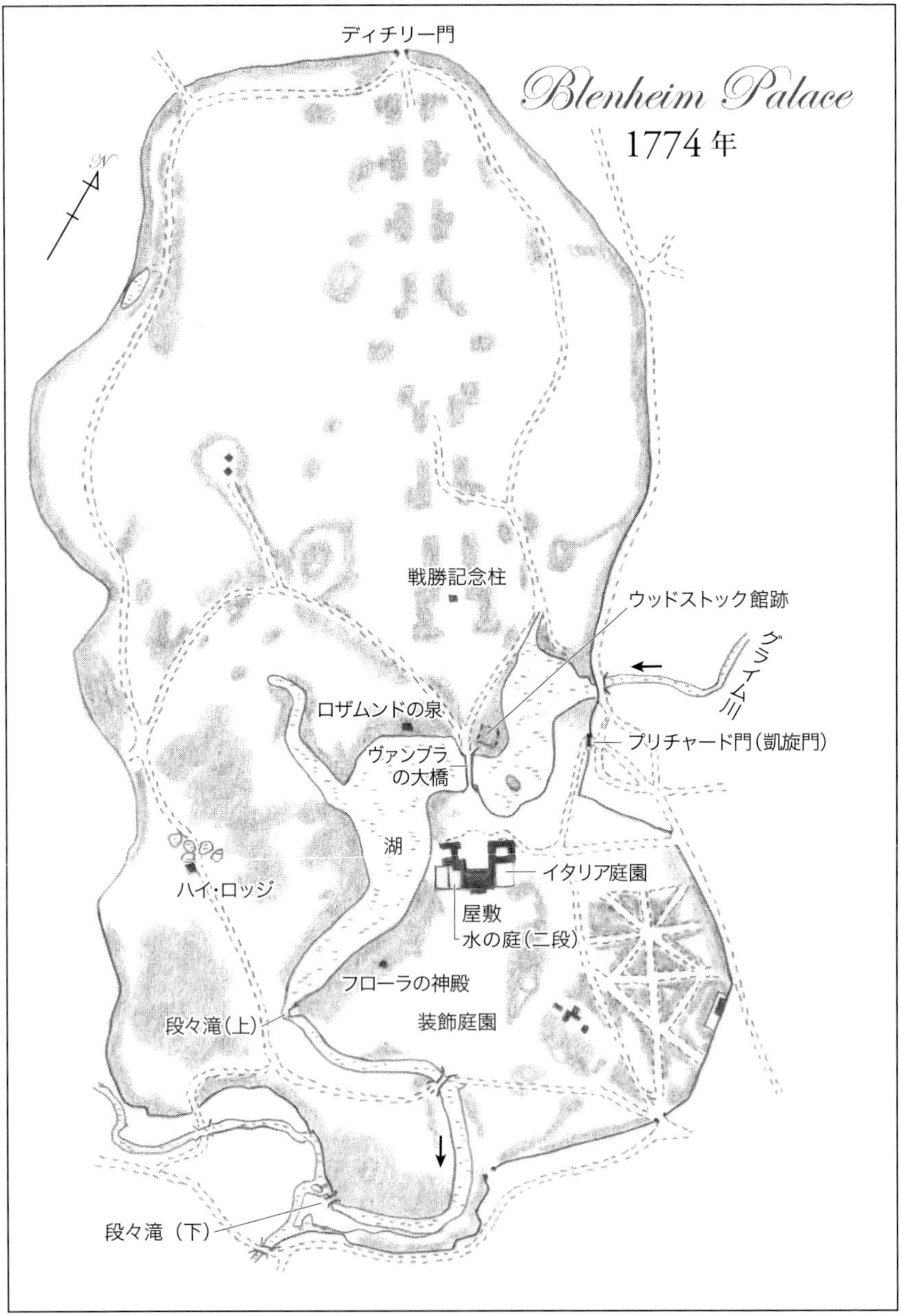
Blenheim Palace
1774年
ディチリー門
N
戦勝記念柱
ウッドストック館跡
グライム川
ロザムンドの泉
ヴァンブラ
の大橋
プリチャード門(凱旋門)
湖
イタリア庭園
ハイ・ロッジ
屋敷
水の庭(二段)
フローラの神殿
段々滝(上)
装飾庭園
段々滝（下）

ブレニム・パレス　ブラウンの湖

ブレニム・パレス　フランス風の水のパルテール

ろお荷物になっていたのではないかと推定されている。とにかく維持の費用が嵩む。アン女王がこの広大な土地をモールバラ伯爵に「立派な宮殿 palace を建てるため」に与えたのは、気前よさばかりとは考えられないという。その時与えられた土地の広さは一七九三エーカー余り（約七二〇ヘクタール）であった。

ヴァンブラの奇才とワイズの庭

モールバラ侯爵が建てようと目指したのは、砦の趣のある立派な宮殿である。ちょうどハワード城のために同趣の設計（一六九九）をしたヴァンブラ John Vanbrugh（一六六四—一七二六）に白羽の矢が立てられた。ヴァンブラは芝居を書いたり、従軍した体験から、要塞建築や劇場建築の知識はもっていたが、建築の実作業には詳しくないので、王室営繕所の石工のホークスムア Nicholas Hawksmoor を協力者にした。二人の協力で、左右対称、広大豪華、国家的英雄にふさわしい住まいが造られた。しかも、実際にでき上がったのは当初の設計に比べ、中央部をより高く空に聳えさせた、一瞥して印象的な宮殿であった。着工は一七〇五年、竣工は一七二五年で、二〇年の歳月がかけられた。途中有名なトラブルがあった。公爵夫人は異常に鼻っ柱の強い人物だったらしい。アン女王と諍いが絶えず、一七一〇年には政権がトーリー党に代わったこともあって、王室から資金援助はなくなり、工事は一時停止。一七一六年から自費で工事を再開した。一七一六年はまた公爵が脳卒中に襲われ、建築は公爵夫人の主導で行われる節目の年となった。

ヴァンブラは宮殿の前を流れるグライム川にかかる大橋も計画した。これは地所の北端の門から宮殿正面へ至る直線のアプローチの一部であった。ヴァンブラが思い描いた図は、ローマ時代の水道橋のような高く長い橋で、南フランスに残るポン・デュガールの姿が頭にあったのではないかとされる。しかもその上にアーケードを設け、そこには三三を数える部屋を並べるというものであった。これはいかにも無駄、と公爵夫人はそこを削った。公爵夫人はもともとヴァンブラの案のような長く高い橋には批判的であったらしい。半円形の迂回路をとり、川辺へ下りてまた上る案なども出されている。これだと工事費も安く、橋は低く短くなる。ヴァンブラの橋の形そのものはイタリア・ルネサンスの有名な建築家パラディオのものをモデルにしていた。曲折はあったが、長い大橋は実現した。ただ、屋根はないから、今も往時も、ここを渡る者、そこに佇む者、ともに太陽の熱や雨風に曝される。後、ブラウンの風景式庭園が生まれると、この橋の美しさは決定的となり、しかも、そこに立てば最高の眺望点となった。三六〇度の方角を眺望するから、公爵夫人の主張を通してアーケードを除いたことが結果的には正解であった。

ヴァンブラは宮殿の庭も設計した。宮殿が整形であったから、庭も整形に設計され、この庭に砦の趣を持たせた。華麗な宮殿に砦風の庭。これで住まい全体に砦風の趣きが出る。砦好みでヴァンブラと施主の公爵は一致していた。庭造りの協力者になったのが、ヘンリー・ワイズ Henry Wise（一六五三―一七三八）で、アン女王の信頼も厚い王室庭園師であった。ワイズはブロンプトンに広い種苗園を営んでいたから、庭木の多くもそこから調達された。

ヴァンブラとワイズが造った庭は宮殿の南にあった。まず宮殿に接して正方形の整形庭園。もうひとつ、それに南接して六角形の整形庭園が配された。この六角形の庭は亀甲を横にしたような、横に張った形をしていた。ふたつの庭はそれぞれデザインは異なっていたが、共通の高い石壁で囲われ、全体が砦の姿でまとめられた。散策者は石壁の上を歩哨のように歩く。方向が変わるところに丸い稜堡が設けられていたから、まさしく模擬の砦であった。ひとはここから、庭の精妙なツゲの模様を眺めた。正方形の庭では、ツゲの模様の間は砂と粉砕煉瓦で埋められ、色彩が美しかった。六角形の庭には、刈り揃えたイチイ、西洋ヒイラギ、月桂樹などが整然と配され、中央には丸い噴水がふたつ並んでいた。庭の大きさを想像できるだろうか。正方形の庭の一辺は二五〇ヤード（約二二五メートル）であった。稜堡の差し渡しは五〇フィート（約一五メートル）である。宮殿から一番遠く離れたところまで八〇〇メートル。ひとはまた、このような砦の上から当然にも外を眺めた。そこに敵の姿があるのではなかったが、フランス・オランダ式風の樹林園があり、アヴェニュー（並木道）が碁盤の目、また対角線に走り、交点には円形の空き地が取られていた。そこに見られる樹木は楡と菩提樹であった。さらにヴァンブラはこの外側に菜園を設けた。菜園は長方形で、高さ一四フィート（約四・二メートル）の煉瓦塀に囲われ、やはり稜堡を備えていた。広さは八エーカー（約三・二ヘクタール）あった。これは宮殿からおよそ八〇〇メートルほど離れた位置にあり、野菜、香薬草、果樹が植えられた。果樹は、リンゴ、梨、プラム、ネクタリン、イチジク、桑、サクランボなどであった。

花の庭もなかったのではない。宮殿の東にとくにサラ公爵夫人のために花の庭が造られ、アイリス、スミレ、水仙、ヒアシンス、ナデシコなどが何千本となくワイズの種苗園から運ばれ、幾何学的な花壇に植えられた。大橋の先に延びるアプローチ（並木道）には楡が左右二列に並んだ。ワイズが成木を移植した。このアプローチの長さはおよそ二七〇〇メートルあった。また、宮殿から東に向かってやはり並木道が造られた。

第一代公爵は、一万五〇〇〇ポンドの費用をかけて、地所の周りを石塀で囲った。高さ二・四メートル、厚さ六〇センチの平積みで、石が小口を見せて積み上げられたが、これには高い技術が必要であった。現在は補修するにも、なかなか職人が見つからないという。

ヴァンブラは公爵夫人とのトラブルの後、解雇され、ここを去った。公爵が卒中に襲われ、サラ公爵夫人が主導権をにぎる一七一六年のことであった。すでに宮殿も橋もほぼでき上がっていた。大橋と岸を繋ぐためにウッドストック・マナーが取り壊され、その石と土砂が使われた。古城の存廃はヴァンブラと夫人の争点のひとつであった。ヴァンブラはこの趣深い中世の城を残すべきだと考えていた。宮殿から眺めれば、画家も描けない美しい眺めになると公爵夫人に言った。ここがまだ住めることを実証するために、一部を修繕し、自分の使用人等と共に三年、断続的にだが、住んだ。

しばらくの外国暮らし、さらに庭園内の別邸ハイロッジに仮住まいしていたモールバラ公爵一家がブレニム・

パレスに入居するのは、ヴァンブラが去って三年後、一七一九年である。公爵は一七二二年に亡くなる。

公爵夫人の運河

公爵夫人は軍人であった夫のために、戦勝柱と凱旋門を建てさせた。戦勝柱（一七二七―三〇）は、正面のアプローチの始まるところに建てた。約四〇メートルの高い柱の上に夫の立像がある。凱旋門（一七二三）は北東部に設けた。これはホークスムアの案が採用された。ウッドストック門（現在は「プリチャード門」）とも呼ばれ、出るとウッドストック町がある。

夫人が行った工事はもうひとつあった。ヴァンブラの造った大橋の下に運河、つまり細長い池を造った。グライム川と大橋の組合わせでは、川がいかにも貧弱に見える。運河を造って均衡を取り戻そうと考えた。夫人の造った運河は橋の下にちょうどマッチ棒を差し込んだ形のものだった。橋とは十字に交差する。マッチの頭が下手に当たり、宮殿から見ると左手で、その先端は丸みを帯びていた。一方、マッチの下半分が上手で、宮殿から見ると右手にあった。運河の頭には、堰から落ちる一二段の段々滝が造られた。堰き止められた川は小さな湖になった。湖の水は堰の左右に設けられた水路から流れでた。運河の全長は約五六〇メートル、幅は約三〇メートルで、マッチの頭の半径は約九〇メートルあった。とりわけ段々滝は夫人の自信作であったらしい。夫人は水辺の美しい草地を残すことにも心を配った。運河には白鳥が泳ぎ、舟遊びの人を慰めた。人々は緩い芝生面を下りて、運河や湖の辺を散歩した。

サラ公爵夫人は宮殿の周辺に生まれた整形性の強い庭園にじゅうぶん満足であったらしい。シンメトリーの視覚環境、あるいは直線と円の空間である。夫人が死ぬのは一七四四年。イギリスの庭にはすでに新しい波が寄せ始めていた。ヴァンブラとワイズの精妙な南庭の命もおよそ五〇年、夫人の運河の存続はもっと短かった。砦を模した庭は、ブラウンの芝生に変わり、夫人の運河と段々滝はブラウンの湖の底に沈むことになる。

ブラウンの風景式庭園──連続する美景への通景線をもつ

イギリスの庭の新しい波に応じたのは第四代公爵である。庭造りはブラウンに頼んだ。ブラウンがここで働くのは一七六一年から七四年まで。いま残る景観のさわりを作り出した。それはいまも絵はがきになり、ガイドブックの表紙を飾る。宮殿と橋と湖。これが芝生と樹群の広がりのなかに均整よく収まっている景観である。ブレニム・パレスはブラウンの庭でも屈指のものとされる。

公爵と敷地を見て回ったブラウンの頭には庭のでき上がった姿がすばやく思い描かれたらしい。ブラウンはこうした能力にとりわけ秀でていたとされる。多くの場合、設計図らしいものは描かない。全体図は頭のなか。それが作業のなかで実現されていった。

ブラウンはグライム川を堰き止めて大きな湖をふたつ造りだした。堰き止めた箇所はずっと下流で、宮殿の南方である。こうして自然で不規則な、だから美しい湖岸線を持つ湖がヴァンブラの大橋を挟んで左右にできた。あるいは上流と下流に。宮殿から見て左手が下流、右手が上流。下流に生まれた湖は、グライム川の川筋をなぞって宮殿の西側を延び、南の堰に達する。ただ堰は湖から見えない。細く曲げた川筋の先に隠してある。この工夫で、人工の跡は目につかず、湖はいかにも自然に見える。この堰の工事には高度な技術が使われたという。湖面を一定の高さに保つ。安全を確保する。近年、補修されたが、それまで安定的に湖は維持された。水は堰から段々滝となって流れ落ちた。段々滝は岩ごろごろといった構成で、これもブラウンが設計施行した。飛沫と音がすごかったという。

ヴァンブラの大橋は、いくらか水没した。ヴァンブラの大橋には、中央に大きな半円のアーチ、左右に門形のアーチがあったが、それが途中まで沈んだ。しかし、その沈み具合は絶妙、かえって美しさが増した。上流の湖の中には島が生まれた。ブラウンは湖岸周辺の土地をやわらかに起伏する斜面に変え、そこに樹群を配した。樹群には大小があり、配置はブラウンの美的な感覚に従う独特のものであった。こうしてブレニム・パレスの中核部分に、ブラウンの構図、ブラウンの通景が誕生した。

来訪者は凱旋門のあるウッドストック門から入った。ブラウンの風景の中に宮殿と大橋が見え、これが随一の構図になる。まずそこで息を飲む。宮殿はおよそ四五度の斜めの姿で眼に入る。橋の下に湖と谷。様々な色合いの樹の間にこれが見える。馬車を駆って進むにつれ、構図と通景は変化していく。やがて戦勝柱も見えてくる。同時に、橋の向こうのもうひとつの湖とその向こうの黒々とした森も視界に入る。それぞれがまた美景。当時の貴族や文人たちを心から満足させた景観である。ブラウン的な、という形容詞がつく。たとえば、ブラウンの庭が完成して間もない一七八九年のメイヴァーの案内書 William Mavor: New Description of Blenheim はこのような見所を巧みな表現で述べ、一八一七年には一〇版を重ねる人気であった。美しい眺めは宮殿に着くまで、来訪者の目を引きつけて離さない。宮殿から湖岸の散策に向かう時もブラウンの景観を堪能する。とりわけヴァンブラの橋の中央付近に立てば、四方八方にそれぞれ異なって、異なるごとに美しい眺めを楽しむことができた。振り返って宮殿を見てもよく、橋から湖面を眺めてもよし、湖岸の向こうに目を走らせてもまた美しい。美景を形成する樹群の大きさや位置も計算の内、建築物や道の起伏も含め、すべてこれ美景の誕生はブラウンの計算だったらしい。宮殿を建てたヴァンブラが、どの距離、どの地点から見ても美しく、を頭に入れて造ったことがブラウンの風景の中でいっそう生きた。

来訪者は下の湖を巡る馬車道を回ることもできた。ここでは美景の現れる間合いが長い。ひとつに、道は湖を遠く迂回して始まるから。馬車道が対岸を走るあたりから美しい眺めの現れる間隔は狭まる。現われては消え、最後のクライマックスがあのヴァンブラの橋の上。この回遊路は対岸でも、湖岸に沿うものと森の中を走るものがあった。公爵家の者はよくこのコースを回ったという。

ブラウンはグライム川が公爵の地所を南端で流れ去るところにも段々滝を造った。そしてこの最下流の段々滝と湖から落ちてくる段々滝の間にある川辺も、風景式に整備した。芝生と樹のある風景である。川筋もいくらか変えられ、堰き止められたために、川自体が細長い湖のようになった。当時の来訪者はここの風景も嘆賞した。その形はおおよそコの字である。全長はおよそ二・四キロあった。橋を設けて、堰は見えないように工夫されていた。

ブラウンの時代はちょうどイギリスの運河時代の幕開けの時期に当たる。それを考えるとブラウンは安定した堰を造るという難工事をよくこなした、と評価される。

ブラウンはブレニム・パレスでも、地所の境に沿って樹帯を作っている。面積約二七〇〇エーカーの土地の周辺を巡るおよそ一二マイルの樹の帯である。その中を馬車道（あるいは騎馬道）が通り、魅力的な眺めや木陰が続いたと、先刻のメイヴァーが述べている。宮殿や湖面、あるいは橋が、高下する異なる視点から見え隠れした。樹木は淡い緑から濃い緑に渡って様々な段階の緑の色調があり、相互に連なり、あるいは分かれて樹群をなし、眺めに変化を与える、という。ここでもやはり当時の人々が、ブラウンの様々な緑の色合いによく感応していたことが窺える。眺めたのは主に庭園の内の風景である。湖面に当たる太陽の光、あるいは宮殿を輝かせる光。これも観賞の対象であった。メイヴァーは絶景を逸しないために古森と湖のコースを「諸君もぜひたどって見るように」と勧めている。樹帯の道は、現在もほぼ同じ道筋をたどることができる。

ただ、ブラウンはブレニム・パレスでは庭を完全に閉じた空間にしなかった。古森では木を透かして、ハイロッジから南方のバークシャー・ダウンズやオックスフォードの町、また近隣の教会の尖塔などが眺められるようにした。さらに、宮殿からの眺めにウッドストックの町を取り込もうとした。これは石塀に狭間をつけて、という案であったが、第四代公爵は採用しなかった。

ブラウンはロッジや門の案も出している。いずれもゴシック様式のものであった。北のアプローチの西にある穀物倉庫や厩舎を隠すために考えられた長い壁（スクリーン）もゴシック様式であった。これらの提案のうちひとつだけ実現された。ハイロッジといわれる古森のなかの建物で、ゴシックの砦を模したものに改修された。古森の木の間に、宮殿への通景線が開かれた。ブラウンはブレニムの庭にはゴシックが似合うと考えたのか。ひとつに宮殿がゴシック様式であったから、調和を考えたのであろう。ケントがローシャムの庭に設けたようなギリシャの神殿は、およそ二五年の時の流れのなかでそろそろ廃れ始めていた。ギルピンが火付け役になったピクチャレスクな眺めを巡る旅もそろそろ始まる。ゴシックの修道院の廃墟などは、人々が競って訪れた、そのピクチャレスクな眺めの代表格であった。

ブラウンの庭造りとヴァンブラ達の庭造りを比べてみると、対照的な違いがある。ブラウンの庭造りはあくまで全体のまとまりを重視した。ヴァンブラ達の庭は、個々のもののたんなる集合。個々のものはいくら傑作でも、全体のまとまりは生まれなかった。

ブラウンがブレニム・パレスで見せた庭造りは、後年よくいわれたように、すべてを壊し、一新するのものではなかった。ヴァンブラ達の庭からいくらか残し、それも含んだ上で全体を調和させる手法が取られた。ヴァンブラ達の二本の並木道は残され、ブラウンの庭に統合された。これはいまでも目にすることができる。菜園も残された。これもまた目にすることができる。砦風の整形園の周辺にあったフランス・オランダ式の樹林園もそのままであった。しかし、これはのち、ブラウンの風景を徹底させるという当主の考え方によって、芝生と樹群に変えられて消失した。

ブラウンがブレニム・パレスの仕事を終えるのは一七七四年である。ブラウンがまだ働いている頃に、中国趣味でイギリスを賑わしたチェンバーズも公爵に乞われてここに幾つかの建築物を残している。「新橋」New Bridgeと「ディアナの神殿」Temple of Dianaである。「新橋」はブラウンがグライム川下流に造ったコの字の湖に架かるもの。森と狩猟の女神ディアナの神殿は、樹林園に設けられた園亭で、ブラウンの湖の岸辺に近く、そこから湖と古森を眺めた。

一七八七年八月、ブレニム・パレスを訪れたジョン・ビング（後の第五代トリントン子爵）は風景園のなかに、第四代公爵が動物園を設けたこと、またキジ小屋のまわりに草束がたくさん置かれ、そこでキジが孵化され育てられており、あまりに多いので草と一緒に踏みつけそうになること、風景園では常時一〇〇人、庭では五〇人の者が働いていることなどを述べている。前年の一七八六年四月にここをアメリカのトマス・ジェファーソンが訪れ、地所は二五〇〇エーカーの広さ、うち二〇〇エーカーが庭 Pleasure grounds、一五〇エーカーが水面、二エーカーが菜園、残りが風景園 Park、作業員は二〇〇人、うち五〇人が庭で働く、芝生刈りは、夏には一〇日に一度、風景園には二〇〇〇頭の小型のダマジカ、二〇〇〇から三〇〇〇頭の羊がおり、ロザムンドの泉辺りの水景はとても美しく雄大、と述べている。挙げられた数字はおよそかもしれないが、当時の様子が窺える。一九世紀に入ると、北のアプローチの左右では、地所の境界線から内側に向かって次第に畑地が進出してくるが、この時点では、まだ全体が鹿と羊のいる草地である。

ブラウンの後

ブラウンが去った後のブレニム・パレスの庭には何が起こったか。

ブラウンの庭の基本が保たれたことはすでに述べた。ブラウン後に起こった事は部分的な改修や小さな付け加えである。もう消滅してしまったものも、今に残るものもある。

樹林園では、ジョージ三世の健康回復を記念して、「健康の神殿」Temple of Health が建てられた（一七八五）。花の女神「フローラの神殿」Temple of Flora も作られ、樹林園の神殿は三つになった。これらはいまも残る。「フローラの神殿」の辺りは、樹間にオレンジ、レモン、その他の異国の植物が配され、繊細で優美な植物や灌木が強い香りを発していたという。第四代公爵が「装飾庭園」Pleasure grounds の内をみずから整備したのである。第四代は、さらにブラウンの造った段々滝を見下ろす岸辺に、細く険しい道をわざわざ設け来訪者を誘った。激しい滝の音と荒々しいギザギザ線の景観をみせるためであった。これはいわゆるサルヴァトール・ローザの眺めである。荒々しい自然こそピクチャレスク、と主張するプライスやナイトたちの新しい庭園論にいささか心を動かされたのだろうか。なお、第四代はこの細い道をたどる者の行く手に巨岩を置いて道を塞いだ。しかし、手を軽く岩に置くと、バネが仕込まれていたからすぐさま仕掛けが働いて巨岩は退いた。遊び心である。この巨岩を越えて行くと、ベルニーニ作の豪華な噴水の置かれた一画が美しく整えてあった。噴水は第一代公爵に対するスペインの法王庁大使からの贈物であった。第四代公爵は、ブラウンに風景式庭園を造らせた一方で、そことは別の庭域においてこのような庭造りを楽しんだ。亡くなるのは一八一七年だが、晩年はすっかり世捨て人の生活で、大貴族としての社交も一切しなかった。

次の第五代公爵は、ブラウンの造った段々滝周辺に「イギリスで最も美しい植物と花の庭」をもくろんだ。やはり時代の反映であった。世界中から持ち込まれる外国種を庭に植えるのがすでに流行になっていた。公爵もこの企てにおいて身分に相応しい散財をしたらしい。珍種・奇種をただ並べるだけでなく、それに見合う庭の姿や背景を整えた。こうして、そこに、「ボタニー湾（シドニー）の庭」「中国の庭」「ダリア園」のほかに岩庭、木造のスイス小屋、牧夫小屋、環状列石のドルイード神殿などが誕生した。これら第五代公爵を楽しませたものは、ほとんどがその後の時の中で消え去り、いま、グレート・シーダーや沼杉、その他いくらかの外国種に、その跡が偲ばれるだけである。第五代のこのような庭の楽しみも「装飾庭園」の内で行われた。ブレニム・パレスの「装飾庭園」は、宮殿の裏手にあり、樹林園や菜園を含み、ブラウンの上部カスケードからチェンバーズ作の「新橋」までの間の広い庭域を占めていた。

二〇世紀を迎えて

一九世紀の末から二〇世紀の初めにかけて第九代公爵が行った改修は今に残るためでもあるが、いささか目立っている。第九代が爵位を継ぐのは一八九二年で、亡くなるのは一九三四年である。フランスの庭師アシル・デュシェーヌを招いて、整形庭園をふたつ拵えた。かつてのヴァンブラとワイズの整形園を偲ぶのが目的であった。背景には、一九世紀後半のイギリスの庭造りがひとつに、イタリアやフランスの整形庭園を新たに復活させる、という流れをもっていたことが考えられる。第九代公爵が造った整形庭園は、それぞれ宮殿の東と西に接し、東庭はイタリア風で、西庭がフランス風であった。それまでヴィクトリア朝時代らしい灌木の庭になっていたところであった。いま新しい東庭には、ツゲのアラベスク模様が一面にひろがり、彫像や樽植えのオレンジの樹が等間隔で置かれている。中央に噴水と丸池があって、そこではヴィーナスが公爵家の小冠を空に掲げている。たしかに以前あったヴァンブラとワイズの整形園の面影を偲ぶことができる。それに対して西庭は、一七世紀のフランス幾何学式整形庭園で作り出された水のパルテールを再現したもので、ヴェルサイユの庭にあるものより小さいが、四隅に綺麗な石とツゲのアラベスク模様をあしらい、その分しゃれている。水のパルテールはフランスの偉大な庭師ル・ノートルを尊敬していた第九代の好みで作られた。一段下にあるのも水の庭だが、これは第九代に逆らって、デュシェーヌの好みが強くでているという。デュシェーヌはなぜかイタリアの建築家ベルニーニを好んだ。そこに、噴水の派手な、彫刻で飾られたイタリアの庭が生まれた。

いま、水のパルテールに面して、カフェテリアが設けられている。庭巡りでは、静かな興奮に誘い込まれるが、やはり疲れも覚える。一休みして、この水の庭をしばし見やるのもよい。

第九代は南の芝生には手をつけなかった。あまりに広いので、というのがその理由だったといわれる。しかし、第九代公爵はブラウンの風景式庭園にいささか手を加えた。宮殿の広い前庭の芝生を小石敷きの平面に変えてしまった。見方にもよるであろうが、これは惜しまれる。

湖岸に樹を植えた。これはブラウンの植えた樹に手を付けたのではない。その間や背後に植えた。したがってブラウンが作り出した通景が塞がれるところもある。これもやはり惜しまれる。さきのメイヴァーによれば、ブラウンの設計から「一〇〇〇を数える美景」が生まれたのだから。その中心部でそのいくらかが失われる。

第九代はさらに、北のアプローチの並木を復元させた。またモールと呼ばれた東の並木道も復活させた。いずれも一九世紀にブラウンの風景式庭園の景観を徹底させるという考えから、このモールは無くなり、北の並木道は点と線に減少していた。

第九代はさらに風景園のなかにも大規模な植樹をした。こうして一八九三年から一九一九年の間にあわせて四六万本を越える樹が植えられたという。庭の樹はそろそろ樹齢に達するので、将来を睨み向こう五〇〇年に渡って樹のストックを保障するのが目的であったという。

ブレニム・パレスの庭にはいま蝶館や園芸園、大迷路など、現代の客を引きつける施設もできている。そこにカフェテリアもある。これらは幸いブラウンとヴァンブラの偉業を眺める辺りからは見えない。

ブレニム・パレスの庭の今後については、すでに二〇〇年計画が進行している。ヴァンブラとブラウンの庭をできるだけ忠実に残す、のも柱のひとつ。そこに生育する動植物の保存、農場・林業経営、観光といった面も加えて総合的に維持保存が図られる。ちなみに古代ローマ時代の道路や入植地を囲んだ壕といった遺跡も北端で見つかっている。

地　形

最後に地形のこと。地所全体の形はずんぐりしたピーナツ、思い切っていえば、角のとれた長方形である。それを立ててやや左に傾ける。ブレニム・パレスでは地所の長軸が北からやや西に傾く。肝心のグライム川は東から地所に入り、宮殿前を斜めに流れて、下流でコの字に蛇行して南西隅から外へ出る。地所にはもう一本の川が流れ込んでいる。北西から流れてきてヴァンブラの大橋の下手で、グライム川に合流していた。いまはブラウンの湖に入っている。さらにいえば、ヴァンブラが大橋を設けたあたり、その上下流でグライム川の川筋は二本に分かれていた。第一代公爵夫人が大事にしたいと思った川辺の緑地とはこの川筋に沿うもので、とくに橋の下手に細長く広がっていたところである。

地所は地形から見て、およそ三つの部分に分かれる。ひとつは宮殿から見て正面、ふたつの川の向こうの台地。北のアプローチがある部分である。もうひとつは古森の丘。これは宮殿の西、ブラウンの造った下の湖の向こう側にある。標高はここが一番高い。三つめが、残る部分。これは宮殿の東から南に広がっている。宮殿が立つのはこの部分で、装飾庭園もここにある。標高はここが一番低い。といってもお互いの標高差はさほどない。それぞれは Great Park, High Park, Lower Park と呼ばれている。

宮殿見物

一般に庭園訪問で案内書を買い求めると、頁の多くは屋敷の説明に当てられており、庭園の説明は少ない。これにはほとんど例外がないので、一般の関心のありどころを再三認識させられる。ブレニム・パレスのガイドブックも同様で、宮殿の説明は詳しい。宮殿に触れよう。

ブレニム・パレスの宮殿は、先述のようにヴァンブラの当初の案より派手に仕上がった。当初案では、宮殿のスカイラインはどこでも水平線であったが、でき上がった建物は、中央部をより強調して高くし、形も切妻型に変わっている。ちなみに建物の中央部を目立たせるのはバロック建築の特徴である。さらに屋根の飾りも派手になり、幾つかの塔が立ち上がり、その上にさらに角のような塔が空にそびえる。

豪華な部屋の幾つかには、モールバラ公を有名にしたブレニムの戦いの名場面を描いた壁掛けが飾られている。公爵や一家の肖像画の多くは、ネラーやレイノールズといった当代一流の画家によるもので、家格を窺わせる。

第二次大戦の名将ウィンストン・チャーチルは第七代公爵の次男の子供としてブレニム・パレスで生まれ、求婚もここの装飾庭園で行われ、最後に葬られたのもここの教区のブレイドン教会であるが、政治家として活躍しながら長年過ごしたのはロンドンの南にあるケント州のチャートウェルで、チャーチルはそこに夫人と一緒に好みの庭を造ったのだから、ブレニム・パレスとの繋がりはそれほど深くはない。チャートウェルの庭は、現在ナショナル・トラストが所有し、一般公開されている。

おわりに

イギリスの庭巡りをしたのは、一九九九年四月から九月にわたるヨーク大学での研修の間、それに二〇〇二年の六月上旬で、その数はおよそ一〇〇くらいである。この間にフランスやイタリア、ドイツの庭園を見て歩いた。ミラノに泊まって北イタリアのコモ湖やマジョーレ湖などの周辺にある庭を見て歩いたのは、二〇〇〇年の夏。二〇〇一年には、スペインに残るイスラム庭園を見に出掛けた。庭園見物に時間が割けるようになったのは、大学の運営にかかわる業務や責任からほぼ解放されたからである。自分では庭園見物も庭園の研究もまだ緒についたくらいの感じしかしないが、本を書くなら、印象が薄れない内に、と考えた。

大学紀要や同人研究誌、論集などに発表した探訪記に未発表の原稿を加えて、この本を作った。参考にしたのは、庭園の研究書や雑誌論文、代表的な市販の庭園案内書、それに庭園を訪れた際に買い求めた個々のガイドブックなどである。すでに発表した庭園探訪記にはいちいち庭園ごとに参考文献を挙げたが、この本では、それをやめ、かわりに一般的な研究書とともに最後に整理して掲載することにした。

庭園はきわめて総合的なもので、いろいろな関連や背景の中で生まれ、保たれ、また、衰えていく。この探訪記では、訪問した庭の一面を伝えるのではなく、できるだけその諸関係を見ながら庭園の紹介をすることにした。また、人文・社会科学系の学問分野では、一〇〇パーセントの確実さで言い切れることはほとんどなく、およそ、七、八割方、確実であれば、あるいは七、八割の対象に当てはまれば、だいたい一般化して語ることが許されよう。したがって、庭園の様式といい、歴史的な変遷といい、その年代といい、これはやはりおおよそのことで、割り切れないものやはみ出すものが残っており、実態はなかなか複雑である。こんなことも改めて肝に念じなければならないと思った。

イギリスでも日本でも、ここ二〇年くらいの間に過去の庭園の復元が著しく進んだように見受けられる。そのお陰で、庭園探訪の楽しみも一段と増した。日本の庭園見物によく出掛けることもあって、なおのことよい時期に巡り合わせたと思う。イギリスの庭巡りには、好奇心が旺盛で、的確なコメントを提供してくれる連れ合いがいつも同道した。連れ合いはよい写真も撮ってくれた。一眼レフが理想だが、重いので持って歩くわけにいかず、使ったのは軽量小型のカメラである。したがって、写真の出来にはおのずと限度がある。この本で使ったのはほとんどがその写真である。連れ合いは、庭園の記述に合うような庭園図も作ってくれた。植物や花の名前を正してくれたが、日本にないものもあって、なかなか難しかった。我々の庭巡りは、自分の車でなく、汽車にバス、タクシーを使うものだったから、ホテル探しや予約のほかに、庭園探訪の日程作りが結構な仕事だった。たいていの庭園案内書は車で来ることを前提とし、道路の案内しか載せていない。少数派の鉄道利用の探訪の旅では、イギリスの鉄道会社のホームページGNERがたいへん役に立った。パソコンの画面の枠内に日時と出発駅と目的駅を打ち込めば、乗り換えを含むすべてのルートと時刻が一覧表になってたちどころに表示され、まるで、魔法の箱のようであった。コリンズ社のイギリス詳細地図も、庭園の位置、鉄道駅からの距離をあらかじめ確かめるのに便利であった。そもそも庭園のあるなしもほとんどこの地図で確認できた。この面倒な作業をするのも、おおむね連れ合いであった。

イギリスの庭巡りには、次の三冊があればよいであろう。

* Gardens of Britain, Patrick Taylor, London, 1998.
* A Guide to Garden Visits, Judith Hitching, revised edition, London, 1999.
* The Oxford Companion to Gardens, Oxford University Press, 1991.

日本語のものでは、『憧れのイングリッシュガーデン』八尋和子著（主婦の友社）があれば十分であろうか。この著者も汽車、バス、タクシーで回ったので、巻末の庭園一覧には最寄り駅が記されている。この本の写真は豊富でどれも綺麗であり、記事も読みやすい。

最近、改めて現代はインターネットの時代であることを認識した。イギリスの庭巡りもインターネットで得られる情報でほぼ十分な準備ができるようである。試しにhttp://www.gardenvisit.com を開いてみられるとよい。イギリス、ヨーロッパ、そしてアメリカの庭巡りについて、十分すぎるほどの情報が無料で提供されている。一〇〇〇に上る代表的な庭園について、所在地や地図、開園時間、歴史や様式の説明、カラー図版が示されている他に、手軽な探訪旅行の諸案内があり、さらに詳しく知りたい人のために、「庭のデザインの歴史」が掲載されている。さらに、購入できる庭園関係の専門書の一覧が付いている。そこで挙げられている専門書の分野は広く、庭園史、庭園探訪、庭園のデザイン、景観設計などに渡っている。

これに加えてイギリスのインターネット地図 http://www.multimap.com を開いてみれば、庭園の付近の地図も事前にわかる。ナショナル・トラストのホームページや王立園芸協会のホームページも補助的に役立てることができ、先に紹介したイギリス鉄道のインターネットGNERとあわせれば、本がなくても英国庭園探訪の準備はほぼ完全にできる。

忘れられないのは、いつも広い机に本や資料を一杯に広げ、私の質問に懇切丁寧に答えてくれたグッドチャイルド先生Peter Goodchild（Lecturer）である。よく整った資料室の鍵もくれ、自由に使うようにと言ってくれた。

法政大学出版局編集部の秋田公士氏にも大いに感謝しなくてはならない。適切な助言と力添えを頂戴し、安心して仕事をすることができた。

最後に、本書を書く時に直接参考にした文献と、より一般的な基本文献を挙げ、参考に供したい。

一　直接参考にしたもの

それぞれの庭園のガイドブックはたいへん参考になったが、これは一般に市販されておらず、庭園を訪れた時に買うほかないものなので、ここでは挙げない。

＊ The King's Privy Garden at Hampton Court Palace 1689-1995, ed. Simon Thurley, London, 1995.

＊ The History of Hampton Court Palace Gardens, ed. Anthony Boulding, Hampton Court Palace.

＊ The Dutch Classical Garden and André Mollet, Florence Hopper, Journal of Garden History 2, 1 (1982), pp.25-40.

＊ Britannia Illustrata, Knyff & Kip, 1706, reprinted by the Paradigma Press, 1984.

* Some Early Geometric Gardens in Norfolk, Anthea Taigel and Tom Williamson, Journal of Garden History, 1991, vol.11, nos.1 & 2, 1.
* Vitruvivus Britannicus or the British Architect, 3 vols., Colin Campbell, New York, 1970. First published in three volumes, London, 1715-25.
* John Drapentier's Views of the Gentry Gardens of Hertfordshire, Timothy Mowl, Garden History, 29, 2 (2001), pp.152-170.
* The Building of Castle Howard, Charles Saumarez Smith, London, 1997.
* Descriptions of Lord Cobham's Gardens at Stowe（1700-1750), ed. G. B. Clark, Buckinghamshire Record Society, 1990.
* Grecian Taste and Gothic Virtue: Lord Cobham's gardening programme and its iconography, George Clark, Apollo, 97（1973), pp.566-571.
* William Kent's Gardening. The Rousham Letters, Kenneth Woodbridge, Apollo, 100（1974), pp.282-291.
* The Elysian Fields of Rousham, David R. Coffin, Proceedings of the American Philosophical Society, 130（1986), pp.406-423.
* Notes on Kent's garden at Rousham, Hal Moggridge, Journal of Garden History, VI（1986), pp.187-226.
* Painshill Park, Cobham, Surrey 1700-1800, Alison Hodges, Garden History 2, 2（1973), pp.39-68.
* Shenston's Walks: The Genesis of The Leasowes, John Riely, Apollo, 111（1979), pp.202-209.
* Virgil. The Eclogues and The Georgics, tr. by C. D. Lewis, Oxford World's Classics paperbacks, Oxford University Press, 1999.
* 『ウェルギリウス　牧歌・農耕詩』河津千代訳、未來社、一九八一年（訳と解説は大いに利用させていただいた）。
* Petworth Park and Pleasure Grounds. Historical Survey Following the Great Storm of October 1987, National Trust.

* Sir Christopher Sykes at Sledmere, 1 & 2, Country Life, January 16 & 23, 1986.
* The Seats of the Nobility and Gentry in a Collection of the most interesting and picturesque Views, William Watts, Garland Publishing Ltd., 1982. First published in 1779.
* Fragments on the Theory and Practice on Landscape Gardening, Humphry Repton, Garland Publishing Ltd., 1982. First published in 1816.
* The Seats of Nobility and Gentry in Great Britain and Wales, William Angus, Garland Publishing Ltd., 1982. First published in 1787.
* Biddulph Grange, Peter Hayden, The National Trust/George Philip, 1989.
* Victorian Gardens, Brent Elliott, B. T. Batsford, London, 1986.
* William Andrews Nesfield. Victorian Landscape Architect, ed. Christopher Ridgway, Institute of Advanced Architectural Studies, The University of York, 1994.
* The Formal Garden in England, Reginald Blomfield, London, 1936. First published in 1892.
* The Gardens of Willim Morris, Jill Duchess of Hamilton, Penny Hart & John Simmons, New York, 1998.
* The Wild Garden, William Robinson, Saga Press, Porland, Oregon, 1994. First published in 1870.
* The English Flower Garden, William Robinson, London, 1996. First published in 1883.
* Colour Schemes for the Flower Garden, Gertrude Jekyll, London, 1938. First published in 1908 as 'Colour in the Flower Garden'.
* The Gardens of Gertrude Jekyll, Richard Bisgrove, Frances Lincoln, London, 1992.
* Arts and Crafts Gardens, Gertrude Jekyll and Lawrence Weaver, London, 1981. First published in 1912 as 'Gardens for Small Country Houses'.
* The English Garden through the 20th Century, Jane Brown, Garden Art Press, 1999.
* Gardens of the National Trust, Graham Stuart Thomas, The National Trust/Weidenfeld and Nicolson, 1979.
* Somerset Parks and Gardens, James Bond et al., Somerset Books, Tiverton, 1998.

* Barrington Court, Somerset, Christopher Hussey, Country Life, 17 March (1928), pp.370-377, 24 March (1928), pp.404-412.
* The Garden at Chatsworth, The Duchess of Devonshire, London, 1999.
* Blenheim: Landscape for a palace, ed. James Bond and Kate Tiller, Alan Sutton Publishing Limited, Brunswick Road, Gloucester, 1987.
* English Topiary Gardens, Ethne Clarke and George Wright, London, 1988.
* English Cottages, Tony Evans & Candida Lycett Green, London, 1997. First published in 1982.
* Japanese Gardens in Britain, Amanda Herries, Shire Publishungs Ltd., 2001.
* The Book of the Scottish Garden, Photographs/Fay Young and Text/Brinsley Bur, Edinburgh, 1989.
* Parks and Gardens of Britain. A Landscape History from the Air, Christopher Taylor, Edinburgh, 1998.
* English Gardens and Parks, Christopher Hussey, Funk & Wagnalls, 1967.
* English Gardens and Landscapes 1700-1750, Christopher Hussey, London, 1986.

二　基本的文献とCD

* The Oxford Companion to Gardens, Oxford University Press, 1991. (再掲)
* Garden History Reference Encyclopedia (CD), Tom Turner, Gardenvisit. com, London, 2002.
* The Renaissance Garden in England, Roy Strong, Thames and Hudson, 1979.
* The English Garden. Literary Sources & Documents, ed. Michael Charlsworth, 3vols., Helm Information, 1993.
* The Genius of the Place. The English Landscape Garden 1620-1820, ed. John Dixon Hunt and Peter Willis, London, 1988.
* The Gardens of William and Mary, David Jacques and Arend Jan van der Horst, London, 1988.
* Gardeners to Queen Anne. Henry Weise (1653-1738) and the Formal Garden, David Green, Oxford University Press, 1956.

＊ Charles Bridgeman and the English Landscape Garden, Peter Willis, reprinted edition, Elysium Publishers Press, 2001. First published in London, 1977.
＊ The Work of William Kent, Margaret Jourdain, London, 1948.
＊ William Kent. Landscape Garden Designer, John Dixon Hunt, London, 1987.
＊ Capability Brown, Roger Turner, Phillimore & Co. Ltd., 1999.
＊ Humphry Repton. Landsape Gardening and the Geography of Georgian England, Stephen Daniels, Yale University Press, New Haven and London, 1999.
＊ Capability Brown. The Story of a Master Gardener, Thomas Hinde, London, 1986.
＊ Capalility Brown, Drothy Stroud, London, 1950.
＊ Garden and Grove. The Italian Renaissance Garden in the English Imagination, 1600-1750, John Dixon Hunt, University of Pennsylvania Press, 1986.
＊ Polite Landscapes. Gardens and Society in Eighteenth-Century in England, Tom Williamson, The John Hopkins University Press, 1995.
＊ The Polite Tourist. A History of Country House Visiting, Andrian Tinniswood, The National Trust, 1989.
＊ An Encyclopaedia of Gardening, John Claudius Loudon, London, 1834.
＊ The Edwardian Garden, David Ottewill, Yale University Press, 1989.
＊ Victorian Gardens, Brent Elliott, London, 1986.（再掲）
＊ Arts and Crafts Gardens, Wendy Hitchmough, New York, 1998.
＊ The English Garden through the 20th Century, Jane Brown, Garden Art Press, 1999.（再掲）
＊ Rosemary Verey's Making of a Garden, Charles Verey and Davina Wynne-Jones, Frances Lincoln Limited, 1995.

平成一六年一月六日

岩切　正介

岩切正介（いわきり　まさあき）
1940年，朝鮮に生まれる．1966年，東京大学大学院人文科学研究科独語独文学修士課程修了．現在，横浜国立大学教育人間科学部教授（インターカルチャー講座）．1975年７月～76年９月ウィーン大学，1999年４～９月ヨーク大学にて海外研修．著書に『ドイツ文学における古典と現代』（共著，第三書房），『ヨーロッパの文化と思想』（共著，木鐸社），『ドイツ文学回遊』（共著，郁文堂），訳書に，W. M. ジョンストン『ウィーン精神１・２――ハープスブルク帝国の思想と社会1848-1938』，G. マン『ドイツの青春１・２』（以上共訳，みすず書房）がある．

英国の庭園――その歴史と様式を訪ねて

2004年３月3日　初版第１刷発行

著　者　岩切正介
発行所　財団法人 法政大学出版局
〒102-0073 東京都千代田区九段北 3-2-7
電話 03-5214-5540／振替 00160-6-95814
組版：HUP　印刷：平文社
製本：鈴木製本所

ISBN4-588-37111-8

Printed in Japan